L'Italia (carta politica)

Prego!

Prego!

Seventh Edition

An Invitation to Italian

Graziana Lazzarino
University of Colorado, Boulder

Maria Cristina Peccianti
Università per Stranieri, Siena, Italy

Andrea Dini
Montclair State University

With contributions by:

Pamela Marcantonio
University of Colorado, Boulder

Gina Pietrantoni
University of Colorado, Boulder

Fabio Girelli-Carasi
Brooklyn College

Loredana Anderson-Tirro
New York University

Giuseppe Faustini
Skidmore College

Maria Mann
Nassau Community College

Mc
Graw
Hill

Boston   Burr Ridge, IL   Dubuque, IA   Madison, WI   New York
San Francisco   St. Louis   Bangkok   Bogotá   Caracas   Kuala Lumpur
Lisbon   London   Madrid   Mexico City   Milan   Montreal   New Delhi
Santiago   Seoul   Singapore   Sydney   Taipei   Toronto

The McGraw·Hill Companies

Higher Education

Prego!
An Invitation to Italian

1 2 3 4 5 6 7 8 9 0   QPD   QPD   9 0 9 8 7

ISBN-13: 978-0-07-353526-5 (Student Edition)   ISBN-13: 978-0-07-326672-5 (Instructor's Edition)
MHID: 0-07-353526-5   MHID: 0-07-326672-8

Vice president/Editor-in-chief: *Emily G. Barrosse*   Interior designers: *Mark Ong / Carolyn Deacy*
Publisher: *William R. Glass*   Cover designer: *Carolyn Deacy*
Senior sponsoring editor: *Christa Harris*   Photo research coordinator: *Alexandra Ambrose*
Director of development: *Susan Blatty*   Art editor: *Emma Ghiselli*
Development editor: *Misha MacLaird*   Senior supplement coordinator: *Louis Swaim*
Editorial assistant: *Amanda Peabody*   Compositor: *Techbooks*
Executive marketing manager: *Nick Agnew*   Typeface: *Palatino*
Production editor: *Mel Valentin*   Printer: *Quebecor World, Inc.*
Production supervisor: *Richard DeVitto*
Design manager: *Violeta Diaz*

Library of Congress Cataloging-in-Publication Data
Prego! : an invitation to Italian / Graziana Lazzarino... [et al.]; with contributions by
    Pamela Marcantonio... [et al.].—7th ed.
        p. cm.
    Includes index.
    ISBN-13: 978-0-07-353526-5 (pbk. : alk. paper)
    ISBN-10: 0-07-353526-5 (pbk. : alk. paper)
    1. Italian language—Textbooks for foreign speakers—English. I. Lazzarino, Graziana.
II. Marcantonio, Pamela.

PC1128.L35 2008
458.2'421—dc22   2006046954

www.mhhe.com

Contents

CAPITOLO 7
La vita di tutti i giorni 141

CAPITOLO 8
Cinema, stampa e TV 159

Preface

Welcome to the exciting seventh edition of *Prego! An Invitation to Italian*. Since its first appearance in 1980, *Prego!* has been a leading introductory Italian program in North America. This edition provides the communicative activities and streamlined vocabulary and grammar presentations typical of *Prego!*, coupled with revised and expanded cultural material, a beautiful design and all-new, vivid illustrations.

 Features of the Seventh Edition

We are grateful for the positive response to the text's approach and goals, which have remained constant since the first edition. Instructors will find in the seventh edition those features that they have come to know and trust over the years:

- grammar, vocabulary, and culture that work together as interactive units
- an abundance of practice materials, ranging from form-focused to communicative
- stimulating and contemporary themes to introduce language and culture
- numerous supplementary materials that are carefully integrated with the main text

At the same time, we are very excited about this new edition of *Prego!* We listened to our many adopters and revised the text based on your significant feedback. As a result, the text and its ancillary package are even stronger. Here are several key highlights of the seventh edition:

- new full-color illustrations in every chapter present vocabulary in a visual context and help students visualize the contexts of grammar presentations.
- grammar presentations have been revised and streamlined, and include color-coded charts and visuals to provide concise and student-friendly explanations
- updated **Nota culturale** sections offer information on everyday Italian life
- a new feature, **Curiosità,** gives students expanded reading practice and exposure to Italian language and culture
- engaging cultural sections, **Flash culturali,** appearing after **Capitoli 4, 8, 12,** and **16,** expand upon the chapter themes through readings relating to the culture of present-day Italy
- a beautiful video, shot on location in Italy, is integrated into each chapter of the text through the revised **Videoteca** section
- *Prego!*'s state-of-the-art ancillary program includes the new online *ActivityPak,* available through the *Online Learning Center.* The *ActivityPak* replaces the *Interactive CD-ROM* and provides a variety of engaging interactive activities delivered in a convenient online learning environment. The ancillary program also includes an *Online Workbook* and *Online Laboratory Manual,* created in conjunction with Quia™, a text-specific *Online Learning Center,* and a DVD program featuring *Prego!*'s beautiful video.

Please turn to the next page for a fully illustrated Guided Tour of the seventh edition of *Prego!*

A Guided Tour of Prego!

As in previous editions, the seventh edition of *Prego!* features a clear, user-friendly organization. The new edition consists of a preliminary chapter and eighteen regular chapters. The **Capitolo preliminare** offers students a stimulating introduction to the study of Italian and to the basic tools they need to express themselves on a variety of daily topics.

Capitoli 1 through **18** are organized as follows:

Chapter opener

A photo and caption introduce the cultural theme of the chapter. **In breve,** a brief outline, summarizes the chapter's grammar and reading selections. **Funzioni comunicative** outline the communicative goals of each chapter.

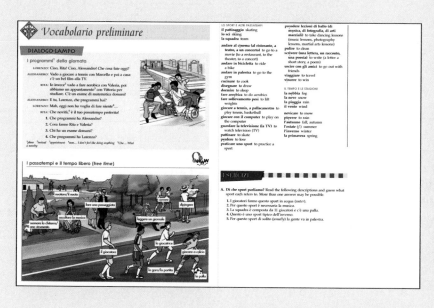

Vocabolario preliminare

This section introduces and practices the thematic vocabulary that students will use for self-expression and activities throughout the chapter. The **Dialogo-Lampo** that begins this section is a brief and often humorous dialogue, accompanied by an illustration, that sets the context for the vocabulary and exercises that follow. The vocabulary list is introduced with a full-color visual presentation of key words.

Grammatica

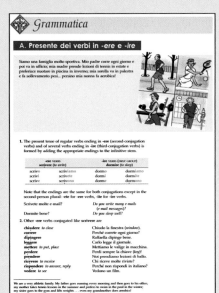

Three to five grammar points are presented in this section, each introduced in context by a brief dialogue, passage, or cartoon and accompanied by both focused exercises and more communicative activities.

Piccolo ripasso

Review exercises in this section reinforce the structures and vocabulary of the chapter and recycle high-frequency structures and vocabulary from earlier chapters.

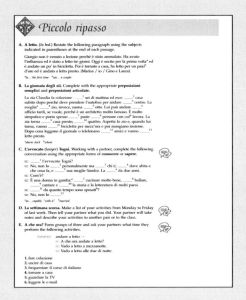

Invito alla lettura

This reading section explores the chapter's theme in the context of the regions of Italy. Each chapter presents students with one or two regions; each reading is accompanied by a beautiful photograph and map of the region or regions in focus. Readings are followed by a comprehension activity.

In ascolto

For listening comprehension activities related to the theme of this chapter, see the Laboratory Manual or visit the *Prego!* website.
www.mhhe.com/prego7

In ascolto

This integrated *Listening Comprehension Program* consists of a series of audio activities relating to the theme and vocabulary for each chapter. The audio recording and activities can be found on the *Online Learning Center*. The printed activities can also be found in the *Laboratory Manual* and the audio recording is included on a separate audio CD as part of the *Audio Program*.

Nota culturale

Brief cultural notes, accompanied by a photograph, offer students a glimpse of everyday life in Italy. Topics range from how Italians greet each other, to coffee bars, to environmentalism.

NOTA CULTURALE

Le passioni sportive degli italiani

Il calcio, as anyone would expect, is Italy's number one competitive game, at least for young men. Leagues of any kind (five-, seven- or nine-player teams, on grass, sand or indoor, by age group) sprout and thrive everywhere. For young women, the top game is **volleyball**. But the range of sports actively practiced is much wider. Among the young there is an insatiable thirst for extreme sports, from **cliff-jumping** (free falling into water) to **base-jumping** (with a para-chute and hard landing). Italy's thousands of small mountain streams provide the perfect environment for **torrentismo**, trekking down narrow, fast-moving streams between canyon-like walls. If you prefer to surf down the same streams on a small foam board you are practicing **hydrospeed**, which, despite its English name, was invented in France. Especially in the North, with the steep inclines of winding back roads, many indulge in one of Italy's enduring passions, **ciclismo** (*cycling*). Younger people prefer the challenge of **mountain biking** and the off-road experience. Although **snowboarding** has been quite popular for years on the Italian slopes, the 2006 Olympics in Torino introduced new forms of competition, from the **half-pipe** to **snowboard cross** (four skiers racing down a bobsled-like course). In the summer, **beach volley** draws lots of practitioners, while on the water **windsurfers** and **sailboats** fight for space with **jet skis**. Regardless of the sport, however, one thing remains constant, and very Italian: you always have to look your best.

Hydrospeed: una nuova passione sportiva

Scrivere

These writing sections allow students to develop their skills by completing tasks that progress from writing simple sentences to extended narrations.

Scrivere

Il mio sport preferito. Write five to six sentences describing your favorite sport or pastime. Why do you like it? When do you do this sport or pastime? In what kind of weather? Where? With whom? Are you part of a team or club?

> ESEMPIO: Io preferisco il tennis perché… Il tennis è uno sport… Lo pratico quando… Gioco con…

Curiosità

Brief cultural notes, accompanied by a photograph, let students finish the chapter with unusual bits of information about Italy's culture, language, and history.

CURIOSITÀ

Il Giro d'Italia e la Gazzetta dello Sport

Italians are very fond of all sports, but there is one sport that they love particularly: **il ciclismo**. Every year, in **maggio**, a world-famous race takes place: **il Giro d'Italia**.

Il Giro d'Italia started in the early 1900s. Bike riders from all over the world race through Italy for almost a month: along the coasts as well as through the steep **Alpi** and **Appennini** mountains. The final stage is usually in **Milano**.

Every day of the race, millions of Italians watch the **Giro d'Italia** on TV. For those who can't watch, there is another way to follow the race: reading the most important Italian sports newspaper, *La Gazzetta dello Sport*.

La Gazzetta dello Sport was founded in 1896. For several years it was a biweekly magazine, and in 1913 it became a daily newspaper. This reliable and detailed paper brings the latest news and information on all the sports and sport events. The main feature that distinguishes it from all the other daily papers is that it is printed on pink pages!

La Gazzetta dello Sport

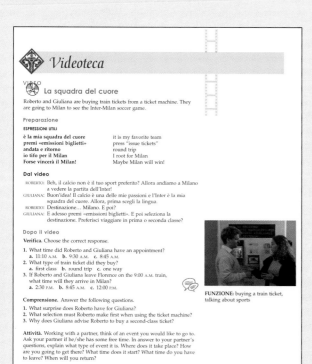

Videoteca

VIDEO
La squadra del cuore

Roberto and Giuliana are buying train tickets from a ticket machine. They are going to Milan to see the Inter-Milan soccer game.

Preparazione

ESPRESSIONI UTILI

è la mia squadra del cuore	it is my favorite team
premi «emissioni biglietti»	press "issue tickets"
andata e ritorno	round trip
io tifo per il Milan	I root for Milan
Forse vincerà il Milan!	Maybe Milan will win!

Dal video

ROBERTO: Beh, il calcio non è il tuo sport preferito? Allora andiamo a Milano a vedere la partita dell'Inter!
GIULIANA: Buon'idea! Il calcio è una delle mie passioni e l'Inter è la mia squadra del cuore. Allora, prima scegli la lingua.
ROBERTO: Destinazione… Milano. E poi?
GIULIANA: E adesso premi «emissioni biglietti». E poi seleziona la destinazione. Preferisci viaggiare in prima o seconda classe?

Dopo il video

Verifica. Choose the correct response.

1. What time did Roberto and Giuliana have an appointment?
   a. 11:10 A.M. **b.** 9:30 A.M. **c.** 8:45 A.M.
2. What type of train ticket did they buy?
   a. first class **b.** round trip **c.** one way
3. If Roberto and Giuliana leave Florence on the 9:00 A.M. train, what time will they arrive in Milan?
   a. 2:30 P.M. **b.** 8:45 A.M. **c.** 12:00 P.M.

FUNZIONE: buying a train ticket, talking about sports

Comprensione. Answer the following questions.

1. What surprise does Roberto have for Giuliana?
2. What selection must Roberto make first when using the ticket machine?
3. Why does Giuliana advise Roberto to buy a second-class ticket?

Attività. Working with a partner, think of an event you would like to go to. Ask your partner if he/she has some free time. In answer to your partner's questions, explain what type of event it is. Where does it take place? How are you going to get there? What time does it start? What time do you have to leave? When will you return?

Videoteca

The video section incorporates images and dialogues from the new video, followed by comprehension and discussion questions and activities.

Additional Features

Flash culturali

These cultural pages, appearing after **Capitoli 4, 8, 12,** and **16,** include four brief, interesting readings. These readings offer students a glimpse of the culture of contemporary Italy by introducing them to fascinating people, places, and events related to the themes and regions presented in the four preceding chapters.

Nota bene

These grammar boxes expand on important points in the grammar sections.

Buono a sapersi

Idioms and colloquial expressions are presented in these boxes to help students understand nuances in Italian.

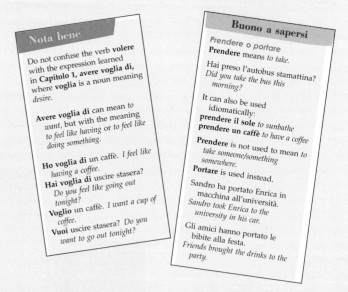

Video and Interactive Multimedia

The seventh edition of *Prego!* offers a variety of media-based learning tools which can greatly enhance students' learning experience. The DVD program offers the opportunity to expose students to the sights and sounds of Italy, and the Internet and Internet-based materials provide myriad ways to reinforce student learning in engaging and interactive multimedia formats. Below you will find an overview of the media-based learning tools available with the seventh edition of *Prego!*.

VIDEO

DVD to accompany *Prego!*

The seventh edition of *Prego!* features an integrated DVD program filmed on location in Italy. The video, available exclusively on DVD, presents the vocabulary and grammar of each chapter in a series of real-life situations. Students follow the adventures of Roberto, an Italian-American journalist from Boston. Roberto is in Florence to write a series of articles on Italy and Italians for an online newspaper. He has enlisted Giuliana, an old family friend who now works for the **Ufficio Informazioni Turistiche,** to help him while he is in Italy. Each segment includes a functional conversation and beautiful theme-related cultural footage shot specifically for *Prego!* Through the attractive footage, the DVD program exposes students to many engaging people, sights, and sounds of modern Italy.

The segments are accompanied by pre- and post-viewing activities in the **Videoteca** section of the main text. Additional information on using the DVD in the classroom and a complete videoscript are included in the *Instructor's Resource Guide* and as part of the Instructor Edition of the *Online Learning Center* to accompany *Prego!* (www.mhhe.com/prego7).

The Prego! *ActivityPak* and the Prego! *Online Learning Center* (www.mhhe.com/prego7)

New to the seventh edition of *Prego!* is the online *ActivityPak*. The *ActivityPak* replaces the previous editions' *Interactive CD-ROM* and *Video on CD* and offers students a variety of fun and engaging interactive activities and media. The online ActivityPak includes Flash™-based activities that provide interactive review and practice of vocabulary and grammar, as well as the complete video program. This unified language learning experience is practical and convenient and eliminates the need for multiple components.

The online *ActivityPak* is contained within and accessed via the Prego! *Online Learning Center.* Instructors can order the *ActivityPak* as part of their students' textbook package; in this case, students receive a registration code when purchasing their textbook package at the bookstore. Students may also purchase a registration code individually, directly from the *Online Learning Center.* Registration codes are unique to each individual user and cannot be transferred.

Instructors do not need a registration code to access the *ActivityPak.* Instructors have full access to all content via the Instructor's Edition of the *Online Learning Center.*

The *Prego!* seventh edition *Online Learning Center* provides a variety of self-quizzes and cultural activities that are available to students free of charge. Also available on the *Online Learning Center,* free of charge, is the *Laboratory Audio Program* to accompany the *Laboratory Manual.* The *In ascolto Listening Comprehension Program* is also available free of charge on the *Online Learning Center.* Please note that the *ActivityPak* is a saleable item; although accessed via the *Online Learning Center,* it is not part of the free content and must be purchased.

Instructors will find extensive instructor support materials on the Instructor's Edition side of the Online Learning Center. These instructor support materials include electronic versions of the *Instructor's Resource Guide and Testing Program*, the *Audioscript* to accompany the *Laboratory Manual* and beautiful digital transparencies that can be used in any way the instructor chooses.

Visit the Prego! *Online Learning Center* at **www.mhhe.com/prego7.**

Supplements

As a full-service publisher of quality educational materials, McGraw-Hill does much more than just sell textbooks to your students; we create and publish an extensive array of print, video, and digital supplements to support instruction on your campus. Orders of new (versus used) textbooks help us to defray the cost of developing such supplements, which is substantial. Please consult your local McGraw-Hill sales representative to learn about the availability of the supplements that accompany *Prego! An Invitation to Italian.*

For Students

- The *Workbook*, by Graziana Lazzarino and Andrea Dini, provides additional practice with vocabulary and structures through a variety of written exercises. Many of the *Workbook* exercises have been revised or completely rewritten to add context and to correspond to changes made in the main text. The readings, writing activities, and realia-based cultural activities have been heavily revised and at times completely rewritten to include the most up-to-date and interesting information for students. Self-tests appear after every third chapter to help students prepare for exams. Answers to the *Workbook* exercises appear in the *Instructor's Resource Guide.*
- The *Laboratory Manual*, also by Andrea Dini and Graziana Lazzarino, provides listening and speaking practice outside the classroom. Material includes pronunciation practice, vocabulary and grammar exercises, dictations, and listening-comprehension sections that simulate authentic interaction.
- The *Online Workbook* and *Online Laboratory Manual*, developed in collaboration with Quia™, are the enhanced, interactive versions of the printed products. They include instant feedback, the complete audio program (for the *Online Laboratory Manual*), automatic grading and scoring, and a gradebook feature.
- The *Audio Program*, available for purchase on audio CDs and online on the *Prego! Online Learning Center*, coordinates with the *Laboratory Manual*. The **In ascolto** *Listening Comprehension* CD is included on a separate audio CD as part of the complete *Audio Program.*
- The new online *ActivityPak* is available through the *Online Learning Center*. The *ActivityPak* replaces the *Interactive CD-ROM* and *Video on CD* and provides a variety of engaging interactive activities delivered in a convenient online learning environment. The *ActivityPak* also includes the complete video program.

- The *Online Learning Center* provides a variety of vocabulary and grammar activities for each chapter of the text. The **In ascolto** *Listening Comprehension Program* and the complete *Laboratory Audio Program* are included as part of the *Online Learning Center.*

For the Instructor

- The *Instructor's Edition* of the text, with annotations by Maria Mann of Nassau Community College, includes a wide variety of on-page annotations, including suggestions for presenting the grammar material, ideas for recycling vocabulary and grammar, variations and expansion exercises, and follow-up questions for the minidialogues that introduce many grammar points and for the cultural readings.

- The *Instructor's Resource Guide and Testing Program* (with *Testing Audio Program*) includes suggestions for planning a course syllabus, chapter-by-chapter teaching notes, expanded information on testing, sample oral interviews devised in accordance with ACTFL proficiency guidelines, answers to exercises in the main text, the complete videoscript, and discussions about interaction in the classroom, the use of authentic materials, and using *Prego!* in the proficiency-oriented classroom. The complete *Testing Program* includes semester and quarter final exams, and also includes a *Testing Audio Program* which provides recordings of the listening comprehension and dictation portions of each test.

- The Instructor Edition portion of the *Online Learning Center* includes the *Instructor's Resource Guide and Testing Program* in an electronic format, providing you the flexibility of modifying or adapting these teaching materials to suit the needs of your class. Also available on the Instructor's Edition side of the Online Learning Center are digital transparencies and the Audioscript.

- The *Audio Program* for the *Laboratory Manual*, available on audio CDs and recorded by native speakers of Italian, includes exercises and listening passages to guide your students in speaking practice and listening comprehension (free of charge to adopting institutions). An *Audioscript* is also available. The **In ascolto** *Listening Comprehension Program* is also included as part of the complete *Audio Program*.

- The *DVD Program* includes video footage shot on location in Italy, which is integrated with the main text through the **Videoteca** section of each chapter.

Acknowledgments

The authors and publishers would again like to thank the instructors who participated in the various surveys and reviews that proved invaluable in the development of the first five editions of *Prego!* In addition, the publishers would like to acknowledge the many valuable suggestions of the following instructors, whose input was enormously useful in the development of the sixth edition. (Inclusion of their names here does not constitute an endorsement of the *Prego!* program or its methodology.)

Carla Amann, Colgate University
Barbara (Ashley) Anglin, Northern Virginia Community College
Marilisa Benigno, Dalhousie University
Giovanna Bellesia, Smith College
Marilisa Benigno, Dalhousie University
Kelly Blank, Xavier University
Catherine Burton, Santa Rosa Junior College
Romana Capek-Habekovic, University of Michigan, Ann Arbor
Alva Cellini, St. Bonaventure University
Guiseppe Faustini, Skidmore College
Carlo Ferguson-McIntyre, Truckee Meadows Community College
Jose M. Garcia-Paine, Front Range Community College

Lucia Hannau, Purdue University
Hilary Landwehr, Northern Kentucky University
Domenico Maceri, Allan Hancock College
Franco Manca, University of Nevada, Reno
Maria Mann, Nassau County Community College
Gabriella Marconi Merriman, The University of Alabama
Simonetta May, Pasadena City College
Cristina Mazzoni, The University of Vermont
Inez Mela, College of Mount Saint Vincent
Robin Pickering-Iazzi, University of Wisconsin, Milwaukee
Graziana Ramsden, Massachusetts College of Liberal Arts
Vince Redder, Dakota Wesleyan University
Camilla P. Russell, University of Maryland, College Park
Barbara Spinelli, Columbia University
Daria Valentini, Stonehill College
Patricia Vilches, Lawrence University
David Ward, Wellesley College

The authors would like to express their special thanks to Gina Pietrantoni, of the University of Colorado, Boulder, for her very valuable contributions to this edition. Gina worked closely with the authors throughout the entire revision process.

Many people at McGraw-Hill deserve thanks and recognition for their excellent contributions to the seventh edition of *Prego!* Thanks in particular to Misha MacLaid, our Development Editor, who worked tirelessly on developing and carefully editing several drafts of manuscript. Thank you also to the wonderful production and manufacturing team, especially Mel Valentin, the Production Editor, Louis Swaim, the Supplements Coordinator, Richard DeVitto, the Production Supervisor, Emma Ghiselli, the Art Editor, and Alex Ambrose, the Photo Research Coordinator, for guiding the final manuscript of the text and all supplementary materials through the entire production and manufacturing process. We are very excited about the new elegant and distinctively Italian interior and cover design, and we want to thank both Violeta Diaz, the Design Manager, Mark Ong and Carolyn Deacy, the interior designers, and Carolyn Deacy, the cover designer, for creating such a beautiful design for the seventh edition. The authors would like to thank Christa Harris, our Sponsoring Editor, and Susan Blatty, our Director of Development, for their valuable contributions to the revision of the seventh edition and for their support of the many people involved in this edition. Thanks to William R. Glass, Publisher, for his strong leadership of the *Prego!* program and for his continued support and enthusiasm. We express our sincere gratitude to Nick Agnew, our Executive Marketing Manager, and the entire McGraw-Hill sales team for their unwavering support of *Prego!* throughout all its editions.

Buon giorno, Italia!

Buon… Good morning, Italy!

Il Canal Grande a Venezia

FUNZIONI COMUNICATIVE

- Salutare e presentarsi

Perché l'italiano?°

Una studentessa d'arte restaura un dipinto (*restores a painting*) a Venezia.

*W*ant to know what Luciano Pavarotti is singing about? Interested in watching a Roberto Benigni film without having to read the subtitles? Like to impress a dinner date by correctly pronouncing **gnocchi** or **bruschetta**? Maybe you have Italian-speaking family or friends. Perhaps you plan to study or travel in Italy. Could be you just need to satisfy your school's foreign-language requirement. **Chissà!** (*Who knows!*) Whatever your reasons, you'll find the study of Italian fun and rewarding.

Italian, with over 60 million native speakers worldwide, is a language of vital cultural, commercial, and political importance. While Italian has a history as rich and varied as that of any language on earth, it is—like Italy itself—alive, dynamic, and modern. And Italy, while justifiably celebrated for its history, is very much a part of the modern world. A member of both the European Union and the Group of Eight (the world's eight richest industrialized nations), Italy has, since World War II, become one of the world's biggest consumer markets and industrial producers. Economic success, a national flair for design and style, and careful stewardship of some of the West's most precious cultural treasures make Italy at once unique and universally appealing.

La Galleria Vittorio Emanuele a Milano

Ma, ancora una volta, perché l'italiano? (*But, once again, why Italian?*) Well, you may prefer sweats and Nikes to Armani suits and Ferragamo shoes. A trusty pickup may be more your style than a sporty Alfa Romeo. You may never make it through all three parts of Dante's great medieval epic *La Divina Commedia* (*The Divine Comedy*). You may never even develop a taste for **caffè espresso.** But whatever your preferences in fashion, art, food, design, business, or history, by learning Italian you are giving yourself the opportunity to get to know and appreciate a culture of unmatched complexity and beauty. **Buon lavoro!** (*Enjoy your work!*)

Vigneti (*Vineyards*) nella regione del Chianti, in Toscana

A. Saluti e espressioni di cortesia°

Presentazioni°

Introductions

Listen to two professors introduce themselves to their classes.

—Ciao e buona fortuna°!
ª buona... *good luck*

Buon giorno.
Sono Marco Villoresi.
Sono professore di italiano.
Sono di Firenze.

Buon giorno.
Sono Alessandra Stefanin.
Sono professoressa di italiano.
Sono di Venezia.

Saluti

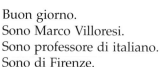

buon giorno	*good morning, good afternoon* (*used until midafternoon**)
buona sera	*good afternoon, good evening* (*late afternoon, evening, and night*)
buona notte	*good night* (*when parting in the evening*)
ciao	*hi, hello, bye* (*informal*)
salve	*hi, hello* (*more formal than* **ciao**)
arrivederci	*good-bye*
ci vediamo	*see you later*
a domani	*see you tomorrow*

Buono a sapersi (*Good to know*)

Do you know the origin of **ciao**? At one time the word **schiavo** (*servant*) was used as a greeting to show great respect: *I am your servant*. Then, in the northeastern regions of Italy, **schiavo** was abbreviated first to **s-ciao** and finally to **ciao**. Eventually the greeting became very casual, and today it is used throughout the world.

ESERCIZI

Chi sono? (*Who am I?*) Introduce yourself to the class and to your instructor, using the greetings you consider appropriate.

> ESEMPIO: S1: Buon giorno! Sono David Warren. Sono studente di italiano. Sono di Milwaukee.
> S2: Salve! Sono Suzanna Ward. Sono studentessa di italiano. Sono di Portland.

***Buon giorno** is used only until midday in some parts of Italy.

Formale e informale

The Italian language expresses the differing degrees of familiarity that exist between people. Italians tend to behave more formally than Americans in social exchanges, and they typically use formal address for everyone except family, close friends, classmates, and young children.

A student runs into his professor.

STUDENTE: Buona sera, professor Villoresi! Come va?
PROF. VILLORESI: Abbastanza bene, grazie. E Lei?
STUDENTE: Non c'è male.
PROF. VILLORESI: Arrivederci.
STUDENTE: Arrivederci.

In Italy, students and professors generally use the **Lei** (*formal "you"*) form with each other. Professors are never called by their first names.

Compare the dialogues that follow.

INFORMAL	FORMAL
Laura meets Roberto on campus.	*Mrs. Martini sees her neighbor, Mr. Rossi, at the bank.*

LAURA: Ciao, Roberto, come stai?
ROBERTO: Bene, grazie, e tu?
LAURA: Non c'è male,
Abbastanza bene, } grazie.
Così, così,
ROBERTO: Ciao, Laura!
LAURA: Ci vediamo!

SIGNORA MARTINI: Buon giorno, signor Rossi, come sta?
SIGNOR ROSSI: Bene, grazie, e Lei?
SIGNORA MARTINI: Non c'è male,
Abbastanza bene, } grazie.
Così, così,
SIGNOR ROSSI: Arrivederci, signora!
SIGNORA MARTINI: Arrivederci!

Come va? (*How's it going?*) is a useful and polite expression similar to **Come stai?** (*How are you?*, *informal*) and **Come sta?** (*How are you?*, *formal*). Responses can vary from **bene** (*well*) to **abbastanza bene** (*pretty good*) to **così così** (*so-so*) to **non c'è male** (*not bad*) and, of course, **male** (*bad*).

Espressioni di cortesia°

Espressioni... *Expressions of politeness*

piacere	*pleased to meet you*
grazie	*thank you, thanks*
prego	*you're welcome*
Come?	*I beg your pardon? / What?*
scusi	*excuse me (formal)*
scusa	*excuse me (informal)*
per favore, per piacere	*please*

ESERCIZI

A. Per strada. (*On the street.*) As Marco walks around town, he meets several people. Play the role of Marco, greeting people formally or informally, as appropriate.

ESEMPI: Marisa, a classmate → Ciao, Marisa!

Carlo Barsanti, a professor, late afternoon →
Buona sera, professore!

1. Paolo, one of Marco's closest friends
2. Miss Bennett, Marco's English teacher
3. Professor Musatti, Marco's psychology instructor
4. Mrs. Bianchi, a friend of the family, 4 P.M.

B. Situazioni. What would you say in the following situations?

ESEMPIO: It is morning. You meet one of your instructors. How do you greet her? →
Buon giorno, professoressa!

1. You meet Gina, an Italian classmate. How do you greet her?
2. A man drops a ticket. You pick it up and give it to him. He thanks you. How do you respond?
3. You want to get a stranger's attention. What do you say?
4. You're going to bed. What do you say to your roommate?

C. Dialoghi. (*Dialogues.*) The following people meet in the street and stop to chat. Working with a partner, create short dialogues for each encounter.

ESEMPIO: Alberto, a student, meets his cousin Silvia. They've both had the flu. →
ALBERTO: Ciao, Silvia, come va?
SILVIA: Così così. E tu?
ALBERTO: Abbastanza bene oggi (*today*)!

1. Mr. Tozzi meets Ms. Andreotti; they are barely acquainted.
2. Clara meets Antonella; they went to high school together.
3. A student passes his/her professor on campus.

 In ascolto

For listening comprehension activities related to the theme of this section, see the Laboratory Manual or visit the *Prego!* website.
www.mhhe.com/prego7

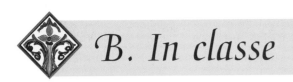

In italiano! There are several useful expressions you should memorize right away to get accustomed to asking questions and responding to your instructor's directions in Italian.

Per... For the student (masculine/feminine)

Per lo studente / la studentessa°

Come si dice... ?	*How do you say . . . ?*
Come si scrive... ?	*How do you spell . . . ?*
Come si pronuncia... ?	*How do you pronounce . . . ?*
Cosa vuol dire?	*What does it mean?*
Cosa vuol dire... ?	*What does . . . mean?*
Ripeta, per favore!	*Repeat, please!*
Capisco. (Sì, capisco.)	*I understand. (Yes, I understand.)*
Non capisco. (No, non capisco.)	*I don't understand. (No, I don't understand.)*
Una domanda, per favore.	*A question, please.*

Per il professore / la professoressa

Aprite il libro.	*Open the book.*	Rispondete.	*Answer.*
Chiudete il libro.	*Close the book.*	Scrivete.	*Write.*
Ascoltate.	*Listen.*	Capite?	*Do you understand?*
Ripetete.	*Repeat.*		

A. Come si dice... ? What would you say in the following situations? (Sometimes more than one answer is possible.)

1. You do not know what your instructor has said.
2. You did not hear clearly what your instructor said.
3. You want to know what something means.
4. You do not know how to spell a word.
5. You want to know how to pronounce a word.
6. You want to ask how to say *book* in Italian.

B. Capite? Your instructor is asking you to perform some actions. What would you do or say in the following situations?

1. Ripetete **buon giorno,** per favore!
2. Scrivete **buona notte,** per favore!
3. Capite? Rispondete **sì** o **no...**
4. Aprite il libro.

C. Alfabeto e suoni°

Alfabeto... *Alphabet and sounds*

Like other Romance languages (French, Spanish, Portuguese, and Rumanian), Italian derives from Latin. The language of the ancient Romans was spoken throughout the Roman Empire.

Today Italian is spoken in Italy by 57 million Italians, in southern Switzerland, and in parts of the world (particularly the United States, South America, and Australia) where many Italians have immigrated.

Italian is a phonetic language, which means that it is pronounced as it is written. Italian and English share the Latin alphabet, but the sounds represented by the letters often differ considerably in the two languages.

The Italian alphabet has 21 letters, but it uses 5 additional letters in words of foreign origin. On the following page is the complete alphabet, with a key to Italian pronunciation.

Evoluzione...

Nota bene

Parole simili°   Parole... *Cognates*

Italian words that resemble English words and have similar meanings are called *cognates* or **parole simili.** There are minor differences in spelling between English and Italian cognates. Once you learn a few patterns, you will be able to recognize new words.

-zione → -tion
-tà → -ty
-oso → -ous
-za → -ce
-ismo → -ism
-ssione → -ssion

For example:

inflazione inflation
università university
famoso famous
apparenza appearance
turismo tourism
impressione impression

ATTENZIONE! Words that look alike in the two languages sometimes have different meanings. These are called *false cognates* or **falsi amici.**

parente = relative (*not* parent)
libreria = bookstore (*not* library)

Alfabeto

LETTERA	PRONUNCIA	CITTÀ E PAROLE°
a	a	Ancona
b	bi	Bologna
c	ci	Como
d	di	Domodossola
e	e	Empoli
f	effe	Firenze
g	gi	Genova
h	acca	Hotel
i	i	Imola
l	elle	Livorno
m	emme	Milano
n	enne	Napoli
o	o	Otranto
p	pi	Palermo
q	cu	Quarto
r	erre	Roma
s	esse	Siena
t	ti	Torino
u	u	Udine
v	vu	Venezia
z	zeta	Zara
j	i lunga	jolly
k	cappa	Kaiser
w	doppia vu	Washington
x	ics	ics
y	ipsilon	York

Città... *Cities and words*

Every letter is pronounced in Italian except **h.** Pronunciation of the five additional letters will vary according to the language of origin of the word in which those letters appear.

You will learn the sounds of Italian and acquire good pronunciation by listening closely to and imitating your instructor and the native speakers on the laboratory audio program.

ESERCIZI

A. Chi sei? (*Who are you?*) **Come si scrive?** You are introducing yourself to an Italian friend, who asks you to spell your **nome** (*first name*) and **cognome** (*last name*). Spell your name for your partner, who will write it down and spell it back to you. Then exchange roles.

ESEMPIO: S1: Sono Kevin Sheier.
S2: Come si scrive?
S1: Cappa, e, vu, i, enne: Kevin. Esse, acca, e, i, e, erre: Sheier.

B. Città d'Italia. Italians often use names of cities or particular words to stand for letters of the alphabet, in order to avoid misunderstanding (such as over the telephone). Using the list on page 8, spell your own name for a partner the Italian way.

ESEMPIO: Nora Stoppino… Napoli, Otranto, Roma, Ancona. Siena, Torino, Otranto, Palermo, Palermo, Imola, Napoli, Otranto.

Vocali°
Vowels

Italian vowels are represented by the five letters **a, e, i, o,** and **u.** Vowels are always articulated sharply and clearly in Italian. They are never pronounced weakly (as in the English word *other*), and there is no vowel glide (like the rise from *a* to *i* in the English word *crazy*).

a	(*father*)	patata	banana	sala	casa
e	(*late*)	seta	e	sera	verde (*closed* **e**)
	(*quest*)	setta	è	bello	testa (*open* **e**)
i	(*marine*)	pizza	Africa	vino	birra
o	(*cozy*)	nome	dove	volere	ora (*closed* **o**)
	(*cost*)	posta	corda	porta	cosa (*open* **o**)
u	(*rude*)	rude	luna	uno	cubo

Listen as your instructor pronounces the following words in English and Italian, and notice the differences in pronunciation.

marina	Coca-Cola
gusto	aroma
saliva	propaganda
camera	piano
formula	opera
replica	gala
Riviera	Elvira
trombone	alibi
malaria	coma

Consonanti°
Consonants

Most Italian consonants do not differ greatly from their counterparts in English, but there are some exceptions and a few special combinations.

1. Before **a, o,** or **u,** the consonants **c** and **g** have a hard sound. **C** is pronounced as in *cat,* and **g** is pronounced as in *go.*

casa	colore	curioso
gatto	gonna	gusto

2. Before **e** or **i,** the consonants **c** and **g,** as well as the combination **sc,** have a soft sound: **c** is pronounced as in *church,* **g** is pronounced as in *gem,* and **sc** is pronounced as in *show.*

cena	cinema
gelato	giro
scena	sci

3. The combinations **ch, gh,** and **sch** have a hard sound, as in *cat, go,* and *scheme.*

Michele	Chianti
lunghe	laghi
schema	tedeschi

4. Before a final **i** and before **i** + *vowel*, the combination **gl** is pronounced like **ll** in *million*.

> gli   glielo   figli   foglio

5. The combination **gn** is pronounced like the *ny* in *canyon*.

> signore   ignorante   sogno

Consonanti doppie°

Consonanti… *Double consonants*

All Italian consonants except **q** have a corresponding double consonant, whose pronunciation is distinct from that of the single consonant. Ignoring this distinction will result in miscommunication.

Contrast the pronunciation of the following words.

> sete / sette   moto / motto
> pala / palla   dona / donna
> papa / pappa   fato / fatto

Listen as your instructor compares the English and Italian pronunciation of these words.

> ballerina   spaghetti   confetti   villa
> antenna   zucchini   Anna   Amaretto
> mamma   piccolo   motto

Accento tonico°

Accento… *Stress*

Most Italian words are pronounced with the stress on the next-to-last syllable.

> **minestrone** (mi ne STRO ne)
> **Maria** (ma RI a)
> **cominciamo** (co min CIA mo)

Some words are stressed on a different syllable. As an aid to the student, this text indicates irregular stress with a dot below the stressed vowel in vocabulary lists and parts of the grammar explanations.

> **camera** (CA me ra)
> **credere** (CRE de re)
> **Mario** (MA ri o)
> **numero** (NU me ro)
> **telefono** (te LE fo no)

Some words are stressed on the last syllable; these words are always written with an accent on the final vowel of that syllable.

> **città** (cit TA)
> **caffè** (caf FE)
> **così** (co SI)
> **però** (pe RO)
> **virtù** (vir TU)

A few one-syllable words carry a written accent, often to distinguish them from words that are spelled and pronounced identically but have different meanings. Compare **si** (*oneself*) with **sì** (*yes*), and **la** (*the*) with **là** (*there*).

There are two written accents in Italian, ` and ´. The former, used in this book with all the vowels, indicates an open pronunciation, as in **cioè** (*that is*). The latter, used in this book only with the letter **e,** indicates a closed pronunciation of **e,** as in **perché** (*why, because*).

Titoli°

Titles

Women are almost always greeted as **signora** or **signorina** in Italy: **Buon giorno, signora!** (for a married or older woman), **Buon giorno, signorina!** (for an unmarried or younger woman). The last name may be added if it is known. The title **signore** is rarely used alone to greet a man, however. Only people in service positions—servers, clerks, and so on—would say **Buon giorno, signore!** If you know a man's last name, it is acceptable and common to use **signore** (or the short form, **signor**) in conjunction with his name: **Buon giorno, signor Rossi!**

Instructors are addressed as **professore** (*masculine*), shortened to **professor** before a name (for example, **Buon giorno, professor Cantarini!**), and **professoressa** (*feminine*).

The title **dottore** (*masculine*) or **dottoressa** (*feminine*) is used for anyone who has earned a university degree (**la laurea**), whether in medicine or other academic fields.

Buon giorno, professore!

D. Numeri da uno a cento°

Numeri... (Cardinal) Numbers from one to one hundred

Numbers are a useful tool to learn right away. With just the numbers from one to ten, you can tell classmates your phone number and street address.

0	zero	6	sei
1	uno	7	sette
2	due	8	otto
3	tre	9	nove
4	quattro	10	dieci
5	cinque		

Your instructor will show you how Italians write the figures 1, 4, and 7.

11	undici	14	quattordici	17	diciassette
12	dodici	15	quindici	18	diciotto
13	tredici	16	sedici	19	diciannove

20	venti	27	ventisette	40	quaranta
21	ventuno	28	ventotto	50	cinquanta
22	ventidue	29	ventinove	60	sessanta
23	ventitré	30	trenta	70	settanta
24	ventiquattro	31	trentuno	80	ottanta
25	venticinque	32	trentadue	90	novanta
26	ventisei	33	trentatré	100	cento

—Uno, due, tre... uno, due, tre, ...
pronto, pronto... prova microfono...

When **-tre** is the final digit of a larger number, it takes an accent: **ventitré, trentatré,** and so on. The numbers **venti, trenta,** and so on drop the final vowel before adding **-uno** or **-otto: ventuno, ventotto,** etc.

ESERCIZI

A. Numeri di telefono. (*Telephone numbers.*) Italian phone numbers and area codes (**prefissi**) vary in length. For example, Rome's **prefisso** is 06 and Reggio Calabria's is 0965. Italians usually phrase the **prefisso** in single digits and the local number in sets of two digits. Practice reading aloud the following numbers.

ESEMPIO: (0574) 46-07-87 →
Prefisso: zero-cinque-sette-quattro. Numero di telefono: quarantasei, zero sette, ottantasette *or* quattro-sei-zero-sette-otto-sette.

1. (02) 48-31-56
2. (010) 66-43-27
3. (06) 36-25-81-48
4. (0571) 61-11-50
5. (055) 23-97-08
6. (0573) 62-91-78

B. Indirizzi. (*Addresses.*) Italian building numbers are seldom longer than three digits. The number always follows the name of the street. For example: **Via di Galceti 56 (cinquantasei).** Read these street addresses aloud.

1. Via San Martino 17
2. Via Verdi 89
3. Via Vittorio Emanuele 100
4. Via della Repubblica 65
5. Via Giulio Cesare 33
6. Via Mazzini 41

C. Quanto costa? (*How much is it?*) Italy and other countries in the European Union have a shared currency, the **euro.** Working in pairs and assuming a 1:1 exchange rate with the dollar, show your classmate a few items and let him/her guess their prices in **euro.** Give hints by responding **No, di più** (*more*) or **No, di meno** (*less*) until they get it right, **Giusto!**

ESEMPIO: S1: (*holding a backpack*) Quanto costa?
S2: 40 euro?
S1: No, di più.
S2: 45?
S1: Giusto!

 In ascolto

For listening comprehension activities related to the theme of this section, see the Laboratory Manual or visit the *Prego!* website.
www.mhhe.com/prego7

E. Calendario°

Calendar

Giorni della settimana°

Giorni... Days of the week

lunedì
martedì
mercoledì
giovedì
venerdì
sabato
domenica

Che giorno è... ?	*What day is . . . ?*
oggi	*today*
domani	*tomorrow*
Oggi è giovedì.	*Today is Thursday.*
Domani è venerdì.	*Tomorrow is Friday.*

The days of the week are not capitalized in Italian. The week begins on Monday.

SETTEMBRE

L	M	M	G	V	S	D
				1	2	3
4	5	6	(7)	8	9	10
11	12	13	14	15	16	17
18	19	20	21	22	23	24
25	26	27	28	29	30	

Mesì°

Months

Look at the list of months and find the month you were born.

gennaio	maggio	settembre
febbraio	giugno	ottobre
marzo	luglio	novembre
aprile	agosto	dicembre

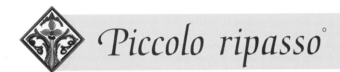

ESERCIZI

A. Oggi e domani. Put your knowledge of the calendar to the test.

    1. Che giorno è oggi?
    2. Che giorno è domani?
    3. Che mese è?

Piccolo ripasso°

Piccolo… Little review

A. Io sono… Now you're ready to begin the adventure of learning Italian. You already know the basics. Review what you know how to say.

    Io sono…
    Sono di…
    L'indirizzo è…
    Il numero di telefono è…
    Sono studente/studentessa di italiano.

B. Presentazioni. Choose a partner you haven't yet met. Tell your partner the following in Italian.

    your name
    where you're from
    your address
    your phone number
    that you're a student of Italian

Now ask your partner how he/she is today and listen to his/her introduction.

STRUMENTI°

Tools

Videoteca

VIDEO
 Amici di famiglia

Roberto, an Italian-American journalist, has just arrived in Florence on assignment for an online newspaper. He is on his way to meet Giuliana, an old friend of the family who now works for the Tourist Board.

Preparazione

ESPRESSIONI UTILI

un giornale in rete	an online newspaper
l'Ufficio Informazioni Turistiche	Tourist Board
amica di famiglia	family friend (*feminine*)
gentilissima	very kind
un regalo	a gift
una piantina	a small map
le tue passeggiate	your walks
Dimmi!	Tell me!
Dunque...	Well . . .

FUNZIONE: greetings

Dal video

GIULIANA: Ciao, Roberto!
ROBERTO: Ciao, Giuliana, come stai?
GIULIANA: Io sto bene, e tu?
ROBERTO: Anch'io sto bene! Grazie!

Dopo il video

Verifica. Vero o falso? (*True or false?*)

	V	F
1. Roberto addresses Giuliana formally.	☐	☐
2. Giuliana wants to show Roberto a nearby park.	☐	☐
3. The **articolo** Giuliana refers to is an article of clothing.	☐	☐

Comprensione. Answer the following questions.

1. Does Giuliana tell Roberto he is very handsome? What does she tell him?
2. What does Roberto receive from Giuliana?
3. Is the park nearby or far away?

Attività. At the airport in Florence you bump into an old classmate from high school. You recognize each other but can't remember each other's name. After a few seconds of pause, you start asking each other questions: Who are you? How are you? Use the vocabulary at the end of the chapter to act out your scene. Be creative!

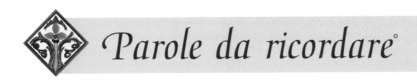
ESPRESSIONI

sono	I am
è	is

TITOLI

dottore	doctor (*masculine*)
dottoressa	doctor (*feminine*)
professore	professor (*masculine*)
professoressa	professor (*feminine*)
signora	Mrs.
signore	Mr.
signorina	Miss

CALENDARIO

giorni	days
lunedì	Monday
martedì	Tuesday
mercoledì	Wednesday
giovedì	Thursday
venerdì	Friday
sabato	Saturday
domenica	Sunday
Che giorno è?	What day is it?
settimana	week
mesi	months
gennaio	January
febbraio	February
marzo	March
aprile	April
maggio	May
giugno	June
luglio	July
agosto	August
settembre	September
ottobre	October
novembre	November
dicembre	December
oggi	today
domani	tomorrow

ALTRE PAROLE (*OTHER WORDS*) E ESPRESSIONI

buon giorno	good morning, good afternoon
buona sera	good afternoon, good evening

buona notte	good night
ciao	hi, hello, bye (*informal*)
salve	hi, hello
Come sta?	How are you? (*formal*)
Come stai?	How are you? (*informal*)
Come va?	How's it going?
E Lei?	And you? (*formal*)
E tu?	And you? (*informal*)
non c'è male	not bad
male	bad
abbastanza bene	pretty good
così così	so-so
bene	well
arrivederci	good-bye
ci vediamo	see you later
a domani	see you tomorrow
Chi?	Who?
Come?	I beg your pardon?, What?
grazie	thank you, thanks
per favore, per piacere	please
piacere	pleased to meet you
prego	you're welcome
scusa	excuse me (*informal*)
scusi	excuse me (*formal*)
sì	yes
no	no
e	and
Come si dice... ?	How do you say . . . ?
Cosa vuol dire... ?	What does . . . mean?

IN CLASSE

una domanda	a question
un libro	a book
una matita	a pencil
una parola	a word
una penna	a pen
un quaderno	a notebook
una sedia	a chair
uno studente	a student (*masculine*)
una studentessa	a student (*feminine*)

Una città italiana

Una... An Italian city

Milano

17

Vocabolario preliminare

Per strada

STUDENTE: Scusi, signora, un'informazione. C'è una farmacia qui vicino?

SIGNORA: Sì, in Via Marco Polo. Sempre dritto e poi a sinistra. Vicino ci sono due negozi e un cinema.

STUDENTE: Grazie e buon giorno!

SIGNORA: Prego e arrivederci!

1. Dov'è (*where is*) la farmacia?
2. Cosa c'è vicino?
3. È giorno o sera?

Una città italiana

LUOGHI (PLACES)

un aeroporto airport
una banca bank
un caffè coffee; café
un museo museum
un ospedale hospital
una scuola school
uno stadio stadium
una stazione train station
un teatro theater
un'università university
una via street
uno zoo zoo

MEZZI DI TRASPORTO (MEANS OF TRANSPORTATION)

un aeroplano, un aereo airplane, plane
un autobus, un bus bus
un'automobile (*feminine*), **un'auto, una macchina** car
una bicicletta, una bici bicycle, bike
una motocicletta, una moto motorcycle
un motorino, uno scooter moped, motorscooter
un treno train

INDICAZIONI (DIRECTIONS)

a destra to the right, on the right
a sinistra to the left, on the left
dritto straight
  sempre dritto straight ahead

lì, là there
qui, qua here
qui vicino nearby

IN VIAGGIO (ON A TRIP)

un biglietto ticket
un'informazione (*feminine*) piece of information
una valigia (*plural* **valige**) suitcase
un viaggio trip
uno zaino backpack

ALTRE ESPRESSIONI

c'è… , c'è… ? there is . . . , is there . . . ?
ci sono… , ci sono… ? there are . . . , are there . . . ?
dov'è… ? where is . . . ?
ecco here (it) is, here (they) are; there (it) is, there (they) are

PREPOSIZIONI SEMPLICI (SIMPLE PREPOSITIONS)

a at, to, in (*a city*)
con with
da from
di of, by
in in, to, into
per for
senza without
su on, over

ESERCIZI ■ ■ ■ ■ ■ ■ ■ ■

A. Luoghi, cose e persone (*things and people*). Which things and people in list B would you associate with the places in list A?

A	B
1. _____ un ristorante	**a.** un viaggio
2. _____ un ospedale	**b.** un animale
3. _____ una scuola	**c.** un cappuccino
4. _____ una stazione	**d.** un dottore
5. _____ un aeroporto	**e.** una studentessa
6. _____ un bar	**f.** un aereo
7. _____ un biglietto	**g.** una pizza
8. _____ un supermercato	**h.** una banana
9. _____ una via	**i.** un motorino
10. _____ uno zoo	**j.** un treno

B. Dov'è? You are new in the area. Ask a local if a particular building is on a given street. Work with a partner and use the map below.

ESEMPIO: un museo / Via Mazzini →
S1: Scusi, c'è un museo in Via Mazzini?
S2: Sì, c'è un museo in Via Mazzini.

1. un albergo / Via Dante
2. un ufficio postale / Via Canova
3. una scuola elementare / Via Gramsci
4. un cinema / Via Botticelli
5. una banca / Piazza Verdi
6. uno zoo / Via Giulio Cesare

C. Sempre dritto, a destra, a sinistra… You're at the train station and need to ask for directions. Use the map and work in pairs. Your directions will start from the intersection of Via Giulio Cesare and Via Dante. Don't forget to be polite and thank your partner for the information.

ESEMPIO: una banca →
S1: Scusi, un'informazione… C'è una banca qui vicino?
S2: Sì, è in Piazza Verdi. Sempre dritto per (*through*) Via Giulio Cesare, poi (*then*) a destra.
S1: Grazie!
S2: Prego!

1. un ospedale
2. un'università
3. una chiesa
4. un ristorante
5. una farmacia
6. uno stadio

In ascolto

For listening comprehension activities related to the theme of this chapter, see the Laboratory Manual or visit the *Prego!* website.
www.mhhe.com/prego7

Grammatica

A. Nomi: genere e numero

CAMERIERE: Buon giorno, signorine! Prego...

SIGNORINA 1: Sì, un gelato, una pasta e un'aranciata per favore.

SIGNORINA 2: Anche un panino e due caffè!

CAMERIERE: Sono dieci euro.

SIGNORINA 1: Ecco dieci dollari, va bene?

1. Most Italian nouns (**i nomi**) end in a vowel. Nouns that end in a consonant are of foreign origin. All nouns in Italian have a gender (**il genere**); that is, they are either masculine or feminine, even those that refer to things, qualities, or ideas.

   a. Usually, nouns ending in **-o** are masculine. Nouns ending in **-a** are usually feminine.

   MASCULINE: amico (*friend*), treno, dollaro, panino
   FEMININE: amica (*friend*), bicicletta, strada, studentessa

   b. Nouns ending in **-e** may be masculine or feminine. The gender of most of these nouns must be memorized, but nouns ending in **-zione** are always feminine.

   MASCULINE: studente, ristorante, caffè
   FEMININE: automobile, notte, lezione (*class, lesson*), stazione, situazione

   c. Nouns ending in a consonant are usually masculine.

   bar, autobus, film, sport

WAITER: Good morning, young ladies! Please... YOUNG LADY 1: Yes, an ice cream, a pastry, and an orange soda, please. YOUNG LADY 2: Also a sandwich and two coffees! WAITER: That will be ten euros. YOUNG LADY 1: Here's ten dollars. Is that OK?

d. Abbreviated nouns retain the gender of the words from which they derive.

auto *feminine* (*from* automobile)
bici *feminine* (*from* bicicletta)
cinema *masculine* (*from* cinematografo)
foto *feminine* (*from* fotografia)
moto *feminine* (*from* motocicletta)
video *feminine* (*from* videocassetta)

2. Italian nouns change their endings to indicate a change in number.

	SINGOLARE	PLURALE	
Maschile	**-o**	**-i**	treno → treni
Femminile	**-a**	**-e**	piazza → piazze
Maschile e femminile	**-e**	**-i**	ospedale (*masculine*) → ospedali stazione (*feminine*) → stazioni

a. Nouns ending in **-ca** or **-ga** and most nouns ending in **-go** maintain the hard sound of the **c** or **g** in the plural. This sound is represented in writing by adding an **h**. (Nouns ending in **-co** are presented in **Appendix 1, section B.**)

SINGOLARE	PLURALE	
-ca	**-che**	amica *friend* → amiche *friends*
-ga	**-ghe**	targa *license plate* → targhe *license plates*
-go	**-ghi**	albergo *hotel* → alberghi *hotels*

b. Nouns ending with an accented vowel or a consonant do not change in the plural, nor do abbreviated words.

un caffè → due caffè
un film → due film
un cinema → due cinema

una città → due città
una foto → due foto

ESERCIZI

A. Plurali. Give the plural of the following nouns.

1. treno	**7.** bar
2. lezione	**8.** nome (*first name*)
3. tè (*tea*)	**9.** cognome (*last name*)
4. piazza	**10.** zio
5. euro	**11.** autobus
6. luogo	**12.** negozio

B. Due, per favore! Working with a partner, imagine that you are in a café. The waiter underestimates your appetite and offers you one of each of the following items, but you want two! Be polite and add **per piacere** or **per favore** to your request.

ESEMPIO: un cappuccino →
S1: Un cappuccino, signore/signora?
S2: No, due cappuccini, per favore!

  1. un gelato
  2. un'aranciata
  3. un caffè
  4. una pizza
  5. un panino
  6. un tè
  7. uno spumone
  8. una pasta
  9. un bicchiere (*glass*) di vino
10. un bicchiere di latte (*milk*)

C. Una città immaginaria. Your partner will ask you if the imaginary city of Trentezia has one of each of the following places. Respond that it has more than one. Remember that **ci sono** (*there are*) is used to indicate more than one of something. Compare **Ci sono due chiese** (*There are two churches*) with **C'è una chiesa** (*There is one church*).

ESEMPIO: un supermercato →
S1: C'è un supermercato a Trentezia?
S2: No, ci sono quattro supermercati.

1. una scuola	**7.** un albergo
2. un ospedale	**8.** uno stadio
3. una banca	**9.** un museo
4. un bar	**10.** un cinema
5. uno zoo	**11.** una farmacia
6. un'università	**12.** una stazione

Nota bene

Words ending in *-io*
Words that end in **-io** retain the **i** in the plural if the **i** is stressed. If not, the **i** is dropped. (Stress is emphasis placed on a particular syllable when a word is spoken. For example, in English we say OFfice, not ofFICE.)

-i STRESSED
ZIo *uncle* → zii *uncles*
inVIo *mailing* → invii *mailings*

-i UNSTRESSED
neGOzio *store* → negozi *stores*
ufFIcio *office* → uffici *offices*

B. Articolo indeterminativo e *buono*

CLIENTE: Buon giorno! Un biglietto per Venezia, per favore.

IMPIEGATO: Ecco! Sono cinquantasette euro.

CLIENTE: Ah, scusi, un'informazione. C'è un ufficio cambio qui in stazione?

IMPIEGATO: No, ma c'è una banca qui vicino, in Piazza Garibaldi.

CLIENTE: Grazie e arrivederci!

IMPIEGATO: Prego! Buona giornata!*

1. The Italian indefinite article (**l'articolo indeterminativo**) corresponds to English *a/an* and is used with singular nouns. It also corresponds to the number *one*. The form of the article changes depending on the word that follows it. **Un** is used with most masculine nouns, but **uno** is used with masculine words beginning with **z** or **s** + *consonant*. **Una** is used with feminine nouns beginning with any consonant, and **un'** is used before feminine nouns beginning with a vowel.

MASCHILE	FEMMINILE
un treno (*a train, one train*)	una farmacia
un aeroplano	un'amica
uno zio	una zia
uno stadio	una scuola

2. The adjective **buono** (*good*) follows the same pattern as the indefinite article. It too has four forms in the singular: **buon, buono, buona,** and **buon'.** The form used depends on the word that follows it. (You will learn more about how adjectives function in Italian in **Capitolo 2.**)

MASCHILE	FEMMINILE
un buon treno (*a/one good train*)	una buona farmacia
un buon aeroplano	una buon'amica
un buono zio	una buona zia
un buono stadio	una buona scuola

CUSTOMER: Good morning! One ticket for Venice, please.   CLERK: Here it is! That will be fifty-seven euros.   CUSTOMER: Ah, excuse me, a bit of information: Is there a currency exchange here in the station?   CLERK: No, but there is a bank nearby in Piazza Garibaldi.   CUSTOMER: Thanks, and good-bye!   CLERK: You're welcome! Have a good day!

*Buona giornata! is a variant of **Buon giorno!** *It corresponds to the expression* Have a good day!

A. In un caffè. You are at an Italian **caffè.** Catch the attention of the server and order each of the following items.

   ESEMPIO: tè → Scusi! Un tè, per favore!

1. caffè (*m.*)
2. bicchiere di vino
3. pasta
4. aranciata
5. bicchiere di latte
6. cappuccino

B. Tutto buono. Supply the correct form of **buono** or an appropriate noun.

   ESEMPIO: un *buon* viaggio
              una buona *macchina*

1. un _____ zaino
2. un _____ dottore
3. una _____ farmacia
4. una _____ amica
5. una buon'_____
6. un buon _____
7. una buona _____
8. un buono _____

C. La mia (*My*) città. Describe your hometown to your partner.

   ESEMPIO: Nella mia (*In my*) città c'è un buon museo, ci sono 10
              supermercati…

Parole… *Italian words (used) in English*

Parole italiane in inglese°

Spaghetti o fettuccine?

Many Italian words are commonly used in English. Most musical terms, for instance, are of Italian derivation. Some examples are **adagio** (*slowly*), **allegro, concerto, crescendo, maestro, orchestra, piano, presto** (*fast*), **prima donna,** and **staccato.**

The vocabulary of art and architecture is also full of Italian words, including **basilica, cornice, cupola, graffiti, portico, studio, terra cotta,** and **torso.**

You probably already know dozens of food-related Italian words, such as **broccoli, fettuccine, lasagne, minestrone, mozzarella, pizza, ravioli, ricotta, spaghetti, tortellini,** and **zucchini.**

The Italian origin of less specialized English words, such as **fiasco** and **stanza,** may be less obvious. Also very common are words of Latin and Greek origin that have identical spellings and meanings in English and Italian. Some examples are **antenna, cinema, circa, data, diploma, formula, gala,** and **inferno.**

Can you think of other Italian words used in English?

C. Presente di *avere* e pronomi soggetto

MASSIMO: E Lei, signora, ha parenti in America?

SIGNORA PARODI: No, Massimo, non ho parenti, solo amici. E tu, hai qualcuno?

MASSIMO: Sì, ho uno zio in California e una zia in Florida.

1. Avere (*to have*) is an irregular verb (**un verbo irregolare**); it does not follow a predictable pattern of conjugation. The present tense (**il presente**) of **avere** is as follows:

SINGOLARE			PLURALE		
(io)	ho	*I have*	(noi)	abbiamo	*we have*
(tu)	hai	*you have (informal)*	(voi)	avete	*you have (informal)*
(Lei)	ha	*you have (formal)*	(Loro)	hanno	*you have (formal)*
(lui) (lei)	ha	*he has* *she has*	(loro)	hanno	*they have*

The following rules apply to **avere** and to all Italian verbs.

a. To make a verb negative (*I have → I don't have*), place the word **non** (*not*) directly before it.

Mario non ha soldi.	*Mario doesn't have money.*
Qui non hanno birra, hanno solo vino.	*They don't have beer here, they only have wine.*

b. To make a verb interrogative (*I have → Do I have?*) in writing, simply add a question mark to the end of the sentence. In speaking, the pitch of the voice rises at the end of the sentence.

Avete un buon lavoro.	*You have a good job.*
Avete un buon lavoro?	*Do you have a good job?*

—Non avete altro?

MASSIMO: And you, signora, do you have relatives in America? SIGNORA PARODI: No, Massimo, I don't have relatives, only friends. And you, do you have someone? MASSIMO: Yes, I have an uncle in California and an aunt in Florida.

In an interrogative sentence, the subject (noun or pronoun) can appear

- at the beginning of the sentence, before the verb
- at the end of the sentence

Mario ha una bicicletta? ⎱
Ha una bicicletta Mario? ⎰ *Does Mario have a bicycle?*

2. The subject pronouns (**i pronomi soggetto**) are as follows:

SINGOLARE		PLURALE	
io	*I*	noi	*we*
tu	*you (informal)*	voi	*you (informal)*
Lei	*you (formal)*	Loro	*you (formal)*
lui	*he*		
lei	*she*	loro	*they (masculine or feminine)*

a. In English, subject pronouns are always used with verb forms: *I (do) have, you (do) go, he is,* and so on. In Italian, the verb form itself identifies the subject. For this reason, subject pronouns are usually not expressed.

Ho una Maserati; ha quattro porte.	*I have a Maserati; it has four doors.*
Hai buon gusto!	*You do have good taste!*
Abbiamo parenti in Italia.	*We have relatives in Italy.*

Subject pronouns *are* used, however, to emphasize the subject (*I have a job;* that is, *I'm the one who has a job*) or to contrast one subject with another (*I have this, you have that*).

Io ho un lavoro.	*I have a job.*
Lui ha un gatto; lei ha un cane.	*He has a cat; she has a dog.*

b. **Io** (*I*) is not capitalized unless it begins a sentence.

c. There are four ways of saying *you* in Italian: **tu, voi, Lei,** and **Loro. Tu** (for one person) and **voi** (for two or more people) are the informal forms, used only with family members, children, and close friends.

Tu, mamma.   Voi, ragazzi (*boys*).

Lei (for one person, male or female) and its plural, **Loro,** are used in formal situations to address strangers, acquaintances, older people, and people in authority. **Lei** and **Loro** are often capitalized to distinguish them from **lei** (*she*) and **loro** (*they*).

Lei, professore, ha una moto?	*You, professor, do you have a motorcycle?*
Lei, professoressa, ha uno zaino?	*You, professor, do you have a backpack?*
Loro, signore e signori, hanno valige?	*You, ladies and gentlemen, do you have suitcases?*

Lei takes the third-person singular verb form; **Loro** takes the third-person plural form.

Lei, signora, ha un buon cane!   *You have a good dog, ma'am!*
Loro, signori, hanno amici qui?   *Do you have friends here,*
                                                       gentlemen?

Loro is very formal. It is often replaced by the more casual **voi.**

d. There are rarely corresponding forms for *it* and *they* to refer to animals or things; the verb form alone is used.

ESERCIZI

A. Bene, grazie! The following people have asked you how you are: **Come sta?** or **Come stai?** Answer, then ask how they are, using the appropriate equivalent for *you.*

     ESEMPIO: your Aunt Teresa → Bene, grazie, e tu?

1. your cousin Anna
2. your friends
3. the doctor
4. your instructor, Mrs. Rossini
5. Mr. and Mrs. Cicero
6. your father

B. Non è giusto! (*It's not fair!*) Tell what's bothering you, filling in the blanks with the correct subject pronoun.

1. _____ non ho nemmeno (*even*) una buona bicicletta, _____ avete un motorino Guzzi.
2. _____ non abbiamo un centesimo (*a cent*), _____ hanno due alberghi.
3. _____ non ho parenti, _____ ha trenta cugini (*cousins*).
4. _____ non abbiamo nemmeno un cane, _____ hai tre gatti.

C. Avere o non avere... Complete with the correct form of **avere.**

1. Voi _____ un appartamento, ma io _____ solo una stanza.[a] Loro _____ due macchine, ma io _____ una bici. Tu e Paolo non _____ lezioni domani, ma io _____ cinque lezioni! Lui _____ una valigia ed io _____ solo uno zaino. Che sfortuna![b]

   [a]*room*   [b]*Che... What bad luck!*

2. Tu _____ un cane intelligente, ma noi _____ un cane stupido! Tu _____ una buona macchina, ma Carla _____ solo una bicicletta. Tu _____ molti soldi;[a] Cinzia e Daniele non _____ nemmeno un lavoro! Come sei fortunato![b]

   [a]*molti... lots of money*   [b]*Come... How lucky you are!*

D. Espressioni idiomatiche*
con avere

ANGELO: Oh, che caldo. Ho proprio sete adesso. Hai voglia di un'aranciata?

SILVIA: No, ma ho fame. Ho voglia di un buon panino e di un gelato…

ANGELO: Chissà se c'è un ristorante in questa stazione…

SILVIA: Sì, c'è, ma non abbiamo tempo, solo cinque minuti.

ANGELO: Hai ragione, non è una buon'idea. Oh, ma c'è un bar qui vicino, che fortuna!

1. Many idiomatic expressions (**espressioni idiomatiche**) that describe feelings or physical sensations are formed with **avere** + *noun*. The equivalent English expressions are usually formed with *to be* + *adjective*.

NOMI		ESPRESSIONI	
caldo	*heat*	avere caldo	*to be (feel) warm (hot)*
fame (*feminine*)	*hunger*	avere fame	*to be hungry*
freddo	*cold*	avere freddo	*to be (feel) cold*
ragione (*feminine*)	*reason*	avere ragione	*to be right*
sete (*feminine*)	*thirst*	avere sete	*to be thirsty*
sonno	*sleep*	avere sonno	*to be sleepy*
bisogno	*need*	avere bisogno di	*to need, have need of*
voglia	*desire*	avere voglia di	*to want; to feel like*

Simona non ha sonno, ha fame!   *Simona isn't sleepy, she's hungry!*

—Avete bisogno di una bici?   *—Do you need a bike?*
—No, abbiamo bisogno di   *—No, we need a car!*
una macchina!

Ho caldo. Ho voglia di un gelato.   *I'm hot. I feel like having an ice cream.*

ANGELO: Oh, it's so hot. I'm really thirsty now. Do you feel like having an orange soda? SILVIA: No, but I'm hungry. I feel like having a good sandwich and an ice cream . . . ANGELO: Who knows if there is a restaurant in this station. SILVIA: Yes, there is, but we don't have time, only five minutes. ANGELO: You're right, it's not a good idea. Oh, but there's a café nearby, what luck!

*An idiom is an expression peculiar to a particular language. Idioms often appear to make no sense when interpreted literally by speakers of another language. Some commonplace English idioms are *to fall asleep, to take charge, to go easy,* and *to make time.*

—Mamma, ho sete!

2. The verb **avere** is also used to indicate age.

avere + *number* + **anni**	*to be . . . years old*
—Quanti anni hai?	—*How old are you? (How many years do you have?)*
—Ho diciotto anni.	—*I'm eighteen.*
—E Daniela, quanti anni ha?	—*And Daniela, how old is she?*
—Lei ha ventidue anni.	—*She's twenty-two.*

ESERCIZI ■ ■ ■ ■ ■ ■ ■ ■

A. Ho… Complete the following sentences with the appropriate word.

    1. Brrr! Non avete _____?
    2. Che sole! (*What sun!*) Ho _____.
    3. Due aranciate, per favore! Abbiamo _____.
    4. Maurizio ha _____: ecco una pizza!
    5. Hai diciotto o diciannove _____?
    6. Avete _____ di un gelato?

B. Quanti anni hanno? Give the age of the following people, using a complete sentence.

    Giuseppe: 50   Isabella: 46   Carole: 25 Marta: 32   Maurizio: 17

Now ask several classmates how old they are.

C. Trova una persona che… (*Find a person who . . .*) Circulate around the room asking classmates if they are hungry, thirsty, sleepy, and so on. Refer to the idiomatic expressions above and on page 29.

    ESEMPIO: S1: Hai fame?
                S2: Sì, ho fame. (No, non ho fame.)

Piccolo ripasso

A. Avere, non avere. Ask a classmate whether he/she has one of the following items. The classmate will answer that he/she has one, two or more, or none.

> ESEMPIO: bicicletta →
> S1: Tu hai una bicicletta?
> S2: Sì, ho una bicicletta. (Ho due, tre biciclette.) *o* No, non ho biciclette.

1. valigia
2. biglietto
3. lezione
4. cane

5. foto
6. zio
7. amica
8. dollaro

B. Solo uno! Working with a partner, answer each question by stating that you have only one of the things mentioned, but that it is a good one!

> ESEMPIO: amici →
> S1: Hai amici?
> S2: Ho solo un amico, ma è un buon amico!

1. amiche
2. zii
3. gatti
4. moto

5. bici
6. valige
7. zaini
8. macchine

C. Intervista. Interview a classmate. Find out the following information and report what you learn to another pair of students or to the class. Invent three additional questions to ask.

who he/she is
how old he/she is
if he/she has a bike
if he/she needs a car
if he/she feels like having a pizza
if he/she is thirsty, hungry or sleepy
if he/she has a dog or cat
the age of the dog or cat

D. Indicazioni. Work in pairs and ask your partner directions to one of the following places.

1. un museo
2. una scuola

3. un cinema
4. un negozio

— Un passo^a a destra e un passo avanti, Cristoforo...

^a*step*

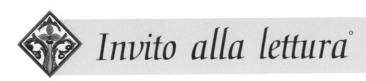

Invito alla lettura°

The readings in *Prego!* have several purposes: they are designed to strengthen your Italian reading skills, give you an understanding of Italian culture, and dispel some common stereotypes about Italy and Italians. You should approach these readings in several stages.

- First, go through the reading quickly once or twice, just to grasp the general meaning. (You don't need to understand every word or expression right away!)
- Once you've gotten the gist, do a more thorough reading. This time, work through the more difficult sentences, making use of footnote glosses and relying on cognates and on the context to help you understand.
- When you're comfortable with the details of the text, do a quick final reading, focusing on the meaning and progression of the whole (and not on particulars).

In the **Capitolo preliminare,** you learned about frequently occurring patterns in Italian that can help you recognize cognates. The cultural readings in *Prego!* contain a fair number of new words, but many of them are cognates.

Can you guess the meaning of these cognates, taken from or related to the first reading in this chapter? It is about the regions of Italy. Knowing the context should make some of these words easier to guess.

capitale	lingua	penisola
centrale	montagna	regione
costa	nord/sud	storia
identità		

Use the general context and your knowledge of a subject to figure out the meaning of new words.

Using these strategies will make your reading in Italian easier and more productive. Try using them now with the readings that follow.

Note: This reading is written in simple but authentic Italian. It uses some structures that you have not yet encountered, in particular the definite articles and some contractions that may look complex, though they are easy to understand once you know them. Your instructor will help you work through the reading so that you grasp the essential points. After you have studied a few more chapters of *Prego!*, you may want to return to this reading. You will be surprised how much easier it will be to read.

Le venti regioni d'Italia

L'Italia è una penisola[1] nel Sud d'Europa, circondata dal mare[2] e dalle Alpi, con la caratteristica forma di uno stivale.[3]

È divisa in tre parti e venti regioni: l'Italia del Nord (settentrionale): Valle d'Aosta, Piemonte, Liguria, Lombardia, Trentino-Alto Adige, Veneto, Friuli-Venezia Giulia, Emilia-Romagna; l'Italia centrale: Toscana, Marche, Umbria, Lazio, Abruzzi, Molise; l'Italia del Sud (meridionale): Campania, Puglia, Basilicata, Calabriae le isole[4] Sicilia e Sardegna.

Questa è una divisione amministrativa; c'è anche un'altra divisione, una divisione gastronomica.

l'Italia del Nord: burro[5]
l'Italia centrale: burro e olio[6]
l'Italia del Sud: olio
o anche
l'Italia del Nord: riso[7]
l'Italia del centro-Sud: pasta

Le differenze tra[8] una regione e un'altra non sono solo di amministrazione e di cucina, ma anche di storia, clima, cultura, tradizioni, arte e abitudini.[9]

[1]peninsula [2]circondata... surrounded by the sea [3]boot [4]islands [5]butter [6]oil [7]rice [8]between [9]customs

Capire

Answer the following questions.

1. What is the characteristic shape of Italy?
2. In which of the three parts of Italy do we find the islands of Sicily and Sardinia?
3. In which part of Italy are butter and rice used most often in cooking?

Una famosa montagna delle Alpi: il Monte Cervino in Valle d'Aosta

Colline (hills) e vigneti in Toscana

L'isola di Capri in Campania

Scrivere

La mia città. Write four to five sentences describing the city where you were born, where you grew up, or where you live now. Include what you can find in the city and what it lacks.

Esempio: Nella mia città *(in my city)* ci sono cinque scuole, ma non c'è un'università. C'è un buono zoo, ma non c'è un museo.

CURIOSITÀ

Bancomat e Internet Cafè

Here are two interesting and useful expressions that you might want to learn.

If you are in Italy and you don't carry cash, you can certainly use your credit card (**carta di credito**). But if you find yourself in need of cash you may use the **bancomat**. The **bancomat** is the Italian equivalent of an ATM machine and uses the same system to provide you with cash: Insert your card, enter your PIN, specify an amount (in euros), and withdraw the money. They have instructions in English, too.

Un Internet Point

If you are traveling without a laptop or you can't find easy Internet access, you may visit an **Internet Cafè** or **Internet Point** located almost everywhere in Italy. Here you can pay to use the latest computers and programs and to access the Internet.

STRUMENTI

 *Videoteca*

Indicazioni un po' confuse

Roberto, map in hand, is searching for a restaurant. He stops to ask for directions and is waylaid by a chatty older gentleman.

Preparazione

ESPRESSIONI UTILI

cerco un piccolo ristorante	I am looking for a small restaurant
è proprio lì	it is right there
sono a piedi	I'm on foot
da quanto tempo è in Italia?	how long have you been in Italy?
mi dispiace	I'm sorry

Dal video

ROBERTO: Scusi, ma cerco un piccolo ristorante, si chiama «Ristorante Benci». Ho un appuntamento lì fra cinque minuti.

SIGNORE: Ah, sì. È un ristorante molto buono! Allora ecco a destra, poi ancora a destra e sempre dritto in Via della Vigna Nuova. Via dei Palchetti è proprio lì, dietro Via della Vigna Nuova.

FUNZIONE: giving directions

Dopo il video

Verifica. Number the following statements chronologically according to what you heard in this episode.

_____ È una bella passeggiata, quindici minuti a piedi.
_____ Ho bisogno di un'informazione. Dov'è Via dei Palchetti?
_____ Dunque, prima a destra, poi ancora a destra, poi dritto?
_____ Ah, sì! È un ristorante molto buono!

Comprensione. Answer the following questions.

1. How long has Roberto been in Italy?
2. Is Roberto on foot or in his car?
3. Whom does the man know in Boston?

Attività. With a partner, practice giving each other directions. Have your partner close his/her eyes. Place three or four objects on the ground. Give your partner the directions to successfully negotiate around each object without stepping on it. Switch roles and repeat the activity.

Parole da ricordare

VERBI

avere	to have
avere... anni	to be . . . years old
avere bisogno (di)	to need
avere caldo	to be warm, hot
avere fame	to be hungry
avere freddo	to be cold
avere ragione	to be right
avere sete	to be thirsty
avere sonno	to be sleepy
avere voglia (di)	to want; to feel like

NOMI

un aeroplano, un aereo	airplane
un aeroporto	airport
un albergo (*plural* alberghi)	hotel
un'amica (*plural* amiche)	friend
un amico (*plural* amici)	friend
un'aranciata	orange soda
un autobus, un bus	bus
un'automobile, un'auto (*feminine*)	car
una banca	bank
un bar	bar; café
un bicchiere	drinking glass
una bicicletta, una bici	bicycle, bike
un biglietto	ticket
un caffè	coffee; café
un cane	dog
una chiesa	church
un cinema (*invariable*)	movie theater
una città	city
un euro	euro (*shared European currency*)
una farmacia (*plural* farmacie)	pharmacy
una fotografia, una foto	photograph
un gatto	cat
un gelato	ice cream
un'informazione (*feminine*)	piece of information
una lezione	lesson; class
un luogo (*plural* luoghi)	place
una macchina	car
mezzi (*plural*) di trasporto	means of transportation
una motocicletta, una moto	motorcycle
un motorino	moped; motorscooter
un museo	museum
un negozio	shop, store
un nome	first name; noun
un ospedale	hospital
un panino	sandwich; hard roll
una piazza	town square
un ristorante	restaurant

uno scooter	scooter
una scuola	school
uno stadio	stadium
una stazione	train station
una strada	street
un supermercato	supermarket
un tè	tea
un teatro	theater
un treno	train
un ufficio postale	post office
un'università	university
una valigia (*plural* valige)	suitcase
una via	street
un viaggio	trip
un vino	wine
uno zaino	backpack
una zia	aunt
uno zio (*plural* zii)	uncle
uno zoo	zoo

AGGETTIVI

buono	good

ALTRE PAROLE E ESPRESSIONI

a	at, to, in (*a city*)
a destra	to the right, on the right
a sinistra	to the left, on the left
c'è..., c'è...?	there is . . . , is there . . . ?
che...	what . . . , what a . . .
ci sono..., ci sono...?	there are . . . , are there . . . ?
con	with
da	from
di	of, by
dove	where
dov'è...?	where is . . . ?
dritto	straight
sempre dritto	straight ahead
ecco	here (it) is, here (they) are; there (it) is, there (they) are
in	in, to, into
lì, là	there
ma	but
non	not
per	for
poi	then
proprio	really; just
qui, qua	here
senza	without
solo	only
su	on, over
va bene?	is that OK?
qui vicino	nearby

Chi siamo

Chi... Who we are

Buoni amici all'università

Vocabolario preliminare

Andrea ha una foto di un'amica...

ANDREA: Ecco la foto di una mia amica, Paola. Lei è di Palermo, in Sicilia.

VALERIA: È davvero[1] bella...

ANDREA: Oh sì, Paola è straordinaria: è simpatica, allegra, sensibile ed* è anche molto[2] gentile...

VALERIA: Sono sicura che[3] Paola ha una grande pazienza, perché[4] tu sei sempre[5] stressato e nervoso!

1. Com'è[6] Paola, secondo[7] Andrea?

2. Com'è Andrea, secondo Valeria?

3. Di dov'è[8] Paola?

[1]truly, really   [2]anche... also very   [3]sicura... sure that   [4]ha... is very patient, because
[5]always   [6]What is . . . like?   [7]according to   [8]Di... Where is . . . from?

Un aggettivo per tutti (*An adjective for everyone*)

*The use of **ed** before vowels is optional. Its use is generally determined by phonetic reasons (it is used to create a more pleasing sound with the word that follows) and **ed** is most often used before words also beginning with an **e**.

PER DESCRIVERE CARATTERISTICHE FISICHE

bello beautiful, handsome (*person*); nice (*thing or experience*)
biondo blond
bruno dark (*hair*)
brutto ugly; unpleasant
corto short (*in length*)
giovane young
grande big
liscio (*masculine plural, m. pl.* **lisci**) straight (*hair*)
lungo (*m. pl.* **lunghi**) long
piccolo small
riccio (*m. pl.* **ricci**) curly
vecchio (*m. pl.* **vecchi**) old

PER DESCRIVERE CARATTERISTICHE PSICOLOGICHE

allegro cheerful
antipatico unlikeable, unfriendly
bravo good; able, capable
cattivo bad; naughty; mean
gentile kind
(in)sensibile (in)sensitive
interessante interesting
(ir)responsabile (ir)responsible
nervoso nervous
noioso boring

onesto honest
simpatico nice, likeable
sportivo athletic
triste sad

AGGETTIVI DI NAZIONALITÀ*

americano American
canadese Canadian
cinese Chinese
francese French
giapponese Japanese
inglese English
irlandese Irish
italiano Italian
messicano Mexican
russo Russian
spagnolo Spanish
tedesco German

COLORI

azzurro (sky) blue
bianco (*m. pl.* **bianchi**) white
castano brown (*hair, eyes*)
giallo yellow
grigio (*pl.* **grigi**) gray
nero black
rosso red
verde green

ESERCIZI

A. **Autoritratto.** (*Self-portrait.*) Describe yourself in detail, using expressions from the **Vocabolario preliminare** or any of the following adjectives to describe your character. Write a short paragraph using some of the following suggestions.

Io sono… / Ho i capelli… e gli occhi… / Sono molto… / Non sono abbastanza (*enough*)… †/ Secondo gli amici, sono… / Secondo me, sono troppo (*too*)…

Aggettivi: aggressivo, ambizioso, curioso, disordinato (*messy*), (in)sicuro, orgoglioso, sincero, timido

Your instructor will shuffle the **autoritratti** and pass them out at random to the class. Read aloud the description you receive, and the class will try to guess whose it is.

---

*Note that adjectives of nationality are not capitalized in Italian.
†Note that **abbastanza** precedes the adjective, in contrast to *enough* in English: **Lui è abbastanza magro.** *He is thin enough.*

B. Come sono i compagni? In Italian, interview a classmate to find out where he/she is from. Report what you learn to the class. Include a brief description of your classmate, using expressions from the **Vocabolario preliminare.**

> ESEMPIO: Ecco Giovanni. È canadese; è di Montreal. Giovanni è biondo, gentile e molto intelligente.

Now introduce yourself, telling where you are from and what you are like.

> ESEMPIO: Io sono Jim; sono di Detroit. Sono nervoso e stressato ma simpatico.

In ascolto

For listening comprehension activities related to the theme of this chapter, see the Laboratory Manual or visit the *Prego!* website.
www.mhhe.com/prego7

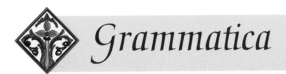

Grammatica

A. Aggettivi

GIUSEPPE: Come sono i nuovi compagni di classe?

MARTA: Sono allegri e gentili.

GIUSEPPE: E l'insegnante?

MARTA: Oh, lui è davvero simpatico ed energico… e l'italiano è una lingua molto interessante!

GIUSEPPE: What are your new classmates like? MARTA: They're cheerful and kind.
GIUSEPPE: And the teacher? MARTA: Oh, he's really nice and energetic… and Italian is a very interesting language!

1. In Italian, adjectives agree in gender and number with the nouns they modify. Some adjectives can have four possible endings:

O → I (*m. s. pl.*) or **A → E** (*f. s. pl.*)

Other adjectives have only two possible endings:

E → I (*m./f. s./pl.*).

	SINGOLARE	PLURALE	
Maschile	**-o**	**-i**	un ragazzo alto / due ragazzi alti
Femminile	**-a**	**-e**	una ragazza alta / due ragazze alte

	SINGOLARE	PLURALE	
Maschile e Femminile	**-e**	**-i**	un ragazzo cinese / due ragazzi cinesi una ragazza cinese / due ragazze cinesi

An adjective that agrees with two singular nouns of different genders, or with a plural noun referring to a male and a female, is masculine plural:

Marco e Giovanna sono **alti** e **magri.**
I cugini sono **simpatici.** (I cugini e le cugine sono **simpatici.**)

a. Adjectives ending in **-ca, -ga,** and **-go** maintain the hard **c** or **g** sound in the plural, just as nouns do. This sound is represented in writing by adding an **h.** (Masculine nouns and adjectives ending in **-co** will be presented in **Appendix 1, section B.**)

SINGOLARE	PLURALE	
-ca	**-che**	bianca → bianche
-ga	**-ghe**	larga (*wide*) → larghe
-go	**-ghi**	largo → larghi

b. Most adjectives ending in **-io** have only one **i** in the masculine plural: **vecchio → vecchi, grigio → grigi.**

c. Notice that the endings of nouns and the adjectives that agree with them are not always identical.

una ragazzo francese →
    due ragazzi francesi   *two French girls*
un caffè italiano →
    due caffè italiani   *two small universities*
una bici rossa →
    due bici rosse   *two red bikes*
un'automobile italiana →
    due automobili italiane   *two Italian cars*

— **Basta vermi[a]: sono vegetariano.**

[a]Basta... *Enough worms*

2. To ask what someone is like, use the expression **Com'è?** (= **come è**) (*What is he/she like?*) or **Come sono?** (*What are they like?*).

—**Com'è** Martino?
—Lui è intelligente e estroverso.
—**Come sono** Lidia e Maddalena?
—Loro sono attive e sportive.

—*What's Martino like?*
—*He's intelligent and outgoing.*
—*What are Lidia and Maddalena like?*
—*They are active and athletic.*

3. Most Italian adjectives follow the noun they modify. However, several adjectives always precede the noun, including **altro** (*other/another*), **stesso** (*same*), and **molto** (*many, a lot of*).

Avete un'**altra** penna.
Abbiamo lo **stesso** biglietto.
Ho **molti** soldi e **molte** macchine.

You have another pen.
We have the same ticket.
I have a lot of money and many cars.

Some common adjectives, such as **bello, buono, bravo, nuovo, vecchio,** and **brutto** usually precede the noun. You have already used the forms of **buono.** The forms of **bello** are presented later in this chapter.

Silvia ha un **buon** orologio.
Cristiano è un **bravo** bambino.
Mirella è una **bella** ragazza.
Luigi è un **vecchio** amico.

Silvia has a good watch.
Cristiano is a great kid.
Mirella is a pretty girl.
Luigi is an old friend.

4. **Molto** can be used as an adjective or an adverb. As an adjective, **molto** means *many* or *a lot.* It precedes a noun and agrees in gender and number with it. As an adverb, **molto** means *very.* It precedes an adjective and its ending does not change. Note that when **molto** modifies an adjective, both words follow the noun.

Adjective

| molto/a | + | *noun* | molto vino (*m. s.*) | molta pasta (*f. s.*) |
| molti/e | + | *noun* | molti amici (*m. pl.*) | molte amiche (*f. pl.*) |

Adverb (invariable)

| molto | + | *adjective* | un ragazzo molto bello (*m. s.*) | una ragazza molto bella (*f. s.*) |
| | | | studenti molto bravi (*m. pl.*) | studentesse molto brave (*f. pl.*) |

—È un vino molto, molto vecchio...

ESERCIZI

A. Due amici. Describe Patrizia and Giorgio. Complete the following passages by supplying the correct endings to the incomplete words.

1. Patrizia è una ragazza molt_____ simpatic_____. È generos_____ e divertent_____ ed è sempre allegr_____. Ha molt_____ amiche: amiche italian_____, american_____, frances_____, ingles_____ e tedesc_____.

2. Giorgio ha un lavoro molt_____ buon_____ in un negozio di motociclette molt_____ grand_____. Ha un appartamento molt_____ bell_____ e una moto molt_____ bell_____, ma è molt_____ stressat_____!

B. Il contrario. You and your friend Dario do not see eye to eye today. Give the opposite of everything Dario says.

ESEMPIO: Che brutta stazione! → Che bella stazione!

1. Che cane nervoso!
2. Che bella bicicletta!
3. Che capelli lunghi!
4. Che ragazzi allegri!
5. Che lezione interessante!
6. Che chiese grandi!
7. Che ragazzo sensibile!
8. Che bambini buoni!

C. Una bella coppia (*couple*)**.** Complete the following description of Carlos and Marie with the correct endings of the nouns and adjectives.

Carlos è un ragazz_____[1] spagnol_____.[2] Lui è meccanic_____[3] a Madrid. Carlos è alt_____[4] e bell_____.[5] Ha un appartament_____[6] grand_____[7] e una macchin_____[8] sportiv_____.[9] Carlos ha una ragazz_____[10] frances_____,[11] Marie è bass_____,[12] biond_____[13] e intelligent_____.[14] È sempre allegr_____[15] e ha molt_____[16] amic_____:[17] amic_____[18] frances_____,[19] italian_____,[20] american_____,[21] ingles_____[22] e tedesc_____.[23]

B. Presente di essere

Laura ha due nuovi amici di chat.

LAURA: Salve, sono Laura. Sono italiana, di Pisa. Ho diciotto anni e sono una studentessa di francese. Sono molto sportiva ed ho un cane e un gatto, loro sono adorabili!

PIERRE E CAROLINE: Ciao, Laura. Siamo Pierre e Caroline. Siamo francesi di Parigi. Pierre è studente di inglese, io sono studentessa di italiano. Noi non abbiamo animali domestici, ma siamo molto sportivi!

Laura has two new chatroom friends. LAURA: Hi, I am Laura. I am Italian, from Pisa. I'm eighteen years old and I am a French student. I am very athletic and I have a dog and a cat; they are adorable!   PIERRE E CAROLINE: Hi, Laura. We are Pierre and Caroline. We are French, from Paris. Pierre is an English student, I am an Italian student. We don't have any pets, but we are very athletic!

1. Like the verb **avere**, **essere** (*to be*) is irregular in the present tense.

SINGOLARE			PLURALE		
(io)	sono	*I am*	(noi)	siamo	*we are*
(tu)	sei	*you are (inform.)*	(voi)	siete	*you are (inform.)*
(Lei)	è	*you are (form.)*	(Loro)	sono	*you are (form.)*
(lui)*		*he is*	(loro)*		
(lei)*	è	*she is*	(—)	sono	*they are*
(—)		*it is*			

È un esercizio facile.	*It's an easy exercise.*
Noi siamo stanchi; voi siete stanchi?	*We are tired; are you tired?*

Note that the form **sono** is used with both **io** and **loro**.

Sono un ragazzo italiano.	*I am an Italian boy.*
Non sono canadesi.	*They are not Canadian.*

2. **Essere** is used with **di** + *name of a city* to indicate city of origin (hometown). To indicate country of origin, an adjective of nationality is generally used: *He is from France = He is French =* **È francese.**

—Io sono americano, sono di Chicago; tu di dove sei?	—*I'm American, I'm from Chicago; where are you from?*
—Sono irlandese, sono di Dublino.	—*I'm Irish, I'm from Dublin.*

3. **Essere + di** + *proper name* is used to indicate possession.

La chitarra è di Francesco.	*The guitar is Francesco's.*
I libri sono di Anna.	*The books are Anna's.*

To find out who owns something, ask: **Di chi è** + *singular* or **Di chi sono** + *plural.*

Di chi è il cane? Di chi sono i cani?	*Whose dog is it? Whose dogs are they?*

4. You already know that **c'è** (from **ci è**) and **ci sono** correspond to the English *there is* and *there are*. They state the existence or presence of something or someone.

C'è tempo; non c'è fretta.	*There's time; there is no hurry.*
Ci sono molti italiani a New York.	*There are many Italians in New York.*

C'è and **ci sono** also express the idea of *being in* or *being here/there.*

—Scusi, c'è Maria?	—*Excuse me, is Maria in?*
—No, non c'è.	—*No, she isn't.*
—Ci sei sabato?	—*Are you here Saturday?*
—Sì, ci sono.	—*Yes, I am.*

5. You also know that **come** is used with **essere** in questions to inquire what people or things are like.

Come sei?	*What are you like?*
Com'è il Museo Archeologico di Palermo?	*What is the Archeological Museum of Palermo like?*

—No, non è un quadro,ᵃ Romilda: non c'è la firmaᵇ...

ᵃ*painting* ᵇ*signature*

---

*The pronouns **lui, lei,** and **loro** are used only for people, not for things.

A. Trasformazioni. Replace the subject of each sentence with each subject in parentheses and change the verb form accordingly.

1. Rosaria e Alberto sono in Italia. (noi / io / voi / tu / Massimo)
2. Mark non è di Firenze. (loro / Annamaria e io / tu e Stefano / Lei / Loro)

B. Dopo (*After*) **una festa.** You're straightening up your apartment after a party. Alternating with a partner, ask who owns the following items.

> ESEMPI: la radio (Antonio) →
> s1: Di chi è la radio?
> s2: È di Antonio.
>
> le foto (Luisa) →
> s2: Di chi sono le foto?
> s1: Sono di Luisa.

1. il Cd (Patrizia)
2. le penne (Luciano)
3. i bicchieri (Anna)
4. i biglietti (Luigi)
5. l'orologio (Giulia)
6. la bicicletta (Marco)

C. Essere o non essere... Complete the following descriptions with the correct form of **essere**.

1. Tu _____ onesto, ma il tuo amico _____ disonesto. Come _____ Marco e Andrea ? Loro _____ abbastanza sportivi, ma io e Maria _____ pigre. Io _____ nervosa; Sara e Susanna, voi _____ tranquille?

2. Luisa _____ alta e io _____ bassa, ma noi _____ buone amiche. Tu e Paolo _____ gentili. Tu _____ anche simpatico, ma altri ragazzi _____ antipatici e cattivi.

3. Salve, io _____ Giulia e lei _____ Paola, _____ studentesse di italiano. Tu _____ americano, di dove _____? Anche loro _____ americani di Detroit e _____ studenti di italiano!

4. A scuola ci _____ studenti internazionali. Io _____ francese e lei _____ giapponese e abbiamo amici messicani e russi; c'_____ anche un ragazzo irlandese. Noi _____ allegri ma tu e il tuo amico canadese _____ tristi. Perché?

—Sei molto gentile, Carlo!

Cercare la parola giusta°

Cercare... *Searching for the right word*

Bello, buono, bravo, brutto, and **cattivo** are words that are used in Italian somewhat differently than in English. **Bello** describes aesthetic beauty, but also often expresses a positive opinion or an enthusiastic preference: **un bel film, un bel libro, un bello spettacolo** (*show*). The same expressions with **buono** refer more to quality, but indicate less enthusiasm. The opposite of these words is **brutto,** literally *ugly,* or **bruttissimo** if you really hated something.

Buono and **bravo** can both be translated as *good,* but **bravo** refers primarily to performance or ability. It is the top rating for a student, a teacher or, for example, a cook. **Buono** may also be used to describe skill or ability, but it is less distinguished than **bravo:** a **buon professore** is not quite as good as a **bravo professore. Buono** also translates as *kind, generous,* or *well behaved.* But the area where **buono** and **buonissimo** dominates is with food and drinks or taste and smell. Have you ever had **una buona pizza con un buon bicchiere di vino?**

Cattivo translates as *mean,* but over time it has acquired a broader meaning to become the rough equivalent of *bad.* Most often it indicates unpleasant character and behavior, but also applies to poor quality of material objects: **cattivo prodotto** (*poorly made product*). A famous spaghetti Western by Italian film director Sergio Leone was titled *Il buono, il brutto e il cattivo.* Can you guess the title in English?

Il film di Sergio Leone

C. Articolo determinativo e *bello*

Donatella mostra a Giovanna una vecchia fotografia di famiglia.

DONATELLA: Ecco la nonna e il nonno, la zia Luisa e lo zio Massimo, papà e la mamma molti anni fa... Buffi, no?

GIOVANNA: E i due in prima fila chi sono?

DONATELLA: Sono gli zii di Chicago.

Donatella is showing Giovanna an old family photograph. DONATELLA: Here are Grandma and Grandpa, Aunt Luisa and Uncle Massimo, Dad and Mom many years ago . . . Funny, aren't they? GIOVANNA: And who are the two in the front row? DONATELLA: They are my aunt and uncle from Chicago.

In English the definite article has only one form: *the.* In Italian **l'articolo determinativo** has different forms depending on the gender, number, and first letter of the noun or adjective that follows it.

	SINGOLARE	PLURALE		
Maschile	**il**	**i**	il bambino	i bambini
	lo	**gli**	lo studente	gli studenti
			lo zio	gli zii
	l'	**gli**	l'amico	gli amici
Femminile	**la**	**le**	la bambina	le bambine
			la studentessa	le studentesse
			la zia	le zie
	l'	**le**	l'amica	le amiche

1. Here are some rules for using definite articles.

   - **Il** (*pl.* **i**) is used before masculine nouns beginning with most consonants.
   - **Lo** (*pl.* **gli**) is used before masculine nouns beginning with **s** + *consonant* or **z.**
   - **L'** (*pl.* **gli**) is used before masculine nouns beginning with a vowel.
   - **La** (*pl.* **le**) is used before feminine nouns beginning with any consonant.
   - **L'** (*pl.* **le**) is used before feminine nouns beginning with a vowel.

2. The article agrees in gender and number with the noun it modifies and is repeated before each noun.

la Coca-Cola e **l'**aranciata	*the Coke and orange soda*
gli italiani e **i** giapponesi	*the Italians and Japanese*
le zie e **gli** zii	*the aunts and uncles*

3. The first letter of the word immediately after the article determines the article's form. Compare the following.

il giorno / **l'**altro giorno	*the day / the other day*
lo zio / **il** vecchio zio	*the uncle / the old uncle*
l'amica / **la** nuova amica	*the friend / the new friend*

4. In contrast to English, the definite article is required in Italian in the following situations:

   a. before nouns used to express a concept or a category of thing in its entirety.

La generosità è una virtù.	*Generosity is a virtue.*
Le matite non sono care.	*Pencils are not expensive.*

   b. before names of languages, unless directly preceded by a form of **parlare** (*to speak*) or **studiare.**

Lo spagnolo è bello.	*Spanish is beautiful.*
La signora Javier parla spagnolo e tedesco.	*Mrs. Javier speaks Spanish and German.*

c. before titles when talking *about* people, but omitted when talking *to* people. Observe the following.

La signora Piazza ha fame?	*Is Mrs. Piazza hungry?*
Signora Piazza, ha fame?	*Mrs. Piazza, are you hungry?*

d. before the days of the week to indicate a repeated, habitual activity. Compare the following.

Marco non studia mai **la** domenica.	*Marco never studies on Sundays.*
Domenica studio.	*I'm studying on Sunday.*

e. before names of countries, states, regions, large islands, mountains, and rivers. Cities, towns, and small islands do not require the article.

Visito **l'**Italia e **la** Francia.	*I visit Italy and France.*
Il Colorado e **l'**Arizona sono belli.	*Colorado and Arizona are beautiful.*
La Sardegna è un'isola.	*Sardinia is an island.*
Roma è una bella città.	*Rome is a beautiful city.*

5. In **Capitolo 1,** you saw that **buono,** before a noun, has the same endings as the indefinite article. Similarly, the adjective **bello** (*beautiful, handsome, pretty, nice*) before a noun has the same endings as the definite article.

	SINGOLARE	PLURALE	
Maschile	bel bambino	bei bambini	before most consonants
	bell'amico	begli amici	before vowels
	bello studente	begli studenti	before s + *consonant* or z
	bello zio	begli zii	
Femminile	bella bambina	belle bambine	before all consonants
	bella studentessa	belle studentesse	
	bella zia	belle zie	
	bell'amica	belle amiche	before vowels

Maria ha **bei** capelli e **begli** occhi.	*Maria has pretty hair and pretty eyes.*
Salvatore è un **bel** ragazzo.	*Salvatore is a handsome guy.*
Che **bella** macchina!	*What a nice car!*

ESERCIZI ■ ■ ■ ■ ■ ■ ■ ■

A. La città. Identify the items you might find in each of the following locations.

ESEMPIO: la banca → Ci sono gli euro e il bancomat.

LOCATION	ITEMS	
1. il cinema	la fontana	i libri
2. la biblioteca (*library*)	gli studenti	il latte
3. il bar	i dottori	i film
4. il ristorante	i biglietti	il cornetto (*croissant*)
5. la piazza	gli aeroplani	lo zaino
6. l'ospedale	i treni	le medicine
7. l'aeroporto	il caffè	i pop-corn
8. la stazione	le lasagne	

B. Complimenti. Pay compliments to a classmate, using the appropriate form of **bello**. Here are some words you may need to use.

> ESEMPIO: S1: Che bella maglietta e che bei pantaloni!
> S2: Grazie! La maglietta è nuova ma i pantaloni sono vecchi!

C. Com'è / Come sono? At a party, you meet a student who has just moved to town. The new student asks you what various people and places in town are like. Work with a partner.

> ESEMPIO: il professore / la professoressa di inglese →
> S1: Com'è il professore / la professoressa di inglese?
> S2: Il professore / La professoressa di inglese è…

1. studenti della classe di italiano
2. professore / professoressa di italiano
3. università
4. negozi
5. biblioteca
6. stadio
7. ristoranti
8. i cinema

> **Esercizio C**
> **Parole utili**
>
> capelli, felpa (*sweatshirt*), giacca (*jacket*), golf (*m., sweater*), gonna (*skirt*), maglietta (*t-shirt*), occhi, orologio, pantaloni (*m. pl., pants*), scarpe (*f. pl., shoes*), stivali (*m. pl., boots*), vestito (*dress, suit*)

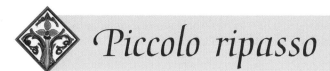

Piccolo ripasso

A. Ecco! You are pointing out people and things to a new classmate. Give the correct indefinite article in the first blank and the correct definite article in the second blank.

> ESEMPIO: Ecco <u>una</u> bicicletta; è <u>la</u> bicicletta di Roberto.

1. Ecco _____ ragazza simpatica e intelligente; è _____ amica di Vincenzo.
2. Ecco _____ automobile nuova; è _____ automobile di Laura.
3. Ecco _____ bravo studente; è _____ studente canadese.
4. Ecco _____ signore gentile; è _____ zio di Adriano.
5. Ecco _____ ragazza allegra; è _____ altra cugina di Giulia.
6. Ecco _____ bicchiere grande; è _____ stesso tipo che (*that*) abbiamo noi.
7. Ecco _____ scooter nero; è _____ scooter di Susanna.
8. Ecco _____ studentessa intelligente; è _____ ragazza di Claudio.

B. Avere o essere? Alternating with a partner, ask questions using either **avere** or **essere,** according to the example.

> ESEMPIO: voi / un cane (un gatto) →
> s1: Voi avete un cane?
> s2: No, non abbiamo un cane; abbiamo un gatto.

1. lui / caffè (tè)
2. voi / di Milano (di Bologna)
3. Lei / ventidue anni (ventitré anni)
4. tu / fame (sete)
5. Paola / bionda (bruna)
6. i bambini / un insegnante (*teacher*) spagnolo (un insegnante tedesco)

C. Opinioni diverse. You and your partner have opposing opinions about the following people, places, and things. One partner uses one of the following adjectives to praise each one, and the other disagrees by using an adjective with a contrasting meaning.

> ESEMPIO: la Coca-Cola →
> s1: La Coca-Cola è buona!
> s2: No, la Coca-Cola è cattiva!

Esercizio C
Parole utili

bello, bravo, buono, grande, intelligente, interessante, noioso, piccolo, moderno

---

1. l'Italia
2. la mensa universitaria (*cafeteria*)
3. le auto italiane
4. la squadra di football di Oakland
5. la pizza
6. il museo d'arte moderna a New York
7. l'aeroporto di Chicago
8. la lingua italiana

D. Come siamo? With a classmate, create an imaginary description of yourselves. Share it with another pair or with the class.

> ESEMPIO: Noi siamo ricchi/ricche. Abbiamo una bella casa grande con molti oggetti d'arte...

Invito alla lettura

Le città d'Italia

*I*l numero di città grandi e piccole è veramente[1] straordinario per un paese[2] piccolo come l'Italia: ci sono città molto grandi, come Roma, Napoli, Milano e Torino (con un milione o più di abitanti[3]); città grandi, come Genova e Palermo (da cinquecentomila [500.000] a un milione di abitanti); città più piccole, come Venezia, Bologna, Firenze, Perugia, Bari, Messina, Cagliari (da centomila [100.000] a cinquecentomila [500.000] abitanti) e numerose città minori con meno di centomila [100.000] abitanti, come Assisi, Orvieto, Benevento, Tropea.

Le città italiane non sono distribuite con uniformità: le città grandi, per esempio, sono concentrate nell'Italia settentrionale; l'Italia centrale ha solo una grande città, Roma, e l'Italia meridionale ha Napoli.

Molte città, come Genova, Napoli, Ancona e Taranto, sono sul mare e hanno un porto;[4] le città situate all'interno sono quasi tutte nella pianura padana,[5] zona di prospera agricoltura, di industria progredita[6] e di facili comunicazioni.

Tutte le città italiane, anche le minori, sono ricche di monumenti, attrattive,[7] bellezze[8] naturali e artistiche e meritano[9] una visita. L'Italia, con tante[10] belle città e opere d'arte,[11] è come un museo vivente,[12] meta[13] di turisti di tutto il mondo.[14]

[1]*truly* [2]*country* [3]*inhabitants* [4]*seaport* [5]*valley surrounding the Po River, in northern Italy* [6]*well-developed* [7]*attractions* [8]*beauties* [9]*deserve* [10]*so many* [11]*opere… works of art* [12]*museo… living museum* [13]*destination* [14]*di… from around the world*

Il Lingotto a Torino: simbolo dell'architettura e della cultura moderna

La basilica di San Marco a Venezia

Capire

Based on the reading, decide if the following statements are true (**vero**) or false (**falso**).

	V	F
1. Venice and Florence are smaller cities than Milan.	☐	☐
2. Northern Italy has a greater number of large cities than southern Italy.	☐	☐
3. Agriculture and industry are highly developed in southern Italy.	☐	☐
4. Naples is a large city and seaport in southern Italy.	☐	☐

Scrivere

Un identikit (*ID sketch*) **fisico...** You have a blind date (**un appuntamento al buio**), and need to describe your appearance. Choose appropriate expressions from the **Vocabolario preliminare** and the following list, and create three or four short sentences, beginning with **Sono... / Ho... / Ho gli occhi** (*eyes*)**... / Ho i capelli** (*m. pl., hair*)**...**

Parole utili: Sono di statura media (*average height*). Ho la barba (*beard*) / i baffi (*moustache*) / gli occhiali (*glasses*) / le lenti a contatto (*contact lenses*). Ho gli occhi azzurri / verdi / neri / castani. Ho i capelli biondi / castani / rossi / neri / grigi / bianchi / lunghi / corti / ricci / lisci.

CURIOSITÀ

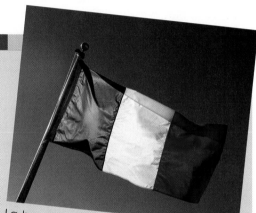

La bandiera italiana: il Tricolore

Bianco, rosso e verde

The Italian flag (**La bandiera italiana**) is composed of three vertical stripes, which follow a precise order: **verde,** the stripe close to the pole, **bianco,** in the middle, and **rosso** the outer stripe. Since the flag has three colors it is also called «**Il Tricolore**».

What is the meaning of these three colors? Following the ideals of the French Revolution, **bianco** represents brotherhood, **rosso** equality, and **verde,** which substituted the **blu** from the **bandiera francese,** freedom.

The first official **bandiera italiana,** created January 7, 1797, had horizontal stripes. It lasted only six months and then was replaced by the present **bandiera**.

STRUMENTI

Videoteca

VIDEO
Com'è? È bella?

Roberto arrives at the restaurant and asks the waiter if Giuliana has arrived. While he is describing Giuliana to the waiter (**il cameriere**) she walks in behind him.

Preparazione

ESPRESSIONI UTILI

i capelli lunghi e mossi   long, wavy hair

Dal video

CAMERIERE: È bella?
  ROBERTO: È molto bella. È anche simpatica, allegra e molto energica.
CAMERIERE: È la Sua ragazza?
  ROBERTO: No, è un'amica!

Dopo il video

FUNZIONE: describing people

Verifica. Choose the most appropriate response.

1. What type of man is the waiter?
   a. grumpy   **b.** playful   **c.** sarcastic
2. How does Roberto describe Giuliana?
   a. blonde and short   **b.** lazy and annoying   **c.** tall and pretty
3. What nationality is the second woman that the waiter points out?
   a. Japanese   **b.** American   **c.** French

Comprensione. Answer the following questions.

1. What color are Giuliana's eyes?
2. Does the waiter think that Roberto likes Giuliana?
3. How does Roberto respond to the waiter's "helpfulness"?

Attività. In groups of two or three, describe a student in your class (not one of the students in your group). What does he/she look like? What type of personality does he/she have? Put together a description that accurately portrays this person. Present your description to the class and see if they can guess which student you have described.

Parole da ricordare

VERBI

essere — to be

NOMI

il bambino / la bambina	child; little boy / little girl
la biblioteca	library
la bugia	lie
i capelli (*m. pl.*)	hair
il compagno / la compagna	classmate
la donna	woman
la mensa	dining hall, cafeteria
l'occhio (*pl.* gli occhi)	eye
l'orologio	clock; watch
il ragazzo / la ragazza	boy/girl; young man/young woman
i soldi (*pl.*)	money
l'uomo (*pl.* gli uomini)	man

AGGETTIVI

allegro	cheerful
alto	tall
altro	other, another
americano	American
antico (*m. pl.* antichi)	very old, ancient
antipatico (*m. pl.* antipatici)	unlikeable, unfriendly
azzurro	(sky) blue
basso	short (*in height*)
bello	beautiful, handsome (*person*); nice (*thing*)
bianco (*m. pl.* bianchi)	white
biondo	blond
bravo	good; able, capable
bruno	dark (*hair*)
brutto	ugly; unpleasant
canadese	Canadian
carino	pretty, cute
caro	expensive; dear
castano	brown (*hair, eyes*)
cattivo	bad; naughty; mean
cinese	Chinese
corto	short (*in length*)
disordinato	messy
energico (*m. pl.* energici)	energetic
francese	French
gentile	kind
giallo	yellow
giapponese	Japanese
giovane	young
grande	big; great
grasso	fat
grigio (*m. pl.* grigi)	gray

inglese	English
(in)sensibile	(in)sensitive
(in)sicuro	(in)secure
interessante	interesting
irlandese	Irish
(ir)responsabile	(ir)responsible
italiano	Italian
largo (*m. pl.* larghi)	wide
liscio (*m. pl.* lisci)	straight (*hair*)
lungo (*m. pl.* lunghi)	long
magro	thin
messicano	Mexican
molto	much, many, a lot of
nero	black
nervoso	nervous
noioso	boring
nuovo	new
onesto	honest
orgoglioso	proud
piccolo	small, little
pigro	lazy
povero	poor
riccio (*m. pl.* ricci)	curly
ricco (*m. pl.* ricchi)	rich
rosso	red
russo	Russian
simpatico (*m. pl.* simpatici)	nice, likeable
spagnolo	Spanish
sportivo	athletic
stanco (*m. pl.* stanchi)	tired
stesso	same
stressato	stressed
tedesco (*m. pl.* tedeschi)	German
tranquillo	calm
triste	sad
vecchio (*m. pl.* vecchi)	old
verde	green

ALTRE PAROLE E ESPRESSIONI

abbastanza	enough
anche	also, too
com'è?, come sono?	what's he/she/it like?, what are they like?
di chi è... ?, di chi sono... ?	whose is . . . ?, whose are . . . ?
di dove sei? di dov'è?	where are you from? where is he/she from?
molto (*adverb*)	very, a lot
perché	because
secondo	according to
sempre	always
un po' (di)	a little bit (of)
va bene	OK

Studiare in Italia

Un'aula all'università di Padova

FUNZIONI
COMUNICATIVE
- Parlare di famiglia, scuole e università

Vocabolario preliminare

Il primo giorno dell'anno accademico

STEFANO: Ciao, sono Stefano, e tu?

PRISCILLA: Priscilla, sono americana.

STEFANO: Sei in Italia per studiare?

PRISCILLA: Sì, la lingua e la letteratura italiana…

STEFANO: Oh, parli bene l'italiano!

PRISCILLA: Studio anche la storia dell'arte. E tu, che cosa[1] studi?

STEFANO: Studio storia e filosofia, ma l'arte è la mia passione!

1. Perché[2] Priscilla è in Italia?

2. Che cosa studia Priscilla?

3. Che cosa studia Stefano?

4. Stefano e Priscilla hanno una cosa[3] in comune. Che cosa?

[1]che… *what*   [2]*Why*   [3]una… *one thing*

La famiglia (*family*) e l'università

MATERIE DI STUDIO

l'architettura

l'ingegneria

la biologia

la medicina

l'informatica

la storia dell'arte

LA FAMIGLIA

il cugino / la cugina cousin
la figlia daughter
il figlio son
il fratello brother
i genitori parents
la madre (la mamma) mother (mom)
il marito husband
la moglie wife
il/la nipote nephew/niece;
    grandson/granddaughter
la nonna grandmother
il nonno grandfather
il padre (il papà, il babbo) father
    (dad, daddy)
il/la parente relative
la sorella sister
la zia aunt
lo zio uncle

L'UNIVERSITÀ

l'aula classroom
la classe class (*group of students*)
il compito homework
il corso class (*course of study*)
l'esame (*m.*) exam, test
la facoltà department, school (*within a university*)

l'insegnante (*m./f.*) teacher
la materia (di studio) subject
    matter
gli orali (gli esami orali) oral
    exams
gli scritti (gli esami scritti) written
    exams
la specializzazione (in) major (in)
gli studi studies

MATERIE DI STUDIO

la chimica chemistry
l'economia e commercio business
    administration
la filosofia philosophy
la fisica physics
il giornalismo journalism
la giurisprudenza, la legge law
le lettere liberal arts
la lingua e la letteratura straniera
    foreign language and
    literature
la matematica mathematics
la psicologia psychology
le scienze politiche political
    science
la sociologia sociology
la storia history

ESERCIZI

A. Per quale (*For which*) **corso?** Identify the courses in which these topics might be discussed. More than one answer may be possible.

ESEMPIO: atmosfera e spazio → in un corso di astronomia

1. l'esistenzialismo in Europa
2. la Comunità Europea e l'Unione monetaria
3. il *David* di Michelangelo
4. l'evoluzione dalla specie
5. il latino
6. le dinamiche della famiglia
7. le funzioni digestive
8. le teorie di Einstein e Heisenberg
9. Freud e Jung
10. Internet e HTML

B. In una libreria. (*In a bookstore.*) Now imagine you work in the campus bookstore. Match the books with the appropriate departments.

A	B
1. _____ *Il codice criminale*	a. l'informatica
2. _____ *La struttura cellulare*	b. la biologia
3. _____ *La trigonometria*	c. la sociologia
4. _____ *L'intelligenza artificiale*	d. la chimica
5. _____ *I gas nobili* (noble)	e. la matematica
6. _____ *La società post-industriale*	f. la giurisprudenza
7. _____ *I media d'oggi*	g. il giornalismo
8. _____ *Prego!*	h. la lingua straniera

C. Io studio... (*I'm studying . . .*) Tell your classmates about your academic interests by completing these sentences.

1. Io studio _____, ma non studio _____.
2. Ho gli esami di _____.
3. Sono bravo/brava in (*good at*) _____ ma non sono bravo/brava in _____.
4. La mia materia preferita (*favorite*) è _____.
5. Una materia noiosa è _____.

D. La mia (*My*) **famiglia.** Complete these sentences with the appropriate family terms.

1. Il padre di mio padre è mio _____.
2. La sorella di mia madre è mia _____.
3. Mio _____ è il figlio di mio zio e mia zia.
4. La figlia di mio nonno è mia _____.
5. La mia mamma e il mio papà sono i miei _____.

In ascolto

For listening comprehension activities related to the theme of this chapter, see the Laboratory Manual or visit the *Prego!* website.
www.mhhe.com/prego7

Grammatica

A. Presente dei verbi in *-are*

Sono Sara e abito a Roma con un'amica, Giulia. Durante la settimana io lavoro e Giulia studia. Il sabato e la domenica incontriamo gli amici, mangiamo una pizza, ascoltiamo sempre la musica e spesso andiamo a ballare.

I am Sara and I live in Rome with a friend, Giulia. During the week I work and Giulia studies. On Saturdays and Sundays, we meet friends, we eat pizza, we always listen to music, and we often go dancing.

1. The infinitives of all regular verbs in Italian end in **-are, -ere,** or **-ire.**
(In English the infinitive [**l'infinito**] consists of *to + verb*.)

   lava**rare** (*to work*)   ved**ere** (*to see*)   dorm**ire** (*to sleep*)

2. Verbs with infinitives ending in **-are** are called first-conjugation, or **-are,**
verbs. The present tense of a regular **-are** verb is formed by dropping
the infinitive ending **-are** and adding the appropriate endings to the
remaining stem. The ending is different for each person.

lavorare *(to work)*		
Infinitive stem: **lavor-**		
SINGOLARE		**PLURALE**
lavoro	*I work, am working*	lavoriamo	*we work, are working*
lavori	*you (inform.) work, are working*	lavorate	*you (inform.) work, are working*
lavora	*you (form.) work, are working*	lavorano	*you (form.) work, are working*
lavora	*he, she, it works, is working*	lavorano	*they work, are working*

Note that in the third-person plural the stress falls on the same syllable
as in the third-person singular.

3. The present tense in Italian corresponds to three English present-tense
forms.

   Lavoro in una libreria.
   { *I work in a bookstore.*
   I am working in a bookstore.
   I do work in a bookstore. }

4. The Italian present tense is also used to express an action that began in
the past and is still going on in the present. To express how long you
have been doing something in Italian, you use *present tense* + **da** + *time
expressions.*

   —**Da quanto tempo** parli italiano?   —*How long have you been
                                                 speaking Italian?*

   —Parlo italiano **da un anno.**   —*I have been speaking Italian for
                                          one year.*

   Carlo ama Sophia **da molto
      tempo.**   *Carlo has loved Maria for a long
                      time.*

5. Other **-are** verbs conjugated like **lavorare** are

abitare *to live (in a place)*	**guardare** *to watch, look at*
amare *to love*	**guidare** *to drive*
arrivare *to arrive*	**imparare** *to learn*
ascoltare *to listen to*	**incontrare** *to meet*
aspettare *to wait, wait for*	**insegnare** *to teach*
ballare *to dance*	**parlare** *to talk, speak*
cantare *to sing*	**ricordare** *to remember*
cercare *to look for*	**suonare** *to play (an instrument)*
comprare *to buy*	**telefonare (a)** *to telephone, call*
frequentare *to attend; to go to*	**tornare (a)** *to return (to a place)*

6. Verbs whose stem ends in **i-**, such as **cominciare, mangiare,** and **studiare,** drop the i of the stem before adding the **-i** ending of the second-person singular and the **-iamo** ending of the first-person plural.

cominciare (*to begin*)	**mangiare** (*to eat*)	**studiare** (*to study*)
comincio	mangio	studio
cominci	mangi	studi
comincia	mangia	studia
cominciamo	mangiamo	studiamo
cominciate	mangiate	studiate
cominciano	mangiano	studiano

7. Verbs whose stem ends in **c-** or **g-**, such as **dimenticare** and **spiegare,** insert an **h** between the stem and the endings **-i** and **-iamo** to preserve the hard **c** and **g** sounds of the stem.

dimenticare (*to forget*)	**spiegare** (*to explain*)
dimentico	spiego
dimentichi	spieghi
dimentica	spiega
dimentichiamo	spieghiamo
dimenticate	spiegate
dimenticano	spiegano

8. Common adverbs of time, such as **spesso** (*often*) and **sempre** (*always, all the time*), usually follow immediately after the verb.

Parliamo sempre italiano in classe.　　*We always speak Italian in class.*

Never is expressed by placing **non** before the verb and **mai** after it.

Luigi **non** lavora **mai** il sabato.　　*Luigi never works on Saturdays.*

ESERCIZI ■ ■ ■ ■ ■ ■ ■ ■ ■ ■ ■

A. **Preparativi per una festa.** (*Preparations for a party.*) Fill in the blanks with the correct verb endings.

1. Io compr_____ i dolci.[a] Franco suon_____ la chitarra[b] e tu, Carlo, cant_____. Noi parl_____ con gli amici e ball_____!

[a]*desserts* [b]*guitar*

2. Franco, ricord_____ Maria, la cugina di Francesca? È una ragazza molto intelligente: studi_____ informatica e matematica. Lei e un'amica arriv_____ stasera alle[a] otto. Tu e Francesca lavor_____ domani?

[a]stasera… *this evening at*

B. Da quanto tempo? Combine the following phrases to form complete sentences using **da** + present tense.

> ESEMPIO: (io) studiare italiano / quattro settimane → Io studio italiano da quattro settimane.

1. (lei) parlare francese / molti anni
2. (noi) aspettare l'autobus / venti minuti
3. (gli studenti) suonare il piano / un anno
4. (tu) abitare in questa casa / molto tempo
5. (il professore) insegnare la letteratura / tre anni
6. (voi) studiare psicologia / due mesi

C. Trova le persone che… Interview your classmates and make a list of those who do the following activities. Present your answers to the class.

> ESEMPIO: S1: Parli russo?
> S2: Sì, parlo russo.
> (No, non parlo russo.)

Trova le persone che…

1. mangiano la pizza a colazione (*breakfast*)
2. parlano spagnolo
3. ascoltano la musica classica
4. suonano il piano
5. ballano in discoteca
6. abitano nel dormitorio
7. cantano bene
8. dimenticano sempre i compiti

B. Dare, *stare, andare e fare*

Ecco il mio segreto per studiare con successo: vado sempre a lezione, sto molto attento in classe, faccio sempre tutti i compiti e quando do gli esami non ho mai problemi!

Here is my secret to successful studying: I always go to class, I pay careful attention in class, I always do my homework, and when I take my tests I never have any trouble!

Many important Italian verbs are irregular: they do not follow the regular pattern of conjugation (infinitive stem + endings). They may have a different stem or different endings. You have already learned two irregular Italian verbs: **avere** and **essere**. There are only four irregular verbs in the first conjugation:

dare (*to give*), **stare** (*to stay*), **andare** (*to go*), **fare** (*to do; to make*)

1. **Dare** and **stare** are conjugated as follows.

dare (*to give*)	**stare** (*to stay*)
do	sto
dai	stai
dà	sta
diamo	stiamo
date	state
danno	stanno

a. Here is one important idiom with **dare**.

| dare un esame (gli orali, gli scritti) | *to take an exam (one's oral exams, one's written exams)* |
| Do gli orali in giugno. E tu? | *I'm taking my orals in June. And you?* |

b. The verb **stare** is used in many idiomatic expressions. Its English equivalents vary.

stare attento/a/i/e *to pay attention; to be careful*
stare bene/male *to be well/unwell*
stare zitto/a/i/e *to be/keep quiet*

—Ciao, zio, come stai?	—*Hi, uncle, how are you?*
—Sto bene, grazie.	—*I'm fine, thanks.*
Molti studenti non stanno attenti.	*Many students don't pay attention.*

2. **Andare** and **fare** are conjugated as follows.

andare (*to go*)	**fare** (*to do; to make*)
vado	faccio
vai	fai
va	fa
andiamo	facciamo
andate	fate
vanno	fanno

a. If **andare** is followed by another verb (*to go dancing, to go eat*), the sequence **andare** + **a** + *infinitive* is used.* **Andare** is conjugated, but the second verb is used in the infinitive. Note that it is necessary to use **a** even if the infinitive is separated from the form of **andare**.

| Quando **andiamo a mangiare?** | *When are we going to eat?* |
| Chi **va** in Italia **a studiare?** | *Who's going to Italy to study?* |

—Ecco, adesso fai come faccio io...

Andare + **a** + *infinitive* is *not* equivalent to the English *going to*, used to express an intention to do something in the future; instead, it conveys the idea of *going somewhere* to do something.

b. A means of transportation used with **andare** is preceded by **in.**

andare **in** aereo	*to fly, go by plane*
andare **in** autobus	*to go by bus*
andare **in** bicicletta	*to ride a bicycle, go by bicycle*
andare **in** macchina	*to drive, go by car*
andare **in** treno	*to go by train*

but

andare **a** piedi	*to walk, go on foot*

c. As a general rule, when **andare** is followed by the name of a country, the preposition **in** is used; when it is followed by the name of a city, **a** is used.

Vado **in** Italia, **a Perugia.**   *I'm going to Italy, to Perugia.*

d. **Fare** expresses the actions of doing or making, as in **fare gli esercizi** and **fare il letto** (*to make the bed*), but it is also used in many idioms and weather (**il tempo**) expressions.

fare colazione	*to have breakfast*
fare una domanda	*to ask a question*
fare una fotografia	*to take a picture*
Che tempo fa?	*How's the weather? / What's the weather like?*
Fa bello (brutto).	*It's nice (bad) weather.*
Fa caldo (freddo).	*It's hot (cold).*
Fa fresco.	*It's cool.*

ESERCIZI

A. Sandra. Match the sentences about Sandra in a logical manner.

A	B
Sandra…	Lei…
1. non ha la macchina. _____	**a.** ha un album molto piccolo.
2. va sempre in palestra (*gym*). _____	**b.** fa sempre i compiti.
3. fa poche (*few*) foto. _____	**c.** è molto sportiva.
4. studia molto. _____	**d.** va in Italia.
5. va a Roma. _____	**e.** ha sonno.
6. va a letto presto (*early*). _____	**f.** va all'università a piedi.

B. Trasformazioni. Replace the subject of each sentence with each subject in parentheses and change the verb form accordingly.

1. Marcella dà gli scritti domani. (loro / tu / voi / io)
2. Stiamo a casa stasera. (il dottor Brighenti / voi / tu / Laura e Roberto)
3. Vanno a letto presto. (Lei, professore / io / noi / voi)
4. Lo studente fa pochi errori. (tu / voi / noi / questi studenti)

C. Curioso! You are curious to know where your classmates go to do certain things. Ask questions using **andare** + **a** + *infinitive.*

ESEMPIO: mangiare la pizza →
S1: Dove vai a mangiare la pizza?
S2: Vado in pizzeria a mangiare la pizza. E tu?
S1: Non vado mai in pizzeria.

Possibilità: a casa di un amico / un'amica, in biblioteca, in centro (*downtown*), in discoteca, in una libreria…

1. ballare
2. comprare i libri nuovi
3. studiare

4. dare un esame
5. lavorare
6. guardare un film

NOTA CULTURALE

Il sistema scolastico in Italia

Studenti liceali a Bologna

For over a century, Italian schools from elementary to high school have followed a national curriculum. Across the regions, each individual grade used to have the same **materie** and the same number of hours. This has started to change in recent years and bigger changes will come with the **riforma scolastica** (*education reform*) that will go into effect shortly.
Here is an outline of the school system for Italian students:

- Ages 5 to 11: the five-year **scuola elementare** (or **scuola primaria**). Students have two to three teachers (**maestri/e**) working together and teaching all the subjects.
- Ages 12 to 14: **scuola media** (or **secondaria inferiore**) with a different teacher (**professore/professoressa**) for each subject.
- Age 14, students make an important choice: five years in **liceo** (*academically oriented high school*) or **istituto tecnico** (*professional high school*), or four years of **istituto professionale** (*vocational school*).

After graduating from high school by passing the **esame di stato** (*state exam*), students head for the university. They matriculate into a specific **facoltà,** choosing their major almost immediately. Some of the more popular majors, such as **medicina, giurisprudenza, ingegneria,** and **architettura,** require an entrance exam. The degrees an Italian university student can receive are:

- After three years, **Laurea di primo livello,** with the title of **Dottore.**
- After two more years, **Laurea di secondo livello** or **Laurea Magistralis** with the title of **Dottore Magistralis.**
- Three or more years in a **Dottorato di ricerca** program earns the title of **Dottore di ricerca,** much like a PhD.

C. Aggettivi possessivi

GIANNI: Chi è il tuo professore preferito?

ROBERTO: Beh, veramente ho due professori preferiti: il professore di biologia e la professoressa di italiano.

GIANNI: Perché?

ROBERTO: Il professore di biologia è molto famoso: i suoi libri sono usati nelle università americane. La professoressa di italiano è molto brava; apprezzo la sua pazienza e il suo senso dell'umorismo.

1. As you already know, one way to indicate possession in Italian is to use the preposition **di: il professore di Marco è simpatico.** Another way to express possession is to use possessive adjectives (**gli aggettivi possessivi**), which correspond to English *my, your, his/her/its, our,* and *their.*

	SINGOLARE		PLURALE	
	Maschile	*Femminile*	*Maschile*	*Femminile*
my	il mio	la mia	i miei	le mie
your (**tu**)	il tuo	la tua	i tuoi	le tue
your (**Lei**)	il Suo	la Sua	i Suoi	le Sue
his, her, its	il suo	la sua	i suoi	le sue
our	il nostro	la nostra	i nostri	le nostre
your (**voi**)	il vostro	la vostra	i vostri	le vostre
your (**Loro**)*	il Loro	la Loro	i Loro	le Loro
their	il loro	la loro	i loro	le loro

In Italian, possessive adjectives precede the noun and agree in gender and number with the noun possessed (not with the possessor). **Loro** is invariable.

Unlike in English, the possessive adjective is almost always preceded by the definite article: **il mio amico.**

GIANNI: Who is your favorite professor? ROBERTO: Well, I really have two favorite professors: the biology professor and the Italian professor. GIANNI: Why? ROBERTO: The biology professor is very famous: his books are used in American colleges. The Italian professor is very good; I appreciate her patience and sense of humor.

*The **voi** possessive adjective forms are often substituted for the **Loro** forms, which are extremely formal.

Gli aggettivi possessivi

In some expressions the possessive adjective follows the noun. In these cases, no definite article is used.

Andiamo a **casa mia** o a **casa loro**?

Are we going to my house or their house?

Non sono **affari miei**.

It's not my business.

Studio spesso **in camera mia**, non in biblioteca.

I often study in my room, not in the library.

Il mio amico è carino.	*My friend (a boy) is cute.*
La tua amica è simpatica.	*Your friend (a girl) is nice.*
Le sue zie sono italiane.	*His/Her aunts are Italian.*
La nostra professoressa è intelligente.	*Our professor is intelligent.*
I vostri libri sono interessanti.	*Your books are interesting.*
La loro macchina è rossa.	*Their car is red.*

2. The English phrase *of mine* and *of yours* (*a friend of mine, two friends of yours*) are expressed in Italian by using the possessive adjective without the definite article. There is no Italian equivalent for *of* in these constructions.

un mio amico	*a friend of mine*
questo mio amico	*this friend of mine*
due tuoi amici	*two friends of yours*

ESERCIZI

Esercizi B
Parole utili

carino, disordinato, italiano, lento (*slow*), simpatico, veloce

A. Trasformazioni. Replace the italicized word in each sentence with each word in parentheses. Make any necessary changes to the rest of the sentence.

1. Ecco il nostro *amico*! (professore / professoressa / amici / amiche)
2. Ricorda il suo *cognome*? (parole / albergo / domanda / materie)
3. Parlano con i loro *amici*. (bambini / bambine / dottore / dottoressa)
4. Dov'è la vostra *aula*? (esame / aeroporto / stazione / corso)

B. Informazioni personali. Ask your partner what the following people and things are like. Report your findings to another pair or to the class.

ESEMPIO: la macchina →
S1: Com'è la tua macchina?
S2: La mia macchina è verde, bella e veloce (*fast*).
S1: La sua macchina è verde, bella e veloce.

1. la famiglia	5. le materie
2. i compagni di classe	6. la bicicletta
3. la casa	7. la camera
4. i corsi	8. il professore / la professoressa di italiano

C. Molte domande. Complete each response using the correct form of the possessive.

ESEMPIO: —È il professore di Carlo?
—Sì, è <u>il suo</u> professore.

1. —Cerchi la casa di Colombo?
   —Sì, cerco _____ casa.
2. —È la compagna di Michele e di Beatrice?
   —Sì, è _____ compagna.
3. —Tu hai i Cd di Marcella?
   —Sì, ho _____ Cd.
4. —Sono le amiche di Daniela?
   —No, non sono _____ amiche.
5. —Invitate i parenti di Laura e di Giacomo?
   —No, non invitiamo _____ parenti.
6. —Ricordi il cognome di Gino?
   —Sì, ricordo _____ cognome. È Giordano.

D. Possessivi con termini di parentela

Sono Carla. Ecco la mia famiglia! Io sono la ragazza bionda, bassa e un po' cicciotta. Mio padre è dottore. Lavora all'ospedale in centro. Mia madre è infermiera e lavora con mio padre. Il mio fratellino, Tonino, è cattivo e antipatico. Non andiamo d'accordo. Noi abbiamo un cane. Il suo nome è Macchia perché è bianco e nero.

1. The possessive adjective is used *without* the article when referring to family members in the singular. **Loro,** however, always retains the article, as do possessive adjectives that refer to relatives in the plural.

mio zio	*but*	**i miei** zii
tuo cugino		**i tuoi** cugini
sua sorella		**le sue** sorelle
nostra cugina		**le nostre** cugine
vostra madre		**le vostre** madri
il loro fratello		**i loro** fratelli

If the noun referring to a family member is modified by an adjective or a suffix, the article is retained.

mia sorella   *but*   **la mia** cara sorella; **la mia** sorellina (*little sister*)*

ESERCIZI

A. La famiglia di Carla. Read the description of Carla's family above and decide whether the following statements are **vero** or **falso.**

	V	F
1. Carla è alta e bruna.	☐	☐
2. Il suo fratellino è molto simpatico.	☐	☐
3. I suoi genitori lavorano in ufficio.	☐	☐
4. Suo padre è un manager.	☐	☐
5. Sua madre è ingegnere.	☐	☐
6. Carla va d'accordo con suo fratello.	☐	☐
7. Il loro cane, Macchia, è nero.	☐	☐

—Mio figlio è più piccolo del[a] normale.

[a]più… *smaller than*

I'm Carla. Here's my family! I'm the blonde girl, short and a bit plump. My father is a doctor. He works at the hospital downtown. My mother is a nurse and she works with my father. My little brother, Tonino, is naughty and unpleasant. We don't get along. We have a dog. His name is Spot because he's white and black.

*Suffixes are presented in **Capitolo 8.**

B. **Trasformazioni.** Replace the italicized word in each sentence with each word in parentheses. Make any necessary changes to the rest of the sentence.

1. Mia *moglie* oggi arriva. (padre / zii / zie / sorella)
2. Ecco i tuoi *genitori!* (fratello / sorellina / bravo nipote / figlie)
3. Dove abita Sua *zia?* (nonni / cugina / figlio / nipoti italiane)

C. **Com'è la tua famiglia?** Bring to class a photo of your real family or an imaginary family (using a magazine photo). Describe your real or imaginary family to your partner. Report what you learn about your partner's family to another pair or to the class.

ESEMPIO: Ho una famiglia numerosa (*big*). Mio padre è ingegnere. Lavora a Chicago. Lui è alto, magro…

E. *Questo e quello*

MIRELLA: Quale compri, questo golf rosso o quella maglietta blu?

SARA: Compro quel golf rosso. E tu, cosa compri? Quello golf giallo è molto bello, ma è bella anche questa maglietta grigia.

MIRELLA: Non lo so. Tutt'e due sono belli.

Questo (*This*) and **quello** (*that*) are demonstrative words that indicate a particular person, place, or thing: *This house is pretty. Who is that student?*

1. When functioning as demonstrative adjectives (**aggettivi dimostrativi**), **questo** and **quello** precede the noun as they do in English.

a. **Questo** indicates things that are near the speaker. It has four forms: **questo, questa, questi, queste.** The contraction **quest'** is common before singular nouns beginning with a vowel.

Questa materia è facile.	*This subject is easy.*
Questi professori sono bravi.	*These professors are good.*
Quest'anno non do gli esami.	*This year I won't take exams.*

	SINGOLARE	PLURALE
Maschile	**questo** studente	**questi** studenti
	quest'esame	**questi** esami
Femminile	**questa** studentessa	**queste** studentesse
	quest'aula	**queste** aule

MIRELLA: Which one are you buying, this red sweater or that yellow one?   SARA: I'll buy that yellow sweater. And you, what are you getting? This blue t-shirt is very pretty, but that gray one is pretty too.   MIRELLA: I don't know. Both of them are nice.

b. Quello indicates things that are far from the speaker. Like the adjective **bello, quello** resembles the forms of the definite article **il.**

	SINGOLARE	PLURALE	
Maschile	**quel** ragazzo	**quei** ragazzi	before most consonants
	quello zaino	**quegli** zaini	before **s** + *consonant* or **z**
	quell'albergo	**quegli** alberghi	before vowels
Femminile	**quella** giornata	**quelle** giornate	before all consonants
	quell'università	**quelle** università	before vowels

Chi è **quell'**uomo?	*Who is that man?*
Quella ragazza scia bene.	*That girl skis well.*
Quei libri sono cari.	*Those books are expensive.*
Di chi sono **quegli** stivali?	*Whose boots are those?*

ESERCIZI

A. La forma giusta. (*The correct form.*) Choose the correct forms of **questo** and **quello** to complete the sentences.

1. (Questa/Quest'/Questo) chiesa è del periodo barocco (*Baroque*).
2. (Quelle/Quei/Quegli) bicchieri sono fragili.
3. (Questo/Questi/Questa) mia foto è vecchia.
4. Insegna la fisica in (quella/quel/quell') aula.
5. (Quel/Quella/Quell') amica non è simpatica.
6. Compriamo tutti i libri in (quello/quel/quei) negozio.
7. Parlate con (quel/quegli/quei) ragazzi tutti i giorni.
8. Andiamo in (quel/quella/quello) farmacia.

B. Proprio quelli. Give the correct form of **quello.**

ESEMPIO: Quei ragazzi sono tedeschi.

1. _____ foto è vecchia.
2. _____ automobile verde è una Volvo.
3. Sono molto giovani _____ madri!
4. È straniero (*foreigner*) _____ studente?
5. È buono _____ corso?
6. _____ bambini hanno i capelli rossi.
7. _____ ospedale è grande.
8. Com'è bella _____ aula!

—È sua questa bottigila?

 # *Piccolo ripasso*

A. Mini-dialoghi. Working with a partner, fill in the blanks with the correct verb forms.

1. S1: La professoressa Vanoli _____ (essere) brava! _____ (spiegare) tutto molto bene e _____ (dare) molti esempi. E i tuoi professori, come _____ (essere)?

   S2: Non bravi come lei! Loro _____ (dare) molti compiti e non _____ (essere) mai a scuola quando noi _____ (avere) bisogno di aiuto (*help*).

Siamo preoccupati per^a il suo naso^b...

^apreoccupati... *worried about* ^b*nose*

2. s1: Ciao, Paola! Come _____ (stare)?
s2: Ciao, Daniele! Oggi _____ (stare) poco bene.
s1: Allora, perché non _____ (tornare) a casa e _____ (andare) a letto?
s2: Ora _____ (comprare) un po' di succo d'arancia^a e poi _____ (andare) a casa.

^asucco... *orange juice*

3. s1: Giorgio, tu e Michele cosa _____ (fare) alla festa di Giulia stasera?
s2: Noi _____ (cantare) e _____ (suonare) la chitarra. E tu _____ (andare) alla festa?
s1: Purtroppo (*Unfortunately*), stasera _____ (stare) a casa e _____ (fare) gli esercizi d'informatica.
s2: Come _____ (andare) il corso?
s1: Abbastanza bene. Noi _____ (imparare) l'HTML e _____ (avere) un sacco di (*tons of*) compiti, ma non _____ (essere) molto difficili.

B. Manuela ed io. Manuela has only one of everything (friends, courses, and so on); you have several. Respond to her statements as in the example, making all necessary changes.

ESEMPIO: Il mio insegnante è bravo. (noioso) →
I miei insegnanti sono noiosi.

1. Mio fratello arriva oggi. (domani)
2. Il mio corso è difficile. (facile)
3. Mia sorella va in Francia. (Italia)
4. Il mio amico compra sempre libri usati (*used*). (nuovo)
5. Mia cugina frequenta l'università di Pisa. (Napoli)
6. Il mio professore è canadese. (spagnolo)

C. Che fai e quando? (*when?*) Ask when your partner performs the following activities.

ESEMPIO: studiare →
s1: Quando studi?
s2: Non studio mai. / Studio sempre.

Espressioni: stamattina (*this morning*), stasera, la mattina (*morning*), la domenica

1. andare a ballare
2. fare i compiti
3. incontrare gli amici
4. telefonare ai genitori
5. guardare la televisione
6. ascoltare la musica
7. fare colazione
8. dare l'esame di italiano

D. Intervista. Ask another student the following questions or questions of your own; then present your findings to the class.

ESEMPIO: Roberto frequenta l'università e il sabato va a ballare.

1. Quanti corsi frequenti?
2. Dove studi, in biblioteca o a casa?
3. Quante materie studi?
4. Come vai a casa?
5. Quando dai gli esami?
6. Come sono i professori?

Invito alla lettura

L'Umbria

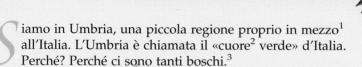

*S*iamo in Umbria, una piccola regione proprio in mezzo[1] all'Italia. L'Umbria è chiamata il «cuore[2] verde» d'Italia. Perché? Perché ci sono tanti boschi.[3]

I milioni di turisti che visitano ogni anno questa regione, però, tipicamente non hanno voglia di andare nei boschi, ma nelle piccole città, ricche di storia e di arte: Perugia (capoluogo[4] di regione), Assisi (la famosa città di San Francesco), Todi, Gubbio, Spoleto, Spello, Bevagna.

Vuoi conoscere[5] la semplicità e la pace[6] francescana? È preferibile visitare l'Umbria in inverno.[7] Nella brutta stagione,[8] per le strette strade[9] di Assisi, c'è quasi sempre un freddo vento di tramontana.[10] Ma nella chiesa di San Francesco, restaurata dopo il grave terremoto[11] del 1997, i turisti sono rari ed è possibile ammirare in silenzio gli splendidi affreschi[12] di grandi artisti italiani come Cimabue, Giotto, Lorenzetti e Simone Martini.

Vuoi anche imparare l'italiano? Bene, sei nella regione giusta. A Perugia c'è infatti una famosa Università per Stranieri. Qui, ogni anno, studiano la lingua e la cultura italiana più di 6.000[13] studenti. Sono giovani universitari, professionisti, insegnanti, operatori turistici. Vengono da oltre[14] cento paesi diversi: Stati Uniti, Grecia, Australia, Paesi Arabi, Svizzera, Germania, Francia, Inghilterra, Spagna, Paesi Latino-Americani.

[1]*in... in the middle* [2]*heart* [3]*forests* [4]*capital* [5]Vuoi... *Do you want to get to know* [6]*peace* [7]*winter* [8]*season* [9]strette... *narrow streets* [10]freddo... *cold north wind* [11]restaurata... *restored after the serious earthquake* [12]*frescoes* [13]*six thousand* [14]Vengono... *They come from more than*

Piazza della Repubblica a Perugia

Capire

Based on the reading, decide if the following statements are **vero** or **falso.**

	V	F
1. In Umbria ci sono molti boschi.	☐	☐
2. L'Umbria è una regione grande.	☐	☐
3. A Assisi c'è la chiesa di San Francesco.	☐	☐
4. Nella chiesa di San Francesco ci sono affreschi.	☐	☐
5. A Perugia c'è un'università solo per gli americani.	☐	☐

Scrivere

La mia famiglia. Write a description of your real or imaginary family in six to seven sentences. Find a photo of your family or a family in a magazine or on the internet and describe at least three to four different family members. Make sure that in your description there is at least one male and one female, and one plural example.

Esempio: *Nella mia famiglia ci sono sette persone. Mio padre si chiama Marc. Lui è … Mia madre si chiama…. I miei fratelli sono…*

CURIOSITÀ

Un'università molto antica

The oldest university in Europe, and in the world, is in Italy.

The *Studium*, which later developed into what today is the **Università di Bologna,** was founded in the eleventh century, in 1088. It was a free and nonsecular association of students who would choose and pay their own teachers. The main **materia di studio** taught at the *Studium* was **la giurisprudenza,** which included commentary on Roman law. Several other **università** were founded in Italy in the following centuries: the **Università di Modena** in 1175, and the **Università di Padova** and the **Università Federico II di Napoli** in 1224.

Today the **Università di Bologna** has **ventitré facoltà,** several branches in towns of the **regione Emilia-Romagna,** and more than 100,000 students. There are several programs for foreign students.

In Italy there are more than **sessanta università!** Almost all of them are funded by the Italian government.

L'università di Bologna

STRUMENTI

Videoteca

VIDEO
Corsi universitari

Roberto and Giuliana are looking out over Florence and talking about art and education in Italy. She tells him about the Italian university system.

Preparazione

ESPRESSIONI UTILI

economia aziendale	business economics
un'azienda	a firm, company
posso scrivere	I can write
la donna d'affari	businesswoman
un'autodidatta (*f.*)	a self-taught person

Dal video

ROBERTO: Qual è la scuola d'arte più importante?

GIULIANA: L'Istituto di Restauro. Mia sorella studia là, frequenta un corso di specializzazione. È un istituto privato. È possibile studiare arte anche all'università, che costa meno.

ROBERTO: Com'è l'università in Italia?

GIULIANA: Le lezioni cominciano a novembre…

Dopo il video

Verifica. Choose the best definition for each word or phrase on the left from the choices on the right.

1. una specializzazione
2. un'azienda
3. dare un esame

a. a place where a lot of people work together
b. a particular course of study
c. what Italian students do to pass a course

FUNZIONE: talking about the university

Comprensione. Answer the following questions.

1. What type of exams do students normally take at an Italian university?
2. In what subject is Roberto's degree?
3. Why does Giuliana want a business degree?

Attività. Working with a partner, think of two family members each who you think might benefit from some extra study. Imagine the people you have chosen are enrolled at your school and decide what they are studying. Present their schedules to your class, and explain why they are in these classes.

ESEMPI: Mio fratello studia il francese perché va in Francia.
Mia nonna studia l'informatica per trovare informazioni in Internet.

Parole da ricordare

VERBI

abitare	to live (*in a place*)
amare	to love
andare	to go
andare (a + *inf.*)	to go (*to do something*)
andare a piedi	to walk, go on foot
andare (in + *mode* *of transportation*)	to go by *mode of transportation*
andare d'accordo	to get along
arrivare	to arrive
ascoltare	to listen, listen to
aspettare	to wait, wait for
ballare	to dance
cambiare	to change
cantare	to sing
cercare	to look for
cominciare	to begin, start
comprare	to buy
dare	to give
dare un esame	to take a test
dimenticare	to forget
fare	to do; to make
frequentare	to attend (*a school, a class*)
guardare	to watch, look at
imparare	to learn
incontrare	to meet
insegnare	to teach
lavorare	to work
mangiare	to eat
parlare	to speak, talk
spiegare	to explain
stare	to stay
stare attento	to pay attention; to be careful
stare bene/male	to be well/unwell
studiare	to study
suonare	to play (*an instrument*)
telefonare (a)	to telephone, call

NOMI

l'aula	classroom
la casa	house, home
la chimica	chemistry
la classe	class (*group of students*)
il compito	homework
il corso	class (*course of study*)
il cugino / la cugina	cousin
l'economia e commercio	business administration
l'esame (*m.*)	exam, test
la facoltà	department, school (*within a university*)
la famiglia	family
il figlio / la figlia	son/daughter
il fratello	brother

i genitori	parents
la giurisprudenza	law
l'informatica	computer science
l'insegnante (*m./f.*)	teacher
la legge	law
le lettere	liberal arts
la libreria	bookstore
la lingua	language
la madre (la mamma)	mother (mom)
il marito	husband
la materia (di studio)	subject matter
la mattina	morning
la moglie (*pl.* le mogli)	wife
il/la nipote	grandson/granddaughter; nephew/niece
il nonno / la nonna	grandfather/grandmother
gli (esami) orali	oral exams
il padre (il papà, il babbo)	father (dad, daddy)
il/la parente	relative
il pomeriggio	afternoon
gli (esami) scritti	written exams
la sera	evening
la sorella	sister
la specializzazione (in)	major (in)
la storia (d'arte)	(art) history
gli studi	studies
lo zio / la zia	uncle/aunt

Parole simili: l'architettura, la biologia, la filosofia, la fisica, il giornalismo, l'ingegneria, la letteratura, la matematica, la medicina, la psicologia, le scienze politiche, la sociologia

AGGETTIVI

bravo in	good at (*a subject of study*)
difficile	difficult, hard
facile	easy
ogni (*inv.*)	every, each
preferito	preferred, favorite
straniero	foreign
tipico (*m. pl.* tipici)	typical

ALTRE PAROLE E ESPRESSIONI

(che) cosa?	what?
dopo	after
meno	less
non... mai	never
perché	why
presto	early
sempre	always, all the time
spesso	often
stamattina	this morning
stasera	tonight, this evening
volentieri	gladly, willingly

Sport e passatempi

Sport... *Sports and pastimes*

Il Giro (*Tour*) d'Italia

IN BREVE

Grammatica

A. Presente dei verbi in -ere e -ire

B. Dovere, potere e volere; dire, uscire e venire

C. Pronomi di oggetto diretto

D. L'ora

Nota culturale

Le passioni sportive degli italiani

Invito alla lettura

Il Trentino–Alto Adige e la Valle d'Aosta

Curiosità

Il Giro d'Italia e la *Gazzetta dello Sport*

■ Parlare di passatempi, di sport e del tempo

Vocabolario preliminare

DIALOGO-LAMPO

I programmi[1] della giornata

LORENZO: Ciao, Rita! Ciao, Alessandro! Che cosa fate oggi?

ALESSANDRO: Vado a giocare a tennis con Marcello e poi a casa: c'è un bel film alla TV.

RITA: Io invece[2] vado a fare aerobica con Valeria, poi abbiamo un appuntamento[3] con Vittoria per studiare. C'è un esame di matematica domani!

ALESSANDRO: E tu, Lorenzo, che programmi hai?

LORENZO: Mah, oggi non ho voglia di fare niente[4]...

RITA: Che novità,[5] è il tuo passatempo preferito!

1. Che programmi ha Alessandro?
2. Cosa fanno Rita e Valeria?
3. Chi ha un esame domani?
4. Che programmi ha Lorenzo?

[1]plans [2]instead [3]appointment [4]non... I don't feel like doing anything [5]Che... What a novelty

I passatempi e il tempo libero (*free time*)

nuotare/il nuoto

fare una passeggiata

correre

dipingere

ascoltare la musica

leggere un giornale

suonare la chitarra/ uno strumento

la giocatrice

il giocatore

giocare a calcio

la gara/la partita

la palla

il pattinaggio skating
lo sci skiing
la squadra team

andare al cinema (al ristorante, a teatro, a un concerto) to go to a movie (to a restaurant, to the theater, to a concert)
andare in bicicletta to ride a bike
andare in palestra to go to the gym
cucinare to cook
disegnare to draw
dormire to sleep
fare aerobica to do aerobics
fare sollevamento pesi to lift weights
giocare a tennis, a pallacanestro to play tennis, basketball
giocare con il computer to play on the computer
guardare la televisione (la TV) to watch television (TV)
pattinare to skate
perdere to lose
praticare uno sport to practice a sport

prendere lezioni di ballo (di musica, di fotografia, di arti marziali) to take dancing lessons (music lessons, photography lessons, martial arts lessons)
pulire to clean
scrivere (una lettera, un racconto, una poesia) to write (a letter a short story, a poem)
uscire con gli amici to go out with friends
viaggiare to travel
vincere to win

IL TEMPO E LE STAGIONI
la nebbia fog
la neve snow
la pioggia rain
il vento wind

nevicare to snow
piovere to rain
l'autunno fall, autumn
l'estate (*f.*) summer
l'inverno winter
la primavera spring

ESERCIZI

■ ■ ■ ■ ■ ■ ■ ■ ■

A. Di che sport parliamo? Read the following descriptions and guess what sport each refers to. More than one answer may be possible.

1. I giocatori fanno questo sport in acqua (*water*).
2. Per questo sport è necessaria la musica.
3. La squadra è composta da 11 giocatori e c'è una palla.
4. Questo è uno sport tipico dell'inverno.
5. Per questo sport di solito (*usually*) la gente va in palestra.

B. Preferisco... (*I prefer . . .*) Create complete sentences using one element from each list. Begin each sentence with **Preferisco...**

leggere	gli spaghetti	da solo/sola (*alone*)
ascoltare	fotografia	con gli amici
andare	in Italia	con la famiglia
prendere lezioni di	la musica	in estate
scrivere	il giornale	in autunno
cucinare	in vacanza	in primavera
viaggiare	una lettera	in inverno

C. Preferenze. Are there certain things you prefer to do on particular days of the week? Using the **Vocabolario preliminare,** indicate your weekday and weekend preferences.

ESEMPIO: Il venerdì sera preferisco andare in palestra e il sabato sera invece (*on the other hand*) preferisco andare a teatro.

Now interview a classmate about what he/she prefers to do in the circumstances listed below. Use the expressions **preferisco, preferisci** (*you prefer*), **anch'io** (*I also*) and **Io invece.**

1. il venerdì sera
2. la domenica pomeriggio
3. in una giornata di pioggia
4. quando fa bello in estate
5. durante (*during*) l'inverno, quando nevica
6. il lunedì mattina, in una brutta giornata di gennaio

Nota bene

Giorno o giornata
Sera o serata

The forms **giornata** and **serata** are used to refer to *the whole/entire day* or *the whole/entire evening.*

Compare the following.

Buon giorno. *Good day.*
Buona giornata. *Have a good/nice day.*
Buona sera. *Good evening.*
Buona serata. *Have a good/nice evening.*
Oggi è una giornata lavorativa. *Today is a workday.*
Che serata stupenda! *What a great evening!*
Passo una bella giornata. *I am having (spending) a good day.*

—È la prima volta che giochi a ping-pong, Gigi?

 In ascolto

For listening comprehension activities related to the theme of this chapter, see the Laboratory Manual or visit the *Prego!* website.
www.mhhe.com/prego7

Grammatica

A. Presente dei verbi in -ere e -ire

Siamo una famiglia molto sportiva. Mio padre corre ogni giorno e poi va in ufficio; mia madre prende lezioni di tennis in estate e preferisce nuotare in piscina in inverno; mia sorella va in palestra e fa sollevamento pesi... persino mia nonna fa aerobica!

1. The present tense of regular verbs ending in **-ere** (second-conjugation verbs) and of several verbs ending in **-ire** (third-conjugation verbs) is formed by adding the appropriate endings to the infinitive stem.

-ere VERBS scrivere (to write)		-ire VERBS (FIRST GROUP) dormire (to sleep)	
scrivo	scriviamo	dormo	dormiamo
scrivi	scrivete	dormi	dormite
scrive	scrivono	dorme	dormono

Note that the endings are the same for both conjugations except in the second-person plural: **-ete** for **-ere** verbs, **-ite** for **-ire** verbs.

Scrivete molte e-mail?   *Do you write many e-mails (e-mail messages)?*

Dormite bene?   *Do you sleep well?*

2. Other **-ere** verbs conjugated like **scrivere** are

chiudere *to close*	Chiudo la finestra (*window*).
correre	Perché correte ogni giorno?
dipingere	Raffaella dipinge bene.
leggere	Carlo legge il giornale.
mettere *to put, place*	Mettiamo le valige in macchina.
perdere	Perdi sempre la chiave (*key*)!
prendere	Noi prendiamo lezioni di ballo.
ricevere *to receive*	Chi riceve molte riviste?
rispondere *to answer, reply*	Perché non rispondi in italiano?
vedere *to see*	Vedono un film.

We are a very athletic family. My father goes running every morning and then goes to his office; my mother takes tennis lessons in the summer and prefers to swim in the pool in the winter; my sister goes to the gym and lifts weights . . . even my grandmother does aerobics!

a. Note that most verbs ending in **-ere** are stressed on the verb stem: **PRENdere, PERdere.** A few verbs are stressed on the **-ere** ending: **aVEre, veDEre.**

b. The verb **bere** (*to drink*) derives from the Latin *bevere* and retains the **bev-** stem: **bevo, bevi, beve, beviamo, bevete, bevono.**

3. Some **-ire** verbs conjugated like **dormire** are

aprire *to open*	Apriamo la finestra.
offrire *to offer*	Offro un caffè a tutti (*everybody*).
partire *to leave; to depart*	—Quando partite?
	—Partiamo domani.
seguire *to follow; to take a course*	La spia (*spy*) segue la ragazza.
	Seguiamo un corso di filosofia.
sentire *to hear*	Sentite la voce (*voice*) di Mario?
servire *to serve*	Servi vino bianco?

4. Not all verbs ending in **-ire** are conjugated like **dormire** in the present. Most **-ire** verbs follow this pattern:

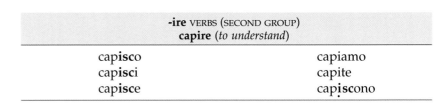

-ire VERBS (SECOND GROUP) capire (*to understand*)	
capisco	capiamo
capisci	capite
capisce	capiscono

The endings are the same as for **dormire,** but **-isc-** is inserted between the stem and the ending in all forms but the first- and second-person plural. Pronunciation of **-sc-** changes with the vowel that follows it: before **o** it is pronounced like *sk* in *sky;* before **e** and **i** it is pronounced like *sh* in *shy.*

The following **-ire** verbs are conjugated like **capire.***

finire *to finish, end*	I ragazzi finiscono gli esercizi.
preferire *to prefer*	Preferite leggere o scrivere?
pulire *to clean*	Quando pulisci la casa?

5. Note: often a conjugated verb can be followed by a second verb in the infinitive.

Preferisco leggere racconti.   *I prefer to read short stories.*

In many cases a preposition will precede the infinitive.

Vado a studiare in biblioteca.   *I am going to study in the library.*

—E se non sei sposato per quale motivo bevi?

---

*The infinitives of verbs conjugated like **capire** are followed by **(isc)** in vocabulary lists and in the end vocabulary.

A. Trasformazioni. Replace the subject of each sentence with each subject in parentheses, and change the verb form accordingly.

1. Tu leggi il giornale. (la nonna / io e Carlo / voi / gli italiani)
2. Noi apriamo la porta (*door*). (voi / il cugino di Marco / loro / io)
3. Marco pulisce il frigo (*refrigerator*). (noi / i ragazzi / io / voi)
4. I bambini non rispondono. (io / il professore / voi / tu)
5. Laura beve solo acqua minerale. (i miei amici / voi due / noi / tu)

B. Il week-end di Laura. Complete Laura's story by adding the appropriate verb endings.

Laura è una ragazza impegnata[a]! Il venerdì sera segu_____[1] un corso di teatro. Il sabato mattina corr_____[2] e pul_____[3] la casa; il pomeriggio diping_____[4] e fin_____[5] i compiti. Il sabato sera prefer_____[6] andare in discoteca con gli amici. E cosa fa la domenica? Dorm_____[7]!

[a]*busy*

Now change the first sentence of the paragraph to **Laura e Maria sono due ragazze impegnate** and complete the story.

C. Cosa preferiscono? Explain why the following people don't do certain things: they prefer to do something else.

[a]*everywhere*

ESEMPIO: Marco non legge: preferisce scrivere.

1. Daniela non gioca a tennis: _____.
2. Le bambine non dormono: _____.
3. Mio padre non nuota: _____.
4. Lo zio di Gino non prende l'aereo: _____.
5. Questi studenti non vanno mai al cinema: _____.
6. Luciano non suona la chitarra: _____.

Now name three things you don't do, and what you prefer to do instead.

B. Dovere, potere e volere; dire, uscire e venire

SIMONE: Vuoi uscire stasera, Daniela? C'è un bel film al cinema Diana.

DANIELA: No, non posso. Devo studiare.

SIMONE: Domani sera allora?

DANIELA: No, devo andare a una riunione…

SIMONE: Tu non hai mai tempo per me. Devo cercare un'altra ragazza!

SIMONE: Do you want to go out tonight, Daniela? There's a good movie at the Diana Theater.   DANIELA: No, I can't. I have to study.   SIMONE: Tomorrow night, then?   DANIELA: No, I have to go to a meeting . . .   SIMONE: You never have time for me. I have to look for another girlfriend!

1. Some commonly used **-ere** and **-ire** verbs are irregular in the present tense.

dovere (to have to, must)	**potere** (to be able to, can, may)	**volere** (to want)	**dire** (to say, tell)	**uscire** (to go out; to exit)	**venire** (to come)
devo	posso	voglio	dico	esco	vengo
devi	puoi	vuoi	dici	esci	vieni
deve	può	vuole	dice	esce	viene
dobbiamo	possiamo	vogliamo	diciamo	usciamo	veniamo
dovete	potete	volete	dite	uscite	venite
devono	possono	vogliono	dicono	escono	vengono

Dovete partire subito.	*You must leave right away.*
—Possono venire?	*—Can they come?*
—No, non possono.	*—No, they can't.*
Chi vuole guardare la TV?	*Who wants to watch TV?*
Diciamo «Buon giorno!»	*We say, "Good morning!"*
Perché non esci con Sergio?	*Why don't you go out with Sergio?*
Vengo a lezione domani.	*I'm coming to class tomorrow.*

—No, per il poker stasera non posso: forse domani.

2. a. As with **preferire,** if a verb follows **dovere, potere,** or **volere,** it is always in the infinitive form.

Dovete pulire la casa oggi.	*You have to clean the house today.*
No, non possiamo venire alla partita.	*No, we can't come to the game.*
Da grande voglio fare il dottore.	*When I grow up, I want to be a doctor.*

b. Dire means *to say* and *to tell*. It is often followed by **che,** a conjunction meaning *that*.

Perché non **dite** mai la verità?	*Why don't you ever tell the truth?*
Mario **dice** che non vuole andare in palestra.	*Mario says that he doesn't want to go to the gym.*

c. All expressions used with **andare** are also used with **venire.**

Chi va a studiare in Italia?	*Who is going to study in Italy?*
Chi viene a studiare in Italia?	*Who is coming to study in Italy?*
Andiamo a casa in bici.	*We are going home by bike.*
Veniamo a casa in bici.	*We are coming home by bike.*

—Tu cosa vuoi fare da grande?
Il cherubino o il serafino?

ESERCIZI

A. Trasformazioni. Replace the subject of each sentence with each subject in parentheses, and change the verb form accordingly.

1. Potete venire stasera? (tu / Lei / loro / il professore)
2. La signora vuole le chiavi. (io / noi / loro / voi)
3. Devi prendere il treno. (noi / Carlo / voi / loro)
4. Esco con gli amici. (voi / Lei / la nonna / gli zii)
5. Vengo in motocicletta. (Paola / voi / anche tu / le mie amiche)
6. Dici sempre la verità? (loro / Mirella / noi / voi)

B. Da completare. Complete each sentence with the correct form of the verb given in parentheses.

1. Carlo, _____ (uscire) stasera?
2. Signora, dove _____ (dovere) andare?
3. Bambini, _____ (venire) in bicicletta o a piedi?
4. Io non _____ (potere) partire domani.
5. Che cosa _____ (dire) quei ragazzi?
6. Mia zia non _____ (volere) prendere l'aereo.

C. La mia giornata. Tell your partner three things you have to do today, three things you want to do today, and three things you cannot do today. Your partner will take notes and report the answers to another pair or to the class.

Le passioni sportive degli italiani

Il calcio, as anyone would expect, is Italy's number one competitive game, at least for young men. Leagues of any kind (five-, seven- or nine-player teams, on grass, sand or indoor, by age group) sprout and thrive everywhere. For young women, the top game is **volleyball.** But the range of sports actively practiced is much wider. Among the young there is an insatiable thirst for extreme sports, from **cliff-jumping** (free falling into water) to **base-jumping** (with a para-chute and hard landing). Italy's thousands of small mountain streams provide the perfect environment for **torrentismo,** trekking down narrow, fast-moving streams between canyon-like walls. If you prefer to surf down the same streams on a small foam board you are practicing **hydrospeed,** which, despite its English name, was invented in France. Especially in the North, with the steep inclines of winding back roads, many indulge in one of Italy's enduring passions, **ciclismo** (*cycling*). Younger people prefer the challenge of **mountain biking** and the off-road experience. Although **snowboarding** has been quite popular for years on the Italian slopes, the 2006 Olympics in Torino introduced new forms of competition, from the **half-pipe** to **snowboard cross** (four skiers racing down a bobsled-like course). In the summer, **beach volley** draws lots of practitioners, while on the water **windsurfers** and **sailboats** fight for space with **jet skis.** Regardless of the sport, however, one thing remains constant, and very Italian: you always have to look your best.

Hydrospeed: una nuova passione sportiva

C. Pronomi di oggetto diretto

ANNAMARIA: Mi inviti alla festa?

CLARA: Certo che ti invito!

ANNAMARIA: Inviti anche Marco?

CLARA: Certo che lo invito!

ANNAMARIA: E Maria?

CLARA: Certo che la invito!

ANNAMARIA: Compri le pizze e le bibite?

CLARA: Certo che le compro!

ANNAMARIA: Prepari panini per tutti?

CLARA: Certo che li preparo. Così mangiamo bene e passiamo una bella serata!

ANNAMARIA: Are you inviting me to the party? CLARA: Of course I'm inviting you! ANNAMARIA: Are you inviting Marco too? CLARA: Of course I'm inviting him! ANNAMARIA: And Maria? CLARA: Of course I'm inviting her! ANNAMARIA: Are you buying the pizzas and the sodas? CLARA: Of course I'm buying them! ANNAMARIA: Are you making sandwiches for everybody? CLARA: Of course I'm making them. We'll eat well and have a nice evening!

1. A direct object is the direct recipient of the action of a verb.

I invite the boys. Whom do I invite? *The boys.*
He reads the newspaper. What does he read? *The newspaper.*

The nouns *boys* and *newspaper* are direct objects. They indicate *whom* or *what*. Verbs that take a direct object are called transitive. Verbs that do not take a direct object (*she walks, I sleep*) are intransitive.
   Direct-object pronouns replace direct-object nouns.

I invite **the boys.** I invite **them.**
He reads **the newspaper.** He reads **it.**

2. The direct-object pronouns (**i pronomi di oggetto diretto**) are as follows:

SINGOLARE		PLURALE	
mi	*me*	ci	*us*
ti	*you (inform.)*	vi	*you (inform.)*
		Li	*you (m., form.)*
La	*you (m. and f., form.)*	Le	*you (f., form.)*
lo	*him, it*	li	*them (m.)*
la	*her, it*	le	*them (f.)*

a. The form of the direct object pronoun depends on the number and gender of the noun it replaces.

| Ricevo **le lettere** (*f. pl.*). | *I receive the letters.* |
| **Le** ricevo. | *I receive them.* |

| Bevo **un caffè.** (*m. sing.*) | *I drink a coffee.* |
| **Lo** bevo. | *I drink it.* |

b. A direct-object pronoun immediately precedes a conjugated verb, even in a negative sentence.

| Io compro la frutta, ma mio figlio non **la** mangia. | *I buy fruit, but my son doesn't eat it.* |

| —Quando vedi i ragazzi, **li** saluti? | —*When you see the boys, do you greet them?* |
| —No, non **li** saluto. | —*No, I don't greet them.* |

c. An object pronoun attaches to the end of an infinitive. Note that the final **-e** of the infinitive is dropped.

| La frutta? È importante mangiar**la** ogni giorno. | *Fruit? It is important to eat it every day.* |

| È una buon'idea salutar**li.** | *It's a good idea to greet them.* |

If the infinitive is preceded by a form of **dovere, potere,** or **volere,** the object pronoun may either attach to the infinitive or precede the conjugated verb.

| Che bella mela! Voglio mangiar**la.** (**La** voglio mangiare.) | *What a beautiful apple! I want to eat it.* |

| Sono in città i nonni? Quando posso salutar**li**? (Quando **li** posso salutare?) | *Are the grandparents in town? When can I greet them?* |

d. Singular direct-object pronouns may elide before verbs that begin with a vowel, and before forms of **avere** that begin with an **h.** The plural forms **li** and **le** are never elided.

—Claudia **mi** invita al cinema?	*Will Claudia invite me to the movies?*
—Sì, **t'**invita!	*Yes, she will invite you!*
—Hai il passaporto?	*Do you have your passport?*
—No, non **l'**ho.	*No, I don't have it.*
—Inviti Tina e Gloria?	*—Are you inviting Tina and Gloria?*
—No, non **le** invito.	*—No, I'm not inviting them.*

3. A few Italian verbs that take a direct object (**ascoltare, aspettare, cercare, guardare**) correspond to English verbs that are used with prepositions (*to listen to, to wait for, to look for, to look at*).

—Cerchi il tuo ragazzo?	*—Are you looking for your boyfriend?*
—Sì, lo cerco.	*—Yes, I'm looking for him.*

4. Object pronouns are attached to **ecco** to express *Here I am!, Here you are!, Here he is!,* and so on.

—Dove sono le chiavi?	*—Where are the keys?*
—Ecco**le**!	*—Here they are!*
—Paola, dove sei?	*—Paola, where are you?*
—Ecco**mi**!	*—Here I am!*

ESERCIZI

A. La risposta giusta. Select the best answer for each question.

1. Mangi la pizza?
   a. Sì, lo mangio.   **b.** No, non le mangio.   **c.** No, non la mangio.
2. Cercate le riviste?
   a. Sì, le cerchiamo.   **b.** No, non li cerchiamo.   **c.** Sì, vi cerchiamo.
3. Mamma, mi vedi?
   a. No, non vi vedo.   **b.** No, non la vedo.   **c.** Sì, ti vedo.
4. Signor Costantini, mi chiama stasera?
   a. No, non lo chiamo.   **b.** No, non vi chiamo.   **c.** Sì, La chiamo.
5. Aspettate Paola e Luisa?
   a. Sì, le aspettiamo.   **b.** Sì, vi aspettiamo.   **c.** No, non la aspettiamo.
6. Bevete il caffè?
   a. No, non la beviamo.   **b.** No, non lo beviamo.
   c. No, non le beviamo.

B. Le domande giuste. Provide appropriate questions for the following answers.

   ESEMPIO: Sì, li ho. → Hai i libri?

1. No, non la compro.
2. Sì, la scrivo.
3. No, non li mangio.
4. Sì, posso incontrarLa oggi.
5. No, non voglio vederlo.
6. Sì, ti aspetto in classe.
7. No, non la pulisco perché non ho tempo oggi.
8. Certo che vi invito al cinema.

C. Domande personali. Ask your partner questions, adding questions of your own using the verbs provided. Your partner should answer using a pronoun.

ESEMPIO: scrivere lettere
s1: Scrivi lettere?
s2: Sì, le scrivo. (No, non le scrivo.)

1. leggere il giornale tutti i giorni
2. fare esercizi d'aerobica
3. guardare molto la televisione
4. scrivere racconti o poesie

5. ascoltare…
6. mangiare…
7. suonare…
8. fare…

D. L'ora

MARTINA: Che ore sono?

PAOLO: Sono le 8.45.

MARTINA: È tardi, devo andare a lezione di chimica!

PAOLO: Vai a piedi?

MARTINA: No, devo correre e prendere l'autobus.

1. To ask, *what time is it?* Italian uses either the singular **Che ora è?** or the plural **Che ore sono?** The answer is **Sono le** + *number of the hour.*

Sono le tre.   *It's three o'clock.*
Sono le undici.   *It's eleven o'clock.*

The singular form **è** is used only for noon, midnight, and one o'clock.

È mezzogiorno.   *It's noon.*
È mezzanotte.   *It's midnight.*
È l'una.   *It's one o'clock.*

2. Fractions of an hour are expressed by **e** + *minutes elapsed.* From the half hour to the next hour, time can also be expressed by giving the next hour **meno** (*minus*) the number of minutes before the coming hour.

le tre e venti	3.20	le quattro e cinquanta }	
le otto e trenta	8.30	le cinque meno dieci }	4.50

Un quarto (*a quarter*) and **mezzo** (*a half*) often replace **quindici** and **trenta.**

le tre e un quarto }		le cinque meno un quarto }	4.45
le tre e quindici }	3.15	le cinque meno quindici }	
le tre e mezzo }			
le tre e trenta }	3.30		

Un quarto d'ora and **mezz'ora** mean *a quarter of an hour* and *half an hour.*

MARTINA: What time is it?   PAOLO: It's 8:45.   MARTINA: It's late, I have to go to my chemistry class!   PAOLO: Are you going on foot?   MARTINA: No, I have to run and take the bus.

3. To indicate A.M., add **di mattina** to the hour; to indicate P.M., add **del pomeriggio** (12 P.M. to 5 P.M.), **di sera** (5 P.M. to 10 P.M.), or **di notte** (10 P.M. to early morning) to the hour.

le otto di mattina	8 A.M.
le quattro del pomeriggio	4 P.M.
le otto di sera	8 P.M.
le due di notte	2 A.M.

4. The 24-hour clock is used in Italy for train, bus, and planes schedules; television, radio, and movie schedules; and other official business.

Sono le otto e un quarto
(e quindici). Gabriella fa colazione.

Sono le nove meno cinque. Arriva all'università.

Sono le dieci. È a lezione di chimica.

È mezzogiorno. (Sono le dodici.) Mangia un panino con gli amici.

È l'una e venticinque. Studia in biblioteca.

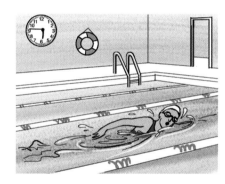

Sono le cinque e quarantacinque. (Sono le sei meno un quarto [meno quindici].) Va a nuotare in piscina.

Sono le sette e mezzo (e trenta). Va a cena con il suo ragazzo, Luca.

È mezzanotte. Guarda la TV.

È l'una. Va a letto.

A. Che ore sono? Express the following times in Italian. Note that Italian uses a period instead of a colon to separate the hours from the minutes.

7.21   9.10   4.24 P.M.   8.30 P.M.   3.45   9.00   1.15 P.M.   1.15 A.M.

B. È tardi! George's watch is always ten minutes slow. Every time he states the time, you have to correct him.

ESEMPIO: Sono le otto. → No, sono le otto e dieci.

1. Sono le quattro e un quarto.
2. È mezzogiorno e mezzo.
3. È l'una.
4. Sono le sei e cinque.
5. Sono le dieci meno un quarto.
6. È mezzanotte e dieci.

Now pretend your watch is thirty minutes slow. State a time, and a classmate will correct you.

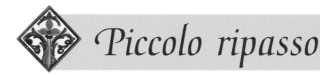

Piccolo ripasso

A. Scambi. Working with a partner, complete the following exchanges with the appropriate form of the following verbs.

bere, capire, perdere, prendere, sentire, uscire

1. S1: Cosa _____ tu quando vai al bar?
   S2: Di solito (*Usually*) _____ un cappuccino.
2. S1: Perché le tue amiche Stefania e Lucia _____ sempre il treno?
   S2: Io non _____ proprio! Loro _____ ogni sera e la mattina non _____ la sveglia (*alarm clock*).

dovere, potere, preferire, volere

3. s1: Chi _____ venire stasera in discoteca?

s2: Marco non _____, io _____ lavorare e Silvia e Sonia _____ andare al concerto di Vasco Rossi.

B. I preparativi. Complete the conversation between Marco's friends using the correct direct-object pronouns.

GEMMA: Dobbiamo fare i preparativi per la festa di compleanno[a] di Marco.

SERGIO: Va bene. Che devo fare?

GEMMA: Puoi comprare i regali[b]?

SERGIO: Sì, _____[1] compro volentieri.

GEMMA: Sandra, vuoi preparare le lasagne?

SANDRA: Certo, _____[2] preparo domani.

GEMMA: Loretta, dobbiamo invitare Domenico, il cugino di Marco. _____[3] inviti tu?

LORETTA: Va bene, _____[4] chiamo stasera.

GEMMA: Milena, puoi fare una torta[c]? Sei brava in cucina.

MILENA: Sì, _____[5] faccio con il cioccolato. È quella preferita da Marco.

SERGIO: E tu, Gemma, che fai?

GEMMA: Vi guardo![d]

[a]birthday [b]presents [c]cake [d]Vi... I'll watch you!

C. Ora solare e ora legale. (*Standard Time and Daylight-Savings Time.*) Last night you were supposed to set your watch one hour ahead because of the change from **l'ora solare** to **l'ora legale.** You forgot to do it, however. So now, whenever you state a time, you have to be corrected. Work with another student. Give five different times: he/she will correct you.

ESEMPIO: Sono le undici → No, è mezzogiorno

D. Conversazioni.

1. Corri volentieri? Vai in bicicletta? Quale mezzo di trasporto preferisci?
2. Preferisci guardare la TV o leggere? A che ora guardi la TV?
3. Pulisci la casa? Fai il letto?
4. Mangi spesso al ristorante o alla mensa?
5. Quando ricevi un'e-mail, rispondi subito? Scrivi molte e-mail o preferisci telefonare?
6. Cosa preferisci fare quando fa caldo? Cosa preferisci fare quando piove?

Invito alla lettura

Il Trentino–Alto Adige e la Valle d'Aosta

uoi andare in montagna? Hai una passione per lo sci o la roccia[1]? Il Trentino–Alto Adige e la Valle d'Aosta, due regioni quasi interamente montuose,[2] offrono alcune delle montagne più belle del mondo e tutte le attrezzature[3] per praticare il tuo sport preferito. Il paesaggio[4] del Trentino–Alto Adige è molto bello. Qui ci sono le Dolomiti, montagne con splendidi colori che cambiano sotto la luce del sole[5] e sono rosa e rosse al tramonto.[6] In tutta la zona delle Dolomiti troviamo molti villaggi con buone strutture turistiche e sportive.

Ma se ami la natura più dello sport, consigliamo[7] di visitare il Parco Nazionale del Gran Paradiso. Una grande parte del parco è in Valle d'Aosta, la più piccola regione italiana, dove troviamo i monti più alti delle Alpi come il Monte Bianco, la montagna più alta d'Italia (4.810 metri/15,780 feet).

Nel Parco Nazionale del Gran Paradiso puoi fare splendide passeggiate. Puoi vedere piante rare e fiori[8] bellissimi, animali come la marmotta, lo stambecco, il camoscio[9] e, se hai fortuna, anche la splendida aquila[10] imperiale.

[1]*rock-climbing* [2]quasi… *almost entirely mountainous* [3]*facilities* [4]*landscape* [5]luce… *sunlight*
[6]*sunset* [7]*we advise* [8]*flowers* [9]marmotta… *marmot, ibex, chamois* [10]*eagle*

Una passeggiata in montagna

Capire

Vero o falso?

	V	F
1. Il Trentino–Alto Adige e la Valle d'Aosta sono due regioni molto montuose.	☐	☐
2. Le Dolomiti sono in Valle d'Aosta.	☐	☐
3. Il Parco del Gran Paradiso si trova in Valle d'Aosta.	☐	☐
4. Nel Parco del Gran Paradiso ci sono i camosci.	☐	☐

 Scrivere

Il mio sport preferito. Write five to six sentences describing your favorite sport or pastime. Why do you like it? When do you do this sport or pastime? In what kind of weather? Where? With whom? Are you part of a team or club?

ESEMPIO: Io preferisco il tennis perché... Il tennis è uno sport... Lo pratico quando... Gioco con...

CURIOSITÀ

Il Giro d'Italia e la *Gazzetta dello Sport*

Italians are very fond of all sports, but there is one sport that they love particularly: **il ciclismo.** Every year, in **maggio,** a world-famous race takes place: **il Giro d'Italia.**

Il Giro d'Italia started in the early 1900s. Bike riders from all over the world race through Italy for almost a month: along the coasts as well as through the steep **Alpi** and **Appennini** mountains. The final stage is usually in **Milano.**

Every day of the race, millions of Italians watch the **Giro d'Italia** on TV. For those who can't watch, there is another way to follow the race: reading the most important Italian sports newspaper, *La Gazzetta dello Sport.*

La Gazzetta dello Sport was founded in 1896. For several years it was a biweekly magazine, and in 1913 it became a daily newspaper. This reliable and detailed paper brings the latest news and information on all the sports and sport events. The main feature that distinguishes it from all the other daily papers is that it is printed on pink pages!

La Gazzetta dello Sport

STRUMENTI

 VIDEO WWW QUIA WWW

Videoteca

 La squadra del cuore

Roberto and Giuliana are buying train tickets from a ticket machine. They are going to Milan to see the Inter-Milan soccer game.

Preparazione

ESPRESSIONI UTILI

è la mia squadra del cuore	it is my favorite team
premi «emissioni biglietti»	press "issue tickets"
andata e ritorno	round trip
io tifo per il Milan	I root for Milan
Forse vincerà il Milan!	Maybe Milan will win!

Dal video

ROBERTO: Beh, il calcio non è il tuo sport preferito? Allora andiamo a Milano a vedere la partita dell'Inter!

GIULIANA: Buon'idea! Il calcio è una delle mie passioni e l'Inter è la mia squadra del cuore. Allora, prima scegli la lingua.

ROBERTO: Destinazione… Milano. E poi?

GIULIANA: E adesso premi «emissioni biglietti». E poi seleziona la destinazione. Preferisci viaggiare in prima o seconda classe?

Dopo il video

Verifica. Choose the correct response.

1. What time did Roberto and Giuliana have an appointment?
   a. 11:10 A.M. **b.** 9:30 A.M. **c.** 8:45 A.M.
2. What type of train ticket did they buy?
   a. first class **b.** round trip **c.** one way
3. If Roberto and Giuliana leave Florence on the 9:00 A.M. train, what time will they arrive in Milan?
   a. 2:30 P.M. **b.** 8:45 A.M. **c.** 12:00 P.M.

FUNZIONE: buying a train ticket, talking about sports

Comprensione. Answer the following questions.

1. What surprise does Roberto have for Giuliana?
2. What selection must Roberto make first when using the ticket machine?
3. Why does Giuliana advise Roberto to buy a second-class ticket?

Attività. Working with a partner, think of an event you would like to go to. Ask your partner if he/she has some free time. In answer to your partner's questions, explain what type of event it is. Where does it take place? How are you going to get there? What time does it start? What time do you have to leave? When will you return?

Parole da ricordare

VERBI

andare al cinema (al ristorante, a teatro, a un concerto)	to go to a movie (to a restaurant, to the theater, to a concert)
andare in bicicletta	to ride a bike
andare in palestra	to go to the gym
aprire	to open
ascoltare la musica	to listen to music
bere	to drink
capire (isc)	to understand
cenare	to eat dinner
chiudere	to close
correre	to run
cucinare	to cook
dipingere	to paint
dire	to say, tell
disegnare	to draw
dormire	to sleep
dovere (+ *inf.*)	to have to, must (*do something*)
finire (isc)	to finish
giocare a (+ *sport*)	to play (*a sport*)
giocare con il computer	to play on the computer
guardare la televisione (la TV)	to watch television (TV)
invitare	to invite
lasciare	to leave; to leave (*someone, something*) behind
leggere	to read
mettere	to put, place
nevicare	to snow
nuotare	to swim
offrire	to offer
partire	to leave, depart
pattinare	to skate
perdere	to lose; to waste; to miss
piovere	to rain
potere (+ *inf.*)	to be able to (can, may) (*do something*)
pranzare	to eat lunch
praticare uno sport	to practice a sport
preferire (isc) (+ *inf.*)	to prefer (*to do something*)
prendere	to take
pulire (isc)	to clean
ricevere	to receive
rispondere	to answer, reply
scrivere	to write
seguire	to follow
seguire un corso	to take a class
sentire	to hear
servire	to serve
suonare uno strumento	to play an instrument
uscire	to go out; to exit
uscire (con)	to go out (*with someone*)
vedere	to see
venire	to come
viaggiare	to travel
vincere	to win
volere (+ *inf.*)	to want (*to do something*)

ESPRESSIONI CON *FARE*

fare aerobica	to do aerobics
fare sollevamento pesi	to lift weights
fare una passeggiata	to take a walk

NOMI

l'appuntamento	appointment; date
le arti marziali	martial arts
l'autunno	fall/autumn
il ballo	dancing
il basket	basketball (*sport*)
il calcio	soccer
il Cd (*pl.* **i Cd**)	compact disc, CD
la chitarra	guitar
il computer	computer
il concerto	concert
l'e-mail (*f.*)	e-mail; e-mail message
l'estate (*f.*)	summer
la fotografia	photography
la gara	game, match
il giocatore / la giocatrice	player
il giornale	newspaper
l'inverno	winter
la lettera	letter
la musica	music
la nebbia	fog
la neve	snow
il nuoto	swimming

la palla	ball	lo sci	skiing
la pallacanestro	basketball (*sport*)	lo sport	sport
la partita	game, match	la squadra	team
il passatempo	pastime	la stagione	season
il pattinaggio	skating	lo strumento	instrument
il piano	piano	il teatro	theater
la pioggia	rain	la televisione (la TV)	television (TV)
la poesia	poetry; poem	il tempo	time
la posta elettronica	e-mail	il tennis	tennis
la primavera	spring	il vento	wind
il racconto	short story	la volta	time, occasion
la rivista	magazine		

Flash culturali
Gli sport e i passatempi

Una fredda rivalità

Per Italia e Norvegia le Olimpiadi della neve signi-
ficano soprattutto la rivalità nella staffetta maschile[1]
4X10 Km di sci nordico. La tradizione comincia nel
1994 a Lillehammer in Norvegia,[2] quando gli italiani vincono la medaglia d'oro[3] e battono[4] la squadra di casa in una gara fantastica e drammatica. I
norvegesi vivono questa sconfitta come una vergo-
gna[5] collettiva. In Norvegia lo sci di fondo è lo
sport nazionale e la 4X10 olimpica è in assoluto la
gara più importante. Quando la squadra vince, tutti
i norvegesi vanno in strada e cantano e ballano per
tutta la notte pieni di gioia e gli atleti diventano
eroi[6] nazionali. Dopo Lillehammer la rivincita[7] arriva nel 1998 in Giappone: Norvegia oro, Italia argento.[8] Nel 2002 a Salt Lake City i norvegesi vincono un'altra volta e gli italiani sono secondi.
L'ultimo capitolo è del 2006: l'Italia trionfa in
casa, a Torino, e la Norvegia è seconda.
Situazione attuale:[9] Norvegia–Italia, due a due.
Arrivederci a Vancouver nel 2010!

La squadra di sci di Fondo campione alle Olimpiadi invernali 2006

[1]staffetta... *men's relay*   [2]*Norway*   [3]medaglia... *gold medal*
[4]battono... *they beat*   [5]*shame*   [6]*heroes*   [7]*revenge*   [8]*silver*   [9]*current*

Benvenuti alla Galleria Ferrari!

Siete dei fan della Ferrari? Bene, Maranello vi aspetta.
      Proprio a Maranello, una piccola città della provincia
di Modena, infatti si fanno «le italiane più forti e
rispettate nel mondo[1]». Così il *Financial Times* definisce
le macchine della Ferrari, chiamate anche le «rosse di
Maranello».
      E a Maranello potete visitare la Galleria Ferrari, un
grande museo della storia delle famose macchine e del
loro primo creatore, Enzo Ferrari.
      La Galleria è aperta tutti i giorni, anche la domenica,
dalle 9.00 alle 18.00. Ci sono le bellissime automobili del
passato e quelle di oggi della Formula Uno, i premi vinti[2]
dalla Ferrari nelle corse[3] di tutto il mondo. Potete poi
vedere le foto e i filmati[4] dei momenti più belli della storia delle «rosse».
      E potete anche comprare tutti gli oggetti ufficiali con
il marchio[5] Ferrari.

La Ferrari, un'italiana famosa in tutto il mondo

[1]più... *strongest and most respected in the world*   [2]premi... *prizes won*
[3]*races*   [4]*film clips, short films*   [5]*brand*

Explore these topics further through the links found on the
Prego! website at **www.mhhe.com/prego7**

Tutti in bici

Gli italiani amano andare in bici, in campagna e in città.

Gli italiani seguono da sempre, con grande passione, il ciclismo e le sue gare più importanti, come il Giro d'Italia o il Giro di Francia. E in questi ultimi anni nasce di nuovo in Italia anche la passione di andare in bicicletta.

Molte persone vanno in bici, in giro[1] per le città, quando è proibito usare le auto. Altre vanno al lavoro in bici, per evitare[2] i problemi del traffico.

Molti italiani poi con la bici vanno in campagna,[3] nel loro tempo libero, nelle giornate di sole. La sera sono stanchi, ma felici e rilassati. Qualche volta pedalano un po' ogni giorno, con il sole o la pioggia, per prepararsi a corse e gare. Ma senza stress: perché non è importante vincere, ma partecipare!

[1]in… *around*   [2]*avoid*   [3]in… *in the country*

Una partita a «Sette e mezzo»

Volete fare una partita?

Uno dei passatempi più comuni fra gli italiani è sicuramente il gioco delle carte.[1] Chi infatti, in Italia, non gioca a carte? Anche i bambini fanno i giochi più semplici e con le carte imparano i primi numeri.

Gli italiani giocano a carte spesso in famiglia, con parenti e amici, specialmente d'inverno, durante le feste di Natale.[2] «Sette e mezzo» è uno dei giochi preferiti dalle famiglie e quasi tutti, giovani e meno giovani, fanno qualche partita. Giocano per pochi soldi o un dolce e un caffè o solo per stare in compagnia.

In Toscana, in particolare, ci sono molti club e gare di un altro gioco tradizionale: «Briscola». A Briscola si gioca spesso in quattro, una coppia contro[3] l'altra. Il *feeling* senza parole con il proprio[4] partner, i gesti[5] e la comunicazione visiva, in questo gioco, sono molto importanti!

[1]*cards*   [2]feste… *Christmas holidays*   [3]*against*   [4]il… *one's own*   [5]*gestures*

5 Prendiamo un caffè?

Un cappuccino sul mare

FUNZIONI
COMUNICATIVE

- Ordinare in un bar italiano
- Parlare di spuntini e bibite
- Parlare di azioni passate

Vocabolario preliminare

DIALOGO-LAMPO

Prendere un caffè al bar

ANDREA: Silvia... cosa prendi?

SILVIA: Un cappuccino.

ANDREA: Non mangi?

SILVIA: No, di solito non faccio colazione[1] la mattina.

ANDREA: (*alla cassiera*[2]) Allora[3]... un cappuccino, un caffè e... tre paste.

SILVIA: Tre paste?! Hai proprio fame!

1. Perché non mangia Silvia?
2. Che cosa bevono Andrea e Silvia?
3. Cosa mangia Andrea?
4. Che momento del giorno è questo?

[1]non... *I don't have breakfast*   [2]alla... *to the cashier*   [3]*Well, then*

Bibite e spuntini al bar (*Drinks and snacks at the bar*)

l'acqua minerale   la bibita

il succo d'arancia

il caffè

il ghiaccio

il miele

il latte

il panino

il pane

il formaggio

LE BEVANDE (*BEVERAGES*)
l'acqua (gassata / naturale) water (carbonated / noncarbonated)
la cioccolata hot chocolate
la spremuta freshly squeezed juice
il tè (caldo) (hot) tea
il tè freddo iced tea

NELLE BEVANDE
il limone lemon
lo zucchero sugar

A COLAZIONE E PER
UNO SPUNTINO
il biscotto cookie
la brioche, il cornetto croissant
il burro butter
i cereali cereal
la colazione breakfast
la fetta di pane slice of bread
la marmellata marmalade, jam
la merenda mid-afternoon snack
il panino al formaggio (al prosciutto / al salame) cheese (ham/salami) sandwich

una pasta a (piece of) pastry
la pasticceria pastry shop
i salatini snacks, crackers, munchies
lo spuntino snack
lo yogurt yogurt

essere a dieta to be on a diet
fare colazione to have breakfast
fare uno spuntino to have a snack

CHI PAGARE, COME PAGARE (*WHOM TO PAY, HOW TO PAY*)
il cameriere / la cameriera waiter/ waitress; server
la cassa cash register
il conto bill, check
la mancia tip

offrire to offer (to pay), to "treat"
ordinare to order
pagare (con la carta di credito / con un assegno / in contanti) to pay (with a credit card / by check / in cash)

ESERCIZI

A. **Che cosa ordiniamo?** What drink or snack do you order in the following situations?

1. Nevica e fa freddo.
2. Sono le otto di mattina.
3. in palestra
4. al bar quando fai due chiacchiere (*you are chatting*) con gli amici
5. Hai un raffreddore (*a cold*).
6. in una calda giornata di agosto
7. a Londra, alle 5 del pomeriggio
8. a Roma, per pranzo (*lunch*)

B. **Cosa bevi e mangi a colazione e a merenda?** Interview three classmates to find out what they eat and drink for breakfast and as a snack. Use the words from the **Vocabolario preliminare** as well as those of the **Parole utili**. Report your findings to the class.

**Esercizio B
Parole utili**

le patatine potato chips
i popcorn, le noccioline peanuts
i salatini, la robaccia junk food

C. Cosa prendi? First read the dialogue, then fill in the blanks with logical completions. Use the **Dialogo-Lampo** as a model.

SILVIA: Cosa _____¹?

ANDREA: _____² e una pasta.

SILVIA: Io preferisco il cappuccino. Il caffè è troppo amaro[a] per me!

ANDREA: _____³?

SILVIA: Non mangio mai dolci[b] la mattina. Piuttosto[c] prendo _____.⁴

ANDREA: Non prendi qualcosa da bere?

SILVIA: Sì, ma non un caffè, _____.⁵

ANDREA: Vado a pagare.

SILVIA: Oh no, offro io!

[a]*bitter* [b]*sweets* [c]*Instead*

In ascolto

For listening comprehension activities related to the theme of this chapter, see the Laboratory Manual or visit the *Prego!* website.
www.mhhe.com/prego7

I CAFFE' D'ITALIA.
LA SECONDA CASA
DEGLI ITALIANI.

La Guida ai Bar & Caffè d'Italia
Caffè e non solo caffè, come Italia comanda.

A. Preposizioni articolate

Tutte le mattine vado al bar alle otto. Faccio colazione in fretta, prendo un caffè al banco e poi prendo l'autobus delle otto e un quarto per l'università. Frequento i corsi e all'una mangio alla mensa universitaria con i miei amici. Dopo pranzo, andiamo al bar a prendere un caffè e poi andiamo a studiare in biblioteca. Verso le quattro ho voglia di uno spuntino. Vado al bar e di solito prendo un tè caldo. Metto del miele nel tè e mangio un tramezzino. Verso le cinque prendo l'autobus e torno a casa.

1. You have already encountered the simple Italian prepositions (**le preposizioni semplici**).

a	*at, to*	Vado **a** Milano.
da	*from*	Parto **da** New York.
di	*of*	Questa è la macchina **di** Gina.
in	*in, to, into*	Studio **in** biblioteca.
su	*on, over*	Metto il libro **su** questo tavolo (*table*).
con	*with*	Vado a Milano **con** mio fratello.
per	*for*	Parto **per** Milano domani.
		Compro un regalo **per** la nonna.

2. When the prepositions **a, da, di, in,** and **su** are followed by a definite article, they contract to form one word, called an articulated preposition (**preposizione articolata**). Each contraction has the same ending as the article. When the definite article begins with an **l**, the contraction has two **l**s.

PREPOSIZIONI ARTICOLATE

Preposizioni	Articoli maschili					Articoli femminili		
	SINGOLARE			**PLURALE**		**SINGOLARE**		**PLURALE**
	il	lo	l'	i	gli	la	l'	le
a	al	allo	all'	ai	agli	alla	all'	alle
da	dal	dallo	dall'	dai	dagli	dalla	dall'	dalle
di → de	del	dello	dell'	dei	degli	della	dell'	delle
in → ne	nel	nello	nell'	nei	negli	nella	nell'	nelle
su	sul	sullo	sull'	sui	sugli	sulla	sull'	sulle

Every morning I go to the bar at 8:00. I eat breakfast in a hurry, I have an espresso at the counter, and then I take the 8:15 bus to the university. I go to my classes and at 1:00 I eat at the university cafeteria with my friends. After lunch we go to the bar to have a coffee and then we go study in the library. Around 4:00 I feel like having a snack. I go to the bar and usually I have a hot tea. I put honey in the tea and I eat a sandwich. Around 5:00 I catch the bus and go home.

Andiamo **al** caffè.
Vengono **dall'**aeroporto.
Quali sono i giorni **della** settimana?
Il ghiaccio è **nei** bicchieri (*glasses*).
Metto il cappuccino **sul** tavolino (*small table*).

Remember:

andare + **a** + una città → Vado a Parigi.
andare + **in** + un paese → Vado in Francia.
andare + **in** + bicicletta (mạcchina, treno, aẹreo) → Vado
   in bicicletta.

3. The forms of **di** + *article* can also express an unspecified or
   undetermined quantity. This construction is called the *partitive*. The
   English equivalent is *some* or *any* or simply an unaccompanied noun.

Prendo **dei** salatini.	*I'm having some snacks.*
Gino mette **dello** zucchero nel caffè.	*Gino puts sugar in coffee.*
Beviamo **dell'**aranciata.	*We are drinking some orange soda.*

The use of **di** meaning *some* or *any* is optional. It is almost always
omitted from questions and negative sentences.

Avete bibite in lattina?	*Do you have sodas in cans?*
No, non abbiamo bibite in lattina.	*No, we don't have sodas in cans.*

4. Many contractions are used with expressions of time:*

alle + *hour* (*at . . .*), which answers the question: **A che ora?**

Alle cinque o alle sei?	*At five or six?*

dalle + *hour* (*from . . .*)

Lavoro **dalle** nove alle cinque.	*I work from nine to five.*

fino alle + *hour* (*until . . .*)

Dormono **fino alle** undici.	*They sleep until eleven.*

prima delle + *hour* (*before . . .*)

—Esci dopo le otto?	*—Do you go out after eight?*
—No, **prima delle** otto.	*—No, before eight.*

5. **Usi speciali:** No article is used with the prepositions **a, di,** and **in** in
   certain expressions. For example:

   a. No article is used with the preposition **a** in expressions such as
   a casa or **a scuola.**

Paola va **a** casa in
macchina.

---

*NOTE: **a mezzogiorno**, (*at noon*) **a mezzanotte**, (*at midnight*), without articles; **all'una**
(*at one*) with singular article.

b. No article is used with the preposition **in** before words designating a room in a house (**cucina** [*kitchen*], **salotto** [*living room*], **sala da pranzo** [*dining room*], and so on), certain buildings (such as **banca, biblioteca, chiesa, ufficio**), or an area of the city (such as **centro** [*center*; **in centro** *downtown*] and **piazza**).

Paola guarda la televisione **in** salotto.

Paola va **in** banca a prendere dei soldi.

Paola incontra degli amici **in** piazza.

c. Note the special use of **da** + *noun* to mean *at, to,* or *in* someone's home or workplace.

—Dove andiamo?
—**Da** Roberto.

—*Where are we going?*
—*To Roberto's.*

—Marta è **dal** medico?
—No, è **dalla** professoressa.

—*Is Marta at the doctor's?*
—*No she's at the professor's office.*

ESERCIZI

A. Trasformazioni. Replace the italicized word in each sentence with each word in parentheses. Make any necessary changes to the rest of the sentence.

1. Carlo va alla *stazione*. (supermercato / stadio / festa / concerti)
2. Ricordi il nome del *professore*? (professoressa / zio di Marco / bambine / acqua minerale)
3. L'aeroplano vola (*flies*) sull'*aeroporto*. (case / città / ospedale / stadio)
4. Vengono dall'*università*. (caffè / biblioteca / stazione / aeroporto)

B. Un tè (*tea party*). Lisa is in a panic before her tea party. Complete the passage with the appropriate **preposizioni articolate.**

LISA (*prima di un tè importante*): Vediamo, il latte è (**in + il**)[1] frigo. Devo mettere lo zucchero (**su + il**)[2] carrello.[a] I signori Cardini mettono miele (**in + il**)[3] tè? (**A + i**)[4] loro bambini offro una cioccolata o una bibita in lattina. E che cosa offro (**a + la**)[5] dottoressa Marconi? Vediamo se ricordo... lei preferisce le paste (**a + i**)[6] salatini e il caffè (**a + la**)[7] spremuta. E (**a + gli**)[8] zii che cosa offro? E (**a + il**)[9] professor Morelli? Santo cielo,[b] che confusione!

[a]*cart* [b]*Santo... Good Heavens!*

C. Scambi. Working with a partner, complete the dialogue using simple or articulated prepositions.

1. S1: Vai a mangiare _____ mensa _____ gli amici?
   S2: No, non posso. Prima (*First*) devo andare _____ banca e poi vado _____ biblioteca a studiare _____ un esame.
2. S1: Ricordi il nome _____ profumo che mi piace (*I like*) tanto (*so much*)?
   S2: No, ma possiamo andare _____ profumeria qui vicino.
3. S1: Di chi è quella giacca (*jacket*) _____ letto?
   S2: È la giacca _____ studentessa straniera, quella _____ Parigi.
4. S1: Come passi le tue giornate?
   S2: Di solito esco di casa _____ otto di mattina e vado _____ ufficio. Pranzo _____ una _____ i miei colleghi. Dopo pranzo andiamo _____ bar a prendere un caffè e a fare due chiacchiere. Torniamo _____ ufficio e lavoriamo. Usciamo _____ ufficio _____ sei e andiamo tutti _____ casa.
5. S1: C'è _____ burro nel frigo?
   S2: No, ma c'è _____ margarina e _____ panna (*cream*).
6. S1: Dove mangiate? _____ cucina?
   S2: Di solito _____ salotto, davanti alla (*in front of the*) TV.

—Parlo solo alla presenza del mio avvocato.

D. Quanto tempo... Fill in the blanks with prepositions, with or without articles, as needed.

> ESEMPIO: Dormo fino _____ 11.00. →
> Dormo fino alle 11.00.

1. —Hai aspettato molto tempo?
   —Sì, ho aspettato un'ora, _____ una _____ due.
2. —Il film comincia prima _____ otto?
   —Sì, comincia _____ 7.45.
3. —Studi molte ore?
   —Sì, cinque ore al giorno. Comincio _____ 8.00 e studio fino _____ 12.00.
4. —Sei uscita di casa presto stamattina?
   —Sono uscita prima _____ 9.00, _____ 8.45.

B. Passato prossimo con *avere*

PAOLO: Buon giorno, Massimo! Hai già fatto colazione?

MASSIMO: Ho bevuto solo un caffè.

PAOLO: Cosa? Ho letto che la colazione è il pasto principale della giornata!

MASSIMO: Hai ragione Paolo, ma stamattina ho dormito troppo e...

PAOLO: Ho capito, andiamo al bar a fare uno spuntino!

PAOLO: Good morning Massimo! Have you already eaten breakfast?
MASSIMO: I only drank a coffee.   PAOLO: What! I read that breakfast is the most important meal of the day!   MASSIMO: You are right, Paolo, but this morning I slept too late and...   PAOLO: I see. Let's go to the bar and have a snack!

1. The **passato prossimo** is a past tense that reports an action or event that was completed in the past. It consists of two words: the present tense of **avere** or **essere** (called *auxiliary* or *helping verbs*) and the past participle (**participio passato**) of the verb.

> *passato prossimo* = *presente di* **avere** *or* **essere** + *participio passato*

In this section you will learn how to form the **participio passato** and the **passato prossimo** with **avere**.

2. The **participio passato** of regular verbs is formed by adding **-ato**, **-uto**, and **-ito** to the infinitive stems of **-are**, **-ere**, and **-ire** verbs, respectively.

INFINITO	PARTICIPIO PASSATO	
-are	**-ato**	lavor**are** → lavor**ato**
-ere	**-uto**	ricev**ere** → ricev**uto**
-ire	**-ito**	cap**ire** → cap**ito**

IL PASSATO PROSSIMO					
lavorare		**ricęvere**		**capire**	
ho lavorato	*I worked*	ho ricevuto	*I received*	ho capito	*I understood*
hai lavorato	*you worked*	hai ricevuto	*you received*	hai capito	*you understood*
ha lavorato	*{ you worked* *{ he/she worked*	ha ricevuto	*{ you received* *{ he/she received*	ha capito	*{ you understood* *{ he/she understood*
abbiamo lavorato	*we worked*	abbiamo ricevuto	*we received*	abbiamo capito	*we understood*
avete lavorato	*you worked*	avete ricevuto	*you received*	avete capito	*you understood*
hanno lavorato	*{ you worked* *{ they worked*	hanno ricevuto	*{ you received* *{ they received*	hanno capito	*{ you understood* *{ they understood*

—Accidenti,[a] con l'olio bollente[b] abbiamo buttato giù[c] anche tutte le patatine!

[a]*Darn* [b]*boiling* [c]*buttato... threw down*

3. The **passato prossimo** has several English equivalents.

Ho mangiato.
{ *I ate. (simple past)*
{ *I did eat. (emphastic past)*
{ *I have eaten. (present perfect)*

4. When **avere** is the auxiliary, the past participle always ends in **-o** regardless of the subject of the verb.

Oggi Anna non lavora perché ha lavor**o** ieri.
Anche gli altri hanno lavorat**o**.

Today Anna isn't working because she worked yesterday.
The others worked, too.

5. In negative sentences, **non** precedes the auxiliary verb.

—Ha ordinato un tè?
—No, **non** ho ordinato un tè.

—*Did you order a tea?*
—*No, I didn't order a tea.*

6. Some verbs have irregular past participles. Most are **-ere** verbs stressed on the stem, such as **LEGgere**.

a. Irregular **-are** verb:

fare **fatto** Abbiamo **fatto** un corso di biologia.

b. Irregular **-ere** verbs:

chiedere (*to ask for*)	**chiesto**	Marco ha **chiesto** il conto.
chiudere	**chiuso**	Perché non hai **chiuso** la porta?
correre	**corso**	Ho **corso** per 2 chilometri.
decidere	**deciso**	Marzia ha **deciso** di partire.
dipingere	**dipinto**	Tina ha **dipinto** un bel quadro.
leggere	**letto**	Tu e Massimo avete **letto** un bel libro.
mettere	**messo**	Maria ha **messo** il bicchiere sul tavolo.
perdere	**perso**	Abbiamo **perso** i biglietti.
prendere	**preso**	Abbiamo **preso** il treno per Firenze.
rispondere	**risposto**	Non hai **risposto** alla domanda.
scrivere	**scritto**	Salvatore ha **scritto** una lettera a sua madre.
vedere	**visto** or **veduto**	Ho **visto** il film. *or* Ho **veduto** il film.

The past participle of **bere** is **bevuto**.

Ho **bevuto** un bicchiere d'acqua.

c. Irregular **-ire** verbs:

aprire	**aperto**	Abbiamo **aperto** una bottiglia (*bottle*) di vino rosso.
dire	**detto**	Ho **detto** la verità a mia madre.
offrire	**offerto**	Carlo ha **offerto** un caffè agli amici.

7. The **passato prossimo** is often accompanied by these and similar time expressions.

ieri	yesterday
ieri sera	last night

due giorni	two days
una settimana	a week
un mese	a month
un anno	a year

(due giorni / una settimana / un mese / un anno) **fa** — (two days / a week / a month / a year) **ago**

lunedì	Monday
il mese	month
l'anno	year

(lunedì / il mese / l'anno) **scorso** — last (Monday / month / year)

domenica	Sunday
la settimana	week

(domenica / la settimana) **scorsa** — last (Sunday / week)

Hai parlato con Rita alla festa ieri sera?
Did you talk to Rita at the party last night?

I miei cugini hanno avuto l'influenza la settimana scorsa.
My cousins had the flu last week.

—La prima settimana di jogging ho perso un chilo, la seconda mezzo chilo, adesso perdo la voglia di fare jogging!

8. Common adverbs of time, such as **già** (*already*), **mai** (*ever*), **non... ancora** (*not yet*), and **sempre** are often placed between **avere** and the past participle.

Ho già preso un caffè stamattina.	*I already had an espresso this morning.*
Hai mai ordinato paste italiane?	*Have you ever ordered Italian pastries?*
Non abbiamo ancora mangiato in quel ristorante.	*We have not yet eaten in that restaurant.*

ESERCIZI

A. Che hanno fatto ieri? What did each of these people do yesterday?

1. il postino (*mail carrier*)
2. la segretaria
3. la professoressa
4. lo studente
5. la bambina
6. il cameriere
7. il dottore
8. la donna di servizio (*maid*)

a. ha pulito la casa.
b. ha portato la pizza ai clienti (*customers*).
c. ha risposto al telefono e ha scritto due lettere.
d. ha dato la medicina al bambino.
e. ha letto un libro e ha preparato la lezione di oggi.
f. ha messo le lettere sotto (*under*) la porta.
g. ha fatto i compiti.
h. ha mangiato un biscotto e ha bevuto un bicchiere di latte.

B. Trasformazioni. Replace the subject of each sentence with each subject in parentheses, and change the verb form accordingly.

1. Roberto ha mangiato troppe patatine. (loro / io / tu / voi)
2. Non abbiamo dormito bene. (io / la signora / i bambini / tu)
3. Hai ricevuto una lettera? (chi / voi / loro / Lei)
4. Hanno chiesto un cappuccino. (il dottore / io / noi / tu e Silvana)
5. Ho messo il ghiaccio nei bicchieri. (Lei / noi / le ragazze / voi)
6. Avete scritto le lettere? (io / il professore / gli studenti / tu)

C. Maurizio è un bravo cameriere. Continue the description of Maurizio, beginning with **Anche ieri...** Use the **passato prossimo** as in the example.

ESEMPIO: Oggi dice «Grazie!» ai clienti. →
Anche ieri ha detto «Grazie!» ai clienti.

1. Comincia a lavorare presto.
2. Porta i salatini al tavolino.
3. Chiede ai clienti «Cosa preferiscono bere?».
4. Risponde subito ai clienti.
5. Pulisce bene i tavolini.
6. Riceve molte mance.

D. Fatto e non fatto. Ask your partner what he/she did at the times indicated.

> ESEMPIO: ieri →
>> s1: Che hai fatto ieri?
>> s2: Ieri ho letto il giornale, ma non ho guardato la TV.

Attività: guardare la TV, prendere un cappuccino, dare un esame, fare il letto, pulire il frigo, leggere il giornale…

1. oggi
2. l'anno scorso
3. ieri sera
4. stamattina
5. la settimana scorsa
6. due giorni fa
7. sabato scorso
8. un mese fa

NOTA CULTURALE

Il bar italiano

An Italian **bar** is very different from an American bar. Italians of all ages frequent bars for coffee or light drinks and snacks, including **dolci, panini, pizzette,** and regional specialties. The most common drink is coffee (**caffè espresso** or **cappuccino**).

There are two ways to order at an Italian bar. First you decide whether you want to stand at the counter (**al banco**) or sit at a table (**al tavolino**). You will pay more at a table because a **cameriere** serves you. Ordinarily, Italians prefer to stand at the counter. If you decide to stand **al banco,** it is customary to pay in advance **alla cassa.** You will receive a small receipt called **lo scontrino.** You then go to the counter and place your order with **il/la barista.** When you receive your order, you give **lo scontrino** to the **barista.** It is customary to give a small tip (**la mancia**) for good service.

Un caffè al bar e poi a lavoro!

C. Passato prossimo con *essere*

MARIANNA: Ciao, Carla! Siete già tornati dalle vacanze?

CARLA: Io e Antonio siamo partiti insieme la settimana scorsa e siamo andati al mare. Io sono rimasta tre giorni e sono tornata ieri per lavorare. Antonio invece è rimasto… beato lui!

MARIANNA: Hi, Carla! Are you already back from vacation? CARLA: Antonio and I left together last week and went to the beach. I stayed three days and came back yesterday to work. But Antonio stayed . . . lucky him!

1. Most verbs use **avere** to form the **passato prossimo,** but many common verbs use **essere.*** The past participle of a verb that forms the **passato prossimo** with **essere** always agrees in gender and number with the subject of the verb. It can therefore have four endings: **-o, -a, -i, -e.**

PASSATO PROSSIMO OF **andare**			
sono andato/a	*I went / have gone*	siamo andati/e	*we went / have gone*
sei andato/a	*you went / have gone*	siete andati/e	*you went / have gone*
è andato/a	{ *you went / have gone* *he, she, it went / has gone*	sono andati/e	{ *you went / have gone* *they went / have gone*

Gianni è andat**o** a teatro.	*Gianni went to the theater.*
Anna è andat**a** a teatro.	*Anna went to the theater.*
Gli altri non sono andat**i** a teatro.	*The others didn't go to the theater.*
Le ragazze sono andat**e** a teatro.	*The girls went to the theater.*

2. Most verbs that form the **passato prossimo** with **essere** are verbs of locomotion and inactivity, such as **andare, arrivare, entrare,** (*to enter; to go in*), **essere, partire, rimanere, stare, uscire,** and **venire,** and verbs indicating changes in state of being, such as **nascere** (*to be born*), **diventare** (*to become*), and **morire** (*to die*). As illustrated above, verbs that take **essere** also describe actions and states associated with the home. Notice that **essere, morire, nascere, rimanere,** and **venire** have irregular past participles.

---

*In vocabulary lists beginning with this chapter, an asterisk (*) will indicate verbs conjugated with **essere.**

andare	**andato**	Siamo **andati** in centro.
arrivare	**arrivato**	Chi è **arrivato** presto?
diventare	**diventato**	Paola è **diventata** famosa.
entrare	**entrato**	Perché non siete **entrati** nel bar?
essere	**stato**	Sei **stato** a letto tutto il giorno?
morire	**morto**	Purtroppo, il cane è **morto** ieri.
nascere	**nato**	Giulia è **nata** in questa città.
partire	**partito**	Le ragazze non sono ancora **partite.**
rimanere	**rimasto**	Marco e Luca sono **rimasti** a casa tutta la sera.
stare	**stato**	Siamo **stati** zitti.
uscire	**uscito**	Quando sei **uscita?**
venire	**venuto**	Sono **venuto** in ufficio alle sette.

—Ventiquattro gradi sotto zero: finalmente è arrivata la primavera...

3. Note that the verbs **essere** and **stare** have identical forms in the **passato prossimo. Sono stato/stata** can mean either *I was* or *I stayed,* depending on the context.

Mario è stato ammalato tre volte questo mese.   *Mario has been sick three times this month.*

Mario è stato a casa una settimana.   *Mario stayed home for a week.*

ESERCIZI

A. Trasformazioni. Replace the subject of each sentence with each subject in parentheses, and make all necessary changes.

1. Noi siamo andati a un concerto. (Carlo / Silvia / quelle ragazze / tu, mamma)
2. Mario è stato ammalato. (la zia di Mario / i bambini / le ragazze / tu, zio)
3. Laura è venuta alle otto. (il professore / i miei amici / anche noi / tu, papà)

B. Scambi. Working with a partner, complete the conversations.

1. S1: Grazie, professore, è stat_____ molto gentile!
   S2: Anche Lei, signorina, è stat_____ molto gentile!
2. S1: Hai vist_____ Luisa quando è entrat_____?
   S2: Sì; è andat_____ subito dal direttore.
3. S1: Vittorio e Daniela sono tornat_____ dalle vacanze in Umbria?
   S2: Sì, ieri. Sono arrivat_____ a casa stanchi. Quante chiese hanno visitat_____! Hanno dett_____ che hanno fatt_____ molte foto.
4. S1: I ragazzi sono andat_____ a Venezia in treno, ma le ragazze sono andat_____ in aereo. E la nonna?
   S2: È andat_____ in macchina con la zia Silvia.
5. S1: Chi ha cucinat_____ quando la mamma è stat_____ ammalata?
   S2: Papà.
   S1: Come avete mangiat_____?
   S2: Abbiamo mangiat_____ bene!

C. A che ora siete partiti? Working in groups of three, ask each other the following questions, using the **passato prossimo** and different subject pronouns.

ESEMPIO: partire per le vacanze (8.00 A.M.)
S1: Alessandra e Tiziana, a che ora siete partite per le vacanze?
S2 & S3: Siamo partite alle otto di mattina.

1. uscire di casa stamattina (7.00 A.M.)
2. andare a lezione di matematica ieri (1.00 P.M.)
3. arrivare all'università (10.00 A.M.)
4. tornare a casa ieri sera (6.00 P.M.)
5. uscire con gli amici sabato sera (9.00 P.M.)
6. entrare in classe oggi (8.00 A.M.)

D. Conoscere e sapere

LUIGI: Conosci Marco?

ANTONIO: No, non lo conosco, ma so che suona il piano e che sa dipingere—è artista e musicista.

LUIGI: Conosci Maria?

ANTONIO: No, non la conosco, ma so che gioca bene a calcio e che sa giocare anche a football.

LUIGI: Tu non conosci molta gente, vero?

ANTONIO: No, questo è vero, ma so molte cose di molte persone*!

LUIGI: Do you know Marco? ANTONIO: No, I don't know him, but I know that he plays the piano and that he knows how to paint—he's an artist and musician. LUIGI: Do you know Maria? ANTONIO: No, I don't know her, but I know that she plays soccer well and that she knows how to play American football too. LUIGI: You don't know many people, right? ANTONIO: No, this is true, but I know a lot of things about a lot of people!

*Two Italian words correspond to the English *people:* **la gente** and **le persone. Gente** is a feminine singular noun. **Persone** is feminine plural.

C'è molta gente. } *There are many people.*
Ci sono molte persone.

Conoscere and **sapere** both correspond to the English verb *to know,* but they have different meanings.

Conoscere is regular; **sapere** is irregular.

PRESENTE	
conoscere	
conosco	conosciamo
conosci	conoscete
conosce	conoscono

PRESENTE	
sapere	
so	sappiamo
sai	sapete
sa	sanno

PASSATO PROSSIMO
ho conosciuto

PASSATO PROSSIMO
ho saputo

Nota bene

La coniugazione di *sapere*
Note the similarity of **sapere** to the conjugations of **dare, stare,** and **avere.**

sapere	dare
so	do
sai	dai
sa	dà
sappiamo	diamo
sapete	date
sanno	danno

stare	avere
sto	ho
stai	hai
sta	ha
stiamo	abbiamo
state	avete
stanno	hanno

1. **Conoscere** means *to know* in the sense of *to be acquainted with someone or something.* It can also mean *to meet, make the acquaintance of.*

Conosci l'amico di Giovanna?	*Do you know Giovanna's friend?*
Non **conosciamo** la città.	*We don't know the city.*
Voglio **conoscere** quella ragazza.	*I want to meet that girl.*

2. **Sapere** means *to know a fact, to have knowledge of something,* or *to find out something.* When followed by an infinitive, it means *to know how to do something.*

Scusi, **sa** dov'è il ristorante Stella?	*Excuse me, do you know where the Ristorante Stella is?*
Non **so** perché i bambini non mangiano.	*I don't know why the kids aren't eating.*
Sanno tutti i nomi degli studenti.	*They know all the names of the students.*
Quando posso **sapere** a che ora è l'esame?	*When can I find out what time the exam is?*
Sapete ballare voi?	*Do you know how to dance?*

3. The pronoun **lo** is commonly used with **sapere** to express the object of the verb. This object is understood (but not expressed) in English.

—Sapete dov'è Monza?	*—Do you know where Monza is?*
—Non **lo** sappiamo.	*—We don't know.*

4. In the **passato prossimo,** these verbs have more precise meanings: **conoscere** means *to meet,* and **sapere** means *to find out (to hear).*

Abbiamo conosciuto una signora molto simpatica dai Guidotti.	*We met a very nice woman at the Guidottis'.*
Ieri ho saputo che i Mincuzzi sono partiti.	*Yesterday I found out (heard) that the Mincuzzis left.*

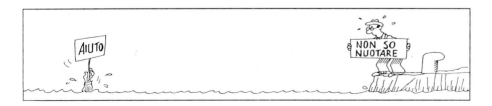

ESERCIZI

A. Scambi. Working with a partner, complete the conversations with the appropriate verb.

1. s1: (Sa/Conosce) questa città, signorina?
   s2: Sì, ma non (so/conosco) dove trovare un ristorante giapponese.
2. s1: Paolo, non (sai/conosci) cucinare?
   s2: No, ma (so/conosco) molti buoni ristoranti!
3. s1: (Sapete/Conoscete) il ragazzo di Antonella?
   s2: Sì: è simpatico, è intelligente e (sa/conosce) anche suonare la chitarra.
4. s1: Ragazzi, (sapete/conoscete) chi è il presidente della Repubblica Italiana?
   s2: No, ma (sappiamo/conosciamo) chi è il nostro presidente.
5. s1: Signora, Lei (sa/conosce) perché i musicisti non sono arrivati?
   s2: No, non lo (so/conosco).
6. s1: (Sai / Conosci) che l'Italia è una penisola?
   s2: Sì, l'ho imparato a scuola.

B. Interviste. Interview two or three classmates to find out more about them. Then tell the class one new thing you know about each of them.

ESEMPIO: Conosco Marcello. So che suona il piano.

C. Conversazione.

1. Sai ordinare in un bar italiano?
2. Conosci un bar famoso a Napoli?
3. Sai dove trovare buoni biscotti italiani?
4. Sai il nome di una bibita italiana?
5. Conosci molte città italiane?
6. Hai mai conosciuto un famoso giocatore di calcio?

Non so se sei la mia ragazza ideale: devo prima consultare il mio computer.

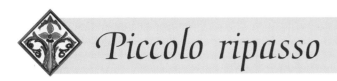

Piccolo ripasso

A. A letto. (*In bed.*) Restate the following paragraph using the subjects indicated in parentheses at the end of each passage.

Giorgio non è venuto a lezione perché è stato ammalato. Ha avuto l'influenza ed è stato a letto tre giorni. Oggi è uscito per la prima volta[a] ed è andato un po' in bicicletta. Poi è tornato a casa, ha letto per un paio[b] d'ore ed è andato a letto presto. (Marisa / io / Gino e Laura)

[a]la... *the first time*   [b]un... *a couple*

B. La giornata degli zii. Complete with the appropriate **preposizioni semplici** and **preposizioni articolate.**

La zia Claudia fa colazione _____[1] sei di mattina ed esce _____[2] casa subito dopo perché deve prendere l'autobus per andare _____[3] centro. La sveglia[a] _____[4] zio, invece, suona _____[5] otto. Lui può andare _____[6] ufficio tardi, se vuole, perché è un architetto molto famoso. È molto simpatico e porta spesso _____[7] paste _____[8] persone con cui[b] lavora. La zia torna _____[9] casa presto, _____[10] quattro. Aspetta lo zio e, quando lui torna, vanno _____[11] bicicletta per mezz'ora e poi mangiano insieme. Dopo cena leggono il giornale o telefonano _____[12] amici e vanno _____[13] letto presto.

[a]*alarm clock*   [b]*whom*

C. L'avvocato (*lawyer*) **Togni.** Working with a partner, complete the following conversation using the appropriate forms of **conoscere** or **sapere.**

s1: _____[1] l'avvocato Togni?
s2: No, non lo _____[2] personalmente ma _____[3] chi è; _____[4] dove abita e che cosa fa, e _____[5] sua moglie Sandra. La _____[6] da due anni.
s1: Com'è?
s2: È una donna in gamba:[a] _____[7] cucinare molto bene, _____[8] ballare, _____[9] cantare e _____[10] la storia e la letteratura di molti paesi.
s1: _____[11] da quanto tempo sono sposati[b]?
s2: No, non lo _____[12].

[a]in... *capable, "with it"*   [b]*married*

D. La settimana scorsa. Make a list of your activities from Monday to Friday of last week. Then tell your partner what you did. Your partner will take notes and describe your activities to another pair or to the class.

E. A che ora? Form groups of three and ask your partners what time they perform the following activities.

> ESEMPIO: andare a letto →
> s1: A che ora andate a letto?
> s2: Vado a letto a mezzanotte.
> s3: Vado a letto alle due di notte.

1. fare colazione
2. uscire di casa
3. frequentare il corso di italiano
4. tornare a casa
5. guardare la TV
6. leggere le e-mail

 Invito alla lettura

«Vedi Napoli e poi muori!», dice un vecchio proverbio napoletano e, se non hai ancora visto questa bellissima città, capoluogo della Campania, devi proprio farlo. Napoli è una città assolutamente eccezionale, situata tra il Vesuvio, un vulcano ancora attivo, ed il meraviglioso golfo.

Ma tutta la Campania ha una bellezza particolare e tanta storia. Dopo Napoli puoi vedere i magnifici templi di Paestum e le antiche città romane di Pompei ed Ercolano, sepolte[1] dall'eruzione del Vesuvio nel 79 d.C.[2]

Per chi ha voglia di natura, ci sono le isole di Ischia e Capri, con la bellissima Grotta Azzurra, e la pittoresca costa amalfitana, con uno splendido mare e una rigogliosa[3] vegetazione.

Se poi ami il caffè italiano, a Napoli e in tutta la Campania puoi bere il più buono, con un aroma forte e profumato, preparato secondo[4] un'antica tradizione. La regione non è famosa solo per il caffè, ma anche per la pizza, nata proprio in Campania e oggi famosa in tutto il mondo.

[1]*buried* [2]*dopo Cristo (A.D)* [3]*lush* [4]*according to*

I Faraglioni (*rocks*) di Capri

Capire

Vero o falso?

		V	F
1.	Napoli si trova sotto il Vesuvio.	□	□
2.	I napoletani sanno fare bene la pizza.	□	□
3.	In Campania ci sono dei templi.	□	□
4.	Ischia è una città della Campania.	□	□
5.	A Napoli poche persone prendono il caffè.	□	□

 ## Scrivere

La mia giornata. Write seven to eight sentences describing your day yesterday. Make sure that you use the **passato prossimo** and that you answer the following questions:

What time did you have breakfast? What did you eat or drink? What time did you have lunch? What did you have to eat and drink? Did you have a snack? At what time? Did you go out for dinner? With whom? What did you order? Who paid?

> ESEMPIO: *Alle otto di mattina ho fatto colazione. Ho bevuto… ed ho mangiato… . All'una ho pranzato ed ho bevuto…*

L'aperitivo

Many Italian words that exist in other languages, especially in English, are related to food. In fact, Italians love to gather around the table, not only to eat, but to spend time with family and friends. The Italians are famous for their long multi-course lunches on Sundays and holidays. Another occasion, much less formal, at which friends typically gather, is at **l'ora dell'aperitivo** (*cocktail hour*).

In Italian, **l'aperitivo** means a "bubbly drink" which can be non-alcoholic or alcoholic. **L'aperitivo** is usually served in a bar or restaurant before lunch or dinner and is accompanied by light snacks such as **salatini** (*salty snacks*) **olive** and **noccioline** (*peanuts*). Other snacks include **formaggi, salumi** (*cold cuts*), or **frutta.** In many places, **l'aperitivo** is accompanied by such rich food that it could take the place of a meal!

In recent years, **l'aperitivo** has become an occasion to share not only with friends, but with colleagues after work during what the Italians now refer to as "Happy Hour."

Antipasto misto

STRUMENTI

Videoteca

VIDEO
Caffè all'italiana

Roberto and Giuliana have gone to the neighborhood café for breakfast. When Roberto orders an unusual type of coffee, Giuliana explains the various types of Italian coffee.

Preparazione

ESPRESSIONI UTILI

lasciamo perdere	let's forget about it
un goccio	a drop
la grappa	an Italian liquor made from grape pits and skins
fare confusione	to confuse, get confused
Penso proprio di no!	I really don't think so!

Dal video

ROBERTO: Allora prendo un caffè corretto e un cornetto.

GIULIANA: Roberto, sei sicuro di volere un caffè corretto? Un caffè corretto di mattina?

ROBERTO: Sì, perché? Cosa c'è di strano?

GIULIANA: Scusa, ma gli americani normalmente bevono alcoolici a colazione?

Dopo il video

Verifica. Vero o falso?

	V	F
1. Roberto ordered **un caffè ristretto** for breakfast.	☐	☐
2. Un caffè lungo has additional water added.	☐	☐
3. Italians get confused about the different types of coffee.	☐	☐

FUNZIONE: ordering in a café

Comprensione. Answer the following questions.

1. What does Giuliana want for breakfast?
2. How is **un caffè macchiato** made?
3. What is normally put in **un caffè corretto?**

Attività. Working with a partner, write a small breakfast menu for your partner. Imagine what your partner might want to eat. Present your partner with the menu and explain why you have chosen each item. Ask your partner if each item is something he/she eats or drinks. If it isn't, your partner should say what he/she would have instead.

ESEMPIO: S1: Bevi il caffè macchiato?
S2: No, non bevo il caffè macchiato. Bevo il succo d'arancia.

Parole da ricordare

VERBI

chiedere (*p.p.* chiesto)	to ask for
conoscere (*p.p.* conosciuto)	to know, be acquainted with; to meet
*diventare	to become
*entrare	to enter; to go in
*essere (*p.p.* stato) a dieta	to be on a diet
fare uno spuntino	to have a snack
fare colazione	to have breakfast
mettere (*p.p.* messo)	to put
*morire (*p.p.* morto)	to die
*nascere (*p.p.* nato)	to be born
offrire (*p.p.* offerto)	to offer (to pay), to "treat"
ordinare	to order
pagare (con la carta di credito / con un assegno / in contanti)	to pay (with a credit card / by check / in cash)
*rimanere (*p.p.* rimasto)	to remain; to stay
sapere	to know; to have knowledge of; to find out
sapere di (+ *inf.*)	to know how to (*do something*)

NOMI

l'acqua (minerale/gassata/ naturale)	water (mineral/ carbonated/ noncarbonated)
la bevanda	beverage
la bibita	soda, soft drink
il bicchiere	(drinking) glass
il biscotto	cookie
la brioche	croissant
il burro	butter
il caffè	espresso, coffee (strong Italian coffee)
il cameriere / la cameriera	waiter/waitress; server
il cappuccino	espresso infused with steamed milk
la cassa	cash register
il centro	center
i cereali	cereal
la cioccolata	hot chocolate
il/la cliente	customer
la colazione	breakfast
il conto	bill, check
il cornetto	croissant
la cucina	kitchen; cuisine

la dieta	diet
i dolci	sweets
la fetta di pane	slice of bread
il formaggio	cheese
la gente	people
il ghiaccio	ice
il latte	milk
il limone	lemon
la mancia (*pl.* le mance)	tip
la marmellata	marmalade, jam
la merenda	mid-afternoon snack
il miele	honey
il pane	bread
il panino	sandwich
al formaggio	cheese sandwich
al prosciutto	ham sandwich
al salame	salami sandwich
una pasta	a (*piece of*) pastry
la pasticceria	pastry shop
il pranzo	lunch
la sala da pranzo	dining room
i salatini	snacks, crackers, munchies
il salotto	living room
la spremuta	freshly squeezed juice
lo spuntino	snack
il succo d'arancia	orange juice
il tè (caldo)	(hot) tea
il tè freddo	iced tea
lo yogurt	yogurt
lo zucchero	sugar

AGGETTIVI

ammalato	sick
prossimo	next (*with time expressions*)
scorso	last (*with time expressions*)

ALTRE PAROLE E ESPRESSIONI

fa	ago
già	already
ieri	yesterday
ieri sera	last night
mai	ever
piuttosto	instead, rather

*Words identified with an asterisk (*) are conjugated with **essere**.

Pronto in tavola!

Gli spaghetti sono pronti!

Vocabolario preliminare

Cosa facciamo per cena?

IRENE: Che fame, Fabio! Sono già le sette e mezzo. Cosa facciamo per cena?

FABIO: Non lo so... E poi il frigo è quasi vuoto[1]! Perché non andiamo in una pizzeria a mangiare?

IRENE: Buon'idea! Ho proprio voglia di una pizza...

FABIO: Anch'io... o di un bel piatto[2] di spaghetti! Invitiamo anche Marco e Alessandra?

IRENE: Se non hanno già cenato!

1. Che ore sono?

2. Cosa vuole mangiare Irene?

3. Perché Fabio e Irene non vogliono stare a casa stasera?

[1]empty [2]plate, dish

Cucinare e mangiare

l'antipasto

il primo (piatto)

il secondo (piatto)

il dolce

il conto bill, check
la cucina cooking; cuisine
il pasto meal
il servizio, il coperto cover
charge

apparecchiare la tavola to set
the table
cenare to eat dinner
pagare il conto to pay the bill
portare il conto to bring
the bill
pranzare to eat lunch
prenotare to reserve
preparare to prepare; to make (*food*)
provare to try
scegliere (*p.p.* **scelto**) to
choose

IL MENU ITALIANO
l'antipasto appetizer
l'antipasto misto mixed appetizer
i carciofi artichokes
le olive olives
i salumi cold cuts
la bruschetta toasted bread
seasoned with garlic, olive
oil, and salt, or with diced
tomato
il prosciutto e melone cured
ham and melon (cantaloupe)

il primo first course
gli gnocchi dumplings
il minestrone hearty vegetable
soup
**la pasta (le fettuccine, le
lasagne, le penne, i ravioli,
gli spaghetti, i tortellini)**
in brodo in broth
alla carbonara with a sauce of
eggs, bacon, and grated
cheese
al forno baked
al pesto with a sauce of basil,
garlic, grated parmesan, and
pine nuts
al ragù / alla bolognese with
meat sauce

al sugo di pomodoro with
tomato sauce
il riso rice
il risotto creamy rice dish

il secondo main course
l'arrosto roast
la bistecca alla griglia grilled
steak
la carne meat
il maiale pork
il manzo beef
il pollo chicken
il vitello veal
il pesce fish

il contorno side dish
l'insalata mista mixed salad
le patate (fritte) (fried)
potatoes
i pomodori tomatoes
la verdura vegetables

il formaggio cheese
la mozzarella mozzarella
il parmigiano parmesan

il dolce dessert
la crostata pie
la frutta fresca fresh fruit
il gelato ice cream
la macedonia fresh fruit
cocktail
il tiramisù ladyfingers soaked in
espresso and layered with
cream cheese, whipped cream,
and chocolate
la torta cake

il vino wine
il vino bianco white wine
il vino rosso red wine

A TAVOLA
le posate silverware
il coltello knife
il cucchiaio spoon
la forchetta fork
il piatto dish, plate

A. Al ristorante. Marco e Alessandra non hanno accettato l'invito di Irene e Fabio e hanno mangiato al ristorante. Completa la loro conversazione con il cameriere. (*Marco and Alessandra didn't accept Irene and Fabio's invitation and they ate at a restaurant. Complete their conversation with the waiter.*)

MARCO: Alessandra, che cosa _____[1]?

ALESSANDRA: Non so, ho molta _____.[2] Probabilmente un_____,[3] un primo e un _____.[4]

MARCO: Mmmm, non so se posso mangiare tanto. Per me solo un antipasto e un _____.[5]

CAMERIERE: I signori desiderano?

ALESSANDRA: Per me, prosciutto e melone e _____[6] alla griglia.

CAMERIERE: Con _____[7]?

ALESSANDRA: Sì, grazie, un'insalata.

CAMERIERE: (*a Marco*) E Lei?

MARCO: Per me _____[8] e spaghetti alla carbonara.

B. Ordiniamo! Cosa ordini al ristorante in queste situazioni? Usa la lista del **Vocabolario preliminare.** (*What do you order at a restaurant in these situations? Use the list in the* **Vocabolario preliminare.**)

1. Preferisco la carne bianca. Cosa ordino?
2. Non mangio mai carne. Quali (*Which*) piatti non ordino?
3. Adoro la pasta ma non mangio carne. Quale primo ordino?
4. Sono a dieta. Quali piatti posso mangiare?
5. Sono vegetariano/vegetariana. Cosa ordino come secondo?
6. Sono allergico/allergica ai latticini (*dairy products*). Cosa non posso ordinare?
7. Ho voglia di un dolce. Cosa ordino?
8. È sulla tavola, a destra del piatto. Cos'è?

C. Che cosa mangi? Scegli dalla lista un primo piatto, un secondo, un contorno e un dolce.

antipasto misto	linguine al pesto
arrosto di maiale	pasta al forno
bistecca alla griglia	risotto ai funghi (*mushrooms*)
crostini	salumi
frutti di mare (*seafood*)	tiramisù
gelato	torta al cioccolato

—Posso invitarti a cena?

 In ascolto

For listening comprehension activities related to the theme of this chapter, see the Laboratory Manual or visit the *Prego!* website. **www.mhhe.com/prego7**

Grammatica

A. Pronomi di oggetto indiretto

Che cameriere sbadato! Ho ordinato un piatto di carne e lui mi ha portato un piatto di pesce. Elisabetta ha chiesto un bicchiere di vino rosso e lui le ha servito un bicchiere di vino bianco. Abbiamo chiesto il conto e lui non ci ha portato la ricevuta. Siamo andati via e... non gli abbiamo dato la mancia!

1. As you saw in **Capitolo 4,** direct-object nouns and pronouns answer the question *what?* or *whom?* Indirect-object nouns and pronouns answer the question *to whom?* or *for whom?* In English the word *to* is often omitted: *We gave a cookbook to Uncle Giovanni.* → *We gave Uncle Giovanni a cookbook.* In Italian, the preposition **a** (or **per**) is always used before an indirect-object noun.

Abbiamo regalato un libro di cucina **allo** zio Giovanni.	*We gave a cookbook to Uncle Giovanni.*
Ho comprato il regalo **per** Maria.	*I bought the gift for Maria.*
Puoi spiegare questa ricetta **a** Paolo?	*Can you explain this recipe to Paolo?*

2. Indirect-object pronouns (**i pronomi di oggetto indiretto**) replace the indirect-object nouns. They are identical in form to direct-object pronouns except for the third-person forms **gli, le,** and **loro.**

SINGOLARE			**PLURALE**		
mi	*(to/for)*	*me*	ci	*(to/for)*	*us*
ti	*(to/for)*	*you (inform.)*	vi	*(to/for)*	*you (inform.)*
Le	*(to/for)*	*you (m. and f., form.)*	Gli (Loro)	*(to/for)*	*you (m. and f., form.)*
gli	*(to/for)*	*him*	gli (loro)	*(to/for)*	*them*
le	*(to/for)*	*her*			

What an absent-minded waiter! I ordered a meat dish and he brought me a plate of fish. Elisabetta asked for a glass of red wine, and he served her a glass of white wine. We asked for the bill and he didn't bring us the receipt. We left, and . . . we didn't give him a tip!

Grammatica **125**

a. In contemporary usage, **Loro/loro** has been replaced by **Gli/gli,** which precedes the verb. **Loro/loro** always follows the verb.

Gli parliamo domani. *or (rarely)* Parliamo **loro** domani.	*We'll talk to them tomorrow.*

b. Indirect-object pronouns (except **Loro/loro**) precede the conjugated verb.

—**Le** hai dato le ricette?	—*Did you give her the recipes?*
—No, non **le** ho dato le ricette.	—*No, I didn't give her the recipes.*

c. Indirect-object pronouns attach to the infinitive, and the **-e** of the infinitive is dropped.

Non ho più tempo di parlar**gli.**	*I no longer have time to talk to him.*

If the infinitive is preceded by a form of **dovere, potere,** or **volere,** the indirect-object pronoun can either attach to the infinitive (after the **-e** is dropped) or precede the conjugated verb.

Voglio parlar**gli** da solo. **Gli** voglio parlare da solo.	*I want to talk to him alone.*

d. **Le** and **gli** *never* elide before a verb beginning with a vowel or **h.**

Le offro un caffè.	*I offer her a cup of coffee.*
Gli hanno detto «Ciao!»	*They said "Ciao!" to him.*

—Tu devi essere tirchio:[a] regali a mia sorella margherite[b] mentre Paolo le regala gardenie e Renzo orchidee...

[a]*stingy, cheap* [b]*daisies*

3. Indirect object nouns and pronouns are often used with the following verbs:

chiedere (*p.p.* chiesto)	offrire (*p.p.* offerto)
consigliare *to recommend*	portare
dare	preparare
dire (*p.p.* detto)	regalare *to give (as a gift)*
domandare *to ask*	riportare *to bring back*
(im)prestare *to lend*	rispondere (*p.p.* risposto)
insegnare	scrivere (*p.p.* scritto)
mandare *to send*	telefonare
mostrare *to show*	

A. Scambi. Con un compagno / una compagna, completate le seguenti conversazioni con un pronome di oggetto indiretto. (*Working with a partner, complete the following conversations with indirect-object pronouns.*)

1. s1: Professore, posso far_____ una domanda?
   s2: Certo, signorina. Cosa _____ vuole chiedere?

2. s1: Come parli bene francese! Chi _____ ha insegnato il francese?
   s2: _____ ha insegnato il francese un professore molto bravo.

3. s1: Lui non è mai in casa. Non puoi telefonar_____.
   s2: E allora, _____ devo scrivere una lettera?

4. s1: Quando i bambini hanno fame, io _____ preparo la pasta. E tu, cosa prepari per tua moglie?
   s2: Di solito _____ preparo un'insalata o della verdura cotta (*cooked*).

5. s1: Signore, posso consigliar_____ uno di questi dolci?
   s2: No, grazie, sono a dieta (*on a diet*). Non può portar_____ una macedonia?

—Ti do cinque minuti per estinguerti.

B. Domande e risposte. Crea domande plausibili usando elementi dalle liste A, B e C. Il tuo compagno / La tua compagna deve rispondere usando pronomi di oggetto indiretto. (*Create plausible questions using elements from lists A, B, and C. Your partner must respond using indirect-object pronouns.*)

ESEMPIO: s1: Salvatore telefona spesso a Maria?
          s2: No, non le telefona spesso.

A	B	C
La professoressa	compri un regalo	agli studenti oggi?
Silvia	telefona spesso	a quella ragazza?
Tu	prepara la cena	a Chiara?
Tu e un altro studente	scrivi una lettera	per tua madre?
Tua madre	rispondete	a tuo zio?
Gino e Luigi	dà molti compiti	agli amici?
Claudio	offrono un'aranciata	alle mie amiche?

C. L'insegnante. Parli ad un amico del tuo / della tua insegnante. Scegli il pronome di oggetto diretto o indiretto appropriato, **lo/la** o **gli/le.** (*You are talking to a friend about your instructor. Choose the appropriate direct- or indirect-object pronoun, **lo/la** or **gli/le.**)*

1. _____ vedo ogni giorno.
2. _____ domando «Come sta?»
3. _____ ascolto con attenzione.
4. _____ capisco quasi (*almost*) sempre.
5. _____ faccio molte domande.
6. _____ trovo intelligente.
7. _____ rispondo gentilmente.
8. _____ offro un caffè ogni giorno.

D. La storia di Maria. Leggi il seguente brano. Poi, scrivi o ripeti il brano e sostituisci a **Maria** i pronomi appropriati. (*Read the following story, then rewrite or repeat it, replacing **Maria** with the appropriate pronouns.*)

Voi non conoscete Maria, ma io conosco Maria da molti anni. È veramente[a] una buon'amica. Ogni giorno vedo Maria al supermercato e parlo a Maria. Quando abbiamo tempo, offro un caffè a Maria. Maria non sa cucinare, così io do molte ricette a Maria e spiego a Maria cosa deve fare. Spesso telefono a Maria e invito Maria a pranzo. Anche Maria mi invita molto spesso, non a pranzo ma al cinema. Trovo Maria divertente e generosa. Per il suo compleanno[b] voglio regalare un profumo a Maria. Ieri ho domandato a Maria quale profumo preferisce e Maria ha detto: «Obsession. Perché?» Io ho risposto a Maria: «Ho bisogno di un'idea per un regalo… »

[a]*truly*   [b]*birthday*

B. Accordo del participio passato nel passato prossimo

SARA: Stasera c'è la festa a sorpresa per Massimo. Vediamo se tutto è a posto. Hai apparecchiato la tavola?

GINO: Sì, l'ho apparecchiata.

SARA: Hai incartato i regali per Massimo?

GINO: Sì, li ho incartati.

SARA: Hai preparato gli antipasti?

GINO: Sì, li ho preparati.

SARA: Hai comprato tutto?

GINO: Sì, ho comprato tutto.

SARA: Un'ultima domanda. Hai invitato Massimo?

GINO: Oh, no!

As you know, the **passato prossimo** of most verbs is formed with the present tense of **avere** plus a past participle.

1. When a direct-object pronoun is used with the **passato prossimo,** it directly precedes **avere.** The past participle must agree in gender and number with the preceding direct-object pronoun (**lo, la, li,** or **le**).

Hai visto Massimo?   → Sì, l'ho (**lo** ho) vist**o.**
Hai visto Giovanna?   → Sì, l'ho (**la** ho) vist**a.**
Hai visto i bambini?   → Sì, **li** ho vist**i.**
Hai visto le bambine? → Sì, **le** ho vist**e.**

SARA: Tonight there's the surprise party for Massimo. Let's see if everything is in place. Did you set the table? GINO: Yes, I set it. SARA: Did you wrap the presents for Massimo? GINO: Yes, I wrapped them. SARA: Did you make the appetizers? GINO: Yes, I made them. SARA: Did you buy everything? GINO: Yes, I bought everything. SARA: One last question. Did you invite Massimo? GINO: Oh, no!

Remember that singular object pronouns (**lo** and **la**) can elide with the forms of **avere** that follow, but the plural forms (**li** and **le**) *never* elide. The agreement (**l'accordo**) of the past participle with the other direct-object pronouns (**mi, ti, ci,** or **vi**) is optional.

Mamma, chi ti ha visto (vist**a**)?   *Mother, who saw you?*
Ragazze, chi vi ha visto (vist**e**)?   *Girls, who saw you?*

2. When an indirect-object pronoun is used with the **passato prossimo,** it also precedes **avere.** However, the past participle *never* agrees with it.

—Hai visto Laura?   —*Did you see Laura?*
—**L'**ho vist**a** [*agreement*] ma non   —*I saw her, but I didn't speak to*
  le ho parlat**o** [*no agreement*].   *her.*

3. As you already know, the past participle of a verb conjugated with **essere** always agrees with the *subject* in gender and number.

Elena è andat**a** al parco.   *Elena went to the park.*
I **bambini** sono venut**i** a casa tardi.   *The kids came home late.*

ESERCIZI

A. Dov'è? Dove sono? Susanna non riesce a trovare certe cose e chiede alla sua compagna di stanza, Alessandra, dove sono. Alessandra spiega perché non ci sono. A turno, con un compagno / una compagna, fate domande e risposte. (*Susanna can't find certain things and asks her roommate, Alessandra, where they are. Alessandra explains why they aren't there. Taking turns with a partner, ask and answer questions.*)

> ESEMPIO: il libro di informatica (prestare a Giancarlo) →
> s1: Dov'è il libro di informatica?
> s2: L'ho prestato a Giancarlo.

1. le foto (mandare ai miei genitori)
2. la tua vecchia bicicletta (vendere, *to sell*)
3. il tavolino (mettere in cucina)
4. i giornali (buttare via, *to throw away*)
5. le vitamine (finire)

B. Accordi. Con un compagno / una compagna, completate le conversazioni. Dovete fornire la vocale finale del participio passato. (*Working with a partner, complete the conversations. You need to provide the final vowel of the past participle.*)

1. s1: Chi ha ordinat_____ i fiori (*flowers*)?
    s2: Non so. Non li hai ordinat_____ tu?

2. s1: Hai dat_____ la mancia alla cameriera?
    s2: Sì, le ho dat_____ cinque dollari.

3. s1: Hai comprat_____ le paste?
    s2: No, ho dimenticat_____ di comprarle!

4. s1: Hai vist_____ la professoressa di italiano ieri?
    s2: Sì, l'ho vist_____ in biblioteca ma non le ho parlat_____.

5. s1: Hai telefonat_____ ai nonni?
    s2: Sì, gli ho già telefonat_____.

6. s1: Siamo andat_____ al ristorante Da Luigi ieri sera.
    s2: Avete mangiat_____ bene?

C. Una cena. Usando le frasi fornite, chiedi al compagno / alla compagna se ha preparato tutto per la cena di stasera. Il compagno / La compagna deve rispondere usando pronomi di oggetto diretto e indiretto in modo appropriato. (*Using the phrases supplied below, ask your partner if he/she has prepared everything for your dinner party tonight. Your partner must respond using direct- or indirect-object pronouns as appropriate.*)

ESEMPIO: telefonare a Marco →
S1: Hai telefonato a Marco?
S2: Sì, gli ho telefonato.
S1: Hai preparato i contorni?
S2: Sì li ho preparati.

1. apparecchiare la tavola
2. riempire (*to fill*) i bicchieri d'acqua
3. domandare a tua madre come fare il sugo per la pasta
4. mettere il pollo nel forno (*oven*)

5. parlare a Maria
6. comprare i regali
7. preparare gli antipasti

NOTA CULTURALE

I pasti italiani

La mattina gli italiani sono abituati[1] a prendere solamente un caffè, un cappuccino o un caffellatte insieme ad una brioche. La colazione degli italiani è quindi molto leggera[2] e la fanno a casa o al bar; per questo alcuni[3] fanno poi uno spuntino, fra le dieci e le undici.

Verso l'una molti italiani tornano a casa per il pranzo, che tradizionalmente consiste in un primo piatto di pasta (spaghetti, lasagne, eccetera) e in un secondo piatto di carne o pesce con contorno di verdure cotte o insalata. Dopo il secondo, gli italiani mangiano in genere[4] la frutta e prendono un caffè. Di solito il dolce arriva sulla tavola solo nei giorni di festa o in particolari occasioni. Il pasto è sempre accompagnato da vino e acqua minerale.

Quante cose buone!

Negli ultimi anni,[5] a causa dei cambiamenti degli orari[6] di lavoro e delle distanze fra le abitazioni e gli uffici, molti italiani, all'ora di pranzo, mangiano qualcosa alle tavole calde[7] o prendono un panino al bar.

La cena, che gli italiani fanno verso le otto e mezzo d'estate e verso le otto d'inverno, è di solito leggera. Possono mangiare una minestra calda, delle uova[8] con verdure, oppure formaggio e salumi (prosciutto, salame, eccetera), a seconda delle[9] stagioni e delle preferenze individuali.

Le persone che il giorno mangiano solo un panino, la sera fanno però un pasto completo, con un bel piatto di pasta e un secondo con contorno.

[1]*accustomed* [2]*quindi... thus very light* [3]*per... therefore some people* [4]*in... in general* [5]*Negli... In recent years* [6]*cambiamenti... changes in the schedules* [7]*tavole... cafeterias* [8]*eggs* [9]*a... depending on the*

ANDREA: Ragazzi, cosa vi piace sulla pizza?

STEFANO: Io preferisco le olive, ma non mi piace il prosciutto. A Laura piacciono le acciughe, ma non le piacciono i funghi. A tutti e due piace la mozzarella e ci piacciono anche i carciofini...

ANDREA: Che confusione!! Ho io la soluzione: una bella pizza margherita* per tutti!

1. The Italian verb that expresses *to like* is **piacere.** It is similar in structure to the English phrase *to be pleasing to.*

   Gianni likes meat. → Meat is pleasing to Gianni.
   Gianni likes potatoes. → Potatoes are pleasing to Gianni.

   a. In Italian, the thing or person liked (*meat, potatoes*) is the subject of the sentence; the person who likes it (*Gianni*) is the indirect object.

   A Gianni piace la carne.   *Gianni likes meat. (Meat is pleasing to Gianni.)*

   A Gianni piacciono le patate.   *Gianni likes potatoes. (Potatoes are pleasing to Gianni.)*

   As you can see, the verb **piacere** therefore agrees with the thing or person liked (the subject); consequently, it is often in the third-person singular or plural: **piace, piacciono.** (Note that when the indirect object is a noun, it must be preceded by the preposition **a.**)

   b. The person who likes someone/something is the indirect object, often replaced by a pronoun.

   A Gianni piace la carne.   *Gianni likes meat.*
   Gli piace la carne   *He likes meat.*

   A Gianni piacciono le patate.   *Gianni likes potatoes.*
   Gli piacciono le patate.   *He likes potatoes.*

—Non ti piace la velocità, non ti piace il rumore, non ti piace la confusione... Mi sai dire, allora, cosa ti piace nella vita?

ANDREA: Hey guys, what do you like on your pizza? STEFANO: I prefer olives, but I don't like prosciutto. Laura likes anchovies, but she doesn't like mushrooms. We both like mozzarella and we also like artichokes hearts . . . ANDREA: What a mess!! I have the solution: a good pizza margherita for everyone!

*Pizza margherita is a simple pizza with three toppings: mozzarella, tomatoes and basil.

c. In the **passato prossimo, piacere** is conjugated with **essere.** Its past participle thus agrees in gender and number with the subject. Note that like **conoscere, piacere** adds an **i** when forming the past participle: **piaciuto.**

Maria ha mangiato un dolce; le è piaciut**o** molto.	*Maria ate dessert; she liked it a lot.*
I ragazzi hanno mangiato le fettuccine; non gli sono piaciut**e**.	*The boys ate the fettuccine; they didn't like them.*

2. *To not like* or *dislike* is expressed with the negative of **piacere.**

A Gianni non piacciono i salumi.	*Gianni doesn't like cold cuts. (Cold cuts aren't pleasing to Gianni.)*
Non gli piacciono i salumi.	*He doesn't like cold cuts.*
Non mi piace il caffè.	*I dislike coffee.*

3. When the subject is expressed as an infinitive (*I like to eat.* → *Eating is pleasing to me.*), **piacere** is used in the third-person singular.

A Sergio piace mangiare bene, ma non gli piace cucinare tutte le sere.	*Sergio likes to eat (eating) well, but he doesn't like to cook (cooking) every night.*

4. Notice that in expressions such as **Ti piace?** (*Do you like it?*) or **Ti piacciono?** (*Do you like them?*), Italian has no equivalent for the English *it* and *them*, which are expressed by the singular and plural verb endings.

5. Notice that Italian, unlike English, requires use of the article to express general likes and dislikes.

Non mi piace **il** vitello.	*I don't like veal.*
Gli piacciono **i** ravioli?	*Does he like ravioli?*
Ai miei amici non piace **la** carne.	*My friends don't like meat.*

6. **Dispiacere** means *to be sorry* and is used in the same way as **piacere.**

Non posso venire; mi dispiace.	*I can't come; I'm sorry.*

MENU
PROSCIUTTO E PATATE
SALSICCE E PATATE
UOVA SODE E PATATE
POLPO E PATATE
TONNO E PATATE
FUNGHI E PATATE
CARCIOFI E PATATE

—Mi dispiace, signore, ma le patate sono finite!

ESERCIZI

A. Piace o no? Crea delle frasi con **piacere** o **non piacere.** (*Create sentences with* **piacere** *or* **non piacere.**)

ESEMPI: i bambini / la frutta →
Ai bambini piace la frutta.
i bambini / i funghi →
Ai bambini non piacciono i funghi.

1. gli studenti di questa classe / gli esami
2. i miei genitori / pagare le tasse (*taxes*)
3. il mio compagno/la mia compagna di stanza / mangiare le patatine
4. l'insegnante di italiano / dare bei voti agli studenti
5. i miei amici / gli gnocchi al sugo
6. quelle ragazze / le vacanze

B. Perché no? Dopo una cena di famiglia in un ristorante, tuo cugino fa tante domande. Con un compagno / una compagna, fate le domande e rispondete secondo il modello. (*After a family dinner in a restaurant, your cousin is full of questions. Working with a partner, ask and answer each question as in the example.*)

> ESEMPIO: non mangiare l'antipasto / i nonni →
> s1: Perché non hanno mangiato l'antipasto i nonni?
> s2: Perché non gli piace mangiare l'antipasto.

1. non mangiare la verdura / i bambini
2. non fare il risotto / lo chef
3. non ordinare il secondo / la mamma
4. non prendere il caffè / Mariangela
5. non dare la mancia / lo zio Marco

C. Ti è piaciuto? Il tuo amico è appena tornato dall'Europa. Chiedi se gli sono piaciute le seguenti cose. (*Your friend has just returned from Europe. Ask if he liked the following things.*)

> ESEMPI: l'Italia → Ti è piaciuta l'Italia?
> gli italiani → Ti sono piaciuti gli italiani?

1. la cucina italiana
2. i musei di Firenze
3. il parmigiano
4. le fontane (*fountains*) di Roma
5. la pizza napoletana
6. i gelati siciliani
7. le fettuccine al pesto
8. viaggiare in treno

—Non gli piacciono né i bocconcini né lo spot che li reclamizza[a]!

[a]ne… *neither the morsels nor the commercial that advertises them*

D. Interrogativi

TIZIANA: Dove preferisci mangiare stasera, in casa o al ristorante?

CLAUDIO: Preferisco mangiare in casa.

TIZIANA: Chi cucina?

CLAUDIO: Cucino io.

TIZIANA: Cosa prepari?

CLAUDIO: Gli spaghetti e un'insalata.

TIZIANA: Quando mangiamo?

CLAUDIO: Alle otto.

TIZIANA: Perché non cucini anche un secondo?

CLAUDIO: Ma cara... questo non è un ristorante!

TIZIANA: Where do you prefer to eat tonight, at home or at a restaurant? CLAUDIO: I prefer to eat at home. TIZIANA: Who is going to cook? CLAUDIO: I am. TIZIANA: What are you cooking? CLAUDIO: Spaghetti and a salad. TIZIANA: When are we eating? CLAUDIO: At eight. TIZIANA: Why don't you also make a second dish? CLAUDIO: But dear. . . this is not a restaurant!

Interrogatives in Italian function just as they do in English: they ask for information or facts. Most interrogatives in Italian are invariable, however, two words, **quale** and **quanto,** can vary for gender and number.

Nota bene

Dov'è... ? Com'è... ? Cos'è... ?

The interrogatives **dove, come,** and **cosa** are elided before the verb **è.** So **dove è = dov'è, come è = com'è,** and **cosa è = cos'è**

INVARIABLE INTERROGATIVES		
che cosa? (che?) (cosa?)	*what?*	Che dici?
che?	*what kind of?*	Che macchina hai?
chi?	*who? whom?*	Chi è?
quanto? + *verb*	*how much?*	Quanto costano?
come?	*how?*	Come prepari la torta?
dove?	*where?*	Dov'è la biblioteca?
		Dove sono i libri?
perché?	*why?*	Perché dormi?
quando?	*when?*	Quando vengono?

VARIABLE INTERROGATIVES		
quale/quali?	*which?*	Quali piatti preferisci?
quanto/a/i/e? + *noun*	*how much/many?*	Quanti primi ci sono?

1. In questions beginning with an interrogative word, the subject is usually placed at the end of the sentence.

   Quando guarda la TV Mike?   *When does Mike watch TV?*

2. Prepositions such as **a, con, da, di,** and **per** always precede interrogative expressions. In Italian, a question never ends with a preposition.

   A chi scrivono?   → Scrivono **a** Michele.
   Con chi esci?   → Esco **con** Tina.
   Da dove vieni?   → Vengo **dalla** California.
   Di che cosa parlate?   → Parliamo **del** nuovo ristorante in Via Garibaldi.

   Per chi è il regalo?   → È **per** Marinella.

3. As you learned in **Capitolo 2,** to find out who owns something, you ask:

   Di chi è + *singular*

   or

   Di chi sono + *plural*

   Di chi **è** il cane?   *Whose dog is it?*
   Di chi **è** questa chiave?   *Whose key is this?*
   Di chi **sono** le foto?   *Whose photos are they?*

4. **Che?** and **cosa?** are abbreviated forms of **che cosa?** (*what?*). The three forms are interchangeable when used as pronouns. When used as an adjective (to mean *what kind/type of*) followed by a noun, only **che** is appropriate.

   Che cosa bevi?   *What are you drinking?*
   Che fai?   *What are you doing?*
   Cosa cucini?   *What are you cooking?*

   Che computer hai?   *What type of computer do you have?*
   Che pasta preferisci?   *What (kind of) pasta do you prefer?*

—Se lo specchio non ti piace, mamma, perché continui a guardarti?

5. Che cos'è... (Che cosa è...), Cos'è... ? expresses the English *What is . . . ?* in a request for a definition or an explanation.

Che cos'è la semiotica?   *What is semiotics?*

Qual è... ?* expresses *What is . . . ?* when the answer calls for a choice, or when one requests information such as a name, telephone number, or address.

Qual è la tua materia preferita?   *What's your favorite subject?*
Qual è il numero di Roberto?   *What is Roberto's phone number?*

ESERCIZI

A. Ho bisogno di informazioni... Completa le domande con l'espressione interrogativa appropriata. (*Complete each question with the appropriate interrogative expression.*)

1. (Quanti / Quante) automobili hanno i Rossi?
2. (Come / Cosa) parla inglese Lorenzo?
3. (Quale / Quali) università sono famose?
4. (Quali / Quanti) dischi compri, uno o due?
5. (Quando / Quanto) latte bevi?
6. (Che / Chi) facciamo stasera?
7. (Che / Chi) poesie leggete?

B. Qual è? Che cos'è? Completa con l'equivalente italiano di *what*. (*Complete the questions with the appropriate Italian equivalent of* what is?)

1. _____ il nome di quel bel ragazzo?
2. _____ la data (*date*) di oggi?
3. _____ questo?
4. _____ la chiave giusta?
5. _____ l'astrologia?
6. _____ *La Divina Commedia?*

C. La domanda? Crea una domanda per ogni risposta. (*Create a question that each statement answers.*)

> ESEMPIO: Giocano a tennis *con Paolo.* →
>   Con chi giocano a tennis?

1. Vengono *in treno.*
2. Ravenna è *in Emilia-Romagna.*
3. *Vittoria* deve studiare.
4. Abbiamo *cinque* chitarre.
5. Dino preferisce la pasta *alla carbonara.*
6. Gli zii arrivano *domani.*
7. Puliscono *il frigo.*
8. Carlo paga per *tutti.*

Piccolo ripasso

A. Gli amici di Giulio. Giulio ha molti amici che gli fanno molti favori. Completa le seguenti frasi con **Giulio** o **a Giulio**. (*Giulio has lots of friends who do many things for him. Complete the following sentences with **Giulio** or **a Giulio**.*)

ESEMPIO: Fabrizio invita _____ al cinema →
Fabrizio invita Giulio al cinema.

1. Anna telefona _____ ogni sera.
2. Claudio aiuta (*helps*) _____ a fare il pesto.
3. Enrica insegna _____ lo yoga.
4. Marco porta sempre _____ i suoi appunti (*notes*).
5. Giancarlo scrive spesso lunghe e-mail _____.
6. Luca aspetta _____ alla fine (*end*) della lezione.
7. Luigina accompagna _____ a casa in macchina.
8. Mirella presta _____ i suoi Cd.

Ora, riscrivi ogni frase e completala con **lo** o **gli**. (*Now, rewrite each sentence and complete it with **lo** or **gli**.*)

B. Una brutta settimana. Marilena ha passato una brutta settimana. Completa le frasi usando il passato prossimo del verbo appropriato. (*Marilena has had a bad week. Complete the sentences using the **passato prossimo** of the appropriate verb.*)

VERBI: andare, essere, leggere, telefonare, uscire, vedere

Che settimana tremenda[a]! Ho portato a casa dei libri dalla biblioteca ma non li _____.[1] Non _____[2] venerdì e sabato sera perché ho dovuto studiare. So che c'è una mostra[b] molto bella all'università ma non l' _____[3] ancora _____.[4] Mercoledì _____[5] a casa tutto il giorno con l'influenza. Giovedì ho litigato[c] con Gina: le _____[6] e abbiamo preso appuntamento[d] per andare in centro, ma lei, invece, _____[7] a giocare a tennis con Paolo. Accidenti![e]

[a]*terrible* [b]*exhibit* [c]*argued* [d]*preso… made a date* [e]*Darn!*

—Se tu sei Babbo Natale,[a] allora quello lì chi è?

[a]Babbo… *Santa Claus*

C. Un ristorante chic. Ieri, un tuo amico è andato in un ristorante italiano e ha provato dei piatti nuovi. Tu sei curioso/curiosa di sapere quali piatti ha provato e se gli sono piaciuti. Con un compagno / una compagna, create tre domande e risposte a testa. (*Yesterday, a friend went to an Italian restaurant and tried some new dishes. You are curious to know what dishes your friend tried and if he liked them. Working with another student, ask and answer three questions each.*)

ESEMPI: s1: Hai provato il prosciutto e melone?
s2: Sì, l'ho provato e (non) mi è piaciuto.

s2: Hai provato le melanzane (*eggplant*) alla parmigiana?
s1: Sì, le ho provate e (non) mi sono piaciute.

D. Mi piace, non mi piace. Parla delle tue preferenze. Usa la lista seguente. (*Talk about your preferences. Use the following list.*)

ESEMPIO: Mi piace il caffè, ma non mi piacciono i cornetti.

Possibilità: la birra americana, il caffè italiano, la frutta, pagare in contanti, i piatti piccanti (*spicy*), i salumi, la verdura

---

Esercizio C
Parole utili

l'aragosta lobster
i calamari squid
il salmone
gli scampi prawns
il cervello brains
i carciofi ripieni stuffed artichokes
i funghi
le melanzane alla parmigiana eggplant parmesan
i tortellini in brodo
il prosciutto e melone

Invito alla lettura

L'Emilia-Romagna

*I*n Italia mangiare bene è un'arte. In Emilia-Romagna è anche una regola di vita[1] ed una fiorente[2] industria. Molti dei prodotti alimentari[3] tipici dell'Emilia-Romagna sono famosi in tutto il mondo. Chi infatti non conosce il formaggio parmigiano? Ma ci sono molte altre specialità, come il prosciutto di Parma, la mortadella di Bologna, i tortellini al sugo di carne, i tortelli con la zucca[4] e l'aceto balsamico di Modena.

In Emilia-Romagna, una delle regioni più ricche[5] d'Italia, puoi vedere città con bellissimi monumenti, come le due torri[6] di Bologna, la Certosa[7] di Parma, il Palazzo dei Diamanti[8] di Ferrara. Ma se l'arte non ti interessa troppo e vuoi una vacanza di puro divertimento, sei ancora nella regione giusta.

La costa romagnola offre infatti ai turisti 150 chilometri di spiagge attrezzate[9] per una vacanza al mare ricca di divertimenti, per ogni età[10] e per ogni ora. Tutta la notte puoi trovare locali[11] aperti, mangiare le famose piadine,[12] ballare in una delle tante discoteche o sale per il ballo liscio[13] (valzer,[14] tango, e così via).

[1]regola... *rule of life* [2]*flourishing* [3]prodotti... *food* [4]*pumpkin*
[5]più... *richest* [6]*towers* [7]*Charterhouse* [8]*Diamonds* [9]*equipped*
[10]*age* [11]*nightspots* [12]*a type of grilled focaccia sandwich made with prosciutto, cheese, and sausage* [13]ballo... *ballroom dancing* [14]*waltz*

I prodotti alimentari tipici dell'Emilia-Romagna

Capire

Vero o falso?

	V	F
1. Parma è una città dell'Emilia-Romagna.	☐	☐
2. Un prodotto tipico dell'Emilia-Romagna è il formaggio parmigiano.	☐	☐
3. La costa romagnola ha molte spiagge.	☐	☐
4. I locali della costa romagnola chiudono a mezzanotte.	☐	☐
5. Se ti piace ballare, in Emilia-Romagna puoi andare solo in discoteche.	☐	☐

Scrivere

La cucina italiana. Scrivi un breve testo (8–10 frasi) in cui rispondi alle seguenti domande.

Ti piace la cucina italiana? Quali piatti ti piacciono? Dove trovi questi piatti?

Li prepari a casa o li mangi al ristorante? Sai preparare un piatto tipico italiano?

Dove hai trovato la ricetta o chi ti ha insegnato a farlo? Conosci dei prodotti italiani (prosciutto di Parma, mortadella di Bologna, tortellini)? Dove puoi comprare prodotti alimentari italiani nel tuo quartiere (*neighborhood*)? Se non ti piace la cucina italiana, spiega perché non ti piace.

ESEMPIO: *Mi piace molto la cucina italiana. Preferisco le lasagne e…*

CURIOSITÀ

Il parmigiano

Ci sono cinquecento varietà di formaggi in Italia. Il più famoso è senza dubbio[1] il parmigiano, da otto secoli[2] il «Re[3] dei formaggi». Ci sono documenti che provano che il parmigiano era[4] già conosciuto e apprezzato nel tredicesimo secolo. Il nome deriva dalla città di Parma, nella regione dell'Emilia-Romagna. I suoi abitanti, i parmigiani, dicono che il loro formaggio, il parmigiano, è il formaggio più buono[5] del mondo.

Il governo italiano ha decretato[6] nel 1955 che solo il formaggio fatto a Parma e nelle province vicine ha il diritto[7] esclusivo di portare il nome di parmigiano. Il marchio[8] del parmigiano reggiano è impresso a fuoco[9] sulla circonferenza della forma. In questo modo troviamo in ogni pezzo, o «punta» di formaggio, una traccia[10] del marchio originale e sappiamo così che il prodotto è genuino.

Il parmigiano, di solito grattugiato[11], è usato in molti piatti e allora diciamo «alla parmigiana»: per esempio, melanzane alla parmigiana, zucchini alla parmigiana, asparagi alla parmigiana, eccetera.

Una punta di parmigiano autentico

[1]senza… *without a doubt* [2]*centuries* [3]*King* [4]*was* [5]più… *best* [6]*decreed* [7]*right* [8]*brand*
[9]impresso… *burnt* [10]*trace* [11]*grated*

STRUMENTI

Videoteca

VIDEO

Un'avventura alimentare

Roberto e Giuliana sono in un ristorante, pronti ad ordinare. Quando il cameriere arriva e gli chiede che cosa vogliono mangiare, Roberto ordina un piatto alla «mare e monti», ma non sa che contiene un ingrediente particolare.

Preparazione

ESPRESSIONI UTILI

la pasta all'ortolana	garden style pasta (with fresh vegetables)
ottima scelta	excellent choice
il polpo	octopus

Dal video

GIULIANA: No, preferisco cominciare con un antipasto misto, poi la pasta alla carbonara. Per favore, posso avere la pasta senza formaggio?

CAMERIERE: Certo, come desidera, Signora. E per Lei, Signore?

ROBERTO: Io prendo il piatto del giorno, mi sembra buono.

CAMERIERE: Ottima scelta, Signore.

FUNZIONE: ordinare in un ristorante

Dopo il video

Verifica. Abbina (*Match*) la prima parte di ogni frase a sinistra con la conclusione più adatta a destra.

1. Le consiglio
2. La pasta «mare e monti»
3. È una pasta

a. è con il polpo.
b. con verdure: piselli, zucchine e pomodori.
c. il piatto del giorno.

Comprensione. Rispondi alle seguenti domande.

1. Quali sono gli ingredienti della pasta all'ortolana?
2. Che cosa non vuole Giuliana sulla pasta alla carbonara?
3. Perché Roberto, al ristorante, è avventuroso?

Attività. Da fare in coppia (*pairs*). Immagina d'invitare una famiglia italiana molto elegante a cena. Chiedi a un loro amico che cosa gli piace mangiare. Poi scegli l'antipasto, il primo piatto, il secondo piatto, il contorno e il dolce. Non dimenticare il vino!

Parole da ricordare

VERBI

apparecchiare la tavola	to set the table
cenare	to eat dinner/supper
consigliare (di)	to recommend; to advise (*to do something*)
dispiacere (*p.p.* dispiaciuto)	to be sorry
domandare	to ask
(im)prestare	to lend
mandare	to send
mostrare	to show
pagare il conto	to pay the bill
*piacere (*p.p.* piaciuto)	to please, be pleasing to; to like
portare il conto	to bring the bill
pranzare	to eat lunch
prenotare	to reserve
preparare	to prepare
provare	to try
regalare	to give (*as a gift*)
riportare	to bring back
scegliere (*p.p.* scelto)	to choose

NOMI

l'antipasto	appetizer
l'arrosto	roast
la bistecca	steak
la bruschetta	toasted, seasoned bread
il carciofo	artichoke
la carne	meat
la cena	dinner
il cibo	food
il coltello	knife
il conto	bill, check
il contorno	side dish
il coperto	cover charge
la crostata	pie
il cucchiaio	spoon
la cucina	cooking, cuisine
il dolce	dessert
la fine	end
il fiore	flower
la forchetta	fork
il formaggio	cheese
la frutta	fruit
il gelato	ice cream
gli gnocchi	dumplings
l'insalata	salad
la macedonia	fresh fruit cocktail
il maiale	pork
il manzo	beef
il melone	melon

il minestrone	hearty vegetable soup
la mozzarella	mozzarella
l'oliva	olive
il parmigiano	parmesan
la pasta	pasta
il pasto	meal
la patata	potato
il pesce	fish
il piatto	plate, dish
il piatto fondo	soup bowl
il pollo	chicken
il pomodoro	tomato
le posate	silverware
il primo (piatto)	first course
il prosciutto	cured ham
la ricetta	recipe
il riso	rice
il risotto	creamy rice dish
i salumi	cold cuts
il secondo (piatto)	main course
il servizio	cover charge
il tiramisù	a dessert of ladyfingers soaked in espresso and layered with cream cheese, whipped cream, and chocolate
la torta	cake
la verdura	vegetables
il vitello	veal
il vino	wine
il vino bianco	white wine
il vino rosso	red wine

AGGETTIVI

cotto	cooked
fresco	fresh
fritto	fried
misto	mixed
pronto	ready

ALTRE PAROLE E ESPRESSIONI

in brodo	in broth
alla carbonara	with a sauce of eggs, bacon, and grated cheese
al forno	baked
alla griglia	grilled
al pesto	with a sauce of basil, garlic, grated parmesan, and pine nuts
al ragù / alla bolognese	with meat sauce
al sugo di pomodoro	with tomato sauce

*Words identified with an asterisk (*) are conjugated with **essere**.

La vita di tutti i giorni

Un po' di trucco (*make-up*) non fa male

Vocabolario preliminare

Che stress prepararsi!

LUISA: Che stress, Anna! Non so cosa mettermi per la festa di questa sera...

ANNA: Puoi metterti i pantaloni neri, la camicia bianca e le tue scarpe nuove.

LUISA: Buon'idea! Che dici, mi trucco?[1]

ANNA: Ma no, non hai bisogno di truccarti, sei bella così!

1. Perché Luisa è stressata?

2. Cosa le consiglia Anna?

3. Perché Luisa non ha bisogno di truccarsi?

[1] mi... *should I put on make-up?*

La vita di tutti i giorni

L'ABBIGLIAMENTO (*CLOTHING*)

LE ATTIVITÀ

addormentarsi to fall asleep
alzarsi to stand up, get up
annoiarsi to get bored
arrabbiarsi to get angry
chiamarsi to call oneself, be named
diplomarsi to graduate (*high school*)
divertirsi to enjoy oneself, have a
  good time
fare bella figura to look good;
  to make a good impression
fare il bagno to take a bath
fare la doccia to take a shower
farsi la barba to shave (*men*)
fermarsi to stop (*moving*)
lamentarsi (di) to complain (about)
laurearsi to graduate (*college*)
lavarsi to wash (*oneself*)
  i capelli to wash one's hair
  i denti to brush one's teeth
  la faccia to wash one's face
mettersi to put on (*clothes*)
  le lenti a contatto to put in
    contact lenses
  il rossetto to put on lipstick
portare to wear

rilassarsi to relax
sbagliarsi to make a mistake
**sentirsi (bene, male, stanco,
  contento)** to feel (good, bad,
    tired, happy)
sposarsi to get married
svegliarsi to wake up
tornare (a) to return (to a place)
truccarsi to put on make-up
vestirsi to get dressed; to dress

L'ABBIGLIAMENTO

l'abito dress; suit
il bottone button
la giacca jacket
l'impermeabile (*m.*) raincoat
la maglia sweater
i vestiti clothes

I COLORI

blu (*inv.*) dark blue
giallo yellow
grigio (*pl.* **grigi**) gray
nero black
rosso red
verde green

ESERCIZI

A. **Mi diverto, mi annoio...** Completa le seguenti frasi secondo le tue
preferenze. Dove e quando ti diverti o ti annoi? Spiega in poche parole
perche.

  1. Quando sono ammalato/ammalata...
  2. In classe...
  3. Quando leggo le ultime notizie (*news*)...
  4. Quando cucino...
  5. In viaggio...
  6. Al computer...

B. **Come mi vesto...** Come ti vesti nelle seguenti situazioni? Completa le
frasi; usa parole del **Vocabolario preliminare.**

  1. Quando vado all'università, mi metto...
  2. Quando fa freddo, mi metto...
  3. Quando vado ad una festa importante, mi metto...
  4. Quando pratico uno sport, mi metto...
  5. Quando piove, mi metto...
  6. Quando fa caldo, mi metto...

C. **Chi porta i calzini gialli?** Descrivi come è vestito/vestita oggi un
compagno / una compagna. Gli altri studenti devono dire chi è.

      ESEMPIO: Questa persona porta una maglietta nera con i jeans, le
                 scarpe da tennis e un berretto...

In ascolto

For listening comprehension activities related to the theme of this chapter, see the Laboratory Manual or visit the *Prego!* website. **www.mhhe.com/prego7**

Grammatica

A. Verbi riflessivi

SIGNORA ROSSI: Nino ogni mattina si sveglia tardi e non ha tempo di lavarsi e fare colazione. Si alza presto solo la domenica per andare in palestra a giocare a pallone.

SIGNORA VERDI: Ho capito: a scuola si annoia e in palestra si diverte.

1. A reflexive verb (**verbo riflessivo**) is a transitive verb whose action is directed back to its subject. The subject and object are the same: *I consider **myself** intelligent; we enjoy **ourselves** playing cards; he hurt **himself.*** In both English and Italian, the object is expressed with reflexive pronouns (**i pronomi riflessivi**).

Reflexive pronouns are identical to direct-object pronouns, except for **si** (the third-person singular and plural form): **mi, ti, si; ci, vi, si.**

The English translation of many Italian reflexive verbs does not include the words *myself, himself, ourselves,* and so on. This meaning is implied in English, but not expressed as it is in Italian.

SIGNORA ROSSI: Every morning Nino wakes up late and doesn't have time to wash and eat breakfast. He gets up early only on Sundays to go to the gym to play ball.   SIGNORA VERDI: I get it: at school he's bored and at the gym he has a good time.

alzarsi (to get up; to stand up)	
mi alzo	I get (myself) up
ti alzi	you get (yourself) up
si alza	you (form.) get up he gets up she gets up
ci alziamo	we get up
vi alzate	you get up
si alzano	you (pl. form.) get up they get up

2. Like direct-object pronouns, reflexive pronouns precede a conjugated verb or attach to the infinitive.

If the infinitive is preceded by a form of **dovere, potere,** or **volere,** the reflexive pronoun either attaches to the infinitive (which drops its final **-e**) or precedes the conjugated verb. Note that the reflexive pronoun agrees with the subject even when attached to the infinitive.

Mi alzo	I'm getting up.
Voglio alzar**mi.** **Mi** voglio alzare.	I want to get up.
Devo alzar**mi.** **Mi** devo alzare.	I have to get up.

3. Most reflexive verbs can also be used as nonreflexive verbs if the action performed by the subject affects someone or something else.

chiamarsi *to be called*
chiamare *to call (someone)*

lavarsi *to wash (oneself)*
lavare *to wash (someone/thing)*

fermarsi *to stop (oneself)*
fermare *to stop (someone/thing)*

svegliarsi *to wake up*
svegliare *to wake (someone else)*

Si chiama Antonio, ma tutti lo **chiamano** Toni.	His name is Antonio, but everybody calls him Toni.
Vuole **lavare** la macchina e poi **lavarsi.**	He wants to wash the car and then wash up.
Se non vi **fermate** allo stop, vi **ferma** un vigile!	If you don't stop at the stop sign a cop will stop you!
Ci svegliamo alle sette ma **svegliamo** i bambini alle otto.	We wake up at seven but wake the children at eight.

4. The **passato prossimo** of reflexive verbs is formed with the present tense of **essere** and the past participle. As always with **essere,** the past participle must agree with the subject in gender and number.

alzarsi	
mi sono alzato/a	I got (myself) up
ti sei alzato/a	you got (yourself) up
si è alzato	he got (himself) up you got (yourself) up (m. form.)
si è alzata	she got (herself) up you got (yourself) up (f. form.)
ci siamo alzati/e	we got (ourselves) up
vi siete alzati/e	you got (yourself) up
si sono alzati/e	they got (themselves) up you got (yourself) up (pl. form.)

IL GIOVANOTTO TIMIDO

— Io mi chiamo Caterina.
— Io no.

—Quando **vi** siete alzati?	—When did you get up?
—**Ci** siamo alzati tardi.	—We got up late.

Grammatica **145**

A. Trasformazioni. Sostituisci il soggetto della frase con gli elementi tra parentesi e cambia la forma del verbo.

1. Mi lavo le mani (*hands*) prima di mangiare. (Luigi / i bambini / noi due / anche voi)
2. A che ora vi addormentate voi? (tu / loro / Marcella / io)
3. Che cosa si mette Lei? (loro / voi / tu / io)
4. Mi sono sbagliato. (i bambini / la signora / voi / noi)
5. Luisa si è sposata molto giovane. (la nonna / Roberto / gli zii / le cugine della mamma)
6. Perché si è fermato il treno? (la macchina / voi / tu / gli autobus)

B. Conversazioni. Con un compagno / una compagna, completate le conversazioni con la forma corretta di un verbo della lista. Fate attenzione al contesto per capire quale tempo del verbo usare.

VERBI: alzarsi, annoiarsi, laurearsi, mettersi

1. S1: Lorenzo _____ alle sei ogni giorno. E tu?
   S2: Anch'io _____ alle sei.
2. S1: Loro _____ spesso la cravatta. E tu?
   S2: Io non _____ mai la cravatta!
3. S1: Loro _____ alla festa ieri sera. E voi?
   S2: Noi non _____!
4. S1: Marco _____ in francese molti anni fa. E Luisa?
   S2: Luisa _____ in ingegneria.

VERBI: arrabbiarsi, chiamarsi, lavarsi, sentirsi

5. S1: Lei _____ spesso con i bambini?
   S2: Io non _____ mai!
6. S1: Voi, come _____ oggi?
   S2: _____ bene, grazie!
7. S1: Ciao, sono Daniela. Tu come _____?
   S2: _____ Massimo. Piacere!
8. S1: Lia, _____? Dobbiamo partire subito.
   S2: Non ancora. Vado a _____ adesso.

C. La mia giornata. Prendi appunti (*notes*) mentre il tuo compagno / la tua compagna descrive la sua giornata di ieri. Poi, racconta le sue esperienze ad un altro gruppo di studenti o alla classe.

ESEMPIO: S1: Che hai fatto ieri dalla mattina alla sera?
           S2: Mi sono alzato/alzata alle sette. Poi…

Arriva l'inverno... **Come mi vesto?**

Giulio e Anna si conoscono molto bene—sono amici di infanzia. Si vedono tutti i giorni a scuola e tutte le sere si parlano al telefono. Discutono sempre dei loro problemi perché si capiscono benissimo. Secondo te, hanno intenzione di sposarsi un giorno?

1. Most verbs can express reciprocal actions (*we see each other, you know each other, they speak to one another*) by means of the plural reflexive pronouns **ci, vi,** and **si,** used with first-, second-, and third-person plural verbs respectively. This is called the **costruzione reciproca.**

Ci vediamo ogni giorno.	*We see each other every day.*
Vi conoscete bene?	*Do you know each other well?*
Si parlano al telefono.	*They talk to each other on the phone.*

2. The auxiliary **essere** is used to form the compound tenses of verbs expressing reciprocal actions. The past participle agrees with the subject in gender and number.

Non ci **siamo** capit**i.**	*We didn't understand each other.*
Dove vi **siete** conosciut**i?**	*Where did you meet each other?*
Le ragazze si **sono** telefonat**e.**	*The girls phoned each other.*

—Durante la crociera[a] non ci siamo mai parlati, non vedo perché dovremmo[b] farlo adesso!

[a]*cruise* [b]*we should*

Giulio and Anna know each other very well—they are childhood friends. They see each other every day at school and every evening they talk to each other on the phone. They always discuss their problems because they understand each other very well. In your opinion, do they intend to get married one day?

3. The following commonly used verbs express reciprocal actions.

abbracciarsi	*to embrace (each other)*
aiutarsi	*to help each other*
baciarsi	*to kiss (each other)*
capirsi	*to understand each other*
conoscersi	*to meet (each other)*
farsi regali	*to exchange gifts*
guardarsi	*to look at each other*
incontrarsi	*to meet up with each other, run into each other*
lasciarsi	*to leave each other; to break up (coll.)*
parlarsi	*to talk to each other*
salutarsi	*to greet each other*
scriversi	*to write to each other*
telefonarsi	*to phone each other*
vedersi	*to see each other*

ESERCIZI

A. Dalla festa alla chiesa. Completa la storia d'amore tra Alessia e Riccardo. Usa i verbi della lista al passato prossimo.

baciarsi   conoscersi   incontrarsi   scriversi   sposarsi   telefonarsi   vedersi

Alessia e Riccardo _____¹ ad una festa. Il giorno dopo _____² e hanno parlato per ore. Dopo due giorni _____³ al cinema. Dopo qualche mese, Alessia ha dovuto fare un viaggio molto lungo per lavoro. Tutti i giorni _____⁴ e-mail d'amore. Dopo qualche mese Alessia è ritornata! Appena _____⁵ all'aeroporto Alessia e Riccardo _____.⁶ Dopo due settimane _____⁷ in chiesa.

B. Un colpo di fulmine. (*A bolt of lightning / Love at first sight.*) Con un compagno / una compagna completate il dialogo con le forme appropriate dei verbi tra parentesi.

> s1: In che anno _____¹ (sposarsi) i tuoi genitori?
> s2: Nel 1975 (millenovecentosettantacinque).
> s1: Come _____² (conoscersi) e dove?
> s2: _____³ (vedersi) per la prima volta al supermercato: _____⁴ (parlarsi), poi _____⁵ (telefonarsi), _____⁶ (vedersi) spesso e dopo solo due mesi _____⁷ (sposarsi)!

C. Il nostro rapporto. Formate delle coppie (*Pair off*) e immaginate di essere partner, insieme da dieci anni. Inventate la storia del vostro rapporto cominciando (*beginning*) con il primo incontro (*meeting*). Usate come modello la storia di Alessia e Riccardo nell'esercizio A. Poi, preparate una lista di domande per un altro gruppo sul loro rapporto. Per esempio: **Quando vi siete conosciuti?**, eccetera.

La moda° italiana

Fashion

Alta moda italiana

La moda italiana è tra le più ricercate¹ del mondo, soprattutto² nell'abbigliamento femminile. Vestire alla moda è importante per quasi tutti gli italiani e in Italia la gente spende in³ vestiti, scarpe eccetera, più che negli altri paesi. Sono soprattutto gli adulti che seguono la moda italiana, mentre ai giovani piace anche vestire all'americana, con jeans, magliette e giubbotti.⁴

Le marche⁵ italiane di abbigliamento sono conosciute e vendute in tutto il mondo e i dati⁶ economici confermano che l'Italia è al primo posto⁷ in questo settore.⁸ Ci sono molti stilisti⁹ italiani molto famosi come Armani, Valentino, Dolce e Gabbana, Ferragamo, Ferré, Prada, Gucci, Trussardi, Versace.

Il centro della moda italiana è Milano, dove in marzo e ottobre si tengono¹⁰ numerose sfilate¹¹ che presentano le nuove collezioni degli stilisti più importanti. C'è poi Firenze, che ha un'Università Internazionale della Moda e offre, nella splendida cornice¹² di Palazzo Pitti, sfilate e mostre, dedicate soprattutto alla moda maschile. A Roma è infine famosa la «sfilata sotto le stelle¹³», che si tiene ogni anno in luglio, verso le dieci di sera, sulla scalinata¹⁴ di Trinità dei Monti. In quest'occasione tutti gli stilisti più famosi presentano le loro collezioni autunno-inverno e tutti possono ammirare le bellissime modelle che, anche se¹⁵ fa caldo, scendono le scale vestite di¹⁶ eleganti cappotti e pellicce.¹⁷

¹*sought after* ²*especially* ³*spende... spend for* ⁴*jackets* ⁵*labels, brands* ⁶*data* ⁷*place* ⁸*field* ⁹*designers* ¹⁰*si... are held* ¹¹*fashion shows* ¹²*setting* ¹³*sotto... under the stars* ¹⁴*staircase* ¹⁵*anche... even though* ¹⁶*vestite... dressed in* ¹⁷*furs*

C. Avverbi

Carla è una persona molto particolare. Si sveglia presto ogni mattina; mangia poco ma bene a colazione; si veste in fretta ma elegantemente; guida velocemente per andare in ufficio... ma arriva sempre tardi!

Nota bene

Molto, poco, tanto, troppo
Like **molto** (*many / a lot*), **poco** (*few/little*), **tanto** (*so much, so many / a lot*), and **troppo** (*too many / too much*) can be both adjectives and adverbs. When modifying a noun, they precede it and agree with it in number and gender. As adverbs, they follow a simple verb and precede an adjective or another adverb.

AGGETTIVI
Sara ha **molti** libri.
Riccardo ha **poche** amiche.
Nina ha ricevuto **tante** e-mail.
Luca mangia **troppi** dolci.

AVVERBI
Tina e Sara parlano **molto** al telefono.
Carlo suona **poco** il pianoforte.
Maria è tanto simpatica.
Rita guida **troppo** velocemente (*fast*).

—Finalmente una farfalla[a]!

[a]*butterfly*

1. You already know that adjectives modify nouns, and that they agree in gender and number with the noun they modify. Adverbs, in contrast, are invariable (their endings don't change) and they can modify verbs, adjectives, or other adverbs. Adverbs indicate *how* an action is performed. Some common adverbs are **bene, male,** and **molto.**

Maddalena parla **bene** l'italiano.	*Maddalena speaks Italian well.*
Giacomo legge **male.**	*Giacomo reads badly.*
I ragazzi corrono **molto.**	*The boys run a lot.*

Do not confuse these adverbs with the adjectives **buono** and **cattivo** or the variable forms of **molto.**

Maddalena ha una **buona** macchina.	*Maddalena has a good car.*
Giacomo ha **cattivo** gusto.	*Giacomo has bad taste.*
I ragazzi corrono in **molte** gare.	*The boys run in many races.*

2. Many adverbs are formed by attaching **-mente** to the feminine singular form of the adjective. If the adjective ends in **-e, -mente** is added directly to the adjective. They correspond to English adverbs ending in **-ly.**

vero	→	vera	→	veramente	*truly*
fortunato	→	fortunata	→	fortunatamente	*fortunately*
dolce	→	dolce	→	dolcemente	*sweetly*

If the singular adjective ends in **-le** or **-re** preceded by a vowel, the final **-e** is dropped before adding **-mente.**

genti**le**	→	gentil-	→	gentilmente	*kindly*
regola**re**	→	regolar-	→	regolarmente	*regularly*

Carla is a very peculiar person. She wakes up early every morning; she eats little but well at breakfast; she gets dressed in a hurry, but elegantly; she drives fast to get to her office . . . but she always gets there late!

3. Adverbs usually follow directly after a simple verb form.

Parla sempre di lavoro.	*He always talks about work.*
La vedo raramente.	*I rarely see her.*
Simona si veste elegantemente.	*Simona dresses elegantly.*

4. With compound verbs, most adverbs follow the past participle. However, some common adverbs (**già, mai, ancora** [*still*], **sempre**) can be placed between the auxiliary verb and the past participle.

Sei arrivata tardi in palestra.	*You arrived at the gym late.*
Non ho capito bene la lezione.	*I didn't understand the lesson well.*
Avete già visto il parco?	*Have you already seen the park?*
Il nostro professore non ha mai parlato del femminismo.	*Our professor never talked about feminism.*

ESERCIZI

A. Come sono? Descrivi le seguenti persone con un avverbio che corrisponde all'aggettivo usato nella prima parte della frase.

> ESEMPIO: La signora Crespi porta vestiti eleganti: si veste sempre *elegantemente.*

1. Luigino è un bambino molto attento: ascolta tutto _____.
2. Rita e Mario sono persone tranquille: fanno tutto _____.
3. A Gina piacciono le visite inaspettate (*unexpected*): è contenta anche quando gli amici arrivano _____.
4. Le lettere di Gregorio sono molto rare: scrive _____.
5. Mara è una persona molto onesta: mi risponde sempre _____.
6. Sandro è una persona molto gentile: tratta (*treats*) tutti _____.
7. La mia amica Francesca è molto intelligente: risponde _____ alle domande.
8. Elena, Marilena e Francesca sono persone allegre: fanno tutto _____.

B. Bene e male. Completa le seguenti frasi con un avverbio (**bene, male, molto, troppo, poco**) o un aggettivo (**molto, poco, buono** o **cattivo**).

1. Sono andata al parco a giocare a frisbee con amici, ma non so giocare molto _____.
2. Conosco Salvatore da quando ho otto anni. Lui è un _____ amico.
3. Sandro va in palestra due volte al giorno. Secondo me, si allena (*works out*) _____.
4. Milena si è trasferita a Milano da Palermo due settimane fa. Conosce solo la sua vicina di casa (*neighbor*). Lei ha _____ amici a Milano.
5. Anche se Rocco prende lezioni di ballo tre volte alla settimana, balla _____.
6. Mariella canta e balla bene, ma non recita bene. È una _____ attrice.

C. Domande logiche. Fai domande al compagno / alla compagna usando elementi delle liste A, B e C.

ESEMPIO: S1: **Parli onestamente con i genitori?** →
S2: **Sì, gli parlo onestamente.**

A	B	C
parlare	spesso	una persona famosa
guidare	regolarmente	con i genitori
conoscere	bene/male	i compiti
fare	qualche volta	con i parenti
giocare	già	con gli amici
uscire	velocemente	a tennis / a golf

D. Numeri superiori a 100

MONICA: Mi sono diplomata nel 1998, mi sono laureata nel 2002, mi sono sposata nel 2003, ho avuto una figlia nel 2004 e un' altra figlia nel 2005, ho accettato un posto all'università nel 2006...

SILVIA: Quando pensi di fermarti?

1. The numbers one hundred and above are

100	cento	600	seicento	1.100	millecento
200	duecento	700	settecento	1.200	milleduecento
300	trecento	800	ottocento	2.000	duemila
400	quattrocento	900	novecento	1.000.000	un milione
500	cinquecento	*1.000	mille	1.000.000.000	un miliardo

2. The indefinite article is not used with **cento** (*hundred*) or **mille** (*thousand*), but it is used with **milione** (*million*).

cento favole	*a hundred fables*
mille notti	*a thousand nights*
un milione di dollari	*a million dollars*

MONICA: I graduated from high school in 1998, graduated from college in 2002, got married in 2003, had a girl in 2004 and another girl in 2005; I took a job at the university in 2006 . . .
SILVIA: When do you think you'll stop?
*ATTENZIONE! In Italian, a period is used instead of a comma in numbers over 999: 1,000 (*one thousand*) = **1.000 (mille).**

3. Cento has no plural form. **Mille** has the plural form **-mila.**

> cento euro, duecento euro
> mille euro, duemila euro

4. Milione (plural **milioni**) and **miliardo** (*billion*, plural **miliardi**) require **di** when they are followed directly by a noun.

In Italia ci sono 57 milioni **di** abitanti.	*In Italy there are 57 million inhabitants.*
Il governo ha speso molti miliardi **di** euro.	*The government has spent many billions of euros.*

5. There is no Italian equivalent for *eleven hundred, twelve hundred,* and so on. One says **millecento, milleduecento…**

6. The masculine singular definite article **il** is used when specifying a calendar year.

Il 1916 (millenovecentosedici) è stato un anno molto buono.	*Nineteen-sixteen was a very good year.*
La macchina di Dino è **del** 2003.	*Dino's car is a 2003 model.*
Sono nato **nel** 1986.	*I was born in 1986.*
Siamo stati in Italia **dal** 2001 **al** 2002.	*We were in Italy from 2001 to 2002.*

ESERCIZI

A. Date importanti. Con un compagno / una compagna, rispondete alle seguenti domande.

1. Quando hanno scritto il *Bill of Rights?*
   a. 1786   **b.** 1791   **c.** 1800

2. Quando è andato sulla luna il primo uomo?
   a. 1959   **b.** 1979   **c.** 1969

3. Qual è l'anno dell'Indipendenza Americana?
   a. 1776   **b.** 1786   **c.** 1778

4. In che anno è cominciato il nuovo millennio?
   a. 1900   **b.** 2000   **c.** 1000

5. In che anno è arrivato in America Cristoforo Colombo?
   a. 1500   **b.** 1492   **c.** 1480

6. In che anno è morto John F. Kennedy?
   a. 1961   **b.** 1962   **c.** 1963

7. In che anno c'è stato il famoso concerto di Woodstock?
   a. 1959   **b.** 1969   **c.** 1979

B. Domande. Chiedi ad un compagno / una compagna…

1. in che anno è nato/nata
2. in che anno si è diplomato/diplomata
3. in che anno ha preso la patente (*driver's license*)
4. in che anno si sono sposati i suoi genitori

Piccolo ripasso

A. La vita quotidiana (*daily*). Qual è la tua routine giornaliera (*everyday*)? Descrivi cosa fai durante la prima ora della tua giornata, quando ti alzi. Poi, più generalmente, descrivi una giornata tipica. Confronta la tua descrizione con quella di un compagno / una compagna.

1. Quando mi alzo…
2. Alle 10 di mattina…
3. A mezzogiorno…
4. Alle 3 del pomeriggio…
5. Alle 7 di sera…
6. Alle 10.30 di sera…
7. A mezzanotte…

Adesso descrivete la routine giornaliera dell'insegnante di italiano. Confrontate poi la vostra versione con la versione dell'insegnante. Buon divertimento!

B. La giornata del signor Rossi. Cambia il seguente brano. Comincia con **Ieri il signor Rossi…** e usa il passato prossimo. Poi, cambia il brano una seconda volta. Comincia con **la signora Rossi** e fai tutti i cambiamenti necessari.

Ogni mattina il signor Rossi si alza alle sei, si mette la felpa e va a correre per quaranta minuti. Ritorna a casa, fa la doccia si lava i capelli, si veste e fa colazione.

C. Una bella coppia. La signora e il signor Rossi hanno un rapporto felice e tranquillo perché hanno molti interessi in comune. Completa la prima parte della storia di come si sono conosciuti con la forma corretta dei verbi **guardarsi, incontrarsi, uscire** e **andare.** Poi, continua la storia.

Il nove novembre millenovecentosettantadue, alle sei di mattina, Anna Minghetti _____[1] di casa per correre nel parco con i suoi due cani. Alle sei e cinque, Massimo Rossi _____[2] al parco vicino a casa sua a fare una passeggiata con il suo cane. Vicino alla fontana, nel centro del parco, Massimo, Anna e i tre cani _____[3] I tre cani _____[4] e poi…

D. Come fai le cose? Con un compagno / una compagna, trasforma in avverbi gli aggettivi della lista e completa le frasi.

appassionato   elegante   gentile   attento   regolare   puntuale

ESEMPIO: veloce → velocemente
            Enrico guida la macchina velocemente.

1. Mia madre ed io ci telefoniamo _____.
2. Studio fisica _____.
3. Rispondo all'insegnante _____.
4. Mi sono vestita per la festa di Gianni _____.
5. Ogni giorno vado a lezione _____.
6. Romeo e Giulietta si sono baciati _____.

Invito alla lettura

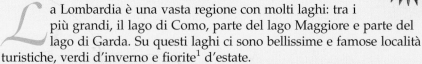

La Lombardia

L a Lombardia è una vasta regione con molti laghi: tra i più grandi, il lago di Como, parte del lago Maggiore e parte del lago di Garda. Su questi laghi ci sono bellissime e famose località turistiche, verdi d'inverno e fiorite[1] d'estate.

La Lombardia è anche una delle regioni più ricche d'Italia. L'agricoltura è molto produttiva grazie ai terreni fertili della Pianura Padana[2] e anche l'industria è molto sviluppata. Milano, il capoluogo della regione, è la seconda città d'Italia, dopo Roma, per numero di abitanti (circa quattro milioni). È sede[3] di molte industrie e è la capitale italiana della finanza e della moda; è anche uno dei maggiori centri italiani di politica, di cultura e di arte: pensiamo al famoso Teatro alla Scala, forse il più importante nel mondo per l'opera lirica. Il vero centro della città è la piazza del Duomo con la Galleria, autentico luogo di incontro per i milanesi. Alla moda è dedicato il «Quadrilatero[4]», formato da Via Montenapoleone, Via della Spiga, Corso Venezia e Via Manzoni, dove si trovano[5] i negozi di moda di grandi e prestigiosi stilisti come Armani, Dolce e Gabbana, Valentino e Prada.

Il lago di Garda

[1]*in bloom* [2]*Pianura… Po Valley* [3]*site* [4]*four-sided (figure)* [5]*si… you can find*

Capire

Domande.

1. Dove troviamo le più belle località turistiche della Lombardia?
2. Su che cosa si basa l'economia della Lombardia?
3. Quanti abitanti ha Milano?
4. Che cos'è il «Quadrilatero»?

Scrivere

La vita di tutti i giorni. Scrivi un breve testo (8–10 frasi) in cui rispondi a queste domande: A che ora ti svegli la mattina? A che ora ti alzi? Fai il bagno o la doccia? Come ti vesti? Che cosa ti metti? A che ora fai colazione? Che cosa prendi? Prima di uscire ti guardi allo specchio (*mirror*)? Fai sempre bella figura? Ti senti bene ogni giorno?

ESEMPIO: *Ogni giorno mi alzo alle… di mattina.*

CURIOSITÀ

Calzoni, pantaloni e jeans

In italiano ci sono tre parole per dire *pants:* **calzoni, pantaloni** e **jeans. Calzoni** deriva da **calze**[1], con un cambio di genere[2] da **calze,** femminile plurale, in **calzoni,** maschile plurale, come per dire **grandi calze.**

Pantaloni[3] viene da Pantalone, una maschera[4] della Commedia dell'Arte italiana. Pantalone è il vecchio dottore veneziano,[5] un po' sciocco[6] e ingenuo[7] che porta un insieme stretto[8] di calze e calzoni. I francesi hanno chiamato i suoi calzoni **pantalons.** Gli italiani hanno preso la parola francese e l'hanno italianizzata in **pantaloni.**

Jeans deriva il suo nome da Genova, il capoluogo della Liguria. La caratteristica stoffa blu[9] dei pantaloni era spedita[10] in grandi balle[11] da Genova, prima al porto francese di Marsiglia, poi nei porti del Nuovo Mondo. Sulle balle c'era[12] la parola francese per Genova, *Gênes.* Gli americani hanno pronunciato la parola *Gênes,* «jeans».

[1]socks [2]gender [3]lit. *Pantaloons* [4]mask [5]*Venetian (from Venice)* [6]*silly* [7]*naive* [8]insieme… *tight combination* [9]stoffa… *blue material* [10]era… *was shipped* [11]bales [12]*there was*

Un bei paio di jeans

STRUMENTI

Videoteca

 Vestiti da lavare

Roberto ha bisogno di lavare i vestiti ma non può trovare una lavanderia (*laundromat*). Quando torna all'albergo, la receptionist gli offre aiuto.

Preparazione

ESPRESSIONI UTILI

sporco	dirty
posso fare pulire i Suoi vestiti io	I can have your clothes cleaned
le mutande	underwear

Dal video

ROBERTO: Ma stasera ho un appuntamento. Cosa mi metto? Adesso devo comprare qualcosa da mettermi.

RECEPTIONIST: Un appuntamento? Ma allora deve fare bella figura. Ha bisogno di una camicia, una cravatta, una giacca, una bella cintura e un bel paio di scarpe. Firenze è la capitale della moda maschile e ci sono molti bei negozi eleganti in questa zona. A che ora è l'appuntamento?

FUNZIONE: parlare di abbigliamento

Dopo il video

Verifica. Vero o falso?

	V	F
1. Roberto ha solo un paio di jeans e una camicia da mettersi.	☐	☐
2. La receptionist suggerisce a Roberto di lavare lei stessa (*herself*) i suoi vestiti.	☐	☐
3. Firenze è la capitale della moda femminile.	☐	☐

Comprensione. Rispondi alle seguenti domande.

1. Quali sono i vestiti di Roberto da lavare?
2. Quando sono pronti i vestiti puliti?
3. A che ora è l'appuntamento di Roberto? Cosa deve fare prima dell'appuntamento?

Attività. Da fare in coppia. Lavori in un negozio di abbigliamento. Entra un/una cliente che non sa che cosa mettersi per un concerto di musica classica. Ti spiega che esce con il suo ragazzo / la sua ragazza e vuole fare bella figura. Suggerisci dei vestiti (e colori) che, secondo te, vanno bene per questa occasione.

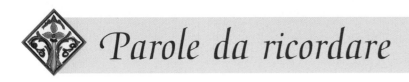

Parole da ricordare

VERBI

abbracciarsi	to embrace, hug (*each other*)
addormentarsi	to fall asleep
aiutarsi	to help (*each other*)
alzarsi	to stand up, get up
annoiarsi	to get bored
arrabbiarsi	to get angry
baciarsi	to kiss (*each other*)
chiamarsi	to call oneself, be named
conoscersi	to meet, get to know each other
diplomarsi	to graduate (*high school*)
divertirsi	to enjoy oneself, have a good time
fare bella figura	to look good; to make a good impression
fare il bagno	to take a bath
fare la doccia	to take a shower
farsi la barba	to shave (*men*)
fermarsi	to stop (*moving*)
incontrarsi	to run into (*each other*)
lamentarsi (di)	to complain (about)
lasciarsi	to leave each other; to break up (*coll.*)
laurearsi	to graduate (*college*)
lavarsi	to wash (*oneself*)
i capelli	to wash one's hair
i denti	to brush one's teeth
la faccia	to wash one's face
mettersi	to put on (*clothes*)
le lenti a contatto	to put in contact lenses
il rossetto	to put on lipstick
portare	to wear
rilassarsi	to relax
sbagliarsi	to make a mistake
sentirsi (bene, male, stanco, contento)	to feel (good, bad, tired, happy)
sposarsi	to get married
svegliarsi	to wake up
tornare (a)	to return (to a place)
truccarsi	to put on make-up
vestirsi	to get dressed; to dress

NOMI

l'abbigliamento	clothing
l'abito	dress; suit
il berretto	baseball cap
il bottone	button
i calzini	socks
la camicia	shirt
il cappotto	coat
la cintura	belt
la cravatta	tie
la felpa	sweatshirt; sweatsuit
la giacca	jacket
i guanti	gloves
l'impermeabile (*m.*)	raincoat
l'infanzia	childhood
la maglia	sweater
la maglietta	t-shirt
il miliardo	billion
il milione	million
i pantaloni	pants
il rapporto	relationship
le scarpe	shoes
la sciarpa	scarf
la t-shirt	t-shirt
il vestito	dress; suit
i vestiti	clothes

I COLORI

blu (*inv.*)	dark blue
giallo	yellow
grigio	gray
nero	black
rosso	red
verde	green

ALTRE PAROLE E ESPRESSIONI

anche se	even though
di tutti i giorni	everyday

Cinema, stampa e TV

°press

L'attrice Giovanna Mezzogiorno al festival del cinema di Venezia

IN BREVE

Grammatica
A. Imperfetto
B. Imperfetto e passato prossimo
C. Trapassato
D. Suffissi

Nota culturale
La TV italiana

Invito alla lettura
Il Veneto e il Friuli-Venezia Giulia

Curiosità
Il doppiaggio in Italia

FUNZIONI COMUNICATIVE

- Parlare dei mass media in Italia
- Parlare dei ricordi d'infanzia e narrare azioni passate

159

Vocabolario preliminare

DIALOGO-LAMPO

Televisione o cinema?

ROSSANA: Che programmi ci sono stasera in televisione?

FABRIZIO: C'è una partita di calcio su Rai Uno,[1] ci sono due bei film su Rai Tre e Canale Cinque.[2]

ROSSANA: Perché non andiamo al cinema, invece? Ho letto una recensione[3] molto positiva sull'ultimo film di Woody Allen...

1. Che cosa danno su Rai Uno?
2. Che cosa c'è su Rai Tre e su Canale Cinque?
3. Cosa consiglia Fabrizio a Rossana?
4. Cosa vuole vedere Rossana? Perché?

[1]Rai... Rai *is the name of state TV in Italy.* Rai Uno *is the first of the Rai stations.*
[2]Canale... *A private TV channel*
[3]*review*

I mass media

il talk-show

l'intervista

il telegiornale

lo schermo

€.200,00

il giornale

l'attrice l'attore

Giovanni, ti amo.

il sottotitolo

€.60,00

€.1450,00

LE PUBBLICAZIONI (*PUBLICATIONS*)

l'articolo article
il/la giornalista journalist
il mensile monthly publication
le notizie news
la pubblicità advertisement;
advertising; commercials
il quotidiano daily newspaper
la recensione review
la rivista magazine
il sondaggio poll, survey
il settimanale weekly publication
la stampa press; the press

pubblicare to publish
recensire (isc) to review
stampare to print

IL CINEMA, LA TELEVISIONE E LA RADIO

il canale (televisivo) TV channel
la colonna sonora soundtrack
la cronaca local news
la fiction TV series

il lettore DVD DVD player
il personaggio character
il produttore / la produttrice
producer
il programma, la trasmissione (*TV
or radio*) program
la radio (*pl.* **le radio**) radio; radio
station
il/la regista director
la rete network
la soap-opera soap opera
il telefilm TV mini-series

dirigere (*p.p.* **diretto**) to direct
girare to film; to shoot film
produrre (*p.p.* **prodotto**) to produce
seguire to follow, watch (*a program*)
regularly
svolgersi (*p.p.* **svolto**) to
take place
trasmettere (*p.p.* **trasmesso**) to
broadcast

ESERCIZI

A. Il linguaggio dei media. Abbina parole e definizioni.

1. _____ il giornalista
2. _____ la stampa
3. _____ girare
4. _____ l'intervista
5. _____ la trasmissione
6. _____ il produttore

a. filmare
b. la persona che finanzia un film
c. una serie di domande e risposte
d. la persona che scrive gli articoli
e. l'insieme delle pubblicazioni
f. il programma

B. La parola esatta. Leggi il brano seguente, poi completalo con le
espressioni che seguono. Più risposte sono possibili.

attori
colonna sonora
girato
recensire

regista
schermo
DVD

Il mio giornale mi ha dato l'incarico[a] di _____[1] l'ultimo film di Bertolucci.
Sono un appassionato di musica e così ero[b] molto interessato alla _____.[2]
Il _____[3] ha fatto un ottimo[c] lavoro, anche nella scelta[d] degli _____,[4] tutti
molto bravi. Il film era[e] anche molto lungo, ma i miei occhi sono rimasti
incollati[f] allo _____.[5] Il successo[g] di questo film in _____[6] è assicurato.

[a]*task* [b]*quindi... so I was* [c]*excellent* [d]*choice* [e]*was* [f]*glued* [g]*success*

C. Un sondaggio. In Italia, i sondaggi sono molto frequenti. In gruppi di
quattro o sei studenti, fate le seguenti domande tra voi e scrivete le
risposte. Poi elencate (*list*) le risposte di tutti i gruppi alla lavagna e
discutete i risultati.

1. Leggi i giornali più o meno regolarmente (cioè, almeno [*at least*] uno per dieci o quindici minuti)? Quante volte alla settimana?

tutti i giorni
quattro o cinque volte alla settimana
due o tre volte alla settimana

un giorno alla settimana
quasi mai
mai

2. Cosa ascolti alla radio o guardi alla TV? Quali programmi e notizie ti interessano particolarmente?

politica interna (*domestic*)
politica estera (*foreign*)
politica locale
lavoro e economia
problemi sociali
notizie culturali
attualità (*current events*)

cronaca
cronaca nera (*crime news*)
scienza e tecnica
storia, letteratura e arte
spettacoli (*variety shows*)
moda
fiction televisiva

3. Ascolti la radio e guardi la televisione più o meno regolarmente? Quante volte alla settimana?

tutti i giorni
due o tre volte alla settimana
una volta alla settimana

quasi mai
mai

4. Segui il telegiornale?

sì, regolarmente
sì, ma solo due o tre volte alla settimana

sì, una volta sola alla settimana
mai o quasi mai

D. Conversazione. Chiedi a un compagno / una compagna…

1. qual è il film più bello che ha visto negli ultimi due o tre mesi
2. se conosce film italiani e quali ha visto
3. dove vede più spesso i film, se alla televisione o in DVD e perché
4. se guarda un talk-show e quale
5. chi è il suo regista preferito / la sua regista preferita
6. se ha mai visto una soap-opera e quale
7. se ha una colonna sonora preferita e quale
8. il suo attore preferito / la sua attrice preferita

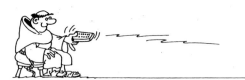

In ascolto

For listening comprehension activities related to the theme of this chapter, see the Laboratory Manual or visit the *Prego!* website.
www.mhhe.com/prego7

Grammatica

A. Imperfetto

CARLETTO: Mamma, papà, cosa vi piaceva fare quando eravate piccoli?

PAPÀ: Io leggevo i libri d'avventura e guardavo i telefilm di cow-boy alla TV.

MAMMA: Io, invece, preferivo leggere le favole e guardavo i film d'amore!

1. The **imperfetto** (*imperfect*) is another past tense. It is used to describe habitual actions and states of being in the past. It is formed by dropping the **-re** of the infinitive and adding the same set of endings to verbs of all conjugations: **-vo, -vi, -va, -vamo, -vate,** and **-vano.**

lavorare	scrivere	dormire	capire
lavoravo	scrivevo	dormivo	capivo
lavoravi	scrivevi	dormivi	capivi
lavorava	scriveva	dormiva	capiva
lavoravamo	scrivevamo	dormivamo	capivamo
lavoravate	scrivevate	dormivate	capivate
lavoravano	scrivevano	dormivano	capivano

2. The verb **essere** is irregular in the **imperfetto.**

essere	
ero	eravamo
eri	eravate
era	erano

Buono a sapersi

Allora v. poi

Allora means *at that time, so, then,* or *in that case.*

Allora ci vedevamo spesso. *At that time we saw each other often.*

Non ci sono più autobus, allora restiamo qui. *There aren't any more buses, so (in that case) let's stay here.*

Poi means *then.* It is used when describing a series of events.

Sono andata a casa, ho mangiato qualcosa e poi ho telefonato a Riccardo. *I went home, I ate something, and then I called Riccardo.*

CARLETTO: Mom, Dad, what did you like to do when you were little? PAPÀ: I used to read adventure books and watch cowboy mini-series on TV. MAMMA: I, on the other hand, preferred to read fairy tales and I watched romantic movies!

The verbs **bere**, **dire**, and **fare** have irregular stems in the **imperfetto**.

bere (bev-)	dire (dic-)	fare (fac-)
bevevo	dicevo	facevo
bevevi	dicevi	facevi
beveva	diceva	faceva
bevevamo	dicevamo	facevamo
bevevate	dicevate	facevate
bevẹvano	dicẹvano	facẹvano

3. The **imperfetto** has several English equivalents.

Pubblicavano solo libri per bambini.

- *They used to publish only books for children.*
- *They were publishing only books for children.*
- *They published only books for children.*

It has the following uses.

a. It describes habitual actions in the past: what people used to do or things that used to happen.

| Da bambino guardavo *Sesame Street.* | *As a kid I watched* Sesame Street. |

b. It describes past actions that were in progress when something else happened or while something else was going on.

| Trasmettevano la partita quando è andata via la luce. | *They were broadcasting the game when the lights went out.* |
| Leggevo il giornale mentre Roberto guardava la televisione. | *I was reading the paper while Roberto was watching television.* |

c. It describes physical, mental, and emotional states in the past. It also expresses age, time, and weather in the past.

Mi sentivo stanco.	*I felt tired.*
I miei nonni non volevano andare al cinema.	*My grandparents didn't want to go to the movies.*
C'era molta gente nei negozi.	*There were a lot of people in the stores.*
Quando avevo sei o sette anni, guardavo la TV vicino allo schermo.	*When I was six or seven, I watched TV close to the screen.*
— Che ore erano?	—*What time was it?*
— Era mezzogiorno.	—*It was noon.*

4. Time expressions such as **anni fa, di solito, sempre, una volta** (*once upon a time, some time ago*), and **il lunedì (il martedì...)** are frequently used with the **imperfetto**.

| Una volta non trasmettevano la pubblicità in TV. | *Some time ago they didn't broadcast advertisements on TV.* |
| Non capisco perché ero sempre stanco. | *I don't understand why I was always tired.* |

—Prima di diventare ballerino lavorava in un circo!

A. Trasformazioni. Sostituisci il soggetto della frase con gli elementi tra parentesi e fai tutti i cambiamenti necessari.

1. Leggevi il giornale a 12 anni? (i bambini / Lei / voi / io)
2. Il sabato sera guardavamo la fiction fino a tardi. (Guglielmo / io / tutti / tu)
3. Luigi amava la pubblicità quando aveva 7 anni. (tu / noi / anche le mie sorelle / voi)
4. Quando ero piccola, volevo diventare giornalista. (noi / lei / voi / loro)

B. *Avere* o *essere*. Completa la storia di Margherita con l'imperfetto di **essere** o **avere**.

Quando _____¹ un anno, Margherita _____² biondissima e _____³ gli occhi azzurri. _____⁴ una bambina molto simpatica ed _____⁵ sempre allegra. A tredici anni Margherita _____⁶ i capelli castani e gli occhi grigi, _____⁷ spesso triste e depressa e _____⁸ molti problemi, come tanti ragazzi della sua età.ᵃ A vent'anni Margherita _____⁹ i capelli verdi. _____¹⁰ moltissimi amici, _____¹¹ una vita abbastanza interessante e non _____¹² tempo per pensare se _____¹³ triste o se _____¹⁴ allegra.

ᵃage

C. La mia infanzia. Che cosa facevi quando eri bambino? Dove andavate in vacanza tu e la tua famiglia? Quali programmi televisivi guardavi? Quale era il tuo libro preferito? Quali sport praticavi? Cosa facevi in estate? Parla della tua infanzia con un compagno / una compagna. Lui/Lei prende appunti e poi dà le informazioni ad un altro gruppo o alla classe.

B. Imperfetto e passato prossimo

Ieri sera pioveva, così io e Marco siamo rimasti in casa. Mentre io guardavo un bel film alla TV, Marco ascoltava la radio. Ci rilassavamo.... All'improvviso è andata via la luce! Io non ho visto la fine del film e Marco non ha ascoltato la sua canzone preferita. Che rabbia!

Last night it was raining, so Marco and I stayed at home. While I was watching a great movie on TV, Marco was listening to the radio. We were relaxing . . . . Suddenly the lights went out! I didn't see the end of the movie and Marco didn't hear his favorite song! How irritating!

The **passato prossimo** and the **imperfetto** are often used together in accounts of past events. They express different kinds of actions in the past, and cannot be used interchangeably.

1. The **passato prossimo** is used to describe specific events in the past. It tells *what happened* at a given moment.

Ieri ho ricevuto tre lettere.	*Yesterday I received three letters.*
Siamo usciti alle otto.	*We went out at eight.*

2. The **imperfetto** describes habitual actions in the past: *what used to happen.*

Scrivevo una recensione per un giornale ogni sabato.	*I wrote a review for a newspaper every Saturday.*

   It also describes ongoing actions in the past; *what was going on* while something else was going on (two verbs in the **imperfetto**) or what was going on when something else happened (one verb in the **imperfetto,** the other in the **passato prossimo**).

Io guardavo un DVD mentre mio cugino ascoltava la radio.	*I was watching a DVD while my cousin was listening to the radio.*
Mangiavate quando ho telefonato?	*Were you eating when I called?*

   The **imperfetto** also relates conditions or states—physical or mental—in the past, such as appearance, age, feelings, attitudes, beliefs, time, and weather.

Sognavo di diventare una regista.	*I dreamed of becoming a director.*
Avevo un appuntamento con il produttore.	*I had an appointment with the producer.*
Erano le otto di sera.	*It was 8.00 P.M.*
Pioveva ma non faceva freddo.	*It was raining but it wasn't cold.*
Non ricordavano l'indirizzo giusto.	*They didn't remember the right address.*

3. Because the **passato prossimo** expresses what happened at a particular moment, whereas the **imperfetto** expresses a state of being, the **passato prossimo** is used to indicate a sudden change in a state of being.

Avevo paura dei topi.	*I was afraid of mice. (description of a mental state)*
Ho avuto paura quando ho visto il topo.	*I got scared when I saw the mouse. (what happened at a given moment)*

4. Note that for the verbs **dovere, potere,** and **volere,** the use of the **passato prossimo** indicates what did or did not happen while the **imperfetto** indicates only a mental state or intention.

Dovevo fare i compiti ma ho deciso di uscire.	*I was supposed to do my homework but I decided to go out.*
Non sono uscito perché **ho dovuto** fare i compiti.	*I did not go out because I had to do my homework.*
Marco **voleva** studiare in Italia ma non aveva i soldi.	*Marco wanted to study in Italy but he didn't have the money.*
Marco non è venuto alla festa perché **ha voluto** studiare.	*Marco didn't come to the party because he wanted to study (and did).*

A. Da completare. Completa le seguenti frasi con la parola o la frase appropriata.

1. Da bambina, Giovanna andava in vacanza con la famiglia (ogni estate / tre volte).
2. Giacomo giocava a tennis (tutti i giorni / domenica scorsa).
3. Giacomo è andato in Italia (per un'estate / tutte le estati).
4. Da giovane, Giacomo (è stato / era) molto energico.
5. L'anno scorso (sono andata / andavo) a teatro tre volte.
6. (Ha fatto / Faceva) bel tempo quando (partivamo / siamo partiti) per il viaggio.

B. Trasformazioni. Sostituisci le parole in corsivo (*italics*) con l'imperfetto dei verbi tra parentesi.

1. Giuseppina *guardava* una soap-opera quando Angela è arrivata. (leggere un mensile / fare un'intervista / lavare i piatti / scrivere una recensione / servire il caffè)
2. Gli studenti *ascoltavano* mentre la professoressa spiegava. (prendere appunti / scrivere / fare attenzione / stare zitti / giocare con la matita)

C. Un'americana a Firenze. Judy ha passato le sue vacanze a Firenze. Racconta la sua storia al passato, cambiando i verbi all'imperfetto o al passato prossimo.

È[1] il 25 aprile. *Arrivo*[2] a Firenze. La mia amica italiana Silvana mi *aspetta*[3] alla stazione. *Prendiamo*[4] un tassì. *Vedo*[5] che *c'è*[6] molta gente nelle vie e che i negozi *sono*[7] chiusi. *Domando*[8] a Silvana perché la gente non *lavora.*[9] Silvana mi *risponde*[10] che il 25 aprile *è*[11] l'anniversario della Liberazione.* *Arriviamo*[12] a casa di Silvana. Io *vado*[13] subito a dormire perché *sono*[14] stanca e *ho*[15] sonno. La sera *esco*[16] con Silvana. *Sono*[17] contenta di essere a Firenze.

D. Cos'è successo? (*What happened?*) Racconta al tuo compagno / alla tua compagna che cosa è successo mentre studiavi, andavi a lezione, tornavi a casa, facevi la doccia, eccetera. Usa l'immaginazione!

ESEMPIO: Mentre studiavo, un amico è venuto a trovarmi.

*On April 25, 1945, World War II came to an end.

E. Che dovevi fare? Chiedi al tuo compagno / alla tua compagna cosa doveva fare tutti i giorni della settimana passata. Il compagno / La compagna dice quello che ha fatto invece dei suoi doveri.

ESEMPIO
S1: Che cosa dovevi fare lunedì?
S2: Dovevo studiare, ma sono uscito/uscita con gli amici.

—Scusate, ma gli altri anni, a luglio, eravate in vacanza[a]!

[a]in... *on vacation*

NOTA CULTURALE

La TV italiana

Gli italiani amano la TV. Circa il 95% della popolazione la guarda regolarmente. I più entusiasti sono i giovani tra i 15 e i 24 anni, seguiti dagli anziani. I canali a diffusione nazionale sono sette, più numerosissimi sono i piccoli canali locali che trasmettono programmi di notizie e folklore.

I programmi serali preferiti sono i **film,** gli **spettacoli di varietà,** lo **sport** e i **quiz.** Negli ultimi anni le versioni italiane dei **reality show** come «L'isola dei famosi» che imita «Survivor», hanno conquistato[1] un largo pubblico, soprattutto tra i giovani. Molti seguono anche i **talk-show** di politica. Durante il giorno i programmi dominanti sono le **telenovelas,**[2] la **fiction** e i **talk-show** stile «Oprah». Il più popolare tra questi ultimi è «Uomini e Donne» condotto[3] da Maria De Filippi.

Le TV trasmettono anche molti programmi americani, soprattutto **telefilm,** tutti rigorosamente doppiati[4] perché i telespettatori[5] italiani non amano i sottotitoli. Negli ultimi anni i più seguiti sono «I Simpson», «CSI» e le partite di basketball della NBA.

Ma la TV sta cambiando[6] rapidamente. Il fenomeno nuovo più interessante è l'arrivo di SKY, una TV via satellite su abbonamento[7] con numerosi canali specializzati di film, sport e intrattenimento.[8] SKY ha acquistato i diritti[9] di trasmissione del campionato[10] di calcio di serie A. Se i tifosi[11] vogliono seguire la loro squadra in diretta[12] ora non hanno scelta:[13] devono acquistare la parabola.[14] Inoltre SKY trasmette i grandi avvenimenti[15] sportivi solo attraverso PayTV, separatamente dall'abbonamento, con grandi proteste di tutti.

[1]*captured* [2]*soap operas* [3]*hosted* [4]*rigorosamente... strictly dubbed* [5]*TV viewers* [6]*sta... is changing* [7]*subscription* [8]*entertainment* [9]*rights* [10]*championship* [11]*fans* [12]*in... live* [13]*choice* [14]*satellite dish* [15]*events*

Un talk-show su Canale Cinque

Gino aveva capito che l'appuntamento con Susanna era alle 8.00, ma Susanna aveva capito che era alle 7.00. Alle 7.30 Susanna era stanca di aspettare Gino ed era molto arrabbiata. Così è andata al cinema con la sua compagna di stanza. Gino è arrivato alle 8.00 in punto, ma quando è arrivato Susanna era già uscita. Povero Gino!

1. The **trapassato** is the exact equivalent of the English past perfect (*I had worked, they had left*). It expresses a past action that took place before another past action or point in time. The more recent past event may be expressed in the **passato prossimo** or the **imperfetto**.

I nonni erano già usciti quando ho telefonato.	*My grandparents had already left when I called.*
Ero stanca perché avevo nuotato tutta la mattina.	*I was tired because I had been swimming all morning.*
Quando mi sono svegliata, mia zia era partita.	*When I woke up, my aunt had left.*
Avevo già letto dieci libri quando avevo otto anni.	*I had already read ten books by the time I was eight.*

—**Mi hanno messo dentro a causa della vista:**[a] **non avevo visto un poliziotto.**[b]

[a]*eyesight* [b]*police officer*

Gino had understood that his date with Susanna was at 8:00, but Susanna had understood that it was at 7:00. At 7:30 Susanna was tired of waiting for Gino and she was very angry. So she went to a movie with her roommate. Gino arrived exactly at 8:00, but when he arrived Susanna had already gone out. Poor Gino!

2. The **trapassato** is formed with the **imperfetto** of the auxiliary verb (**avere** or **essere**) plus the past participle. Note that the past participle agrees with the subject when the verb is conjugated with **essere**.

VERBI CONIUGATI CON **avere**		VERBI CONIUGATI CON **ẹssere**	
avevo		ero	
avevi		eri	partito/a
aveva	lavorato	era	
avevamo		eravamo	
avevate		eravate	partiti/e
avẹvano		ẹrano	

ESERCIZI

A. Domande personali. Decidi se le seguenti affermazioni personali sono vere. Correggi le frasi false.

1. Quando aveva 22 anni, mia madre si era già sposata.
2. Quando avevo 12 anni, ero già stato/stata a Disney World.
3. Quando avevo 10 anni, avevo già visto un film al cinema.
4. Quando avevo 18 anni, avevo già visto un film straniero.
5. Quando avevo 16 anni, avevo già imparato a guidare.
6. Quando avevo 17 anni, ero già andato/andata all'estero (*abroad*).

B. Troppo tardi. Quando queste persone hanno fatto una cosa, era già troppo tardi. Descrivi la situazione; segui il modello.

ESEMPIO: Maria telefona a Franca. Franca è uscita. →
Quando Maria ha telefonato a Franca, Franca era già uscita.

1. Entriamo nel cinema. Il film è incominciato.
2. Il cameriere porta il conto. I clienti sono usciti.
3. Il nonno arriva a casa. I nipotini hanno finito di mangiare.
4. Mirella accende (*turns on*) la TV. Il telegiornale è finito.
5. Le ragazze tornano a casa. La mamma è andata a dormire.
6. Mi alzo. Le mie sorelle hanno fatto colazione.

 C. A sedici anni... Chiedi ad un compagno / una compagna di parlare di tre esperienze che aveva già fatto a 16 anni.

ESEMPIO: A 16 anni, ero già stato/stata in Europa...

—Dice che non avevano calcolato bene il numero
dei blocchi.

VALERIA: Com'è il padre di Margherita?

ANNA: È un omone grande e grosso con due grandi baffoni e un vocione terribile.

VALERIA: E sua madre?

ANNA: Ah, sua madre è tutto il contrario: una donna piccolina con una vocina sottile sottile.

VALERIA: E il suo fratellino?

ANNA: Beh! Quello è un vero ragazzaccio!

1. By adding different suffixes to Italian nouns (including proper names) and adjectives, they can be made to express various shades of meaning.

   cas**etta** *little house*
   nas**one** *big nose*
   temp**accio** *bad weather*
   picco**lino** *rather small*

   When a suffix is added, the final vowel of the word is dropped.

2. The suffixes **-ino/a/i/e, -etto/a/i/e, -ello/a/i/e,** and **-uccio, -uccia, -ucci, -ucce** indicate smallness or express endearment.

naso *nose*	→	nas**ino** *cute little nose*
case *houses*	→	cas**ette** *little houses*
cattivo *bad, naughty*	→	cattiv**ello** *a bit naughty*
Maria *Mary*	→	Mari**uccia** *little Mary*

3. The suffix **-one/a/i/e** indicates largeness.*

libro *book*	→	libr**one** *big book*
lettera *letter*	→	letter**ona** *long letter*
pigro *lazy*	→	pigr**one** *very lazy*
Beppe *Joe*	→	Bepp**one** *big Joe*

VALERIA: What's Margherita's father like?   ANNA: He's a big fat man with a big moustache and a gruff voice.   VALERIA: And her mother?   ANNA: Ah, her mother is exactly the opposite: a tiny little woman with a very soft voice.   VALERIA: And her little brother?   ANNA: Hmmph! That one is a real brat!

*Many feminine nouns become masculine when the suffix **-one** is added:

la palla *ball*	→	il pall**one** *soccer ball*
la porta *door*	→	il port**one** *front door*
la finestra *window*	→	il finestr**one** *big window*

—Mamma, il mio primo disegnino!

—Oggi è stata proprio una giornataccia, cara: un vero paradiso.

4. The suffix **-accio, -accia, -acci, -acce** conveys badness or ugliness.

libro *book*	→	libr**accio** *bad book*
tempo *weather*	→	temp**accio** *awful weather*
parola *word*	→	parol**accia** *dirty word*
ragazzo *boy*	→	ragazz**accio** *bad boy*

Since it is impossible to guess which suffix(es) a noun may take, it is advisable to use only forms that you have read in Italian books or heard used by native speakers.

ESERCIZI

A. Suffissi. Ad ogni parola, aggiungi (*add*) un suffisso per indicare la grande dimensione (*large size*) o la scarsa (*insufficient*) qualità. Poi crea una frase che usa la parola nuova. Segui il modello.

> ESEMPIO: ragazzo → ragazzone
> Salvatore mangia moltissimo—è un ragazzone.

1. regalo
2. piede (*foot*)
3. naso (*nose*)

4. lettera
5. coltello
6. macchina

B. Sinonimi. Esprimi (*Express*) lo stesso concetto usando un nome o un aggettivo con un suffisso.

> ESEMPIO: un grosso (*big*) libro → un librone

1. una brutta parola
2. una lunga lettera
3. carta (*paper*) di cattiva qualità

4. un brutto affare
5. due bambini un po' cattivi
6. un grosso bacio

C. Brutta roba (*stuff*). A turni con un compagno / una compagna, rispondete a ogni domanda in modo negativo. Create delle domande secondo l'esempio.

> ESEMPIO: giornale / bello →
> s1: È un bel giornale?
> s2: No, è un giornalaccio!

1. giornata / bello
2. parola / bello
3. ragazzi / bravo

4. film / bello
5. strada / in buone condizioni
6. lettera / bello

Piccolo ripasso

A. Ricordi. Patrizia ricorda quando aveva 17 anni. Completa la sua storia con un verbo della lista all'imperfetto. Puoi usare alcuni verbi più di una volta.

> andare
> avere
> essere
> piacere
> preferire
> studiare
> volere

Quando _____¹ diciassette anni, io e mio fratello _____² al liceo. Io _____³ brava e _____⁴ molto perché _____⁵ ricevere dei bei voti. A mio fratello, invece, non _____⁶ studiare e così non _____⁷ mai e _____⁸ uscire con gli amici. E voi, a diciassette anni, come _____⁹? _____¹⁰ voglia di studiare?

B. Era già successo (*It had already happened*)**...** Completa le frasi. Usa i verbi in parentesi al trapassato prossimo.

1. Quando avevi otto anni, _____ già _____ (leggere) molti libri?
2. Un mese fa, mio padre mi ha regalato un DVD, ma io non _____ ancora _____ (comprare) un lettore DVD.
3. Quando hanno intervistato la mia attrice preferita, lei _____ già _____ (ricevere) l'Oscar.
4. Volevo comprare il mensile sulle automobili, ma il giornalaio (*newspaper vendor*) lo _____ già _____ (vendere).
5. Marco e Susanna sono arrivati a casa tardi, ma per fortuna non _____ _____ (perdere) la partita alla TV.
6. Quando mia madre è tornata, io e mio fratello _____ già _____ (finire) la cena.

C. Ieri, non oggi! Riscrivi il brano al passato prossimo o all'imperfetto. Comincia con «Ieri...».

Oggi *mi sveglio* molto presto. *È* una bella giornata d'estate. Il cielo *è* azzurro e non *fa* molto caldo. *Guardo* l'orologio e *vedo* che *sono* le sei e mezzo. Mentre *mi alzo*, un mio amico mi *telefona* e mi *dice* che *siamo* in ritardo per un appuntamento per giocare a tennis. Non *ho* voglia di uscire subito ma *mi vesto*, *faccio* colazione ed *esco*.

D. Conversazione. Quando avevi 10 anni...

1. che cosa guardavi in TV?
2. che riviste leggevi?
3. andavi al cinema o guardavi i film alla TV?
4. chi era il tuo attore preferito / la tua attrice preferita?
5. ascoltavi la radio? Che tipo di musica preferivi?
6. guardavi il telegiornale?

Invito alla lettura

Il Veneto e il Friuli-Venezia Giulia

Gondoliere sul Canal Grande di Venezia

Benvenuti in Veneto! Siete in una delle regioni più belle e varie d'Italia. Qui potete fare una vacanza al mare, in montagna o al lago. Se preferite invece visitare monumenti, musei o città d'arte, il Veneto può soddisfare ogni vostro desiderio.

Tra le città del Veneto, la più conosciuta è Venezia, costruita in una laguna su molte isole: con i suoi numerosi canali e le sue calli[1] è una città unica al mondo.

Ma anche Verona, con la Piazza delle Erbe e l'Arena, un teatro all'aperto, è una città molto bella. Verona è famosa anche per il balcone da dove, secondo Shakespeare, Giulietta parlava al suo Romeo.

A est del Veneto c'è la regione Friuli-Venezia Giulia, la regione più orientale d'Italia. Trieste, il capoluogo, ha una bellezza particolare; è una città di frontiera, con caratteristiche un po' italiane, un po' austriache e un po' slave; conserva[2] arte, religione e cultura delle numerose popolazioni che convivevano[3] in questa regione agli inizi del '900.

Se gli aspetti della società italiana multiculturale vi interessano, il Friuli è certamente una regione che dovete visitare.

Il Veneto e il Friuli-Venezia Giulia, offrono, come tutte le regioni italiane, anche una importante tradizione nell'arte della cucina e della produzione del vino.

[1]le... *its narrow streets* [2]*it preserves* [3]*lived together*

Capire

1. Che particolarità ha Venezia?
2. Chi sono i due innamorati più famosi al mondo che abitavano a Verona?
3. Quali elementi contribuiscono alla bellezza di Trieste?
4. Perché il Friuli-Venezia Giulia rappresenta bene la società multiculturale italiana?

Scrivere

Al cinema con… Scrivi una recensione su un film che hai visto. Usa l'imperfetto, il passato prossimo e il trapassato. Scrivi il titolo del film, il nome del regista e i nomi degli attori principali. Descrivi i protagonisti, fai un breve riassunto della trama (*plot*) e di' quali cose ti piacciono del film: gli attori? la fotografia? la colonna sonora? Infine esprimi il tuo giudizio personale sul film.

CURIOSITÀ

Il doppiaggio° in Italia

dubbing

Se siete in Italia e avete voglia di guardare un film americano dovete sapere che molti cinema non offrono film in lingua originale. In Italia, infatti, molti film stranieri sono **doppiati**. La ragione di questa scelta ha origine negli anni '30, quando i film da muti[1] sono diventati sonori.[2] Il regime fascista in Italia non permetteva la proiezione di film in lingua straniera e i produttori americani non volevano perdere il mercato europeo. Alcune case di produzione hanno provato[3] a doppiare i film nel proprio[4] paese, ma il risultato non era buono. Alcuni mesi dopo, hanno doppiato i film in Italia, con attori italiani molto bravi. È in questo periodo che nasce l'arte del doppiaggio in Italia.

I doppiatori italiani sono tra i più bravi e ammirati in tutto il mondo. Le voci dei doppiatori restano legate[5] ai personaggi per molti anni e molti attori, soprattutto americani, vogliono conoscere personalmente i loro doppiatori italiani.

[1]*da… silent* [2]*"talking"* [3]*tried* [4]*nel… in their own* [5]*connected*

Luca Laurenti, doppiatore del personaggio Lenny nel film *A Shark's Tale* di Walt Disney

STRUMENTI

Videoteca

VIDEO
Decisioni difficili

Roberto e Giuliana hanno deciso di andare al cinema. Lui vuole vedere un film di Nanni Moretti, lei invece preferisce vedere un film classico americano, *Via col vento* (*Gone With the Wind*).

Preparazione

ESPRESSIONI UTILI

l'elenco	list
la voce	voice
Ti va?	Is that ok with you?

Dal video

FUNZIONE: parlare di cinema

GIULIANA: Ci sono film italiani e stranieri. Guarda, c'è anche un festival di film classici e danno *Via col vento*.

ROBERTO: Ma no, è un classico americano!

GIULIANA: Sì, ma è doppiato in italiano! Le voci di Vivian Leigh e Clark Gable sono italiane!

ROBERTO: Divertente sentirli parlare in un'altra lingua. Ma preferisco vedere un film di un regista italiano, Moretti, per esempio.

Dopo il video

Verifica. Scegli il completamento giusto per le seguenti frasi.

1. Un settimanale è una pubblicazione che esce _____.
   a. ogni giorno   **b.** ogni settimana   **c.** una volta al mese
2. Un film giallo è _____.
   a. un film di amore   **b.** un film comico   **c.** un film di suspense
3. Roberto e Giuliana vanno a vedere *Via col vento* alle _____.
   a. otto   **b.** dieci   **c.** sei

Comprensione. Rispondi alle seguenti domande.

1. Che tipo di persona dice di essere Giuliana?
2. Che genere di film piace a Giuliana e anche a Roberto?
3. Giuliana e Roberto come vanno al cinema?

Attività. Da fare in coppia. Prendete un giornale locale e leggete insieme l'elenco dei film offerti nella vostra città. Parlate dei film che vi interessano e dite perché. Poi scegliete il film che volete vedere e l'ora che va bene per tutti e due.

Parole da ricordare

VERBI

dirigere (*p.p.* **diretto**)	to direct
girare	to film; to shoot film
produrre (*p.p.* **prodotto**)	to produce
pubblicare	to publish
recensire (isc)	to review
seguire	to follow, watch (*a program*) regularly
stampare	to print
svolgersi (*p.p.* **svolto**)	to take place
trasmettere (*p.p.* **trasmesso**)	to broadcast

NOMI

l'articolo	article
l'attore/l'attrice	actor
il canale (televisivo)	TV channel
la colonna sonora	soundtrack
la cronaca	local news
la fiction	TV series
il/la giornalista	journalist
l'intervista	interview
il lettore DVD	DVD player
il mensile	monthly publication
le notizie	news
il personaggio	character
il produttore / la produttrice	producer
il programma	(*TV or radio*) program
la pubblicazione	publication
la pubblicità	advertisement; advertising; commercials
il quotidiano	daily newspaper
la radio (*pl.* **le radio**)	radio; radio station
la recensione	review
il/la regista	director
la rete	network
la rivista	magazine
lo schermo	screen
il settimanale	weekly publication
la soap-opera	soap opera
il sondaggio	poll, survey
il sottotitolo	subtitle
la stampa	press; the press
il talk-show	talk show
il telefilm	TV mini-series
il telegiornale	TV news
la trasmissione	program

AGGETIVI

grosso	big
ottimo	excellent

ALTRE PAROLE E ESPRESSIONI

allora	at that time; so; in that case; then
almeno	at least

Flash culturali
Il cinema italiano

Una carriera da Oscar

Il regista Federico Fellini è morto nel 1993, ma il suo personaggio umano e la sua arte sono ancora straordinariamente vivi[1] e presenti.

Fellini nasce e cresce a Rimini, in Emilia-Romagna, vive[2] e lavora a Roma, in Lazio. E Rimini e Roma sono le città dei suoi grandi film.

Fa molti film, originali e pieni di poesia, riceve molti Oscar. Il primo Oscar arriva nel 1954, con *La strada*, poi ancora con *Le notti di Cabiria* e con *Otto e mezzo*. Vince con *La dolce vita* la Palma d'oro al Festival di Cannes. In diversi film è protagonista la moglie, la brava attrice Giulietta Masina.

Nel 1993, pochi mesi prima di morire, riceve a Los Angeles, dalle mani di Sofia Loren, l'Oscar alla carriera.[3] Tutti ricordano le lacrime[4] della Masina, presente fra il pubblico, e quella preghiera[5] di Fellini, piena di amore e di commozione nascosta:[6] «Basta,[7] Giulietta, basta piangere![8]»

[1]*alive* [2]*he lives* [3]*alla... lifetime achievement* [4]*tears* [5]*plea* [6]commozione... *hidden emotion* [7]*Enough* [8]basta... *enough crying!*

Il grande regista Federico Fellini

Cinecittà

Il cinema è una tua passione? Allora devi conoscere Cinecittà.

Si trova[1] a nove chilometri dal centro di Roma ed è la più grande città del cinema in Europa, con tutto quello che serve per fare film.

Cinecittà nasce negli anni '30 e diventa famosa in tutto il mondo con il neorealismo e con registi come Rossellini, Visconti e poi Fellini. Proprio nel Teatro di posa[2] n. 5, il più grande di Cinecittà, Fellini ha creato quasi tutti i suoi film.

Oggi Cinecittà Studios occupa una superficie[3] di 400 mila metri quadrati[4]* ed offre ottimi servizi professionali e tecnologie avanzate. Ha, dal 2001, anche un reparto[5] interamente dedicato al digitale. La professionalità degli scenografi[6] e gli ottimi livelli tecnici permettono di ricreare luoghi fantastici come la New York di metà Ottocento[7] del film *Gangs of New York*. In meno di settanta anni Cinecittà ha visto nascere più di tremila film. Quarantasette di questi hanno ricevuto un Oscar!

Cinecittà, la città del cinema

[1]Si... *It is found* [2]Teatro... *Studio* [3]occupa... *takes up an area* [4]*square* [5]*division* [6]*set designers* [7]metà... *mid-1900s*

---

*400,000 square meters is approximately equivalent to 98 acres; 1 acre is approximately equivalent to the size of a football field.

Il restauro dei film neorealisti

È vero, oggi possiamo vedere i film del neorealismo, senza i problemi dovuti[1] al tempo. Il restauro[2] delle pellicole,[3] con le moderne tecnologie, ha dato ottimi risultati.

    Il neorealismo è un grande momento del cinema italiano. Produce le opere migliori[4] fra gli anni quaranta e cinquanta, con Rossellini, Visconti e De Sica. Porta nel cinema una grossa novità: per la prima volta i film rappresentano la realtà contemporanea (la guerra, il dopoguerra,[5] la fame) in ambienti[6] reali, con gente reale.

    Uno dei film più belli del neorealismo è certamente *Roma città aperta*, di Roberto Rossellini. La trama[7] è semplicissima e tutto si svolge in pochi giorni. C'è una delicata storia d'amore e l'indimenticabile[8] personaggio di un prete[9] rivoluzionario. L'immagine[10] di Pina, la protagonista, uccisa[11] mentre corre dietro al suo uomo preso dai tedeschi, è diventata il simbolo della tragica condizione della popolazione italiana durante la seconda guerra mondiale.[12]

I film del neorealismo continuano a piacere.

[1]*due*   [2]*restoration*   [3]*films*   [4]*opere... best works*   [5]*guerra... war, the post-war period*
[6]*environments*   [7]*plot*   [8]*the unforgettable*   [9]*priest*   [10]*The image*   [11]*killed*   [12]*la... World War II*

Il grande attore Roberto Benigni

Benigni: attore, regista e «Uomo della pace»

Gli americani conoscono Roberto Benigni come regista e attore cinematografico, soprattutto per gli Oscar vinti con *La vita è bella.* Ma gli italiani lo conoscono da molti anni anche come attore teatrale e televisivo.

    Benigni lascia presto la Toscana e comincia a lavorare a Roma come attore teatrale. Crea dei personaggi comici straordinari e li interpreta a teatro, in televisione, alle feste popolari di tutta Italia. Come protagonista cinematografico ha il primo grande successo con *Il piccolo diavolo.*[1] Poi continua con gli altri grandi film fatti anche da regista, fino al tanto discusso *Pinocchio.* Ma non dimentica mai il teatro. Va in televisione a leggere e commentare il *Paradiso* di Dante. E «fa teatro» anche in mezzo ai Nobel per la Pace,[2] quando Gorbaciov gli consegna[3] il premio[4] «Uomo della pace[5]» nel 2002. Benigni è la prima persona che riceve questo premio senza ricevere prima il Nobel per la Pace.

    Tra i suoi film più recenti ricordiamo *La tigre e la neve.*

[1]*devil*   [2]*in... in the midst of the Nobel Peace Prizes*   [3]*awards*   [4]*prize*   [5]*peace*

 Explore these topics further through the links found on the *Prego!* website. **www.mhhe.com/prego7**

Sentirsi bene

Due nuotatori alle terme (*baths*)

Vocabolario preliminare

DIALOGO-LAMPO

All'ospedale

ROBERTA: Ciao, Antonella, come ti senti?

ANTONELLA: Oggi abbastanza bene, ma devo rimanere in ospedale per dieci giorni.

ROBERTA: Anch'io l'anno scorso mi sono rotta una gamba, sono rimasta a letto per un mese!

ANTONELLA: Il dottore mi ha detto che non posso scrivere per due settimane...

ROBERTA: Una bella scusa per non fare i compiti!

1. Come sta Antonella?

2. Perché Antonella è all'ospedale?

3. Per quanto tempo Roberta non ha potuto camminare?

Il corpo (*body*) umano e la salute (*health*)

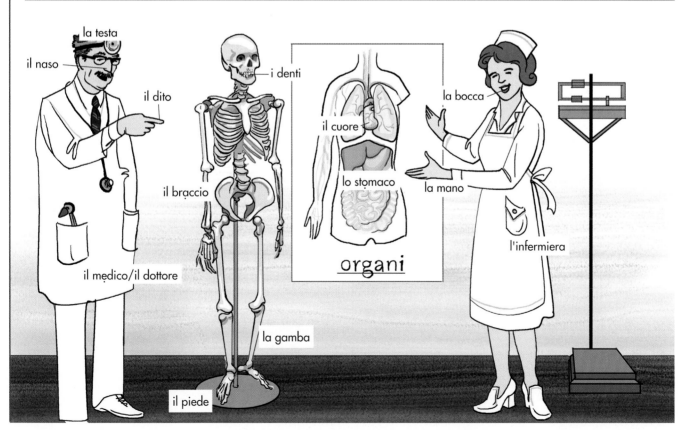

la testa

il naso

il dito

i denti

la bocca

il cuore

lo stomaco

la mano

il braccio

il medico/il dottore

organi

l'infermiera

la gamba

il piede

Vocabolario preliminare **181**

Plurali irregolari

Some masculine nouns are feminine in the plural and end in **-a**.

l'uovo → le uova

Many words referring to the parts of the body follow this pattern.

il braccio → le braccia
il dito → le dita
l'osso (*bone*) → le ossa

Some nouns simply have irregular plurals and must be learned individually.

la mano → le mani
l'uomo → gli uomini

LE PARTI DEL CORPO

i capelli hair
la faccia face
la gola throat
l'occhio eye
l'orecchio ear
la schiena back

LA SALUTE E LE MALATTIE (*ILLNESSES*)

la cura treatment
il dolore pain
il dottore / la dottoressa doctor
l'incidente (*m.*) accident
l'infermiere/l'infermiera nurse
la medicina medicine, drug
il/la paziente patient
la ricetta prescription

ammalarsi to get sick
***andare all'ospedale** to go to the hospital, be hospitalized
avere il raffreddore / la febbre to have a cold/fever

avere mal di... (testa / denti / stomaco) to have a ... (headache / toothache / stomachache)
controllare to check, check up on
curare to care for, treat
***essere sano/malato** to be healthy/sick
fare male a to hurt
farsi male to hurt oneself, get hurt
***guarire (isc)** to heal; to get well
prendere il raffreddore to catch a cold
rompersi (*p.p.* **rotto**) **la gamba / il piede** to break one's leg/foot
succedere (*p.p.* **successo**) to happen
visitare to examine (*a patient*)
vivere (*p.p.* **vissuto**) to live
doloroso painful
forte strong
grave serious, grave
sano healthy

ESERCIZI

A. Indovinelli. A quali parti del corpo si riferiscono queste frasi?

1. Fa male (*it hurts*) quando mangiamo troppo.
2. Un pirata l'ha di legno (*wood*).
3. Dracula li ha lunghi.
4. Se sono lunghe, possiamo correre più velocemente.
5. Cresce (*it grows*) quando Pinocchio dice una bugia.
6. Se sono lunghe, possiamo suonare bene il piano.
7. Cenerentola (*Cinderella*) li ha molto piccoli.
8. In una canzone (*song*) di Elton John sono blu.

B. Associazioni. Quali verbi (Quali azioni) puoi associare a queste parti del corpo?

1. il dito
2. i piedi
3. la bocca
4. gli occhi
5. la testa
6. la mano
7. le braccia
8. la gola
9. la gamba
10. lo stomaco

—Dottore, soffro di un terribile complesso di inferiorità!

---

*Words identified with an asterisk (*) are conjugated with **essere.**

C. Conversazione.

1. Fai una passeggiata tutti i giorni?
2. Sai quali sono i cibi sani? Cosa mangi di solito?
3. Quali sono gli elementi di una vita sana?
4. Cosa fai per mantenerti (*stay*) in buona salute?
5. Sei mai andato all'ospedale? Perché?
6. Hai mai avuto un incidente? Ti sei rotto/rotta una gamba?
7. Controlli mai la tua pressione (*blood pressure*)? Com'è? Alta, bassa, regolare?
8. Ti rilassi abbastanza? Cosa fai per rilassarti?

D. Dal dottore. Descrivi la tua ultima (*last*) visita dal medico (o inventa una scena appropriata).

> ESEMPIO: L'ultima volta che sono andata in clinica, ho passato un'ora in sala d'aspetto (*waiting room*) e solo cinque minuti con il medico!

Verbi: aspettare, controllare, curare, esaminare, farsi male, sentirsi male

Nomi: l'antibiotico, il controllo (*test*) del sangue / della pressione, la pillola (*pill*), la ricetta, la sala d'aspetto

In ascolto

For listening comprehension activities related to the theme of this chapter, see the Laboratory Manual or visit the *Prego!* website.
www.mhhe.com/prego7

Grammatica

A. Pronomi tonici

LUIGI: Nonna, hanno telefonato dall'ospedale: domani c'è la visita per te dal dottor Bianchi.

NONNA: Sei sicuro che è per me e non per tuo nonno?

LUIGI: Beh, è per tutti e due; prima visitano te e poi lui!

LUIGI: Grandma, they called from the hospital. Tomorrow is your examination at Doctor Bianchi's.   NONNA: Are you sure that it is for me and not for your grandfather?   LUIGI: Actually, it is for both of you; they'll examine you first and then him!

1. Unlike the other object pronouns you have learned, disjunctive (stressed) pronouns (**i pronomi tonici**) follow a preposition or a verb. They usually occupy the same position in a sentence as their English equivalents.

	SINGOLARE		PLURALE
me	*me, myself*	noi	*us, ourselves*
te	*you, yourself*	voi	*you, yourselves*
Lei	*you (form.)*	Loro	*you (form.)*
lui, lei	*him, her*	loro	*them*
sé	*yourself (form.), oneself, himself, herself*	sé	*yourselves (form.), themselves*

Buono a sapersi

As you already know, **da** + *noun* means *at, to,* or *in* someone's home or workplace.
—Dove andiamo? Da Roberto?
—*Where are we going? To Roberto's?*

Da + *disjunctive pronoun* is used when the place is expressed with a pronoun.
—Sì, andiamo da lui.
—*Yes, we're going to his place.*

2. Disjunctive pronouns are used

   a. after a preposition

La ricetta è **per** te.	*The prescription is for you.*
Non voglio uscire **con** loro.	*I don't want to go out with them.*
Faccio tutto **da** me.	*I do everything by myself.*
Avete ricevuto un regalo **da** lei.	*You received a present from her.*
Amano parlare **di** sé.	*They like to talk about themselves.*
Secondo me, i fratelli Berardo sono molto sportivi.	*In my opinion, the Berardo brothers are very athletic.*

—E io ti dico che secondo me è sicuramente velenoso[a]!

[a]*poisonous*

Four prepositions (**senza, dopo, sotto,** and **su**) often require **di** when followed by a disjunctive pronoun.

Vengo al cinema senza mio marito: vengo **senza di** lui.	*I'm coming to the movies without my husband; I'm coming without him.*
Sono arrivati all'ospedale dopo il dottore: sono arrivati **dopo di** lui.	*They got to the hospital after the doctor; they got there after him.*
Non vuole nessuno **sotto di** sé.	*He doesn't want anyone below him.*
Il medico conta **su di** noi.	*The doctor is counting on us.*

   b. after a verb, to give greater emphasis to the object (direct or indirect)

Lo amo. (*unemphatic*)	*I love him.*
Amo solamente **lui.** (*emphatic*)	*I love only him.*

184 CAPITOLO 9 ■ *Sentirsi bene*

| Ti cercavo. (*unemphatic*) | *I was looking for you.* |
| Cercavo **proprio te.** (*emphatic*) | *I was looking just for you.* |

| Le hanno controllato la vista. (*unemphatic*) | *They checked her eyesight.* |
| Hanno controllato la vista anche **a lei.** (*emphatic*) | *They also checked her eyesight.* |

Note that the emphatic construction is often accompanied by **anche, proprio,** or **solamente** for further emphasis.

c. when there are two objects in a sentence (either direct or indirect)

| Il dottore ha visitato **te** o **lui?** (*disjunctive pronouns*) | *Did the doctor visit you or him?* |

as opposed to:

| Il dottore **ti** ha visitato? (*direct pronoun*) | *Did the doctor visit you?* |

ESERCIZI

A. Per essere più chiari (*clear*). Dai un senso enfatico a ogni frase.

ESEMPI: Ti guardavo. → Guardavo te.
          Ci parlavano? → Parlavano a noi?

1. Non ti voglio parlare.
2. Ti cercavo.
3. Li ha invitati.
4. Ti vediamo.
5. Mi salutano.
6. Ci ha scritto.
7. Vi scrivo.
8. Mi piacciono.

B. Scambi. Con un compagno/una compagna, completa le frasi con il pronome tonico appropriato.

ESEMPIO: S1: Ti diverti con i miei amici?
           S2: No, non mi diverto con <u>loro</u>.

1. S1: È vero che Alessandra non va d'accordo (*get along*) con Luciano?
   S2: Sì, Alessandra dice che non vuole più vivere con _____.
2. S1: Andiamo da Danilo e Massimo stasera?
   S2: Sì, andiamo da _____ alle otto.
3. S1: Io e Claudio non mangiamo più carne.
   S2: Allora venite con _____! Stasera andiamo a cena in un ristorante vegetariano.
4. S1: Ti piace andare dai nuovi dottori?
   S2: No, non mi piace andare da _____.
5. S1: Dottore, ha parlato con la nuova paziente?
   S2: Sì, ho parlato con _____ stamattina.
6. S1: Antonella, Marco, io e Luisa abbiamo il raffreddore.
   S2: Allora andiamo al cinema senza di _____.

C. Situazioni. Di' a... (*Tell . . .*)

1. your friends that you need them.
2. a nurse that you need him.
3. your mother that you can't go to the hospital with her.
4. a doctor that you are counting on him.
5. a grandmother that the medicine is for her.
6. your aunt that she has to go to the doctor's office for a check-up (**controllo**), not the hospital.

—Per me, questo computer ha un virus...

B. Comparativi

Non sono mai stata così male come in questo periodo... .
Ho una brutta influenza, molto più grave di un comune
raffreddore e un mal di testa tanto fastidioso quanto doloroso.
Che disastro! Forse ho bisogno di un dottore.

1. Comparisons are expressed in Italian with these words:

(così)... come	*as . . . as*
(tanto)... quanto	*as . . . as; as much . . . as*
più... di/che	*more . . . than; -er than*
meno... di/che	*less . . . than*

I have never been as sick as I have been recently . . . . I have a very bad flu, much more serious than a common cold, and a headache as annoying as it is painful. What a mess! Maybe I need a doctor.

2. The comparison of equality of adjectives is formed by placing **così** or **tanto** before the adjective and **come** or **quanto** after the adjective. **Così** and **tanto** are usually omitted.

Sergio è (**così**) alto **come** Roberto.	*Sergio is as tall as Roberto.*
Roberto è (**tanto**) intelligente **quanto** Sergio.	*Roberto is as intelligent as Sergio.*
Sergio è simpatico **come** Roberto.	*Sergio is as nice as Roberto.*

Comparisons of equality with verbs are expressed with (**tanto**) **quanto.**

Sergio si ammala (**tanto**) **quanto** Roberto.	*Sergio gets sick as much as Roberto does.*

A personal pronoun that follows **come** or **quanto** is a disjunctive pronoun (**pronome tonico**).

Il bambino è sano come te.	*The child is as healthy as you.*

Sergio   Roberto

3. The comparisons of inequality are formed by placing **più** or **meno** before the adjective or noun. *Than* is expressed with **di** (or its contraction with an article) before nouns or pronouns.

Chiara è **più** alta **di** Nella.	*Chiara is taller than Nella.*
Nino è **meno** alto **di** Maria.	*Nino is less tall (shorter) than Maria.*

Chiara   Nella   Nino   Maria

Paola è **meno** simpatica **di** te.	*Paola is less nice than you.*
Silvia prende **più** vitamine **di** Fabio.	*Silvia takes more vitamins than Fabio.*
Il mio dottore è **più bravo del** tuo dottore.	*My doctor is better than your doctor.*

4. The expressions *more than / less than* followed by numbers are **più di /
meno di** + *number* in Italian.

Ci sono stati **più di dieci** incidenti in quella strada il mese scorso.	*There were more than ten accidents on that street last month.*

5. Che is used when directly comparing two words belonging to the same grammatical category: two adjectives, two infinitives, two nouns, or two nouns preceded by a preposition.

Questa medicina è più **costosa** che **efficace**.	*This medicine is more expensive than effective.*
Quando sciamo, è più facile **rompersi** una gamba che **rompersi** un braccio.	*When we ski, it is easier to break a leg than to break an arm.*
Di solito ho meno **raffreddori** che **mal di testa**.	*Usually I have fewer colds than headaches.*
Ho paura più **del dentista** che **dell'oculista**.	*I am more afraid of the dentist than of the eye-doctor.*

ESERCIZI

A. Sei d'accordo o no? Sei d'accordo con le seguenti frasi? Cambia le frasi se non sei d'accordo.

1. Jack Nicholson è più bravo di Robert Redford.
2. I raffreddori sono più fastidiosi dei mal di testa.
3. I Lakers sono meno bravi dei Bulls.
4. Il gelato è meno buono della torta al cioccolato.
5. I bambini hanno meno paura dei dentisti che dei medici.
6. La biologia è interessante quanto la matematica.
7. Il cinese è più difficile dell'italiano.
8. È più facile imparare a pattinare che a sciare.

B. Come sono? Paragona (*Compare*) le seguenti persone o cose secondo il modello. Esprimi la tua opinione e usa **più, meno** o **come**.

ESEMPIO: (energico) Mia Hamm / Brandy Chastain →
Mia Hamm è (così) energica come Brandy Chastain.

1. (elegante) il pattinaggio / l'equitazione
2. (faticoso [*tiring*]) il canottaggio (*rowing*) / il nuoto
3. (noioso) il football / il baseball
4. (difficile) il ciclismo / lo sci di fondo
5. (bravo) i Giants / i Dodgers
6. (facile) il calcio / il golf
7. (bravo) Luciano Pavarotti / Andrea Bocelli
8. (importante) la salute / il lavoro

C. Che dici? Completa ogni frase con **più/meno... di** (+ *article*), **più/meno... che**, or **così... come**.

ESEMPIO: Per me, gli occhiali sono **meno** comodi (*comfortable*) **delle** lenti a contatto.

1. La mia gamba è _____ lunga _____ mio braccio.
2. Per me, la chimica è _____ divertente _____ italiano.
3. Il mal di testa è _____ fastidioso _____ grave.
4. Secondo me, l'alimentazione è _____ importante _____ attività fisica.
5. L'influenza è _____ grave _____ raffreddore.
6. Non sono mai stata _____ stanca _____ in questo periodo.
7. Il mio occhio è _____ grande _____ mia bocca.
8. I tuoi piedi sono _____ grandi _____ miei piedi.

D. Obiettivo benessere (*well-being*). Paragona i prezzi di vari obiettivi di benessere.

ESEMPIO: Il massaggio antistress costa più del massaggio classico.

OBIETTIVO BENESSERE

		IL MASSAGGIO		
sauna	€ 16	il classico	1 ora	€ 50
idromassaggio	€ 8	aroma massaggio energetico	1 ora	€ 50
idroaromatico (con oli essenziali)	€ 16	l'antistress	1 ora	€ 55
		il californiano	1 ora	€ 55
		il thai	1 ora	€ 55

NOTA CULTURALE

Le erboristerie° e le medicine naturali

Le... *Herbalist's shops*

Compriamo le medicine naturali in erboristeria, a Spoleto.

Negli ultimi anni, gli italiani hanno imparato l'uso di cure alternative alla medicina tradizionale e diverse persone preferiscono i farmaci omeopatici[1] a quelli chimici.

I medici omeopati tuttavia[2] non sono molti e solo una parte delle farmacie, a differenza degli altri paesi europei, vendono medicine omeopatiche. Lo Stato non pubblicizza l'omeopatia e l'assistenza sanitaria nazionale[3] non paga le cure omeopatiche. Così molti italiani vanno dal medico tradizionale, ma spesso curano i piccoli disturbi[4] con le erbe.

L'Italia è stata, fino a non molto tempo fa, un paese contadino[5] dove era normale usare i prodotti della terra per nutrirsi[6] e per curare il corpo. Adesso gli italiani riscoprono[7] l'importanza dei cibi genuini e le proprietà curative delle erbe.

In ogni città italiana ci sono molte erboristerie che vendono prodotti fatti con erbe, fiori, fanghi,[8] sali[9] e altre cose naturali, per la cura estetica[10] del corpo e per risolvere problemi come il mal di testa, la colite,[11] l'insonnia, la depressione, la gastrite.[12]

[1]farmaci... *homeopathic medicines*   [2]*nonetheless*   [3]l'assistenza... *national health care*   [4]*ailments*   [5]*rural*   [6]*nourish oneself*   [7]*are rediscovering*   [8]*muds*   [9]*salts*   [10]cura... *aesthetic care*   [11]*colitis*   [12]*gastritis*

MAMMA: Pierino, sai qual è la città più dolce d'Italia?

PIERINO: Veramente sono due: Crema e anche Cremona.

MAMMA: E qual è la città più rumorosa?

PIERINO: Napoli, credo.

MAMMA: Ma no! Chiasso! E ora sentiamo se indovini questa: qual è la città più lunga d'Italia?

PIERINO: Ventimiglia, alla frontiera con la Francia.

1. The superlative (*the fastest, the most elegant, the least interesting,* and so on) is formed in Italian by using the comparative with the definite article.

> definite article + **più/meno** + adjective

Quella medicina è **la meno costosa.** *That medicine is the least expensive.*

Il dottor Bianchi è **il più conosciuto.** *Doctor Bianchi is the best known.*

2. When the relative superlative is accompanied by a noun, the construction of the sentence depends on whether the adjective normally precedes or follows the noun it modifies.

> Adjectives that follow: *article + noun + **più/meno** + adjective*

È **l'infermiera più simpatica** di tutto l'ospedale. *She is the nicest nurse in the whole hospital.*

Adjectives such as **bello, buono, bravo, cattivo,** which can precede the noun, follow the same word order in the superlative construction.

> Adjectives that precede: *article + **più/meno** + adjective + noun*

Quello è **il più bell'ospedale** della città, con **i più bravi dottori.** *That is the nicest hospital in town, with the best doctors.*

MAMMA: Pierino, do you know which city is the sweetest in Italy? PIERINO: Actually, there are two: Crema (*lit.* Cream) and also Cremona (*lit.* Big cream). MAMMA: And which is the noisiest city? PIERINO: Napoli, I think. MAMMA: Of course not! Chiasso (*lit.* Uproar)! And now, let's see if you guess this one: which is the longest city in Italy? PIERINO: Ventimiglia (*lit.* Twenty miles), on the border with France.

3. In Italian another form of superlative, called the **superlativo assoluto,** is formed by adding the suffixes **-issimo, -issima, -issimi, -issime** to the stem of the masculine plural of an adjective.

Il nuovo ospedale è   *The new hospital is the biggest.*
grandissimo.

— È l'elefante meglio addestrato[a] che abbia mai visto.[b]

[a]*trained*   [b]abbia... *I've ever seen*

ESERCIZI

A. La cosa più grave... Completa le frasi con la forma appropriata del superlativo.

  1. Il raffreddore è _____ malattia _____ comune dell'inverno.
  2. Quell'ospedale è _____ _____ attrezzato (*equipped*) della regione.
  3. Prendere una medicina è _____ cura _____ efficace per guarire presto.
  4. L'AIDS è _____ malattia _____ grave del mondo.
  5. Gli italiani sono il popolo _____ ansioso d'Europa.
  6. Il mal di testa è _____ _____ fastidioso di tutte le malattie.

B. Gente famosa. A turni con un compagno / una compagna, fate domande sulle seguenti persone. Rispondete usando il superlativo relativo + **di tutti/tutte.** (Non è necessario limitarvi agli aggettivi presentati.)

    ESEMPIO: Shaquille O'Neal →
               s1: È bravo Shaquille O'Neal?
               s2: Sì, è il più bravo di tutti.

AGGETTIVI: agile, comico (*funny*), dotato (*gifted*), elegante, forte, veloce...

  1. Lance Armstrong
  2. Reese Witherspoon
  3. Venus e Serena Williams
  4. Jon Stewart
  5. Mia Hamm
  6. Tiger Woods

C. Conversazione.

  1. Qual è la festa più importante dell'anno per te? E per la tua famiglia?
  2. Sai quali sono i libri più venduti in questo momento?
  3. Secondo te, chi è l'uomo più importante degli Stati Uniti? Chi è la donna più importante degli Stati Uniti? Perché?
  4. Qual è il programma televisivo più popolare?

D. Comparativi e superlativi irregolari

MAMMA: Ti senti meglio oggi, Carletto?

CARLETTO: No, mamma, mi sento peggio.

MAMMA: Poverino! Ora ti do una medicina che ti farà bene.

CARLETTO: È buona?

MAMMA: È buonissima, migliore dello zucchero!

...

CARLETTO: Mamma, hai detto una bugia! È peggiore del veleno!

1. Some common adjectives have irregular comparative and superlative forms as well as regular ones. The irregular forms are used somewhat more frequently.

AGGETTIVO	COMPARATIVO	SUPERLATIVO RELATIVO
buono/a *good*	migliore (più buono/a) *better*	il/la migliore (il più buono / la più buona) *the best*
cattivo/a *bad*	peggiore (più cattivo/a) *worse*	il/la peggiore (il più cattivo / la più cattiva) *the worst*

Il dottor Bianchi e il dottor Rossi sono **i migliori** dottori.
È stata **la peggiore** operazione dell'anno!

Dr. Bianchi and Dr. Rossi are the best doctors.
It was the worst surgery of the year!

—Ti ho donato i migliori secoli^a della mia vita... e adesso vuoi lasciarmi?...

^a*centuries*

2. Some adverbs have irregular comparatives.

AVVERBIO	COMPARATIVO
bene *well* Sandra canta bene.	**meglio** *better* Sandra canta meglio di Tina.
male *badly* Marco cucina male.	**peggio** *worse* Marco cucina peggio di Luca.

MAMMA: Are you feeling better today, Carletto?   CARLETTO: No, Mom, I'm feeling worse.
MAMMA: Poor thing! Now I'll give you some medicine that will be good for you.   CARLETTO: Is it good?   MAMMA: It's very good, better than sugar!...   CARLETTO: Mom, you told a lie! It's worse than poison!

The superlative of these adverbs is most commonly expressed by adding the expression **di tutti** to the comparative forms.

Lucia gioca meglio di tutti.   *Lucia plays better than anyone.*
Marcella parla meno di tutti.   *Marcella talks less than anyone.*

ESERCIZI

A. Opinioni. Scegli la frase che esprime la tua opinione.

1. Pavarotti canta meglio / peggio di Bocelli.
2. Io ballo meglio / peggio del professore / della professoressa.
3. Tiger Woods gioca a golf meglio / peggio di Jack Nicklaus.
4. Will Smith recita peggio / meglio di tutti.
5. Il pesce è migliore / peggiore della carne.
6. I biscotti sono migliori / peggiori delle caramelle (*candy*).
7. La chimica è migliore / peggiore della matematica.
8. L'università è migliore / peggiore del liceo.

B. Bene o male? Completa le seguenti frasi con **meglio, migliore/migliori, peggio** o **peggiore/peggiori.**

1. È una settimana che sono a casa con l'influenza, ma oggi mi sento _____ e spero (*I hope*) di tornare al lavoro domani.
2. Ho sentito che il dottor Morante e la dottoressa Salvi sono i medici _____ della regione.
3. Francesca e Marissa sono gemelle. Francesca porta gli occhiali e Marissa no. La vista di Francesca è _____ della vista di Marissa. Marissa canta bene ma Francesca non sa proprio cantare. Francesca canta _____ di Marissa. Marissa gioca male a tennis, ma Francesca ha vinto il torneo (*tournament*) regionale. Francesca gioca _____ di Marissa ed è la _____ giocatrice della regione.
4. Gli infermieri guadagnano male; sono i _____ pagati dell'ospedale.
5. L'università di Bologna è considerata una delle _____ d'Italia per studiare medicina.
6. Sergio è andato dal dentista con il mal di denti ed è tornato a casa con il mal di testa. Non so quale sia (*is*) _____.

C. Scambi. Con un compagno / una compagna, completate le conversazioni con l'espressione giusta.

1. s1: Lisa, secondo te, qual è il dolce _____ (meglio / migliore): la crostata di frutta o il gelato?
   s2: Io preferisco la crostata, ma per la festa va _____ (meglio / migliore) il gelato perché Paolo non può mangiare la frutta.
2. s1: È vero che gli italiani cucinano _____ (migliore / meglio) degli americani?
   s2: Sì, ma guidano _____ (peggio / peggiore) degli americani.
3. s1: Gina, chi canta _____ (meglio / migliore) secondo te, Michelle Branch o Christina Aguilera?
   s2: Michelle Branch, senz'altro! Christina Aguilera è brava, ma le sue canzoni sono _____ (peggio / peggiori).
4. s1: Funziona _____ (buono / bene) la tua Mercedes?
   s2: Benissimo, ma preferisco la Ferrari di mio padre; funziona _____ (meglio / migliore).

Piccolo ripasso

A. Due allenatori (*trainers*). L'allenatore Ranzoni e l'allenatore Frich parlano di due loro giocatori. Completa la conversazione con la forma corretta delle parole della lista.

bene, bravo, meglio, migliore, peggio, peggiore

RANZONI: Secondo me, Danilo è più _____[1] di Simone; il suo stile è _____[2] e anche la sua tecnica è _____.[3]

FRICH: Io penso che Simone sia[a] _____[4] come Danilo. È vero, nell'ultima partita non ha giocato _____[5] come Danilo: ha giocato decisamente[b] _____[6] di Danilo, ma non possiamo dire chi dei due è il giocatore _____.[7] Nell'insieme, Danilo e Simone sono i _____[8] giocatori della squadra!

[a]*is*   [b]*decidedly*

B. Conclusioni. Giustifica le seguenti frasi. Usa le espressioni tra parentesi e un comparativo appropriato seguito da un pronome tonico.

ESEMPIO: Laura è più simpatica di Alessandra. (avere amici) →
Laura ha più amici di <u>lei</u>.

1. Paolo è più grasso di suo fratello. (mangiare dolci)
2. Isabella è più informata di sua madre. (leggere)
3. L'avvocato è meno sportivo del dottore. (fare sport)
4. La mia alimentazione è più equilibrata della tua. (essere sana)
5. Marco è meno nervoso delle sue sorelle. (bere caffè)
6. I miei cugini sono più generosi dei tuoi cugini. (spendere soldi)

C. Come sei? Chiedi al tuo compagno / alla tua compagna di paragonarsi ad altre persone. Seguite l'esempio.

ESEMPIO: alto / tua madre →
S1: Sei più alta di tua madre?
S2: Sì, sono più alta di lei. (No, non sono più alta di lei.)
E tu?

1. pigro / i tuoi compagni
2. romantico / il tuo ragazzo (la tua ragazza)
3. bravo in lingue / i tuoi genitori
4. sportivo / tuo padre
5. energico / il professore (la professoressa) di italiano
6. puntuale / le tue amiche

D. Come sono? Paragona il tuo modo di fare le seguenti attività con quello del tuo miglior amico / della tua migliore amica.

meglio di lui/lei
peggio di lui/lei
bene come lui/lei
male come lui/lei

ESEMPIO: Canto bene come lei.

1. nuotare
2. sciare
3. giocare a tennis
4. parlare italiano
5. ballare
6. mangiare

—Papà, è meglio o peggio di un'iniezione[a]?

[a]*injection*

Invito alla lettura

Le Marche

Eccoci nelle Marche, una regione non molto conosciuta dai turisti, ma che offre agli appassionati di città d'arte la possibilità di visitare gioielli[1] come Ascoli Piceno, Ancona, il capoluogo della regione, e Urbino. A Urbino puoi vedere il magico e grandioso Palazzo di Montefeltro, che conserva opere[2] di pittori[3] famosi come Piero della Francesca, Paolo Uccello e Raffaello.

Se la tua vera passione è la natura, con i suoi diversi paesaggi,[4] sei nel posto giusto. Le Marche hanno dei paesaggi collinari dolci[5] e bellissimi, sei parchi e due riserve naturali fra cui[6] il grande Parco Nazionale dei Sibillini e il famoso Parco del Monte Conero, una riserva marina.[7] Qui puoi vedere bellissime rocce a picco[8] sul mare, specie diverse di piante[9] mediterranee e un grande numero di uccelli[10] rari.

Ma non ci sono solo gli straordinari paesaggi di mare, montagna e collina.[11] In questa regione puoi anche curare disturbi[12] di vario tipo in una delle sue numerose stazioni termali.[13]

E forse proprio per l'abbondanza delle acque curative, conosciute fin dall'antichità, le Marche hanno sviluppato un particolare interesse per la medicina. È oggi infatti una delle regioni italiane che ha i migliori ospedali e centri importanti, specializzati nella ricerca e cure mediche. Famoso fra tutti l'Istituto Cardioreumatologico[14] di Ancona, in cui vanno a curarsi ammalati di cuore di tutte le regioni italiane.

Una bella vista di Urbino

[1]*jewels* [2]*works* [3]*painters* [4]*landscapes* [5]collinari… *hilly, gentle* [6]fra… *among which* [7]una… *a marine preserve* [8]rocce… *sheer cliffs* [9]*plants* [10]*birds* [11]*hill* [12]*ailments* [13]stazioni… *spas* [14]*Cardiorheumatological (treating heart and rheumatic ailments and disorders)*

Capire

Completa.

1. Varie opere di Raffaello sono _____.
   a. ad Ascoli Piceno
   b. a Urbino
   c. ad Ancona
2. Nelle Marche ci sono _____.
   a. molti paesaggi diversi
   b. molti parchi di divertimenti
   c. molte riserve di uccelli

3. Il Parco del Monte Conero è _____.
  a. un parco di montagna
  b. un parco marino
  c. un parco della World Wildlife Fund
4. Alle stazioni termali delle Marche curano _____.
  a. solo disturbi reumatici
  b. solo disturbi del cuore e della circolazione
  c. disturbi di diverso genere
5. Ad Ancona vanno a curarsi _____.
  a. persone di tutte le Marche
  b. persone di tutto il mondo
  c. persone di tutta l'Italia

Scrivere

Chi è più sano? In un breve testo fai un confronto (*comparison*) tra la tua salute e la salute di un'altra persona. Chi fa una vita sana e chi non si cura molto? Chi è più attivo/attiva? sedentario/sedentaria? Chi mangia le cose giuste? Cosa mangia? Chi dorme di più? Quante ore? Chi va più spesso dal dottore?

CURIOSITÀ

Il simbolo della Croce Rossa Italiana

Solidarietà e primo soccorso°

primo… *first aid*

Molti di voi hanno sicuramente sentito parlare della **Croce[1] Rossa Internazionale.**

È un'associazione di volontari[2] che offrono il loro aiuto e la loro professionalità nel primo soccorso. **La Croce Rossa** opera a livello mondiale,[3] ma ci sono sedi[4] nazionali e locali in ogni paese.

Anche in Italia esiste la **Croce Rossa Italiana,** nata alla fine dell'800 per garantire il primo soccorso ai soldati malati di diverse nazionalità, durante la guerra di indipendenza italiana. Ma in Italia esistono tante altre croci di vari colori: **la croce verde, la croce blu, la croce bianca, la croce azzurra.** Tutte queste croci sono simboli di associazioni di volontari, che dopo un'adeguata[5] preparazione medica, provvedono[6] al trasporto e al primo soccorso di persone bisognose.[7] La loro presenza sul territorio, anche in comunità molto piccole, è un fondamentale punto di riferimento che garantisce il soccorso immediato e la possibilità di salvare vite umane.

[1]*Cross* [2]*volunteers* [3]*a … worldwide* [4]*offices* [5]*a suitable* [6]*provide* [7]*in need*

STRUMENTI

Videoteca

FUNZIONE: parlare di salute

VIDEO

Una visita in farmacia

Giuliana ha portato Roberto in farmacia perché lui si sente male. Secondo la farmacista ha un'indigestione e lei gli dà delle medicine.

Preparazione

ESPRESSIONI UTILI

Hai una brutta faccia!	You look bad! (*coll.*)
il fegato	liver
deve anche mangiare un po' leggero	you should also eat lightly

Dal video

ROBERTO: Ieri sera sono andato in trattoria ed ho preso dei calamari fritti… e adesso…

GIULIANA: E che altro?

ROBERTO: …un antipasto di salame, prosciutto e formaggio, le patate fritte e una fetta di torta.

FARMACISTA: Ma, non è una sorpresa che si sente male! Le cose fritte fanno male al fegato e poi ha mangiato tanto!

Dopo il video

Verifica. Abbina la prima parte di ogni frase a sinistra con la conclusione più adatta a destra.

1. Mi fa male
2. Deve prendere questa medicina
3. È una brutta cosa

a. tre volte al giorno.
b. lo stomaco, la testa e sento un po' di nausea.
c. ammalarsi in viaggio!

Comprensione. Rispondi alle seguenti domande.

1. Perché Giuliana ha portato Roberto in farmacia invece che dal dottore?
2. Quante medicine deve prendere Roberto?
3. Perché Giuliana dice che Roberto deve guarire presto?

Attività. Da fare in coppia. Sei un dottore / una dottoressa in un ospedale di Roma. Arriva un ragazzo ammalato / una ragazza ammalata. Devi fare delle domande al tuo / alla tua paziente per capire dove sente dolore e che cosa ha contribuito alla sua condizione. Puoi usare le domande che ti diamo sotto o fare domande originali.

> Cosa ti fa male? Da quanto tempo ti senti male? Tu fumi? Che cosa hai mangiato recentemente? Dove sei stato/stata recentemente? Quante ore hai dormito la notte scorsa?

Parole da ricordare

VERBI

ammalarsi	to get sick
*andare all'ospedale	to go to the hospital, be hospitalized
avere mal di... (testa / denti / stomaco)	to have a . . . (headache / toothache / stomachache)
controllare	to check, check up on
curare	to care for, treat
fare male (a)	to hurt
farsi male	to hurt oneself, get hurt
*guarire (isc)	to heal; to get well
prendere il raffreddore	to catch a cold
rompersi (*p.p.* **rotto**)	to break (*a bone*)
succedere (*p.p.* **successo**)	to happen
visitare	to examine (*a patient*)
vivere	to live

NOMI

la bocca	mouth
il braccio (*pl.* **le braccia**)	arm
i capelli	hair
il controllo	test, check, check-up
il corpo	body
il cuore	heart
la cura	treatment
il dente	tooth
il dito (*pl.* **le dita**)	finger
il dolore	pain
il dottore / la dottoressa	doctor
la faccia	face
la febbre	fever
la gamba	leg
la gola	throat
l'incidente (*m.*)	accident
l'infermiere/l'infermiera	nurse
la malattia	illness
la mano (*pl.* **le mani**)	hand
la medicina	medicine, drug
il medico (*m./f.*)	doctor
il naso	nose
l'occhio (*pl.* **gli occhi**)	eye
l'orecchio	ear
il/la paziente	patient
il piede	foot
il raffreddore	cold (*infection*)
la ricetta	prescription
la salute	health
la schiena	back
lo stomaco	stomach
la testa	head

AGGETTIVI

doloroso	painful
fastidioso	annoying
forte	strong
grave	serious, grave
malato	sick
sano	healthy

---

*Words identified with an asterisk (*) are conjugated with **essere.**

Buon viaggio!

Noleggiare una barca è molto divertente

FUNZIONI COMUNICATIVE

- Parlare di viaggi e di vacanze
- Parlare di situazioni future e di situazioni probabili

Vocabolario preliminare

Programmi per l'estate

MARIO: Allora, che programmi[1] hai per l'estate?

DANIELE: Mah, a dire il vero[2] non ho ancora deciso. Forse[3] vado al mare in Sicilia... E tu, niente di speciale[4] questa volta?

MARIO: Quest'estate non vado in vacanza. L'anno scorso ho fatto una crociera[5] in Grecia, quest'inverno sono andato a sciare in Francia e poi ho fatto un viaggio in Olanda.

DANIELE: Ora capisco perché non vai in vacanza! O[6] hai finito i giorni di ferie o[7] i soldi per andare all'estero!

1. Dove ha intenzione di andare Daniele quest'estate?

2. Quali paesi ha visitato Mario?

3. Che cosa ha fatto in Grecia? E in Francia?

4. Che programmi ha Mario per quest'estate?

[1]plans [2]a... to tell the truth [3]Maybe [4]niente... nothing special [5]cruise [6]Either [7]or

Viva le vacanze!

andare in campagna

andare in campeggio

andare all'estero

andare al mare / in spiaggia

andare in montagna

andare in ferie / in vacanza

IN VACANZA

l'albergo (di lusso / economico)
  hotel (deluxe / inexpensive)
l'arrivo arrival
la camera room
  doppia double
  matrimoniale king/queen
  singola single
  con bagno with bathroom
  con doccia with shower
  con aria condizionata with air
    conditioning
la cartolina postcard
l'itinerario itinerary
la meta destination
l'ostello hostel
il paesaggio landscape
la partenza departure
la pensione inn
  la mezza pensione half board
    (two meals a day: breakfast
    and lunch or dinner)
  la pensione completa full board
    (three meals a day)
il posto place
la sistemazione accommodation
la tappa stopover; leg (*of a journey*)
le vacanze† vacation

affittare / prendere in affitto (una casa) to rent (a house)
***andare/*venire a trovare (una persona)** to go/come to visit
    (*a person*)
avere intenzione (di) to intend (to)
fare una crociera to go on a cruise
fare le ferie / le vacanze to go on
    vacation
fare programmi to make plans
fare un viaggio to take a trip, go
    on a trip
noleggiare / prendere a nolo (una macchina / una barca) to rent (*a car / a boat*)
prenotare to reserve
visitare (*un luogo*) to visit
    (*a place*)

fisso fixed, set
libero free, unoccupied (*room, seat, etc.*)
tutto compresso all costs included

LE FESTE (*HOLIDAYS*)
Natale (*m.*) Christmas
Pasqua Easter

ESERCIZI

A. Associazioni. Associa le espressioni della prima colonna con le
espressioni della seconda colonna.

1. l'albergo di lusso
2. l'itinerario
3. andare al mare
4. andare all'estero
5. prenotare
6. andare in vacanza

a. noleggiare una barca a vela
b. visitare paesi stranieri
c. una camera con aria condizionata
d. una sistemazione
e. rilassarsi
f. la tappa

---

*Words identified with an asterisk (*) are conjugated with **essere**.
†The plural form **vacanze** is generally used to mean *vacation* as a period of time. Note, however,
the use of the singular form in the expression **andare in vacanza**.

B. Una vacanza in Italia. Siete in Italia e volete vedere molti posti, conoscere gli italiani e divertirvi. Raccontate alla classe cosa volete fare e non fare in ogni situazione.

> ESEMPIO: dormire negli ostelli o in un albergo di lusso →
> Voglio dormire negli ostelli perché costa poco. Non voglio prenotare un albergo di lusso.

1. viaggiare in bicicletta o noleggiare una macchina
2. dormire in una pensione o in un albergo di lusso
3. affittare una casa al mare per un mese o viaggiare per l'Italia
4. pagare in contanti o usare la carta di credito
5. andare in discoteca o passeggiare di notte per le vie della città
6. scrivere cartoline agli amici o telefonare

C. Viva le vacanze! In coppia, spiegate se vi piacciono o no queste possibilità.

> ESEMPIO: andare al mare →
> S1: Ti piace andare al mare?
> S2: Sì, mi piace perché mi piace prendere il sole. / No, non mi piace perché non so nuotare.

1. andare in campeggio
2. andare in montagna
3. fare una crociera
4. andare in vacanza con i genitori
5. visitare i musei
6. affittare una casa in campagna
7. seguire itinerari fissi
8. fare molte tappe

In ascolto

For listening comprehension activities related to the theme of this chapter, see the Laboratory Manual or visit the *Prego!* website.
www.mhhe.com/prego7

A. Futuro semplice

JEFF: Alla fine di giugno partirò per l'Italia con i miei genitori e mia sorella. Prenderemo l'aereo a New York e andremo a Roma. Passeremo una settimana insieme a Roma, poi i miei genitori noleggeranno una macchina e continueranno il viaggio con mia sorella. Io, invece, andrò a Perugia dove studierò italiano per sette settimane. Alla fine di agosto ritorneremo tutti insieme negli Stati Uniti.

The future tense is used to express an action that will take place in the future.

1. In Italian, the future (**il futuro semplice**) is formed by adding the endings **-ò, -ai, -à, -emo, -ete, -anno** to the infinitive minus the final **-e.** A good way to remember the future-tense endings is to note their relationship to the verb **avere** (h**o**, h**ai**, h**a**, abbi**amo**, av**ete**, h**anno**), from which they are derived. Verbs ending in **-are** change the **a** of the infinitive ending to **e** (**lavorar** → **lavorer-**).

lavorare	scrivere	finire
lavorerò	scriverò	finirò
lavorerai	scriverai	finirai
lavorerà	scriverà	finirà
lavoreremo	scriveremo	finiremo
lavorerete	scriverete	finirete
lavoreranno	scriveranno	finiranno

2. In English the future is expressed with the auxiliary verb *will* or the phrase *going to,* but in Italian a single verb form is used.

Quanto tempo **resterai** in Italia?	*How long are you going to stay in Italy?*
Faremo una tappa in Grecia.	*We'll stop over in Greece.*

3. The spelling changes that you learned for the present tense of verbs such as **giocare, pagare, cominciare,** and **mangiare** apply to all persons in the future tense.

Nota bene

Il presente e il futuro
To refer to a definite event in the future, the present tense is often used as in English.

—Dove vai domani?
—**Vado** dal dottore.
—*Where are you going tomorrow?*
—*I'm going to the doctor's.*

—**Mi laureo** nel 2008.
—*I'll graduate in 2008.*

JEFF: At the end of June I'll leave for Italy with my parents and my sister. We'll get a plane in New York and go to Rome. We'll spend a week together in Rome, then my parents will rent a car and (will) continue the trip with my sister. I, on the other hand, will go to Perugia, where I'll study Italian for seven weeks. At the end of August, we'll all return to the United States together.

giocare	pagare	cominciare	mangiare
giocherò	pagherò	comincerò	mangerò
giocherai	pagherai	comincerai	mangerai
giocherà	pagherà	comincerà	mangerà
giocheremo	pagheremo	cominceremo	mangeremo
giocherete	pagherete	comincerete	mangerete
giocheranno	pagheranno	cominceranno	mangeranno

4. Some two-syllable verbs that end in **-are** keep the characteristic **-a** of the infinitive ending. Their conjugation is similar to that of **essere** in the future.

essere	dare	fare	stare
(sar-)	(dar-)	(far-)	(star-)
sarò	darò	farò	starò
sarai	darai	farai	starai
sarà	darà	farà	starà
saremo	daremo	faremo	staremo
sarete	darete	farete	starete
saranno	daranno	faranno	staranno

5. Some verbs have irregular future stems but use the regular future endings.

andare	avere	dovere	potere	vedere	venire	volere
(andr-)	(avr-)	(dovr-)	(potr-)	(vedr-)	(verr-)	(vorr-)
andrò	avrò	dovrò	potrò	vedrò	verrò	vorrò
andrai	avrai	dovrai	potrai	vedrai	verrai	vorrai
andrà	avrà	dovrà	potrà	vedrà	verrà	vorrà
andremo	avremo	dovremo	potremo	vedremo	verremo	vorremo
andrete	avrete	dovrete	potrete	vedrete	verrete	vorrete
andranno	avranno	dovranno	potranno	vedranno	verranno	vorranno

Nota bene

Bere al futuro
Note the stem change for **bere** in the future tense.

berrò
berrai
berrà
berremo
berrete
berranno

ESERCIZI

—Un giorno, tutto questo sarà fatto con il computer...

A. Cosa farò? Cambia al futuro tutti i verbi in corsivo.

1. Io *passo* un sabato molto tranquillo. Mi *alzo* tardi, *faccio* una bella colazione ed *esco* per fare spese.[a] Il pomeriggio *prendo* l'autobus e *vado* a trovare la nonna. *Mangiamo* insieme in una trattoria,[b] vicino a casa sua; se *abbiamo* tempo, *andiamo* a vedere un bel film o *facciamo* una passeggiata nel parco.

   [a]fare... go shopping   [b]informal restaurant

2. La sera, gli amici mi *vengono* a trovare. *Portano* del cibo: *fanno* dei panini o *comprano* una pizza. Pino *porta* dei Cd nuovi e Maurizio *suona* la chitarra. Anna *vuole* giocare a carte; se no, *stiamo* tutti intorno al camino[a] e *prepariamo* un itinerario per le prossime[b] vacanze. *È* una serata piacevole e rilassante.

   [a]fireplace   [b]upcoming

B. Vacanze. Con un compagno / una compagna, fate le seguenti domande sui vostri progetti di vacanza e rispondete, secondo l'esempio.

> ESEMPIO: io / mangiare sempre in trattoria (voi) →
> S1: Io mangerò sempre in trattoria. E voi?
> S2: Anche noi mangeremo sempre in trattoria.

1. noi / fare un giro dell'Italia (tu)
2. Daniele / noleggiare una macchina (i suoi cugini)
3. io / andare al mare quest'estate (la tua famiglia)
4. Cinzia / passare un mese in Germania (voi)
5. i miei genitori / andare a trovare i loro amici (i tuoi genitori)
6. io e Franco / scegliere di stare in un albergo economico (Pierina)

C. Cosa farai? Chiedi ad un compagno / una compagna cosa farà in questi periodi.

> ESEMPIO: questo week-end →
> S1: Cosa farai questo week-end?
> S2: Venerdì uscirò con gli amici, sabato…

Suggerimenti per S1: questo week-end, per Spring Break, l'estate prossima, a Natale, a Pasqua, il 4 luglio

Suggerimenti per S2: uscire con gli amici, andare a/in… , fare le vacanze a/in… , lavorare, leggere tanti libri, non fare niente di speciale (*to not do anything special*)

B. Usi speciali del futuro

CHIARA: Paola, come stai? Come va il lavoro?

PAOLA: Ciao, Chiara! Sto bene, ma sono molto stanca. Appena finirò di insegnare all'università, andrò a trovare i miei genitori in Italia. E tu?

CHIARA: Io farò un viaggio con mia sorella. Chissà cosa faranno Marco e Tiziana.

PAOLA: Non so, loro fanno sempre viaggi straordinari. Forse questa volta andranno alle Maldive!

CHIARA: Paola, how are you? How is your job going? PAOLA: Hi, Chiara! I'm fine, but I'm very tired. As soon as I finish teaching at the university, I am going to visit my parents in Italy. What about you? CHIARA: I am going on a trip with my sister. I wonder what Marco and Tiziana will do. PAOLA: I don't know, they always take extraordinary trips. Maybe this time they will go to the Maldives!

1. In Italian, the future tense is often used to express what is *probably* true or to speculate or guess about what *could be* true. This usage is called the future of probability (**il futuro di probabilità**). In English, probability is expressed with such words as *probably, can,* or *must;* in Italian the future tense alone is used.

—Non vedo Amelia da molto tempo. Dove **sarà?**	—*I haven't seen Amelia for a long time. Where could she be?*
—Forse **sarà** in vacanza.	—*Perhaps she is on vacation.*
I signori **vorranno** una camera con bagno, vero?	*The gentlemen probably want a room with a bath, right?*
—Che ore **saranno?**	—*I wonder what time it is?*
—**Saranno** le undici.	—*It's probably eleven o'clock.*

2. The future tense is commonly used when referring to the future in dependent clauses with **quando** and **appena,** and frequently after **se,** when the verb of the main clause is in the future tense. Note that in English, by contrast, the present tense is used in such cases.

Quando arriverà, sarà stanco.	*When he gets here, he'll be tired.*
Se farà caldo, ci sederemo all'ombra.	*If it's hot, we'll sit in the shade.*
Scriveranno **appena potranno.**	*They'll write as soon as they can.*

—Quando lo diremo alla base, non ci crederà nessuno[a]!

[a]*no one*

ESERCIZI

A. Scambi. Trasformate le seguenti frasi al futuro.

1. S1: Se non arrivi per le sei, cuciniamo noi.
   S2: Grazie; quando torno dal lavoro ho fame e sono stanca.
2. S1: Appena esce (*comes up*) il sole, potete andare sul lago.
   S2: E se fa brutto, stiamo in casa e guardiamo un film.
3. S1: Vi piace questo lavoro?
   S2: Siamo contenti quando ci pagano!
4. S1: Appena arrivo in Italia, ti mando una cartolina.
   S2: Se mi scrivi, io ti rispondo.

B. I programmi. Completa le seguenti affermazioni personali.

1. Stasera, appena tornerò a casa,...
   a. mangerò.   **b.** andrò a letto.
2. Quando andrò in Italia,...
   a. resterò sempre in albergo.   **b.** visiterò Roma.
3. Se avrò soldi la settimana prossima,...
   a. li risparmierò (*I will save*).   **b.** li spenderò.

4. Se farà bel tempo questo week-end,…
   a. studierò l'italiano.   **b.** non studierò. Uscirò con gli amici.
5. Appena avrò 40 anni,…
   a. farò un bel viaggio.   **b.** smetterò di (*I'll stop*) lavorare.
6. Se mi sposerò,…
   a. avrò figli.   **b.** non avrò figli.
7. Appena finirò l'università…
   a. troverò un bel lavoro.   **b.** andrò in Europa.

C. Chissà! (*Who knows!*) A turni con un compagno / una compagna, fate le seguenti domande e rispondete usando il futuro di probabilità.

    ESEMPIO: Quanto costa una crociera nel mare Egeo? →
                 s1: Quanto costa una crociera nel mare Egeo?
                 s2: Chissà! Costerà almeno mille dollari.

1. Quanti studenti vanno in Italia?
2. Quanto costa affittare una casa a Roma?
3. Quanti ostelli ci sono in Toscana?
4. Come sono gli alberghi in Italia?
5. Cosa fanno i turisti a Firenze?
6. Dove preferiscono andare in vacanza gli italiani?

NOTA CULTURALE ∎∎∎ ∎ ∎ ∎ ∎

Il Ferragosto

Per gli italiani agosto è il mese delle vacanze per eccellenza. Nel passato recente, quasi tutte le attività chiudevano per tre o quattro settimane: dalle grandi fabbriche, alle botteghe artigiane[1] ai negozi a gestione familiare.[2] Milioni di italiani saltavano[3] in macchina e correvano al mare o in montagna a godersi[4] le meritate ferie. Questo rito collettivo raggiungeva la punta massima il 15 agosto, **Ferragosto,** o «feria d'agosto», in cui tutti erano in vacanza mentre nelle città spesso era quasi impossibile trovare persino[5] un negozio di alimentari o una farmacia aperta. A tutt'oggi[6] tutti i lavoratori italiani, anche quelli al primo lavoro, hanno diritto ad almeno tre settimane di ferie[7] ma negli ultimi anni, a causa della situazione economica, molti non possono più permettersi[8] di andare via da casa. Chi può, fa vacanze più brevi e, se possibile, sceglie periodi diversi dell'anno. Ma il mito del Ferragosto rimane: chi non può andare in vacanza, visita parenti o amici che abitano in campagna, o organizza pic-nic e brevi escursioni «fuori porta».[9] Molte città organizzano spettacoli musicali all'aperto, feste popolari e sagre[10] per festeggiare tutti insieme, all'italiana, il riposo dal lavoro.

Quanta gente in spiaggia!

[1]botteghe… *workshops* [2]a… *family owned* [3]*used to jump* [4]*enjoy* [5]*even* [6]A… *Even today* [7]*vacation time* [8]*afford* [9]fuori… *outside the city (lit. "outside the gates," from when old cities were surrounded by walls)* [10]*local festivals*

Quando si va in Italia, si fanno molte cose interessanti: si visitano bellissime città d'arte, ci si diverte a parlare italiano e soprattutto si può mangiare l'autentica pizza napoletana!

1. The **si** construction is used very commonly in Italian to express an impersonal or unspecified subject. This usage corresponds to the English *one, they, people,* or *we* or *they* used impersonally, as in *They should lower taxes* and *We avoid stereotypes.*

a. Whether the verb is singular or plural depends on the noun that follows the verb.

In Italia **si studiano** le opere di Dante al liceo.	*In Italy they study the works of Dante in high school.*
Si studia Dante negli Stati Uniti?	*Do you study Dante in the United States?*
A casa mia si mangia spesso la pasta.	*At my house we often eat pasta.*
Si mangiano i tortellini negli Stati Uniti?	*Do people eat tortellini in the United States?*
Si prenoterà una camera singola. Si prenoteranno due camere doppie.	*We'll reserve a single room. We'll reserve two double rooms.*

Buono a sapersi

Si impersonale

The **si** construction also expresses common knowledge in expressions such as **si sa che... , si capisce che... ,** and **si vede che...**

Si sa che trovare un volo economico è difficile in alta stagione.
It's common knowledge that it's difficult to get a cheap flight in high season.

Maria non è arrivata. Si vede che ha avuto altre cose da fare.
Maria hasn't arrived. It's clear that she had other things to do.

When you go to Italy, you do lots of interesting things: You visit wonderful cities of art, you have fun speaking Italian, and above all, you can eat real pizza napoletana!

b. In the **si** construction, **dovere**, **potere**, and **volere** are conjugated in the third-person singular or plural, depending on the object of the infinitive.

Si può usare il telefono?	*Can one use the telephone?*
Si possono comprare libri qui?	*Can one buy books here?*

c. The phrase **ci si** must be used when a *reflexive* verb is used impersonally. (This construction developed to avoid **si si**.)

Ci si diverte in classe.	*One has fun in class.*

—Quando si attraversa^a il deserto bisogna fare una buona provvista^b...

^asi... *you cross*   ^b*supply*

ESERCIZI

A. In Italia. Completa le frasi con la forma appropriata del verbo.

1. Si _____ in ufficio dalle nove alle sei. (lavorare)
2. Si _____ alle otto. (cenare)
3. Si _____ all'una. (pranzare)
4. Si _____ in discoteca alle undici o a mezzanotte. (andare)
5. Si _____ molti spaghetti. (mangiare)
6. Si _____ caffè o caffellatte a colazione. (bere)

B. Che cosa si vede? Con un compagno / una compagna, dite quali cose si vedono nei seguenti luoghi.

ESEMPIO: in un ristorante →
   S1: Che cosa si vede in un ristorante?
   S2: Si vedono i piatti e i bicchieri.

Che cosa si vede... ?	Si vede / Si vedono...
1. in farmacia	**a.** una partita di calcio
2. in un museo	**b.** gli studenti
3. al cinema	**c.** turisti giovani
4. allo stadio	**d.** le medicine
5. all'università	**e.** le opere d'arte
6. in un ostello	**f.** i film

C. Trasformazioni. Trasforma le frasi; usa la costruzione impersonale.

ESEMPIO: Non accettiamo mance. → Non si accettano mance.

1. A chi paghiamo il conto?
2. Non offriamo pensione completa.
3. Scrivevamo cartoline.
4. Non facciamo una crociera.
5. Non prenotiamo una camera doppia.
6. Ci rilassiamo in spiaggia.
7. Non accetteremo prenotazioni.
8. Quale sistemazione scegliamo?

D. Formazione dei nomi femminili

CLAUDIO: Oggi al ricevimento dai Brambilla c'era un sacco di gente interessante.

MARINA: Ah sì? Chi c'era?

CLAUDIO: Il pittore Berardi con la moglie, pittrice anche lei; dicono che è più brava del marito... la professoressa di storia dell'arte Stoppato, il poeta Salimbeni con la moglie scultrice e un paio di scrittori...

MARINA: Che ambiente intellettuale! Ma i Brambilla cosa fanno?

CLAUDIO: Beh, lui è un grosso industriale tessile e lei è un'ex-attrice.

1. Most nouns referring to people or animals have one form for the masculine and one for the feminine.

  a. Generally, the feminine is formed by replacing the masculine ending with **-a.**

ragazz**o** → ragazz**a**	camerier**e** → camerier**a**
signor**e** → signor**a**	gatt**o** → gatt**a**

  b. A few nouns, especially those indicating a profession or a title, use the ending **-essa** for the feminine.

dottore → dottor**essa**	poeta → poet**essa**
professore → professor**essa**	principe (*prince*) → princip**essa**

  c. Most nouns ending in **-tore** in the masculine end in **-trice** in the feminine.

pittore → pit**trice**	sciatore (*skier*) → scia**trice**
lettore (*reader*) → let**trice**	attore → at**trice**

  d. Nouns ending in **-e, -ga,** and **-ista** can be masculine or feminine, depending on the person referred to. In the plural, nouns ending in **-ga** have two plurals: **-ghi** and **-ghe.** Nouns ending in **-ista** have two plurals: **-isti** and **-iste.**

il cantante → **la** cantante	**il** regista → **la** regista
il mio collega → **la** mia collega	**il** dentista → **la** dentista

---

CLAUDIO: Today at the party at the Brambillas' there were a lot of interesting people. MARINA: Oh, yeah? Who was there? CLAUDIO: The painter Berardi and his wife, who is also a painter. They say she's better than her husband. . . . The art history teacher Stoppato, the poet Salimbeni and his sculptor wife, and a pair of writers... MARINA: What an intellectual atmosphere! What do the Brambillas do? CLAUDIO: Well, he's a big textile tycoon and she's a former actress.

e. Some nouns have a completely different form for the masculine and feminine.

fratello	sorella	padre	madre
marito	moglie	re (*king*)	regina
maschio	femmina	uomo	donna

ESERCIZI

A. Trasformazioni. Trasforma le frasi dal femminile al maschile.

ESEMPIO: le gatte pigre →
i gatti pigri

1. un'operaia (*blue-collar worker, f.*) comunista
2. una moglie stanca
3. una vecchia attrice
4. delle buone colleghe
5. una principessa straniera
6. una poetessa famosa
7. le grandi pittrici
8. delle registe simpatiche

B. No, ma... Con un compagno / una compagna, create conversazioni secondo il modello.

ESEMPIO: uno sciatore italiano →
S1: Conosci uno sciatore italiano?
S2: No, ma conosco una sciatrice italiana!

1. dei cantanti tedeschi
2. un signore gentile
3. dei bravi dentisti
4. un re francese
5. un cameriere distratto
6. degli impiegati antipatici

A. Chissà perché! Trova una spiegazione probabile per le seguenti situazioni.

ESEMPIO: Maria non è in classe oggi. → Sarà malata.

1. La professoressa non è felice oggi.
2. Salvatore è venuto a scuola a piedi invece di venire in macchina come al solito.
3. Enrica decide di non andare in vacanza con la sua amica.
4. Paolo non esce sabato sera.
5. Di solito Gina compra il giornale tutte le mattine. Oggi non lo ha comprato.

B. Che si fa? Che cosa si fa in queste situazioni?

ESEMPIO: I genitori sono di buon umore. → Si chiedono dei soldi.

1. Un bambino ha la febbre e mal di stomaco.
2. La macchina non si mette in moto (*doesn't start*).
3. Piove e fa freddo durante Spring Break.
4. C'è il sole e fa caldo.
5. Durante la visita medica, il dottore sembra perplesso e consulta un'enciclopedia.
6. Il cibo alla mensa universitaria non è buono.

 C. Conversazione. Tuo zio ti dà mille dollari per un viaggio in Italia! Rispondi alle domande del compagno/della compagna per dire dove andrai e che cosa farai.

1. Passerai quattro notti in un albergo di lusso o venti notti in un ostello?
2. Come viaggerai?
3. Quali città visiterai?
4. Avrai un itinerario fisso?
5. Andrai al mare o resterai in città?
6. Quante cartoline manderai allo zio?

—All'inizio la popolazione potrà forse sembrarvi un po' diffidente.[a]

[a]*distrustful*

Invito alla lettura

La Sardegna

La Sardegna è un'isola nel Mar Tirreno, con uno dei mari più belli del mondo e rocce[1] e spiagge dai colori incredibili. Negli ultimi 50 anni il turismo ha avuto un grandissimo sviluppo, non solo il turismo da ricchi (sulla famosa Costa Smeralda a nord-est si trovano numerose ville di vip), ma anche il turismo alla portata di tutti,[2] con numerosi villaggi turistici.

Per la sua posizione isolata, la Sardegna ha conservato fino ad oggi, meglio di altre regioni, forme economiche e tradizioni risalenti ai secoli passati.[3] L'agricoltura, l'attività mineraria[4] e la pastorizia,[5] oltre al turismo, sono le principali fonti di ricchezza. La pastorizia ha grande sviluppo: pecore e capre[6] sono più numerose che in qualsiasi[7] altra regione italiana ed il formaggio pecorino sardo è molto famoso ed apprezzato.

Ma la regione è anche ricca di storia antica: i nuraghi, antiche costruzioni, probabilmente usate come case dei potenti,[8] sono la testimonianza di una ricca e importante civiltà antica.

Le città più importanti sono Cagliari, il capoluogo, Sassari, Nuoro e Oristano.

[1]*cliffs* [2]alla... *available to everyone* [3]risalenti... *dating back to past centuries* [4]*mining* [5]*sheep-raising* [6]pecore... *sheep and goats* [7]*any* [8]*powerful people*

Capire

1. Dove si trova la Sardegna?
2. Dov'è la Costa Smeralda?
3. Perché la Sardegna ha conservato tradizioni antiche?
4. Cosa sono i nuraghi?

La Costa Smeralda in Sardegna

Scrivere

Progetti di vacanza. Scrivi un brano di 10–12 frasi. Usa **il futuro** per parlare dei tuoi progetti di vacanza veri o immaginari. Dove andrai? Quando? Con chi andrai? Come viaggerete (in macchina, in aereo, in barca, in treno…)? Dove starete? Come sarà la sistemazione? Quanto costerà? Che tipo di camera prenderete? Quali luoghi visiterete?

CURIOSITÀ

Le vacanze degli italiani

Tutti amano le vacanze, tutti amano avere del tempo libero per praticare le attività preferite. Ma quando vanno in vacanza gli italiani? I seguenti sono i più importanti periodi di vacanza in Italia.

Le vacanze di Natale: Sono i giorni tra il Natale e la Befana,[1] di solito due settimane. La Befana è una vecchina che vola su una scopa[2] e porta dolci e regali ai bambini buoni, cenere e carbone[3] ai bambini cattivi! I regali sono in una calza appesa al camino.[4]

La settimana bianca: È una settimana di vacanze, di solito tra febbraio e marzo, che molti italiani passano in montagna a sciare.

Le vacanze di Pasqua: Sono quattro o cinque giorni tra il venerdì prima di Pasqua e il lunedì (pasquetta) dopo la domenica di Pasqua. Durante la pasquetta, gli italiani fanno delle brevi gite[5] e dei pic-nic con gli amici.

Le vacanze estive e **le ferie:** Parliamo di vacanze estive nei mesi quando gli studenti non frequentano la scuola, tra giugno e settembre, mentre le ferie sono le vacanze dal lavoro, di solito in agosto per molti lavoratori italiani.

Il ponte:[6] È un'abitudine italiana. Se, per esempio, c'è un giorno di vacanza il giovedì, gli italiani «fanno il ponte», cioè vacanza, anche il venerdì! Così, un giorno di vacanza si trasforma in quattro giorni di vacanza!

La Befana

[1]Epiphany [2]broom [3]cenere... *ashes and coal* [4]calza... *stocking hanging from the mantle* [5]*excursions* [6]*bridge*

STRUMENTI

Videoteca

VIDEO

Camera con vista

Roberto, in cerca di una camera per tre notti, chiede all'impiegato di un albergo se ci sono delle camere libere. Roberto chiede anche d'essere svegliato presto la mattina per lavorare su uno dei suoi articoli.

Preparazione

ESPRESSIONI UTILI

siamo quasi al completo	we are almost full
dà sulle stradine	it overlooks the small streets
buona permanenza!	have a nice stay!

Dal video

ROBERTO: Buona sera! Non ho una prenotazione ma vorrei una camera singola con bagno, per favore.

RECEPTIONIST: Vediamo, siamo quasi al completo. Per quante notti?

ROBERTO: Per tre notti.

RECEPTIONIST: Ho una camera singola ma con doccia. Le va bene?

FUNZIONE: prendere una camera in albergo

Dopo il video

Verifica. Vero o falso?

	V	F
1. Roberto vuole una camera senza bagno.	☐	☐
2. La camera costa 75 euro al giorno.	☐	☐
3. L'albergo non serve la prima colazione.	☐	☐

Comprensione. Rispondi alle seguenti domande.

1. Che tipo di documento ha Roberto?
2. Dove si fa colazione nell'albergo?
3. Perché Roberto vuole una camera con vista?

Attività. Chiedi a un compagno / una compagna:

> Dove ti piace andare in vacanza?
> Con che mezzo preferisci viaggiare?
> Dove ti piace stare (albergo, campeggio, ostello e così via)?
> Se stai in albergo o pensione che tipo di camera prenoti di solito?

Poi, secondo le preferenze del compagno / della compagna, suggerisci una meta e una sistemazione che conosci che, secondo te, gli/le piacerà.

Parole da ricordare

VERBI

affittare (una casa)	to rent (a house)
*andare in campagna	to go to the country
in campeggio	to go camping
all'estero	to go abroad
in ferie / in vacanza	to go on vacation
al mare	to go to the seashore
in montagna	to go to the mountains
in spiaggia	to go to the beach
*andare/*venire a trovare	to go/come to visit
(una persona)	(a person)
avere intenzione (di)	to intend (to)
fare una crociera	to go on a cruise
fare le ferie / le vacanze	to go on vacation
fare programmi	to make plans
fare un viaggio	to take a trip, go on a trip
noleggiare (una	to rent (a car / a boat)
macchina / una barca)	
prendere in affitto	to rent (a house)
(una casa)	
prendere a nolo (una	to rent (a car / a boat)
macchina / una barca)	
prenotare	to reserve
visitare (un luogo)	to visit (a place)

NOMI

l'albergo (di lusso /	hotel (deluxe /
economico)	inexpensive)
l'arrivo	arrival
la barca	boat
la camera	room
doppia	double
matrimoniale	king/queen
singola	single

con bagno	with bathroom
con doccia	with shower
con aria condizionata	with air conditioning
la cartolina	postcard
l'itinerario	itinerary
la meta	destination
Natale (m.)	Christmas
l'ostello	hostel
il paesaggio	landscape
la partenza	departure
Pasqua	Easter
la pensione	inn
la mezza pensione	half board (two meals a day: breakfast and lunch or dinner)
la pensione completa	full board (three meals a day)
il posto	place; space, room
la sistemazione	accommodation
la tappa	stopover; leg (of a journey)
le vacanze	vacation

AGGETTIVI

fisso	fixed, set
libero	free; unoccupied (room, seat, etc.)
tutto compresso	all costs included

ALTRE PAROLE E ESPRESSIONI

chissà!	who knows!
forse	maybe
niente di speciale	nothing special

---

*Words identified with an asterisk (*) are conjugated with **essere**.

Spesa e spese

Compriamo con lo sconto!

217

DIALOGO-LAMPO

Le boutique e il mercato

SILVANA: Sono andata in centro a fare spese l'altro giorno. C'erano molti sconti nelle boutique e allora non ho resistito[1]…

GIOVANNA: Cos'hai comprato?

SILVANA: Volevo un paio di scarpe eleganti e comode, come le tue.

GIOVANNA: Dove le hai trovate?

SILVANA: In Via Montenapoleone:* un vero affare,[2] solo 100 euro.

GIOVANNA: Io invece le ho comprate al mercato: 50 euro!

1. Cosa voleva Silvana?

2. Dove ha comprato le scarpe?

3. Che differenza c'è tra fare spese nei negozi del centro e al mercato?

[1]non… *I couldn't resist.*   [2]*deal, bargain*

I negozi, i mercati e i negozianti (*shopkeepers*)

la latteria — il lattaio — la lattaia

la gelateria — il gelataio — la gelataia

la macelleria — il macellaio — la macellaia

il negozio di frutta e verdura — la fruttivendola — il fruttivendolo

la panetteria — il panettiere — la panettiera

la pasticceria — il pasticciere — la pasticciera

la pescheria — il pescivendolo — la pescivendola

la salumeria — il salumiere — la salumiera

*The following streets are among Italy's most renowned for high-fashion shops: in Milan, **Via Montenapoleone;** in Rome, **Via Condotti;** in Florence, **Via Calzaiuoli;** in Venice, **Calle XXII Marzo.**

LA SPESA E LE SPESE

il commesso / la commessa salesperson (in a shop)
la moda fashion, style
il saldo / la svendita sale
lo sconto discount
il venditore / la venditrice vendor (on the street, at the market)
la vetrina shop window

fare uno sconto to give a discount
fare la spesa to go grocery shopping
fare spese / compere to go shopping
vendere to sell

in saldo on sale
in svendita on sale

I PUNTI VENDITA (POINTS OF SALE)

la bancarella stand, stall
il centro commerciale shopping mall

il grande magazzino department store
il mercato market
il negozio di abbigliamento clothing store
il negozio di alimentari grocery store
il supermercato supermarket

GLI ALIMENTARI (FOODS)

l'agnello lamb
l'arancia orange
il burro butter
la carota carrot
i fagioli beans
la mela apple
la melanzana eggplant
il peperone bell pepper
la pera pear
l'uva grapes
lo yogurt yogurt

—Prima di fare il boscaiolo[a] faceva il salumiere...

[a]*lumberjack*

A. Dove li compro? Hai bisogno di alcuni prodotti e non sai dove trovarli. Chiedilo a un compagno / una compagna. Seguite l'esempio.

> ESEMPIO: 1 litro di latte e 2 etti di fontina (*a mild cheese*) →
> S1: Ho bisogno di un litro di latte e di due etti di fontina. Dove li compro?
> S2: In una latteria, dal lattaio.

1. mezzo chilo di mele, 6 melanzane e 1 chilo di uva
2. 3 focacce e mezzo chilo di pane
3. 2 chili di cozze (*mussels*) e 1 chilo di vongole (*clams*)
4. 3 etti di prosciutto e 1 etto di salame
5. 5 bistecche di vitello
6. 1 torta e delle paste
7. 1 chilo di zucchero, 1 bottiglia di vino e 1 pacco di caffè
8. 1 gelato al cioccolato

B. Quiz velocissimo! Con un compagno / una compagna, senza guardare il **Vocabolario preliminare,** fate le domande e rispondete.

> ESEMPIO: gelato →
> S1: Chi vende gelati?
> S2: Il gelataio o la gelataia.

1. salumi
2. pesce
3. dolci
4. latte, burro e formaggio
5. pere, arance, banane, carote, broccoli e zucchine
6. manzo, maiale e altri tipi di carne

C. Conversazione.

1. Dove lavora un commesso / una commessa? Come si chiama il negozio che vende solo vestiti?
2. Hai bisogno di un orologio, di mutande (*underwear*) e di un paio di stivali. Dove vai?
3. C'è una strada nella tua città dove ci sono bancarelle, venditori e venditrici? Quale? I venditori ti fanno sempre degli sconti?
4. Dove fai le compere di solito? Compri solo quando ci sono le svendite?
5. Secondo te, quale grande magazzino ha le vetrine più belle e originali?
6. Quante volte alla settimana fai la spesa? Preferisci i supermercati o i piccoli negozi? Perché?

 In ascolto

For listening comprehension activities related to the theme of this chapter, see the Laboratory Manual or visit the *Prego!* website.
www.mhhe.com/prego7

A. Usi di *ne*

MAMMA: Marta, per favore mi compri il pane?

MARTA: Volentieri! Quanto ne vuoi?

MAMMA: Un chilo. Ah sì, ho bisogno anche di prosciutto cotto.*

MARTA: Ne prendo due etti?

MAMMA: Puoi prenderne anche quattro: tu e papà ne mangiate sempre tanto!

MARTA: Hai bisogno d'altro?

MAMMA: No, grazie, per il resto andrò io al supermercato domani.

1. The pronoun **ne** replaces **di** (*of, about*) + *noun phrase.* **Ne** is also used to replace **di** + *infinitive* following such expressions as **avere bisogno di, avere paura di,** and **avere voglia di.**

—Luigi parla **degli amici?**	—*Does Luigi talk about his friends?*
—Certo, **ne** parla sempre.	—*Sure, he talks about them all the time.*
—Hai paura **dei topi?**	—*Are you afraid of mice?*
—Sì, **ne** ho paura.	—*Yes, I'm afraid of them.*
—Hai bisogno **di fare la spesa?**	—*Do you need to go grocery shopping?*
—No, non **ne** ho bisogno.	—*No, I don't need to.*

2. **Ne** corresponds to the English *some* or *any* when it replaces a noun used in the partitive sense (with or without the partitive article, **del, della,** and so on).

—Ha **del parmigiano?**	—*Do you have any Parmesan cheese?*
—Sì, **ne** ho.	—*Yes, I have some.*
—Compri **dell'agnello?**	—*Will you buy some lamb?*
—No, non **ne** compro.	—*No, I won't buy any.*

MAMMA: Marta, will you buy me some bread, please? MARTA: Sure! How much do you want? MAMMA: One kilo. Oh yes, I also need some ham. MARTA: Shall I get a couple of **etti** (of it)? MAMMA: You can get as many as four. You and Dad always eat so much (of it)! MARTA: Do you need anything else? MAMMA: No, thanks, I'm going to the supermarket tomorrow for the rest.

*There are two kinds of **prosciutto: cotto** (*boiled, cooked*) and **crudo** (*cured*).

3. Ne also replaces nouns accompanied by a number or an expression of quantity, such as **quanto, molto, troppo, un chilo di,** and **un litro di. Ne** then expresses *of it, of them.*

—Quanta **pasta** mangiate?	—*How much pasta do you eat?*
(—Mangiamo **molta pasta!**)	(—*We eat a lot of pasta!*)
—**Ne** mangiamo **molta!**	—*We eat a lot (of it)!*
—Quanti **fratelli** hai?	—*How many brothers do you have?*
(—Ho **tre fratelli.**)	(—*I have three brothers.*)
—**Ne** ho **tre.**	—*I have three (of them).*
—I miei genitori hanno **molte macchine.**	—*My parents have a lot of cars.*
—Quante **ne** hanno?	—*How many (of them) do they have?*
—**Ne** hanno cinque!	—*They have five (of them)!*

The phrases *of it* and *of them* are optional in English, but **ne** *must* be used in Italian.

4. Like other object pronouns, **ne** precedes a conjugated verb or is attached to the end of an infinitive.

—Perché parli sempre **di moda?**	—*Why do you always talk about fashion?*
—**Ne** parlo sempre perché mi piace parlar**ne.**	—*I always talk about it because I like to talk about it.*

5. When **ne** is used with an expression of quantity, the past participle must agree in gender and number with the expression **ne** is replacing.

—Quante **pizze** avete ordinato?	—*How many pizzas did you order?*
—**Ne** abbiamo ordinat**e** quattro.	—*We ordered four.*

When it replaces expressions meaning *of* or *about,* however, there is no agreement.

Abbiamo parlato **dei negozi; ne** abbiamo parla**to.**	*We talked about the stores; we talked about them.*

Buono a sapersi

La data
Ne is also used to express the date.
—Quanti **ne** abbiamo oggi?
—**Ne** abbiamo (uno, due, quindici...).
—*What's today's date?*
—*It's the (first, second, fifteenth . . .).*

— Io di nani[a] qui non ne ho mai visti; solo giganti,[b] come Biancaneve.[c]

[a]*dwarves* [b]*giants* [c]*Snow White*

ESERCIZI

A. Ne... Rispondi alle domande secondo l'esempio.

ESEMPIO: Hai comprato delle mele? → Sì, ne ho comprate (un chilo, mezzo chilo, tre,...).

1. Hai parlato di moda con Maria? No, non _____.
2. Hai visto delle belle scarpe al mercato? _____.
3. Quanti vestiti hai provato? _____.
4. Quanti negozi hai visitato? _____.
5. Quando eri piccolo, avevi paura del buio (*dark*)? Sì, _____.
6. Hai voglia di fare spese? No, non _____.

B. Conversazione. Usa **ne** nelle risposte.

1. Da bambino/bambina, avevi paura dei ragni (*spiders*)?
2. Hai mai mangiato pere con il formaggio?
3. Bevi spumante (*sparkling wine*) a colazione?
4. Quanti libri leggerai quest'anno?
5. Regali dolci agli amici?
6. Metti limone nel tè?
7. Hai bisogno di scarpe nuove?
8. Hai voglia di provare quel vestito?

C. Fare domande. Fai domande che richiedono (*require*) il pronome **ne** nella risposta del compagno / della compagna.

> ESEMPIO: s1: Parli di politica con gli amici?
> s2: Sì, ne parlo.

Suggerimenti: avere paura di… , comprare vestiti nuovi, avere bisogno di… , mettere zucchero nel caffè (nel tè), mangiare dolci, avere voglia di…, parlare di . . .

B. Usi di *ci*

MARIA: Antonio, Laura, avete fatto spese?

ANTONIO: Sì, siamo andati al nuovo centro commerciale.

MARIA: Io non ci vado mai, preferisco andare nei piccoli negozi: dal panettiere, in macelleria, nel negozio di frutta e verdura…

LAURA: Anche noi ci andiamo spesso, ma solo per comprare i prodotti freschi!

1. The word **ci** replaces nouns referring to places preceded by **a** or **in;** it can also replace **da** + *person.* In these constructions, its English equivalent is *there* or *here.* **Ci** also replaces **a** + *infinitive.* You have already used **ci** in the expressions **c'è** and **ci sono.**

—Vai **al mercato?**	—*Are you going to the market?*
—No, non **ci** vado oggi.	—*No, I'm not going (there) today.*
—Andate **in Italia** quest'estate?	—*Are you going to Italy this summer?*
—Sì, **ci** andiamo in giugno.	—*Yes, we're going (there) in June.*

MARIA: Antonio, Laura, did you go shopping? ANTONIO: Yes, we went to the new shopping mall. MARIA: I never go there, I prefer to go to small shops: to the baker's, to the butcher's, to the produce market . . . LAURA: We often go there too, but only to buy fresh groceries!

—Maria va **dal lattaio** oggi?	—*Is Maria going to the milkman's today?*
—Sì, **ci** va per comprare lo yogurt.	—*Yes, she's going (there) to buy yogurt.*
—Quando andate **a fare la spesa?**	—*When do you go grocery shopping?*
—**Ci** andiamo il sabato pomeriggio.	—*We go (to do it) on Saturday afternoons.*

Note that the use of **ci** is required, whereas *there* and *to do it* are optional in English.

2. **Ci** can also replace **a** + *noun* (referring to things and ideas) in expressions such as **credere a** + *noun* (*to believe in something*) and **pensare a** + *noun* (*to think about something*).

—Lei crede **agli UFO?**	—*Do you believe in UFOs?*
—Sì, **ci** credo.	—*Yes, I believe in them.*
—Pensate **all'inflazione?**	—*Do you think about inflation?*
—No, non **ci** pensiamo.	—*No, we don't (think about it).*

3. **Ci** follows the rules for placement of object pronouns.

Mi hanno invitato **a quella festa,** ma non **ci** vado. Non ho voglia di andar**ci!**	*They invited me to that party, but I'm not going (there). I don't feel like going (there)!*

ESERCIZI

A. **Che cosa farete quando andrete in Italia?** Quali saranno le vostre abitudini quando andrete a studiare in Italia? Con un compagno / una compagna, fate le domande e rispondete. Nelle risposte sostituite **ci** alle espressioni in corsivo.

> ESEMPIO: andare *al mercato* ogni giorno →
> S1: Andrai al mercato ogni giorno?
> S2: Sì, ci andrò ogni giorno. (No, ci andrò poco.) E tu?
> S1: Anch'io ci andrò ogni giorno. (Anch'io ci andrò poco.)

1. andare mai *nei centri commerciali* da solo/sola
2. mangiare spesso *alla mensa*
3. andare *dalla lattaia* per comprare lo yogurt
4. andare *in una panetteria* per comprare il pane
5. studiare volentieri *in un'università italiana*
6. andare spesso *a Milano* a fare spese
7. andare mai *ai grandi magazzini*
8. stare bene *in Italia*

B. Ci vuoi andare? A turni, chiedete se il compagno / la compagna è mai stato/stata in questi posti o se ci vuole andare. Le vostre risposte devono essere specifiche.

ESEMPIO: in Inghilterra →
s1: Sei mai stato/stata in Inghilterra? Ci vuoi andare?
s2: Sì, ci sono stato/stata nel 2002. (No, non ci sono stato/stata e non ci voglio andare perché non mi piace la pioggia!) E tu?

1. a Milano
2. nel Sud Africa
3. in Messico
4. a Hong Kong
5. in Egitto
6. in Australia

C. A cosa credi? Rispondi **Sì, ci credo/penso** o **No, non ci credo/penso** a queste domande personali.

1. Credi agli UFO?
2. Pensi spesso ai problemi del mondo?
3. Credi agli spiriti?
4. Pensi spesso al riciclaggio (*recycling*) e all'ambiente (*about the environment*)?
5. Credi alle streghe (*witches*)?
6. Credi all'oroscopo?
7. Credi agli angeli?
8. Pensi spesso all'economia e alla disoccupazione (*unemployment*)?

NOTA CULTURALE

Mercati e mercatini

In ogni città italiana, la tradizione dei mercati e mercatini all'aperto[1] è molto viva. C'è sempre, anche nei piccoli centri, un giorno fisso alla settimana in cui nelle piazze e nelle strade arrivano, al mattino molto presto, un gruppo di venditori, chiamati «ambulanti»,[2] perché non stanno fermi in un negozio. Questi preparano velocemente i loro banchi, stendono[3] la loro merce[4] e cominciano a illustrarne, a voce molto alta, la straordinaria qualità e i bassi prezzi.

Compere al mercato

In questi mercati si vende un po' tutto quello che serve per le necessità quotidiane: frutta e verdura, formaggi e salumi, oggetti per la casa (pentole, bicchieri, piatti, coltelli[5] e così via), biancheria, tessuti,[6] abbigliamento, scarpe. I prezzi sono buoni, certamente più bassi di quelli dei negozi e c'è sempre tanta gente che guarda, sceglie, discute animatamente per pagare di meno.

Ci sono, poi, in alcune città, dei mercati famosi, che si tengono[7] ogni giorno, dall'alba al tramonto.[8] Uno di questi è il mercato di San Lorenzo, a Firenze, che attira i turisti quasi quanto[9] la Galleria degli Uffizi.

[1]*outdoor* [2]*"wanderers"* [3]*they lay out* [4]*merchandise* [5]*pentole... pots, glasses, plates, knives* [6]*biancheria... linens, textiles* [7]*si... take place* [8]*dall'alba... from dawn to dusk* [9]*quasi... almost as much as*

COMMESSA: Allora, signora, ha provato la gonna e la camicetta? Come Le stanno?

CLIENTE: La gonna è troppo stretta, ma la camicetta va bene. La prendo.

COMMESSA: Gliela incarto?

CLIENTE: No; me la può mettere da parte? Ora vado a fare la spesa e poi passo a prenderla quando torno a casa.

COMMESSA: Va bene, signora, gliela metto qui, dietro al banco.

You already know how to use direct- and indirect-object pronouns.

Scrivo **la lettera.** → **La** scrivo. (*oggetto diretto*)
Scrivo **a te.** → **Ti** scrivo. (*oggetto indiretto*)

It is also possible to use indirect and direct objects together with the same verb, forming double object pronouns (**pronomi doppi**).

I write it (the letter) *to you:* **Te la scrivo.**

1. To form **pronomi doppi:**

   a. the indirect-object pronoun precedes the direct-object pronoun or **ne.**

   b. the indirect-object pronouns **mi, ti, ci,** and **vi** change their final **i** to **e.**

   c. the indirect-object pronouns **gli, Gli, le,** and **Le** become **glie-** and *combine* with the direct-object pronoun or **ne** to form one word.
   Note: All other **pronomi doppi** are two separate words.

PRONOMI INDIRETTI	PRONOMI DIRETTI				
	lo	la	li	le	ne
mi	me lo	me la	me li	me le	me ne
ti	te lo	te la	te li	te le	te ne
gli, le, Le	glielo	gliela	glieli	gliele	gliene
ci	ce lo	ce la	ce li	ce le	ce ne
vi	ve lo	ve la	ve li	ve le	ve ne
… loro	lo… loro	la… loro	li… loro	le… loro	ne… loro

CLERK: Well, ma'am, have you tried on the skirt and the blouse? How do they fit?
CUSTOMER: The skirt is too tight, but the blouse is fine. I'll take it.   CLERK: Shall I wrap it up for you?   CUSTOMER: No, can you put it aside for me? I'm going grocery shopping now and I'll come by to get it on my way home.   CLERK: Fine, ma'am, I'll put it here for you, behind the counter.

2. Double object pronouns (like single pronouns) follow and attach to infinitives to form one word.

La cintura? Non **te la** vendo, preferisco regalar**tela!**
The belt? I'm not going to sell it to you; I prefer to give it to you.

La giacca? Non **gliela** vendo, preferisco regalar**gliela.**
The jacket? I'm not going to sell it to them; I prefer to give it to them.

When the infinitive is preceded by **dovere, potere,** or **volere,** the pronouns may attach to the infinitive or precede the conjugated verb.

Ti voglio presentare **un'amica.**
I want to introduce a friend to you.

Voglio presentar**tela.** / **Te la** voglio presentare.
I want to introduce her to you.

3. When the verb is in the **passato prossimo** or another compound tense, the past participle agrees in gender and number with the preceding direct-object pronoun, even when it is combined with an indirect-object pronoun.

Hai comprato **i guanti** a Giulia?
Did you buy the gloves for Giulia?

Li hai comprat**i** a Giulia?
Did you buy them for Giulia?

Glieli hai comprat**i?**
Did you buy them for her?

Hai preso **due matite** per Maria?
Did you get two pencils for Maria?

Ne hai prese due per Maria?
Did you get two of them for Maria?

Gliene hai prese due?
Did you get her two of them?

4. Reflexive pronouns can also combine with direct-object pronouns. The forms are identical to those in point 1c, with the exception of the third-person singular and plural forms: **se lo, se la, se li, se le,** and **se ne.**

Mi metto le scarpe.
I put my shoes on.

Me le metto.
I put them on.

Mauro **si** mette la cravatta.
Mauro puts his tie on.

Se la mette.
He puts it on.

Deve metter**sela.**
He has to put it on.

Here too, the past participle agrees in gender and number with the direct-object pronoun:

Anna, ti sei messa il cappello?
Anna, did you put your hat on?

Te **lo** sei mess**o?**
Did you put it on?

5. The word **ci** presented in section B of this chapter can combine with direct-object pronouns. In this case it changes to **ce.**

—Metti **il limone nel tè?**
—Do you put lemon in your tea?

—Sì, **ce lo** metto.
—Yes, I put it there (in it).

—Avete lasciato **le chiavi a casa?**
—Did you leave the keys at home?

—No, non **ce le** abbiamo lasciate.
—No, we didn't leave them there.

Glielo riporto... non vuole fare amicizia^a col gatto!

^afare... *make friends*

A. Volentieri. A turno con un compagno / una compagna, fate le domande e rispondete secondo il modello.

ESEMPIO: comprarmi la frutta →
S1: Mi compri la frutta?
S2: Sì, te la compro volentieri!

1. prestarmi questo Cd
2. prestarmi questi DVD
3. portargli questa torta

4. portargli questi biscotti
5. offrirle un gelato
6. offrirle dolci

B. Al mercato. Crea frasi nuove con pronomi doppi. Ricordati l'accordo tra il participio passato e il pronome di complemento diretto.

ESEMPIO: Chi ti ha venduto i salumi? → Chi te li ha venduti?

1. Chi vi ha portato le pere?
2. Chi Le ha fatto lo sconto?
3. Chi gli ha comprato le paste?

4. Chi ti ha consigliato la torta di mele?
5. Chi gli ha venduto il pesce?
6. Chi le ha regalato la camicetta?

C. Conversazione. Fai le seguenti domande ad un compagno / una compagna. Nella risposta devi usare pronomi doppi.

ESEMPIO: S1: Ti lavi i denti la mattina e la sera?
S2: Sì, me li lavo la mattina, la sera e anche nel pomeriggio.

1. Ti lavi i capelli tutti i giorni? Ti fai la barba tutti i giorni?
2. Ti metti mai la gonna per venire all'università?
3. Devi metterti sempre il cappotto in inverno?
4. Compri mai fiori al tuo ragazzo / alla tua ragazza?
5. Hai comprato dei dolci alla nonna recentemente?

D. Imperativo (*tu, noi, voi*)

MAMMA: Dai, bambini, andiamo a fare la spesa! Questa volta, comportatevi bene: tu, Lucia, di' buon giorno al negoziante; e tu, Carletto, non toccare niente nel negozio!

MAMMA: Come on, children, let's go shopping! This time you behave: You, Lucia, say good morning to the shopkeeper, and you, Carletto, don't touch anything in the store!

1. The imperative (**l'imperativo**) is used to give orders, advice, and exhortations: *be good, stay home, let's go*. The affirmative imperative forms for **tu, noi,** and **voi** are identical to the present-tense forms, with one exception: the **tu** imperative of regular **-are** verbs ends in **-a.**

	lavorare	scrivere	dormire	finire
(tu)	Lavora!	Scrivi!	Dormi!	Finisci!
(noi)	Lavoriamo!	Scriviamo!	Dormiamo!	Finiamo!
(voi)	Lavorate!	Scrivete!	Dormite!	Finite!

Note that the **noi** imperative forms correspond to the English *let's:* **Andiamo!** (*Let's go!*)

2. The negative imperative for **tu** in all conjugations is formed with **non +** *infinitive.* The negative **noi** and **voi** forms are identical to those in the affirmative.

(tu)	Non lavorare!	Non scrivere!	Non dormire!	Non finire!
(noi)	Non lavoriamo!	Non scriviamo!	Non dormiamo!	Non finiamo!
(voi)	Non lavorate!	Non scrivete!	Non dormite!	Non finite!

Paga in contanti, Luciano!	*Pay cash, Luciano!*
Non pagare con un assegno!	*Don't pay with a check!*
Partiamo oggi!	*Let's leave today!*
Non partiamo domani!	*Let's not leave tomorrow!*
Correte, ragazzi!	*Run, guys!*
Non correte, ragazzi!	*Don't run, guys!*

3. The verbs **avere** and **essere** have irregular imperative forms.

	avere	essere
(tu)	abbi	sii
(noi)	abbiamo	siamo
(voi)	abbiate	siate

— Alberto, sii sincero: mi ami ancora come appena sposati?

Abbi pazienza!	*Be patient!* (lit. *Have patience!*)
Siate pronti alle otto!	*Be ready at eight!*

4. **Andare, dare, fare,** and **stare** have irregular **tu** imperatives that are frequently used instead of the present-tense form.

andare: **va'** or **vai**	Va' (Vai) ad aprire la porta!
dare: **da'** or **dai**	Da' (Dai) una mano a Luca!
fare: **fa'** or **fai**	Fa' (Fai) colazione!
stare: **sta'** or **stai**	Sta' (Stai) zitta un momento!

Dire has only one imperative **tu** form in the affirmative: **di'.**

Di' la verità!

Remember, the negative imperative for **tu** is formed with **non** + *infinitive*.

Non stare a casa!
Non dire bugie!
Non andare via adesso!
Non fare questi errori!
Non dare una festa stasera!

5. Object and reflexive pronouns, when used with the affirmative imperative are attached to the end of the verb to form one word.

Marco, alza**ti** subito e vesti**ti!**	*Marco, get up right now and get dressed!*
Se vedete Cinzia, invitate**la!**	*If you see Cinzia, invite her!*
Il giornale? Sì, compra**melo!**	*The newspaper? Yes, buy it for me!*

Attention! Note that the stressed syllable remains the same: **Vẹstiti! Cọmpramelo! Non rispọndergli!**

6. When a pronoun is attached to the short forms of the **tu** imperative of **andare, dare, dire, fare,** and **stare,** the apostrophe disappears and the first consonant of the pronoun is doubled, except in the case of **gli.**

Fa**mmi** un favore! Fa**mmelo!**	*Do me a favor! Do it for me!*
Di**lle** la verità! Di**gliela!**	*Tell her the truth! Tell it to her!*
Ti hanno invitato a casa loro e non ci vuoi andare? Va**cci!**	*They've invited you to their house and you don't want to go (there)? Go (there)!*

7. Pronouns usually follow the verb but they may precede a verb in the negative imperative.

Ivano vuole le paste? Non dar**gliele** (Non **gliele** dare)!	*Does Ivano want the pastries? Don't give them to him!*

— Io sto benissimo, Ludovico, ma sono preoccupata per te... stai calmo, siediti[a] accanto a una bottiglia di whisky e ascolta...

[a]*sit down*

A. Ma dai! A turni con un compagno / una compagna, fate domande e poi rispondete con un'espressione imperativa appropriata. Usate **su, dai,** o **avanti*** nelle risposte.

> ESEMPIO: mangiare →
> S1: Posso mangiare?
> S2: Su, mangia!

1. entrare
2. parlare
3. prendere una pasta
4. venire con voi

5. provare questo vestito
6. fare una domanda
7. dire qualcosa
8. vestirsi

Fate pure! Adesso, rifate l'esercizio con le forme plurali dei verbi (**noi, voi**) e l'espressione **pure.**†

> ESEMPIO: mangiare →
> S1: Possiamo mangiare?
> S2: Mangiate pure!

B. Lo fa Carlo... Carlo ha tanti amici e tutti vogliono fare le stesse cose che fa lui. Di' cosa dovete fare tu e i tuoi amici per essere come Carlo.

> ESEMPIO: Carlo ordina l'antipasto. → Ordiniamo l'antipasto anche noi!

1. Carlo va a Capri.
2. Carlo suona la chitarra.
3. Carlo porta sempre un cappello.
4. Carlo fa lo yoga.
5. Carlo mangia al Biffi.‡
6. Carlo compra tutto all'ultima moda.

C. Ordine e contrordine. Tu e il tuo compagno / la tua compagna di casa non siete d'accordo oggi. Non potete decidere cosa fare, così continuate a contraddirvi (*contradict one another*). Seguite l'esempio.

> ESEMPIO: alzare la mano →
> S1: Alza la mano!
> S2: No, non alzare la mano!

1. andare dal pescivendolo
2. mettersi i jeans
3. provare il vestito
4. pulire il bagno
5. rispondere a Marco
6. finire i compiti
7. avere pazienza
8. fare la spesa

---

*These words are often used with the imperative to express encouragement, like English *Come on!*
†The imperative forms are often accompanied by **pure. Pure** softens the intensity of a command, like *go ahead* or *by all means.*
‡Biffi is a well-known restaurant in Milan.

Piccolo ripasso

A. Glielo, gliela... Sostituisci le frasi in corsivo con pronomi doppi.

ESEMPIO: Il cameriere serve *la crostata alla signora.* →
Il cameriere gliela serve.

1. Io mostro *le foto a Carlo.*
2. Tu regali *la camicetta a Maria.*
3. Noi offriamo *il caffè al dottore.*
4. Diamo *un gelato al bambino!*
5. Chi ha parlato *dell'esame a Maria?*
6. Chi ha parlato *di Adele a Carlo?*
7. Ripeti *la lezione al professore!*
8. Compri *il prosciutto alla zia?*

B. I negozianti. Completa le frasi secondo l'esempio.

ESEMPIO: Chi ti ha venduto i salumi? → *Me li* ha venduti il
salumiere.

1. Chi le ha venduto il latte? _____ il lattaio.
2. Chi vi ha venduto il manzo? _____ la macellaia.
3. Chi gli ha venduto la frutta? _____ il fruttivendolo.
4. Chi le ha venduto le paste? _____ il pasticciere.
5. Chi ti ha venduto il gelato all'arancia? _____ la gelataia.
6. Chi ha venduto loro i pesci? _____ il pescivendolo.
7. Chi gli ha venduto lo yogurt? _____ la lattaia.
8. Chi ha venduto loro il pane? _____ il panettiere.

C. Persone generose. Alcuni tuoi amici sono generosi e regalano le loro cose volentieri. Con un compagno / una compagna, create dei dialoghi secondo l'esempio.

ESEMPIO: maglietta
S1: Che bella maglietta! Me la dai?
S2: Se la vuoi, te la do!

1. vestito   2. giornali   3. scarpe   4. camicia   5. orologio   6. pere

D. Persone avare (*stingy*). Ad altri tuoi amici non piace dare le loro cose agli altri. Crea una frase per ogni parola o espressione secondo l'esempio.

ESEMPIO: la giacca → Se non me la puoi dare, non darmela!

1. il dolce
2. le scarpe
3. la macchina
4. i guanti
5. il cappotto
6. i DVD
7. la mozzarella
8. molti Cd

E. Che si dice? Cosa dicono le persone che si trovano nelle seguenti situazioni?

ESEMPIO: I bambini parlano. Cosa dice l'insegnante? →
Bambini, state zitti! / non parlate!

1. Mariella parla in classe. Cosa le dice il professore?
2. Sandro e Marco arrivano sempre in ritardo a scuola. Cosa gli dice l'insegnante?
3. Maria guida troppo veloce. Cosa le dice suo padre?
4. Gli studenti non fanno mai i compiti. Cosa gli dice la professoressa?
5. Luca e Salvatore spendono troppi soldi in un negozio di abbigliamento. Cosa gli dice la madre?
6. Filomena vuole portare la sua amica Sandra in un ristorante elegante ma Sandra non vuole andarci. Che le dice Sandra?

Invito alla lettura

La Sicilia

L a Sicilia è la più grande isola del Mediterraneo ed è situata quasi al centro di questo mare.

Poche regioni italiane offrono tante bellezze naturali e artistiche come la Sicilia. Le coste e le piccole isole sono meravigliose e il clima caldo favorisce la crescita[1] di piante molto belle, anche tropicali. L'Etna, il monte del fuoco, è un vulcano ancora attivo e spesso lascia uscire colate di lava[2] incandescente ed offre uno spettacolo naturale eccezionale, anche se fa paura agli abitanti[3] delle città vicine.

La Sicilia ha avuto importanza in ogni epoca storica: al tempo dei Greci, dei Romani, degli Arabi, dei Normannie di altri popoli. Ogni civiltà[4] ha lasciato dei segni:[5] ancora oggi possiamo ammirare i templi greci di Agrigento, i mosaici romani di Piazza Armerina o il duomo normanno di Monreale vicino a Palermo, il capoluogo della regione.

La Sicilia è una regione prevalentemente agricola:[6] è ricca di frumento,[7] olio, vino, agrumi[8] e mandorle.[9] Ha molto zolfo,[10] sale e anche petrolio. Il turismo e la pesca[11] sono importanti per la regione, mentre le grandi industrie sono limitate.

[1]*growth* [2]*colate... lava flows* [3]*fa... frightens the residents* [4]*civilization* [5]*signs* [6]*prevalentemente...* *mainly agricultural* [7]*wheat and corn* [8]*citrus fruit* [9]*almonds* [10]*sulfur* [11]*fishing*

Capire

1. Dove si trova la Sicilia?
2. Perché l'Etna si chiama «il monte del fuoco»?
3. Quali civiltà hanno lasciato opere d'arte che possiamo ammirare in Sicilia?
4. Quali sono i principali prodotti agricoli?

Barche nel porto di Cefalù, una piccola città di mare sulla costa della Sicilia

Scrivere

Il mio piatto preferito. Scrivi la lista della spesa per il tuo piatto preferito. Poi spiega ai tuoi amici come prepari questo piatto usando l'imperativo e il pronome **ne** quando è possibile.

ESEMPIO:
Lista della spesa per l'antipasto per 6 persone: prosciutto, 1 melone, del pane italiano…
Istruzioni: Tagliate il melone. Fatene 6 fette…

CURIOSITÀ

I negozi dell'usato

Le grandi firme dell'alta moda italiana sono conosciute in tutto il mondo così come il raffinato stile italiano per la casa. Ma l'ultima «moda» nel campo degli acquisti in Italia sono **i negozi dell'usato!**

Come in America, questi negozi vendono roba usata[1] ma in buone condizioni: vestiti di ogni genere[2] e per ogni età, oggetti per la casa dentro e fuori, giocattoli,[3] persino mobili. Alcuni negozi per l'usato sono specializzati per tutto quello che[4] serve per i bambini: dai vestiti ai giocattoli, dai letti agli accessori per le pappe.[5] Si vende di tutto e c'è un compratore per tutto!

Il risparmio[6] è notevole: le cose costano almeno un terzo del prezzo normale. Gli articoli di abbigliamento sono sterilizzati prima della vendita e i clienti comprano con fiducia.[7] Tutti ci guadagnano: venditori, compratori, negozianti e tutti sono contenti!

Vestiti e accessori usati

[1]roba… *used stuff*   [2]*kind*   [3]*toys*   [4]tutto… *all that*   [5]*baby food*   [6]*savings*   [7]con… *with confidence*

STRUMENTI

Videoteca

VIDEO

 Un po' di spesa

Giuliana e Roberto fanno la spesa per una festa. Sono entrati in una pasticceria per comprare il dolce.

Preparazione

ESPRESSIONI UTILI

di produzione propria	made on the premises
Voglio assaggiarli tutti!	I want to taste them all!
un vassoio	a tray

Dal video

GIULIANA: Un vassoio di paste assortite, per favore. Sono fresche, vero?
IMPIEGATA: Freschissime. Quante ne vuole?
GIULIANA: Venti, per favore. Ne metta due di ogni tipo.
IMPIEGATA: Benissimo. Vuole altro?

FUNZIONE: fare la spesa

Dopo il video

Verifica. Abbina la prima parte di ogni frase a sinistra con la conclusione più adatta a destra.

1. Questa è la migliore pasticceria
2. Forse è meglio
3. Dobbiamo portare anche

a. comprare un assortimento.
b. un'insalata alla festa.
c. della città.

Comprensione. Rispondi alle seguenti domande.

1. Quante paste vuole Giuliana?
2. Dove deve pagare le paste Giuliana?
3. Che cosa devono comprare ancora Giuliana e Roberto?

Attività. Con un compagno / una compagna, immaginate di dover organizzare una festa per sabato sera. Fate, insieme, una lista di tutte le cose che dovete comprare (cibi, bevande, e così via) e di tutti i preparativi che dovete fare (pulire l'appartamento, telefonare agli amici, e così via). Poi, ogni persona assegnerà all'altra dei compiti da fare in preparazione.

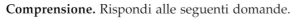

ESEMPIO: S1: Vai al supermercato per comprare le bevande!
S2: Pulisci l'appartamento e lava i piatti e i bicchieri!

Parole da ricordare

VERBI

*costare	to cost
credere (a + *noun*)	to believe (*in something*)
fare la spesa	to go grocery shopping
fare spese / compere	to go shopping
pensare (a + *noun*)	to think (*about something*)
provare	to try on
vendere	to sell

NOMI

l'agnello	lamb
l'arancia	orange
la bancarella	stand, stall
il burro	butter
la camicetta	blouse
la carota	carrot
il centro commerciale	shopping mall
il commesso / la commessa	salesperson
i fagioli	beans
il fastidio	annoyance, bother
il fruttivendolo / la fruttivendola	fruit vendor
il gelataio / la gelataia	ice-cream maker/vendor
la gelateria	ice-cream parlor
il grande magazzino	department store
il lattaio / la lattaia	milkman/milkwoman
la latteria	dairy (*shop*)
il macellaio / la macellaia	butcher
la macelleria	butcher shop
la mela	apple
la melanzana	eggplant
il mercato	market
la moda	fashion, style

il/la negoziante	shopkeeper
il negozio di abbigliamento	clothing store
il negozio di alimentari	grocery store
il negozio di frutta e verdura	produce market
la panetteria	bread bakery
il panettiere / la panettiera	bread baker
la pasticceria	pastry shop
il pasticciere / la pasticciera	pastry cook, confectioner
il peperone	bell pepper
la pera	pear
la pescheria	fish market
il pescivendolo / la pescivendola	fishmonger
il saldo	sale
la salumeria	delicatessen
il salumiere / la salumiera	delicatessen clerk
lo sconto	discount
il supermercato	supermarket
la svendita	sale
l'uva	grapes
il venditore / la venditrice	vendor
la vetrina	shop window
lo yogurt	yogurt

ALTRE PAROLE E ESPRESSIONI

all'ultima moda	in the latest style, trendy
Avanti!	Come on!
Dai!	Come on!
di moda	in style, stylish
fuori moda	out of style
in saldo	on sale
in svendita	on sale
pure	go ahead; by all means
Quanti ne abbiamo oggi?	What is today's date?

---

*Words identified with an asterisk (*) are conjugated with **essere.**

Cercare casa

Una casa in vendita

Vocabolario preliminare

DIALOGO-LAMPO

Non abbiamo la casa

ANTONELLA: Ho saputo che vi sposate tra due settimane!

PATRIZIA: Eh sì, è quasi tutto pronto, ma ci manca solo la casa…

ANTONELLA: La casa!? E dove andate ad abitare?

MASSIMO: Dai miei genitori… Non è la migliore soluzione ma, come sai, trovare casa oggi è quasi impossibile: costa troppo!

1. Quando si sposano Patrizia e Massimo?
2. Dove andranno ad abitare?
3. Perché?

Case e appartamenti

lo studio

il bagno

la camera da letto

il terrazzo

la cucina

le scale

la sala da pranzo

il salotto

l'entrata/ l'ingresso

la cantina

il giardino

ABITAZIONI (RESIDENCES)

l'affitto rent
l'appartamento apartment
l'ascensore (*m.*) elevator
l'indirizzo address
l'inquilino/l'inquilina tenant
la lavatrice washing machine
la mansarda attic apartment
il mobile piece of furniture
il monolocale studio apartment
il padrone / la padrona di casa
    landlord/landlady
il palazzo apartment building
il piano floor (*of a building*)
il pianterreno* ground floor
   a pianterreno on the ground floor
il primo (secondo/terzo) piano
    the first (second/third) floor
   al primo (secondo/terzo) piano
    on the first (second/third) floor
il riscaldamento heat, heating
i servizi facilities (*kitchen and
    bath*)
la soffitta attic
il soggiorno family room
la stanza room

affittare to rent
ammobiliare to furnish
cambiare casa, traslocare to move
    within the same town

trasferirsi (isc) to move (*to another
    town, state, etc.*)

ammobiliato furnished

in affitto for rent
in periferia on the outskirts, in the
    suburbs
in vendita for sale

I MOBILI

l'armadio wardrobe
l'armadio a muro closet
il divano sofa
il letto bed
la poltrona armchair
lo scaffale shelf
lo scaffale per i libri bookshelf
la scrivania desk
la sedia straight-back chair
lo specchio mirror

POSIZIONI NELLO SPAZIO (SPACE)

accanto (a) beside, next to
davanti (a) in front of
dietro (a/di) behind
sopra above, over
sotto below, under

—Chissà quanto paghi d'affitto!

Buono a sapersi

If you are looking for a house
or apartment, pay attention to
signs with the following words:

cercasi wanted
affittasi for rent
vendesi for sale

ESERCIZI ■ ■ ■ ■ ■ ■ ■ ■ ■ ■

A. Quiz sulla casa. Che cos'è? Trova una risposta a queste definizioni.

> ESEMPIO: È la parte della casa dove riceviamo gli amici →
>   È il salotto.

1. È un edificio (*building*) con molti appartamenti.
2. Si usa per salire al terzo piano.
3. Abita in casa d'altri.
4. Un sinonimo di *traslocare*.
5. È il piano allo stesso livello della strada.
6. La proprietaria di un'abitazione.
7. La stanza della casa che sta sopra tutte le altre.
8. La stanza della casa che sta sotto tutte le altre.

---

*Italians distinguish the ground floor from the first floor, which Americans and Canadians call
the second floor. In Italy, the **primo piano** is the first floor above the ground floor.

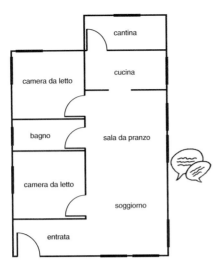

B. **Attività casalinghe** (*domestic*). Quali sono le cose che facciamo più spesso nelle varie stanze della casa? Pensa almeno a due o tre attività.

> ESEMPIO: in cucina →
> In cucina preparo i pasti, lavo i piatti, guardo la televisione...

1. in sala da pranzo
2. nello studio
3. in bagno
4. in camera da letto
5. in soggiorno
6. sul terrazzo

C. **Dove lo metto?** Avete appena traslocato, tutti i mobili sono sul camion (*truck*) e dovete decidere dove metterli. Con un compagno / una compagna, guardate la pianta (*floor plan*) del nuovo appartamento a destra e decidete dove volete i seguenti mobili.

> ESEMPIO: lo specchio →
> S1: Dove mettiamo lo specchio?
> S2: Mettiamolo nel bagno.

1. la lavatrice
2. il tavolo e le sedie
3. il divano e le poltrone
4. il computer
5. l'armadio
6. il letto
7. la scrivania
8. lo scaffale per i libri

In ascolto

For listening comprehension activities related to the theme of this chapter, see the Laboratory Manual or visit the *Prego!* website. **www.mhhe.com/prego7**

Grammatica

A. Aggettivi indefiniti

SARA: Sai, mamma, io e Carlo abbiamo visto alcuni appartamenti in vendita davvero carini!

MAMMA: Dove sono?

SARA: Sono in periferia, vicino al parco. Ogni appartamento ha un bel giardinetto con un po' di verde. Alcuni appartamenti hanno anche il camino in salotto.

MAMMA: Cosa aspettate? Compratene uno!

SARA: You know, Mom, Carlo and I saw some really cute apartments for sale! MAMMA: Where are they? SARA: They are in the suburbs, close to the park. Every apartment has a lovely little garden with a few plants. Some apartments also have a fireplace in the living room. MAMMA: What are you waiting for? Buy one!

Indefinite adjectives, such as *every*, *any*, and *some*, do not refer to a particular person or thing. For example: *Some people love steak. Every plate is broken. Can we have some coffee?* In Italian, these adjectives always precede the noun.

1. Adjectives in Italian which express *each*, *every*, and *all* are described below.

   a. Ogni (*each*, *every*) is typically used only with a singular noun and is invariable.

Ogni casa ha un terrazzo.	*Each house has a balcony.*
Traslochiamo **ogni** anno.	*We move every year.*

   b. The indefinite adjective **tutto** (*all*, *every*, *the whole*) agrees with the modified noun and is always followed by the definite article. Both singular and plural forms are used, according to the context, and the English word *of* is never translated.

Studio **tutto il** giorno.	*I study all day.*
Tutti i mobili sono moderni.	*All the furniture (Every piece of furniture) is modern.*
Tutti gli appartamenti sono in affitto.	*All (of) the apartments are for rent.*
Tutta la casa è pulita.	*The whole house is clean.*
Tutte le ville sono in campagna.	*All (of) the villas are in the country.*

2. Adjectives in Italian which express *some* or *any* are described below.

   a. Qualche (*some*, *a few*) is used only with a singular noun and is invariable. **Alcuni/alcune** (*some*, *a few*) is used only with plural nouns and agrees in gender with the noun modified. Both have a plural meaning in English.

Qualche appartamento è libero.	*Some apartments are vacant.*
Qualche stanza è ammobiliata.	*A few rooms are furnished.*
Alcuni appartamenti sono in affitto.	*Some apartments are for rent.*
Alcune camere da letto sono piccole.	*Some bedrooms are small.*

—Prima di accettare la Sua diagnosi, dottore, potrei consultare qualche suo vecchio paziente?

   b. The expression **un po' di** means *some*, *a little*. It is used with nouns commonly expressed in the singular.

Posso avere **un po' di** acqua?	*Can I have some water?*
Metto **un po' di** zucchero nel caffè.	*I put a little sugar in coffee.*

   c. As you already know, another way to express *some* or *any* is to use the partitive (**il partitivo**): **di** + *definite article*. (See **Capitolo 5**.)

Ci sono **dei** palazzi nuovi.	*There are some new buildings.*
Cerchiamo **delle** camere ammobiliate.	*We're looking for some furnished rooms.*

A. Non generalizzare... Tu e il tuo compagno o la tua compagna di casa cercate una nuova casa. Correggi le sue generalizzazioni con **qualche**.

ESEMPIO: S1: Tutti i palazzi hanno l'ascensore. →
S2: Qualche palazzo ha l'ascensore.

1. Tutte le mansarde hanno una bella vista.
2. Ogni padrone di casa è gentile.
3. Tutti gli inquilini pagano l'affitto.
4. Tutti i nostri amici abitano in centro.
5. Ogni appartamento in periferia costa meno.
6. Ogni monolocale è carino.

 B. Cerchiamo casa. Fai delle domande ad un compagno / una compagna. Nella risposta il compagno / la compagna deve usare un aggettivo indefinito.

ESEMPIO: trovare / annuncio (*ad*) interessante →
S1: Hai trovato annunci interessanti?
S2: Ho trovato qualche annuncio interessante. *o*
Ho trovato alcuni annunci interessanti.

1. trovare / appartamento libero
2. scrivere / indirizzo di case in affitto
3. vedere / appartamento con balcone
4. comprare / mobile
5. trovare / padrone simpatico
6. vedere / monolocale

B. Pronomi indefiniti

MARISA: Ciao, Stefania, come va? Ho saputo che vuoi traslocare.

STEFANIA: È vero. Cerco una casa in affitto, ma sono tutte in vendita! In realtà ce ne sono alcune in affitto, ma sono troppo lontane dal centro.

MARISA: Non preoccuparti, prima o poi troverai qualcosa!

MARISA: Hi, Stefania, how is it going? I heard you want to move.   STEFANIA: It's true. I'm looking for a house to rent, but they are all for sale! Actually, there are some for rent, but they are too far from downtown.   MARISA: Don't worry, sooner or later you'll find something!

As you know, pronouns take the place of nouns. Indefinite pronouns (**i pronomi indefiniti**) do not refer to a particular person or thing. For example: *Someone turned off the lights. I hear something. I bought everything we need.* Some indefinite pronouns refer to a person or thing previously mentioned: *All the apartments are furnished, and some have balconies.*

The most common indefinite pronouns appear in the following list. Notice that their forms resemble those of the indefinite adjectives you learned in the preceding section.

AGGETTIVI

Tutti i ragazzi traslocano.
Tutte le camere sono piccole.
Ogni studente trasloca.

Ogni casa ha tre camere.
Qualche palazzo è vecchio.
Qualche poltrona è nuova.

Alcuni appartamenti sono liberi.
Alcune camere sono grandi.
Un po' di zucchero va bene, grazie.

Ho mangiato **tutto il panino e tutta la torta.**
Cerco **qualche regalo** in centro.

PRONOMI

Tutti traslocano. (*all, everybody*)
Tutte sono piccole. (*all*)
Ognuno trasloca. (*each, everyone*)

Ognuna ha tre camere. (*each one*)
Qualcuno è vecchio. (*some*)
Qualcuna è nuova. (*some*)

Alcuni sono liberi. (*some, a few*)
Alcune sono grandi. (*some, a few*)
Un po' va bene, grazie. (*some, a little*)

Ho mangiato **tutto.** (*all, everything*)
Cerco **qualcosa** in centro. (*something*)

In addition to the meanings above, **tutti** means *everyone* and **qualcuno** means *someone.* In contrast, **tutto** means *everything* and **qualcosa** means *something.*

Tutti vengono alla casa in campagna.
Qualcuno bussa alla porta.
Ho portato **tutto.**
Il bambino ha mangiato **qualcosa.**

Everyone is coming to the house in the country.
Someone is knocking on the door.
I brought everything.
The child ate something.

Qualcosa is always treated as masculine for purposes of agreement.

È success**o qualcosa?**   *Did something happen?*

ESERCIZI

A. Una bella serata. Completa il seguente testo con le espressioni appropriate.

_____¹ (Ogni / Ognuna) cosa era al suo posto.ᵃ _____² (Tutti / Ognuno) si erano nascosti.ᵇ Avevamo preparato _____³ (qualcuno / qualcosa) di molto buono per Claudio. C'erano _____⁴ (ogni / alcuni) fiori sul tavolo, ma a parteᶜ questo, _____⁵ (tutti / tutto) era come al solito. Venti minuti di silenzio. E poi quando è entrato Claudio, _____⁶ (ognuno / tutti) hanno gridato:ᵈ «Auguri! Buon compleanno!»

ᵃal... *in its place*   ᵇsi... *were hiding/hidden*   ᶜa... *besides*   ᵈ*yelled*

— Qualcuno ha visto il mio panino?

B. Due possibilità. Completa le frasi con la parola corretta. Poi, il compagno / la compagna fa una nuova frase con la parola che non hai scelto.

> ESEMPIO: (Ogni / Tutti gli) studente studia. →
> S1: Ogni studente studia.
> S2: Tutti gli studenti studiano.

1. In inverno guardiamo (alcuni / qualche) film italiano nel nostro dipartimento.
2. Conosci (alcune / qualche) poesie italiane?
3. (Ognuno / Tutti) desidera la felicità (*happiness*).
4. Mi piacciono (ogni / tutti i) mobili della casa.
5. (Tutti / Ognuno) erano presenti e (tutti / ognuno) ha potuto esprimere la propria opinione.
6. Ho comprato (qualche / alcune) poltrone per il soggiorno ieri.

C. Dite la vostra. Decidi se le seguenti cose sono **qualcosa di necessario, qualcosa di inutile** (*useless*) o **qualcosa di piacevole** (*pleasant*).

> ESEMPIO: il caffè → Per me, il caffè è qualcosa di inutile.

1. il tè	**3.** le vacanze	**5.** il balcone	**7.** la musica
2. il lavoro	**4.** il sonno	**6.** il riscaldamento	**8.** la libertà

NOTA CULTURALE

I giovani e la casa

La maggioranza dei trentenni[1] italiani vive ancora con i genitori. Il fenomeno, che interessa sociologi e studiosi del costume,[2] è aumentato[3] negli ultimi anni. Quali sono le ragioni? Da una parte, c'è l'aspetto economico. Gli affitti delle case sono altissimi rispetto ad uno stipendio medio.[4] Allo stesso tempo i giovani hanno grosse difficoltà a trovare un lavoro fisso. Molti lavorano «a progetto» o fanno degli stage aziendali[5] che durano[6] pochi mesi e che pagano pochissimo, a volte anche meno di 500 euro al mese.

Madre e figli a tavola

Ma ci sono anche motivi che dipendono da abitudini e tradizioni. Nella famiglia italiana la madre è ancora fulcro della famiglia e tende ad avere rapporti molto stretti con i figli. La mamma si occupa di[7] tutto in casa e soprattutto i maschi trovano molto conveniente vivere in casa. Le figlie, che sono più abituate a prendere cura di se stesse,[8] cercano di lasciare la casa per avere più indipendenza. Secondo le statistiche più aggiornate,[9] a 29 anni circa il 50% dei maschi e oltre il 25% delle donne vive con la famiglia di origine. La società considera questa situazione come del tutto normale. Anche l'età media degli sposi è aumentata. Per le donne nel 1980 era 22 anni, mentre nel 2007 è salita a 27. Per gli uomini l'età è passata da 27 a quasi 30 anni. Non è raro trovare giovani coppie sposate che vanno a vivere con la famiglia di lui o di lei proprio perché non possono permettersi[10] un appartamento per conto proprio.[11]

[1]*thirty-year-olds* [2]*studiosi... social scientists* [3]*increased* [4]*stipendio... average salary* [5]*stage... internship* [6]*last* [7]*si... deals with* [8]*prendere... take care of themselves* [9]*up-to-date* [10]*permettersi... afford* [11]*per... on their own*

C. Negativi

MARITO: Sento un rumore in cantina: ci sarà qualcuno, cara…

MOGLIE: Ma no, non c'è nessuno: saranno i topi!

MARITO: Ma che dici? Non abbiamo mai avuto topi in questa casa. Vado a vedere.

   (*Alcuni minuti dopo.*)

MOGLIE: Ebbene?

MARITO: Ho guardato dappertutto ma non ho visto niente di strano.

MOGLIE: Meno male!

As you already know, an Italian sentence is usually made negative by inserting **non** in front of the verb. Only object pronouns are placed between **non** and the verb.

Questa casa ha troppi scalini.	*This house has too many steps.*
Quella casa non ha troppi scalini.	*That house does not have too many steps.*
Quella casa non ne ha troppi.	*That house doesn't have too many (of them).*

1. As you know, negative words or expressions are used in conjunction with **non**. When the negative expression follows the conjugated verb, **non** must precede the verb.

ESPRESSIONI AFFERMATIVE

ESPRESSIONI NEGATIVE

Hai comprato **qualcosa?** (*something*)
Hai comprato **tutto?** (*everything*)

No, **non** ho comprato **niente/nulla.** (*nothing*)

Hai visto **qualcuno** alla festa? (*someone*)
Hai visto **tutti** alla festa? (*everyone*)

No, **non** ho visto **nessuno.** (*no one, nobody*)

Canti **sempre** nella doccia? (*always*)
Canti **qualche volta** nella doccia? (*sometimes*)
Canti **mai** nella doccia? (*ever*)

No, **non** canto **mai.** (*never*)

Hai **già** preparato la cena? (*already, yet*)

No, **non** ho **ancora** preparato la cena. (*not yet*)

Abiti **ancora** in via Roma? (*still*)

No, **non** abito **più** in via Roma. (*no longer*)

Studi l'italiano **e/o** la chimica? (*and/or*)

No, **non** studio **né** l'italiano **né** la chimica. (*neither/nor*)

—Tira su l'ancora:ª in questo posto non si pesca nulla!

ªTira… *Pull up the anchor*

HUSBAND: I hear a noise in the cellar. There must be someone there, dear. . . .   WIFE: No, there's nobody there. It must be mice!   HUSBAND: What are you talking about? We've never had any mice in this house. I'm going to have a look. (*A few minutes later.*)   WIFE: Well?   HUSBAND: I looked everywhere but I didn't see anything strange.   WIFE: Thank goodness!

2. When **niente** or **nessuno** precedes the verb, **non** is omitted.

Niente era facile.	*Nothing was easy.*
Nessuno lo farà.	*No one will do it.*

Similarly, when a construction with **né... né** precedes the verb, **non** is omitted. Note that a plural verb is used in Italian.

Né Mario né Carlo hanno una cantina.	*Neither Mario nor Carlo has a cellar.*

3. Just like **qualcosa, niente** (**nulla**) takes **di** in front of an adjective and **da** before an infinitive.

Non c'è niente di economico da affittare.	*There's nothing cheap to rent.*
C'è qualcosa di interessante alla televisione?	*Is there anything interesting on TV?*

Nota bene

L'aggettivo *nessuno*

Nessuno can be used as an adjective to mean *any* in negative sentences. It is always singular in form and its endings are like those of the indefinite article:

nessun, nessuno, nessuna, nessun'. Note that use of **nessuno** in negative sentences adds emphasis since *any* is not normally expressed in these sentences.

Non ho amici. *I don't have friends.*

Non ho nessun amico. *I don't have any friends (a single friend).*

Non ho voglia di conoscerlo. *I don't have a desire to meet him.*

Non ho nessuna voglia di conoscerlo. *I don't have any (the slightest) desire to meet him.*

ESERCIZI

A. Domande personali. Decidi se queste affermazioni personali sono vere o false. Correggi quelle false.

1. Non faccio niente venerdì sera; rimango a casa e guardo la TV.
2. Non sono mai stata in Italia/Spagna/Russia/Cina/Kansas.
3. Non mi sono ancora laureato/laureata.
4. Non ho ancora scelto una specializzazione.
5. Non ho né un soggiorno né uno studio in casa.
6. Non conosco nessuno all'università / nel mio palazzo / nella classe di italiano.

B. Un amico sfortunato. Paolo si è trasferito a Bari un mese fa e trova difficile sistemarsi (*getting settled*). Fai la parte di Paolo e rispondi alle domande in modo negativo.

> ESEMPIO: Hai già trovato casa? → No, non ho ancora trovato casa.

1. Hai visto qualcosa di bello?
2. Il tuo amico Giorgio abita ancora a Bari?
3. Hai amici o parenti in quella città?
4. Conosci qualcuno a Bari?
5. Hai già fatto un giretto in campagna?
6. Gli amici di Roma ti telefonano qualche volta?

C. Pessimisti! Con un compagno / una compagna, create delle domande da fare ad un altro gruppo. Gli studenti dell'altro gruppo devono rispondere con un'espressione negativa.

> ESEMPIO: tutti / studiare fino a mezzanotte il venerdì sera →
> GRUPPO 1: Tutti studiano fino a mezzanotte il venerdì sera?
> GRUPPO 2: Nessuno studia fino a mezzanotte il venerdì sera.

1. qualcuno / trasferirsi a Lecce
2. la professoressa / correggere sempre gli errori
3. voi / fare i biscotti qualche volta
4. noi / sistemare (*to arrange*) la poltrona e il divano
5. tutto / essere pronto

D. Imperativo (*Lei, Loro*)

SEGRETARIA: Dottoressa, il signor Biondi ha bisogno urgente di parlarLe: ha già telefonato tre volte.

DOTTORESSA MANCINI: Che seccatore! Gli telefoni Lei, signorina, e gli dica che sono già partita per Chicago.

SEGRETARIA: Pronto!... Signor Biondi?... Mi dispiace, la dottoressa è partita per un congresso a Chicago... Come dice?... L'indirizzo? Veramente, non glielo so dire: abbia pazienza e richiami tra dieci giorni!

You learned the **tu, noi,** and **voi** forms of the imperative in **Capitolo 11.**

1. The formal **Lei** and **Loro** imperative is formed by adding **-i, -ino** endings to the first-person singular (**io**) present-tense stem of **-are** verbs, and **-a, -ano** endings to the stem of **-ere** and **-ire** verbs. The negative imperative is formed by inserting **non** before the affirmative form.

	lavorare (lavor-)	scrivere (scriv-)	dormire (dorm-)	finire (finisc-)
(Lei) (non)	lavori	scriva	dorma	finisca
(Loro) (non)	lavorino	scrivano	dormano	finiscano

	bere (bev-)	dire (dic-)	venire (veng-)	uscire (esc-)	andare (vad-)	fare (facci-)
(Lei) (non)	beva	dica	venga	esca	vada	faccia
(Loro) (non)	bevano	dicano	vengano	escano	vadano	facciano

Signora, **aspetti! Non entri** ancora!	*Ma'am, wait! Don't come in yet!*
Signori, **finiscano** di mangiare e **paghino** alla cassa!	*Gentlemen, finish eating and pay at the cash register!*
Signora Bianchi, **beva** questa medicina e poi **venga** da me!	*Mrs. Bianchi, drink this medicine and then come see me!*
Signor Salvini, **esca** subito dal mio ufficio!	*Mr. Salvini, leave my office at once!*

SECRETARY: Doctor, Mr. Biondi needs to speak to you urgently. He has already called three times.
DR. MANCINI: What a nuisance! You call him, Miss, and tell him that I already left for Chicago.
SECRETARY: Hello! Mr. Biondi? I'm sorry, but the doctor left for a conference in Chicago . . . What was that? The address? Really, I couldn't tell you. Be patient and call back in 10 days!

Nota bene

L'infinito invece dell'imperativo

The infinitive often replaces the imperative in directions, public notices, recipes, and so on.

Ritirare lo scontrino alla cassa.
Get a receipt at the cash register.

Cuocere per un'ora. *Cook for an hour.*

2. Several verbs are irregular in the formal imperative.

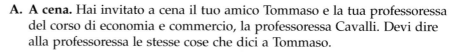

	sapere	dare	stare	avere	essere
(Lei) (non)	sappia	dia	stia	abbia	sia
(Loro) (non)	sappiano	diano	stiano	abbiano	siano

3. With **Lei** and **Loro** commands, pronouns must always *precede* the verb.

Le telefoni subito! — *Call her immediately!*

Non **gli dica** quello che abbiamo deciso. — *Don't tell him what we've decided.*

Non **si preoccupi,** professore. — *Don't worry, professor.*

ESERCIZI

A. A cena. Hai invitato a cena il tuo amico Tommaso e la tua professoressa del corso di economia e commercio, la professoressa Cavalli. Devi dire alla professoressa le stesse cose che dici a Tommaso.

> ESEMPIO: Vieni a tavola! →
> Professoressa Cavalli, venga a tavola!

1. Aspettami in salotto!
2. Dimmi cosa ne pensi!
3. Bevi un po' di vino!
4. Finisci pure i ravioli!
5. Prendi una fetta di torta!
6. Guarda questo quadro!
7. Va' in giardino!
8. Non dimenticare il cappotto!

Adesso ripeti l'esercizio e di' le stesse cose alla professoressa Cavalli e a suo marito.

> ESEMPIO: Signori, vengano a tavola!

— Quando le sembrano abbastanza gli spaghetti al sugo me lo dica...

B. Questi inquilini! I nuovi inquilini hanno molte domande. Fai la parte del padrone / della padrona di casa e di' agli inquilini quello che devono fare o non devono fare. Usa pronomi nelle frasi.

> ESEMPIO: Possiamo aprire le finestre in inverno? →
> No, non apritele in inverno! (Sì, apritele pure!)

1. Possiamo sistemare i mobili come vogliamo?
2. Possiamo fare rumore a tutte le ore?
3. Possiamo parcheggiare la macchina davanti al palazzo?
4. Dobbiamo sempre chiudere a chiave (*lock*) la porta d'ingresso?
5. Possiamo affittare il garage a un amico?
6. Possiamo guardare la televisione fino a tardi?

Piccolo ripasso

A. Contrari. Cambia le espressioni negative in espressioni positive e vice-versa per creare frasi di significato contrario.

> ESEMPI: Non ho ancora sistemato i mobili. →
> Ho già sistemato i mobili.
>
> Condivide (*He shares*) l'appartamento con qualcuno. →
> Non condivide l'appartamento con nessuno.

1. Affittano ancora una mansarda.
2. Non uso mai la lavatrice.
3. Qualcuno ha il terrazzo.
4. Non hanno niente di interessante nell'armadio.
5. Gabriella ha già cambiato casa.
6. Abbiamo lo studio e la camera per gli amici.

B. Scambi. Con un compagno / una compagna, completate le conversazioni con le espressioni giuste.

1. S1: Giulia, come va la caccia (*hunt*) agli appartamenti? Avete trovato
   _____ (qualcosa / qualcuno)?
   S2: Niente, purtroppo. Ci sono _____ (qualche / alcuni) padroni di casa
   che non vogliono studenti e _____ (ognuno / tutti) chiedono troppo
   di affitto!
2. S1: Caro, mi dai _____ (qualche / un po' di) zucchero?
   S2: Ecco subito! Vuoi anche _____ (del / alcune) latte?
3. S1: Franco, com'era Palermo? Non mi ha mandato i saluti _____
   (qualche / nessuno)?
   S2: Ci siamo divertiti molto! E _____ (ognuno / tutti) ti mandano tanti
   saluti!
4. S1: Ragazzi, è _____ (successo / successa) qualcosa?
   S2: Niente, mamma. Carletto ha visto _____ (qualche / alcuni) topi nel
   garage e ha avuto paura.

C. Richieste. Con un compagno / una compagna, pensate a una richiesta da fare alle seguenti persone. Usate l'imperativo formale dei seguenti verbi: **consigliare, dare, preparare.**

> ESEMPIO: il professore / Per favore, professore… →
> Per favore, professore, mi dica quale capitolo dobbiamo
> studiare per la lezione di domani.

1. il dottore / Per favore, dottore…
2. la dentista / Per favore, dottoressa…
3. il macellaio / Per favore, …
4. il barista / Per favore, …
5. la farmacista / Per favore, dottoressa…
6. la gelataia / Per favore, signora/signorina…

Invito alla lettura

La Puglia

Case veramente particolari: i trulli in Puglia

Eccoci in una regione ideale per le persone che amano il mare. La Puglia è il tacco[1] dello «stivale» della penisola italiana ed è una lunga pianura[2] sul mare Adriatico e sul mare Ionio. Il suo mare è pulito e le coste, soprattutto quelle del Gargano (lo «sperone»[3] d'Italia), offrono dei paesaggi bellissimi. Il Gargano è una zona ricca di boschi; il loro verde contrasta con l'azzurro del mare ed il bianco delle rocce calcaree.[4] Anche le case dei piccoli centri sulla costa sono bianchissime, di solito piccole e basse, con il tetto piatto[5] usato spesso come terrazzo.

Ma per vedere delle case veramente particolari devi andare a Sud, fra le province di Bari, Brindisi e Taranto. Qui, infatti, ci sono i famosi **trulli,** costruzioni circolari, con il tetto a forma di cono,[6] fatte con le pietre[7] calcaree della zona. I trulli sono per la maggior parte case di campagna, sparse[8] in mezzo a viti[9] e olivi, ma si trovano anche raggruppati[10] in centri come Alberobello e Locorotondo.

Se puoi, cerca di visitare una di queste abitazioni particolari. Ti piaceranno l'ordine, la pulizia e la grande bellezza dell'essenzialità.[11]

[1]heel [2]plain [3]spur [4]calcareous (containing calcium) [5]flat [6]a... cone-shaped [7]stones
[8]scattered [9]grapevines [10]grouped [11]minimalism

Capire

Completa.

1. Le case del Gargano _____.
   a. sono bianche e hanno il tetto a cono
   b. sono colorate e hanno molti terrazzi
   c. sono bianche e hanno il tetto piano che è usato come terrazzo
2. Un trullo è una costruzione _____.
   a. con il tetto a cono e una sola stanza
   b. con il tetto a cono e con diverse stanze
   c. di forma rotonda e con il tetto a terrazzo
3. I trulli si trovano _____.
   a. sulla costa, nella zona del Gargano
   b. nella parte meridionale della regione
   c. nelle città di Bari, Brindisi e Taranto

Scrivere

A casa mia. Usa una foto o un disegno della tua abitazione (o un'abitazione che trovi su un giornale o rivista) per descrivere questa casa o appartamento. Cerca di rispondere a queste domande: Dove abiti (in una casa, in un appartamento, in un monolocale, in un palazzo)? Com'è? Sei in periferia, in città o in campagna? Quanti piani ci sono in quest'abitazione? Quante camere da letto? Quanti bagni? Qual è la tua stanza preferita e perché? Ti piace la tua casa?

CURIOSITÀ

Un nuraghe

I nuraghi

Sapete che in Italia ci sono delle abitazioni davvero particolari? Oltre ai trulli, abitazioni bianche, costruite con la pietra[1] calcarea e con il tetto a forma di cono che si trovano in Puglia, ci sono altre costruzioni tipiche su una bellissima isola italiana, la Sardegna. Per chi già conosce l'isola è difficile immaginarne il paesaggio senza i nuraghi o le loro rovine.[2]

Che cosa sono i nuraghi? Sono costruzioni cilindriche, leggermente più strette verso l'alto con la forma di un tronco[3] di cono. Sono costruiti con grossissime[4] pietre, messe una sopra l'altra, senza muratura,[5] e sono antichissimi.

I nuraghi non erano tombe, come si pensava un tempo; erano probabilmente case, non per la gente comune, ma per i capi.[6] Erano come castelli o fortezze,[7] usati per la difesa, che potevano offrire rifugio alla popolazione in tempo di guerra.[8] In Sardegna ce ne sono più di settemila, sparsi un po' in tutta la regione.

[1]*stone* [2]*ruins* [3]*broken-off piece* [4]*huge* [5]senza... *without mortor* [6]*chiefs*
[7]castelli... *castles or fortresses* [8]*war*

STRUMENTI

Videoteca

 VIDEO

Cercasi monolocale

Roberto cerca un appartamento a Palermo, in Sicilia. Telefona ad un'agenzia immobiliare per avere aiuto.

Preparazione

ESPRESSIONI UTILI

FUNZIONE: cercare un appartamento

l'agenzia immobiliare	rental agency
il prefisso	area code
il sito della rete	website
dà un'occhiata	(you) look it over, (you) give it a look

Dal video

ROBERTO: Pronto, buongiorno. Senta, cerco un appartamento da affittare per un mese in Sicilia, a Palermo. Lei può aiutarmi?

AGENTE: Certo, che tipo di appartamento cerca?

ROBERTO: Piccolo, per una persona. Cerco un monolocale ammobiliato con riscaldamento, balcone e servizi, naturalmente.

Dopo il video

Verifica. Vero o falso?

	V	F
1. Roberto cerca un monolocale ammobiliato per il mese di agosto.	☐	☐
2. Roberto non vuole pagare più di 800 euro al mese per l'appartamento.	☐	☐
3. A Palermo è difficile trovare monolocali in città.	☐	☐

Comprensione. Rispondi alle seguenti domande.

1. Come si paga una telefonata, fatta da un telefono pubblico, in Italia?
2. In quale zona ci sono appartamenti da affittare a Palermo?
3. Dove può trovare Roberto l'indirizzo del sito Internet dell'agenzia immobiliare?

 Attività. Da fare in coppia. Hai deciso di affittare il tuo appartamento per il mese che starai in Italia a studiare. Elenca su un foglio le caratteristiche del tuo appartamento e poi rispondi alla telefonata di un compagno / una compagna che chiama per chiedere dell'appartamento.

Parole da ricordare

VERBI

affittare	to rent
ammobiliare	to furnish
cambiare casa	to move (*within the same town*)
condividere (*p.p.* condiviso)	to share (*a residence*)
trasferirsi (isc)	to move (*to another town, state, etc.*)
traslocare	to move (*within the same town*)

NOMI

l'abitazione (*f.*)	residence
l'affitto	rent
l'appartamento	apartment
l'armadio	wardrobe
l'armadio a muro	closet
l'ascensore (*m.*)	elevator
il bagno	bathroom
il balcone	balcony
la camera da letto	bedroom
la cantina	cellar, basement
la cucina	kitchen
il divano	sofa
l'entrata	entrance, entryway
il giardino	garden; yard
l'indirizzo	address
l'ingresso	entrance, entryway
l'inquilino/l'inquilina	tenant
la lavatrice	washing machine
la mansarda	attic apartment
il mobile	piece of furniture
il monolocale	studio apartment
il padrone / la padrona di casa	landlord/landlady
il palazzo	apartment building
il piano	floor (*of a building*)
il pianterreno	ground floor
la poltrona	armchair
il primo (secondo/terzo) piano	the first (second/third) floor

il riscaldamento	heat, heating
il rumore	noise
la sala da pranzo	dining room
il salotto	living room
lo scaffale	shelf
lo scaffale per i libri	bookshelf
le scale	stairs; staircase
la scrivania	desk
la sedia	straight-back chair
i servizi	facilities (*kitchen and bath*)
la soffitta	attic
il soggiorno	family room
lo specchio	mirror
la stanza	room
lo studio	study, office
il terrazzo	balcony

AGGETTIVI

ammobiliato	furnished
insolito	unusual
piacevole	pleasant

ALTRE PAROLE E ESPRESSIONI

accanto (a)	beside, next to
affittasi	for rent
a pianterreno	on the ground floor
al primo (secondo/terzo) piano	on the first (second/third) floor
cercasi	wanted
davanti (a)	in front of
dietro (a/di)	behind
in affitto	for rent
in periferia	on the outskirts, in the suburbs
in vendita	for sale
sopra	above, over
sotto	below, under

Flash culturali
Dove andare in viaggio...

I turisti di San Francesco

Quando si parla di turismo si pensa di solito a un luogo da visitare. Ci sono tuttavia[1] dei luoghi così fortemente legati[2] a personaggi che quasi si identificano con loro.

Assisi, in Umbria, è uno di questi. La piccola città, ricca di opere[3] d'arte, deve[4] infatti la sua fama al ricordo di San Francesco che sembra ancora presente nelle chiese e, soprattutto, nella campagna vicina.

San Francesco (1182–1226) predicava[5] la semplicità e l'amore verso[6] tutte le cose, in particolare verso la natura. Parlava ai lupi e agli uccelli,[7] chiamava fratelli il sole,[8] l'acqua e il fuoco.[9]

Assisi è oggi il simbolo del cristianesimo francescano e della pace.[10] Ci vanno ogni anno milioni di turisti. Una parte di questi vanno per vedere gli affreschi di Giotto, altri per pregare[11] e ritrovare San Francesco, altri per partecipare alle manifestazioni per la pace. Ma tutti sono ugualmente incantati da questa piccola città dai grandi orizzonti.[12]

[1]*nonetheless* [2]*tied* [3]*works* [4]*owes* [5]*preached* [6]*toward* [7]*ai... to wolves and to birds* [8]*sun* [9]*fire* [10]*peace* [11]*pray* [12]*horizons*

San Francesco, simbolo della semplicità, della pace e dell'amore per la natura

Folklore in Sardegna

Ti piacciono le feste folkloristiche? Allora devi sapere che in tutta la Sardegna e durante tutto l'anno si fanno moltissime feste. A causa della lontananza[1] dell'isola dall'Italia peninsulare, in Sardegna si sono infatti conservati la lingua, i costumi e le feste tradizionali.

Una delle feste più antiche si svolge a Cagliari il 1° maggio, in onore di Sant'Efisio, che liberò[2] la città dalla peste[3] e divenne martire[4] nel 303. La gente di Cagliari porta la statua del Santo attraverso la città su una ricca carrozza.[5] Le autorità cittadine e alcuni soldati a cavallo,[6] in costume rosso, accompagnano la carrozza. C'è poi una grande folla[7] che segue il Santo a piedi o su carri trainati da buoi.[8] Tutti portano i costumi della festa, bellissimi e ricchi di ricami.[9] E soprattutto per questi costumi straordinari, la festa di Sant'Efisio è uno spettacolo da non perdere.[10]

[1]*distance* [2]*freed* [3]*plague* [4]*divenne... became a martyr* [5]*carriage* [6]*soldati... soldiers on horseback* [7]*crowd* [8]*carri... carts drawn by oxen* [9]*needlework, embroidery* [10]*spettacolo... show not to miss*

Alcuni straordinari costumi sardi

La Battaglia delle Arance

La Battaglia delle Arance di Ivrea, in Piemonte, è una delle manifestazioni più spettacolari del folklore italiano. Si svolge per tre giorni, durante il Carnevale (in febbraio), nelle strade della città. I tremila partecipanti si tirano[1] le arance con grande violenza.

A terra[2] ci sono nove squadre a piedi, composte da centinaia[3] di combattenti del popolo.[4] Sopra quaranta carri stanno invece i nemici[5] del popolo, cioè i guerrieri del «signore».[6] Questi, per difendersi, hanno abiti imbottiti, caschi e maschere.[7]

Nei tempi antichi le arance erano gentilmente scambiate,[8] per le vie della città, fra i signori e il popolo che li salutava. Non sappiamo quando si è cominciato a tirare le arance con violenza, con l'intenzione di colpire[9] il «signore».

La gente di Ivrea partecipa con entusiasmo alla festa, paga le spese per le arance, i costumi e la pulizia[10] della città. Non paga, però, la pulizia degli abiti dei turisti!

I guerrieri si difendono dalle arance del popolo

[1]si… *throw at each other* [2]A… *On the ground* [3]*hundreds* [4]*people* [5]*enemies* [6]guerrieri… *warriors of the "Lord" / "Master"* [7]abiti… *padded clothes, helmets, and masks* [8]*exchanged* [9]*hit* [10]*cleaning*

La guarigione della Torre di Pisa

La Torre di Pisa è guarita! Dopo undici anni di cure intensive la famosa torre è fuori pericolo. In questi undici anni le hanno fatto di tutto. L'hanno fasciata, tirata,[1] le hanno messo cinture d'acciaio,[2] pesi di piombo sul fianco,[3] le hanno fatto iniezioni[4] di cemento. Ma i risultati non ci sono stati fino a che l'ingegner Jamiolkowski non ha pensato a toglierle[5] un po' di terra sotto i piedi, dalla parte opposta a quella che pende.[6] Questa cura è stata veramente efficace.[7] La torre pende un po' di meno e gli esperti dicono che così starà in piedi per altri tre secoli.[8]

Ora anche il pubblico ha ricominciato a salire sulla torre, ma sono possibili solo le visite guidate, con gruppi di trenta persone. La visita non dura più di mezz'ora e l'ingresso è caro: circa 13 euro a testa.

[1]fasciata… *bound, pulled* [2]*of steel* [3]pesi… *lead weights on the side* [4]*injections* [5]*to take away from it* [6]*leans* [7]*effective* [8]*centuries*

La torre di Pisa, salvata con l'ingegneria moderna

Explore these topics further through the links found on the *Prego!* website. **www.mhhe.com/prego7**

13 È finita la benzina!

gasoline

Automobili e traffico anche in Vaticano

Vocabolario preliminare

Rifiuti o riciclaggio?

MAMMA: Giorgio, fammi un piacere:[1] porta questi sacchetti[2] pieni di carta, vetro e plastica giù[3] in strada e mettili negli appositi[4] contenitori.

GIORGIO: Ma perché non possiamo mettere tutto nella spazzatura[5] normale?

MAMMA: Vedi, tutto può essere riciclato; così non inquineremo di più il nostro ambiente.

1. Che cosa c'è nei sacchetti?
2. Dove li deve mettere Giorgio?
3. Perché la mamma di Giorgio ricicla tutto?

[1]favor [2]bags [3]down [4]provided [5]trash

Il traffico e l'ambiente (*the environment*)

l'alluminio aluminum
la carta paper
il contenitore container
l'inquinamento pollution
la plastica plastic
il riciclaggio recycling
i rifiuti garbage
il vetro glass

inquinare to pollute
proteggere (*p.p.* **protetto**) to
protect
riciclare to recycle

ecologico environmentally safe

IL TRAFFICO
l'autostrada highway
la benzina gasoline
il distributore di benzina gas
pump
i mezzi (pubblici di trasporto)
public transportation

la multa ticket
il parcheggio parking space
la patente driver's license
il segnale stradale road sign

allacciare la cintura di sicurezza to
fasten one's seat belt
chiedere/dare un passaggio to ask
for / give a lift
**controllare l'olio/l'acqua/le
gomme** to check the
oil/water/tires
fare benzina to get gas
fare il pieno to fill up (the gas
tank)
parcheggiare to park
prendere la multa to get a ticket
*****rimanere** (*p.p.* **rimasto**) **senza
benzina** to run out of gas
rispettare to respect; to obey
superare to exceed
vietare to forbid; to prohibit

— Siamo rimasti senza benzina, ma non c'é problema:
basta mettere nel serbatoio^a un po' d'acqua di mare...

^a*gas tank*

Buono a sapersi

*Andare in macchina o
guidare*

Note the following variations
between these expressions.

Andare in macchina is used
when a destination is implied
or expressed.

Vado all'università in macchina.
I drive to the university.

—Come vanno all'università i
ragazzi?
—Vanno in macchina.
—*How do the boys go (get) to the
university?*
—*They drive.*

Guidare is used when no
destination is involved.
Compare the following.

Non vado a Milano in
macchina. *I don't drive to
Milan.*

Non guido a Milano. *I don't
drive in Milan.*

USA, RIUSA, RICICLA

ESERCIZI

A. Situazioni. Cosa fai nelle seguenti situazioni?

1. Sei rimasto/rimasta senza benzina.
   a. Controlli le gomme.
   b. Fai il pieno.
2. Hai preso la multa.
   a. Paghi senza protestare.
   b. Attacchi il vigile.
3. La macchina non parte (*start*).
   a. Controlli la benzina.
   b. Guardi i segnali stradali.

*Words identified with an asterisk (*) are conjugated with **essere**.

4. Oggi non hai la macchina e devi andare a lavorare.
   a. Prendi l'autobus.
   b. Dai un passaggio a un amico.
5. Non trovi la patente e la tua macchina è senza targa.
   a. Guidi lo stesso.
   b. Usi i mezzi pubblici di trasporto.
6. Sei sull'autostrada; la polizia stradale è in giro (*on patrol*).
   a. Rispetti il limite di velocità.
   b. Dimentichi di allacciare la cintura di sicurezza.
7. Vuoi inquinare il meno possibile.
   a. Parcheggi in divieto di sosta.
   b. Guidi raramente.
8. Durante un viaggio in macchina, ti sei smarrito/smarrita (*you've gotten lost*).
   a. Ti fermi a un distributore di benzina.
   b. Continui a viaggiare senza chiedere aiuto.

B. Sondaggio. E voi, cosa fate per proteggere l'ambiente? In gruppi di cinque o sei, rispondete alle seguenti domande e presentate i vostri risultati alla classe.

> ESEMPIO: Usate sacchetti di carta o di plastica quando fate la
>   spesa? →
>   Nel nostro gruppo quattro persone usano sacchetti di
>   carta quando vanno a fare la spesa e due persone usano
>   sacchetti di plastica. Una persona non usa sacchetti.

1. Prendete mezzi pubblici di trasporto o la vostra macchina per andare all'università o al lavoro?
2. Riciclate il vetro? E la carta? E la plastica?
3. Comprate prodotti riciclati?
4. Donate soldi a un'associazione per la protezione dell'ambiente?

 In ascolto

For listening comprehension activities related to the theme of this chapter, see the Laboratory Manual or visit the *Prego!* website.
www.mhhe.com/prego7

— È un modello a basso consumo:[a] fa cento miglia con un quintale di arachidi[b]!

[a]basso... *low consumption*
[b]quintale... *quintal (100 kilos) of peanuts*

A. Condizionale presente

SANDRO: Pronto, Paola? Senti, oggi sono senza macchina. È dal meccanico per un controllo. Mi daresti un passaggio per andare in ufficio?

PAOLA: Ma certo! A che ora devo venire a prenderti? Va bene alle otto e un quarto?

SANDRO: Non sarebbe possibile un po' prima: diciamo alle otto? Mi faresti un vero piacere!

PAOLA: Va bene, ci vediamo giù al portone alle otto.

1. The present conditional (**il condizionale presente**) corresponds to English *would + verb* (*I would work*). Like the future, the present conditional is formed by dropping the final **-e** of the infinitive and adding a set of endings that is identical for **-are, -ere,** and **-ire** verbs. As in the future tense, verbs ending in **-are** change the **a** of the infinitive ending to **e.**

lavorare	scrivere	finire
lavorerei	scriverei	finirei
lavoreresti	scriveresti	finiresti
lavorerebbe	scriverebbe	finirebbe
lavoreremmo	scriveremmo	finiremmo
lavorereste	scrivereste	finireste
lavorerebbero	scriverebbero	finirebbero

2. The conditional stem is always the same as the future stem, even in the case of irregular verbs. (See **Capitolo 10** for a chart of verbs with irregular future stems.)

Non sai cosa **farei** per non guidare!
You don't know what I would do not to drive!

Verrebbero a prenderti alle otto.
They would come to pick you up at eight.

SANDRO: Hello, Paola? Listen, I don't have my car today. It's at the mechanic's for a tune-up. Would you give me a ride to the office? PAOLA: Sure! What time shall I come get you? Is 8:15 OK? SANDRO: Would it be possible a little earlier, say at 8:00? You'd be doing me a real favor! PAOLA: OK, see you down at the front door at 8:00.

3. For verbs ending in **-care** and **-gare,** and in **-ciare, -giare,** and **-sciare,** the same spelling changes that occur in the future also occur in the conditional.

Non dimenti**che**rei mai le chiavi della macchina.	*I would never forget my car keys.*
Pa**ghe**remmo ora, ma non possiamo.	*We would pay now, but we can't.*
Dove parcheggeresti?	*Where would you park?*
Comin**ce**rebbero alle cinque.	*They would begin at 5:00.*

4. In general, the present conditional is used (like its English equivalent) to express polite requests, wishes, and preferences.

Mi presteresti la tua macchina?	*Would you lend me your car?*

ESERCIZI

A. Cosa faresti? Cosa faresti con queste cose?

1. con 100.000 dollari?   **a.** li risparmierei   **b.** li userei per viaggiare   **c.** li darei ai poveri
2. con la Ferrari?   **a.** la guiderei sull'autostrada   **b.** la venderei e darei i soldi ai poveri   **c.** la farei correre nella Formula Uno
3. con un mese di vacanza?   **a.** resterei a casa a leggere libri   **b.** viaggerei per il mondo   **c.** lavorerei per guadagnare soldi
4. con le risposte dell'esame di matematica?   **a.** le butterei (*I would throw*) nel cestino (*wastebasket*)   **b.** le darei agli amici   **c.** le porterei all'esame
5. con una casa al mare?   **a.** ci passerei l'estate   **b.** l'affitterei   **c.** la darei agli amici che non hanno molti soldi per fare le vacanze
6. con l'aereo privato?   **a.** viaggerei per il mondo per sei mesi all'anno con tutti gli amici   **b.** lo darei alla Croce Rossa   **c.** lo userei per fare un viaggio ogni week-end

B. Favori. Usa il condizionale presente per rendere (*make*) le seguenti affermazioni e richieste più gentili.

ESEMPIO: Mi dai il biglietto per la partita di calcio? →
Mi daresti il biglietto per la partita di calcio?

1. Mi dà un passaggio?   **2.** Ci presti la moto?   **3.** Voglio parcheggiare qui.
4. Mi lascia (*let*) guidare?   **5.** La accompagnate a casa?   **6.** Vogliamo noleggiare una macchina.   **7.** Mi compri una bici italiana?   **8.** Mi piace prendere i mezzi pubblici di trasporto.

C. Tanti favori. Chiedi gentilmente ad un compagno / una compagna di farti i seguenti favori. Il compagno / La compagna risponde liberamente.

ESEMPIO: comprarti un panino perché hai finito i soldi →
S1: Ho finito i soldi. Mi compreresti un panino?
S2: Certo, ne prendo uno anche per me. (Mi dispiace ma non posso. Ho finito i soldi anch'io.)

1. prestarti la macchina   **2.** darti un passaggio   **3.** controllare l'olio della tua macchina perché non sai controllarlo   **4.** parlare con il vigile che vuole farti la multa   **5.** venire con te in macchina da Miami a Los Angeles   **6.** riciclare la plastica

—Sarei curioso di sapere cosa capiranno quando leggeranno questa roba: ho lasciato fuori gli articoli, gli aggettivi, i pronomi e i verbi!

D. Conversazione.

1. Dove ti piacerebbe essere in questo momento?
2. Che cosa ti piacerebbe fare?
3. Compreresti una macchina brutta ma ecologica?
4. Che cosa non faresti mai?
5. Parteciperesti a una manifestazione per la protezione dell'ambiente?
6. Lavoreresti per un'associazione di ambientalisti?

B. *Dovere, potere e volere al condizionale*

FRANCESCA: Vorrei un mondo più pulito... Tutti dovremmo fare qualcosa per proteggere l'ambiente.

PATRIZIO: Hai ragione, ma cosa... ? Siamo solo dei ragazzini!

FRANCESCA: Beh, potremmo iniziare con il riciclaggio dei ragazzini! che abbiamo in casa e poi potremmo sensibilizzare i nostri compagni di classe!

— Ormai^a la terra non dovrebbe essere molto lontana

^a*By now*

The present conditional of **dovere, potere,** and **volere** is often used instead of the present tense to soften the impact of a statement or request.

1. **Dovere: Dovrei** means *I should* or *I ought to* (in addition to *I would have to*), in contrast to the present tense **devo** (*I must, I have to*).

Il comune **dovrebbe** fornire più contenitori per i materiali riciclabili.	*The city government should provide more containers for recyclable materials.*
Dovremmo cercare subito un parcheggio.	*We ought to look for a parking spot right away.*
Si **dovrebbe** rispettare l'ambiente.	*People should respect the environment.*

2. **Potere: Potrei** is equivalent to English *I could, I would be able,* and *I would be allowed.*

Potresti darmi l'orario dei treni?	*Could you give me the train schedule?*
Se vuoi, **potrei** andare io a prendere Giulia.	*If you want, I could go pick up Giulia.*

FRANCESCA: I would like a cleaner world. . . . We should all do something to protect the environment. PATRIZIO: You're right, but what . . . ? We are only kids. FRANCESCA: Well, we could start by recycling the garbage we have at home and then we could make our classmates aware!

3. Volere: Vorrei means *I would want* or *I would like*; it is much more polite than the present-tense form **voglio**.

Vorrei riciclare di più.	*I would like to recycle more.*
Vorresti venire ad una festa a casa mia?	*Would you like to come to a party at my house?*

Note: *would like* can also be expressed using the conditional form of **piacere**.

Ti piacerebbe andare in vacanza in un clima tropicale?	*Would you like to go on vacation in a tropical climate?*
Mi piacerebbe vedere un parco nazionale.	*I would like to see a national park.*

— **Se il primo non è ancora pronto, potrei avere un altro mazzo^a di fiori?**

^{a}*bunch*

ESERCIZI

A. Potresti… Decidi se potresti fare queste attività.

1. Potresti cambiare le gomme?
2. Potresti chiedere un passaggio a uno sconosciuto o una sconosciuta (*stranger*)?
3. Potresti guidare senza occhiali?
4. Potresti riparare (*repair*) la tua macchina?

Adesso decidi se le persone indicate potrebbero fare queste attività.

1. Il tuo migliore amico / La tua migliore amica potrebbe riciclare più materiali?
2. Il presidente potrebbe risolvere il problema dell'inquinamento?
3. Le fabbriche (*factories*) potrebbero inquinare di meno?
4. Potremmo usare una macchina che non consuma benzina e che non inquina?

B. Dovrei… Usa il condizionale di **dovere** per completare le seguenti frasi.

ESEMPIO: Per stare bene, io… →
Per stare bene, io dovrei dormire molto.

1. Per guidare meno, si… **2.** Per essere buoni automobilisti, noi…
3. Per proteggere meglio l'ambiente, si… **4.** Per facilitare il riciclaggio, la gente… **5.** Per non prendere le multe, gli automobilisti… *dovrebbe*

C. Ti piacerebbe? Con un compagno / una compagna, usate il condizionale di **piacere** e di **volere** per fare domande e dare risposte.

ESEMPIO: passare le vacanze in Abruzzo →
S1: Ti piacerebbe passare le vacanze in Abruzzo?
S2: Sì, vorrei passare le vacanze in Abruzzo. (No, vorrei passare le vacanze in Sardegna.) E tu?

1. prendere il sole sulle spiagge dell'Adriatico
2. mangiare al ristorante stasera
3. studiare un'altra lingua
4. andare in campeggio con gli amici
5. stare all'estero per un paio di anni
6. guidare una Ferrari

Il riciclaggio

Negli ultimi anni lo Stato italiano ha preso molti provvedimenti[1] e ha fatto leggi per la tutela[2] ambientale. Dal 2001, per esempio, è vietata la circolazione alle auto che non usano benzina verde.[3] E molte città, soprattutto al Nord e al Centro d'Italia, hanno chiuso al traffico il loro centro e hanno favorito la circolazione dei pedoni[4] o dei ciclisti.

Riciclaggio differenziato a Roma

In tutti i centri, dalle grandi città ai piccoli paesi di provincia, è stata organizzata la raccolta[5] differenziata dei rifiuti. I cittadini sono obbligati a utilizzare diversi contenitori per diversi tipi di rifiuti: carta, plastica e vetro, materie organiche, pile esaurite[6] e medicinali scaduti.[7] Questo tipo di raccolta dà la possibilità di riciclare gran parte dei rifiuti e di avere meno problemi per distruggerli.[8] L'Italia è un paese con un'alta densità di popolazione e ci sono grosse difficoltà per distruggere i rifiuti di quasi 60 milioni di persone.

In molte scuole italiane, si fanno programmi di educazione ambientale con i bambini. Alcuni comuni danno ad ogni alunno[9] delle scuole elementari una borsa in cui[10] devono raccogliere plastica o carta da riconsegnare[11] alla scuola.

[1]*measures* [2]*government protection* [3]*unleaded* [4]*pedestrians* [5]*collection* [6]*pile... dead batteries*
[7]*medicinali... expired medications* [8]*disposing of it* [9]*pupil* [10]*in... in which* [11]*return*

C. Condizionale passato

GUIDO: Guarda come guida veloce quel pazzo!

RAFFAELE: Quel vigile avrebbe dovuto prendere il numero di targa e dovrebbe mandargli una multa a casa.

GUIDO: No, sarebbe stato meglio fermarlo e fargli subito una bella multa salata! Certi automobilisti sono un pericolo pubblico!

GUIDO: Look at how fast that crazy guy is driving! RAFFAELE: That traffic officer should have taken his license plate number and should send him a ticket. GUIDO: No, it would have been better to stop him and give him a hefty ticket right away! Some drivers are a public menace!

1. The **condizionale passato** (conditional perfect: *I would have worked, they would have left*) is formed with the conditional of **avere** or **essere** + *past participle.*

CONDIZIONALE PASSATO CON **avere**		CONDIZIONALE PASSATO CON **essere**	
avrei		sarei	
avresti		saresti	partito/a
avrebbe	lavorato	sarebbe	
avremmo		saremmo	
avreste		sareste	partiti/e
avrebbero		sarebbero	

2. The Italian conditional perfect corresponds to English *would have* + *verb.*

Avrei chiesto un passaggio a uno sconosciuto, ma avevo paura.	*I would have asked a stranger for a lift, but I was afraid.*
Mi sarei fermata al distributore ma avevo ancora abbastanza benzina.	*I would have stopped at the gas station, but I still had enough gas.*

3. Dovere, potere, volere

   a. The conditional perfect of **dovere** + *infinitive* is equivalent to English *should have* or *ought to have* + *past participle.*

Il vigile **avrebbe dovuto** fargli la multa.	*The traffic officer should have given him a ticket.*
Il ristorante **avrebbe dovuto** riciclare le bottiglie.	*The restaurant should have recycled the bottles.*

   b. The conditional perfect of **potere** + *infinitive* is equivalent to English *could* (*might*) *have* + *past participle.*

Avremmo potuto ballare tutta la notte.	*We could have danced all night.*
Marco **avrebbe potuto** telefonare prima.	*Marco could have phoned earlier.*

   c. The conditional perfect of **volere** + *infinitive* is equivalent to English *would have liked to* + *infinitive.*

Mio nonno **avrebbe voluto** guidare una Maserati.	*My grandfather would have liked to drive a Maserati.*

4. In Italian, the conditional perfect (instead of the present conditional, as in English) is used in indirect discourse to express a future action seen from a point in the past.

Il meccanico ha detto: «Riparerò la macchina entro lunedì sera».	*The mechanic said, "I'll fix the car by Monday evening."*
Il meccanico ha detto che **avrebbe riparato** la macchina entro lunedì sera.	*The mechanic said that he would fix the car by Monday evening.*
Mia moglie ha detto: «Rimarremo senza benzina!»	*My wife said, "We'll run out of gas!"*
Mia moglie ha detto che **saremmo rimasti** senza benzina.	*My wife said that we would run out of gas.*

— Certo che sono innamorato di^a te, Mariella, altrimenti^b
non ti avrei mai portato al bar per offrirti il caffè!

^a*in love with* ^b*otherwise*

ESERCIZI

A. Trasformazioni. Sostituisci il soggetto con gli elementi tra parentesi e fai tutti i cambiamenti necessari.

1. Io avrei voluto fare il pieno. (i ragazzi / anche tu / Claudia / tu e Gino)
2. Mirella aveva paura che sarebbe rimasta senza benzina. (i signori Neri / tu, Piera / anche noi / io)
3. Tu hai detto che ci avresti dato un passaggio. (Giorgio / voi / Lei / le ragazze)
4. Franco ha detto che sarebbe andato al distributore di benzina. (le signore / noi / io / Laura)

B. Le ultime parole famose. Mauro non mantiene mai le sue promesse. Spiega cosa aveva promesso di fare e perché non l'ha fatto. Segui l'esempio.

ESEMPIO: Finirò presto. →
Ha detto che avrebbe finito presto ma ha lavorato tutta la sera.

1. Scriverò una volta alla settimana.
2. Ritornerò a casa prima di mezzanotte.
3. Berrò solo acqua minerale.
4. Non mangerò più gelati.
5. Mi alzerò presto ogni giorno.
6. Non mi arrabbierò.
7. Metterò sempre i materiali riciclabili nei contenitori.
8. Andrò sempre a piedi.

C. Cose non fatte. Completa le frasi liberamente.

1. L'anno scorso, Marco avrebbe voluto fare un viaggio in Europa, ma…
2. Ieri, Tina avrebbe potuto parlare al telefono con l'amica tutta la sera, ma…
3. Ieri sera, avrei dovuto studiare per l'esame di fisica, ma…
4. Il mese scorso, Gino e Luca avrebbero voluto andare a casa per un week-end, ma…
5. Sabato scorso, Mirella avrebbe potuto comprare una macchina nuova, ma…
6. Ieri, Salvatore avrebbe dovuto pulire la camera da letto, ma…

D. La settimana scorsa. Fai una lista di quattro cose che avresti potuto fare la settimana scorsa e un'altra lista di quattro cose che avresti dovuto fare la settimana scorsa.

ESEMPI: La settimana scorsa avrei potuto andare al balletto.
La settimana scorsa avrei dovuto suonare il clarinetto.

D. Pronomi possessivi

DANIELE: La mia macchina è una Ferrari; è velocissima. Com'è la tua?

ANTONIO: La mia è un po' vecchia, ma funziona.

DANIELE: La mia bici è una Bianchi. Che marca è la tua?

ANTONIO: Mah, non lo so. È una bici qualsiasi.

DANIELE: I miei vestiti sono tutti di Armani. E i tuoi?

ANTONIO: I miei non sono di marche famose. Di solito li compro al mercato!

1. Possessive pronouns (**i pronomi possessivi**), like possessive adjectives, express ownership. They correspond to English *mine, yours, his, hers, its, ours,* and *theirs.* In Italian they are identical in form to possessive adjectives; a possessive pronoun, however, stands alone, while a possessive adjective always accompanies a noun. Possessive pronouns agree in gender and number with the nouns they replace.

<table>
<tr><td>Lui è uscito con la sua ragazza; io sono uscito con la mia.</td><td>He went out with his girlfriend; I went out with mine.</td></tr>
<tr><td>Tu ami il tuo paese e noi amiamo il nostro.</td><td>You love your country and we love ours.</td></tr>
<tr><td>Tu hai i tuoi problemi, ma anch'io ho i miei.</td><td>You have your problems, but I have mine too.</td></tr>
<tr><td>Ho passato le mie vacanze in Grecia; Giorgio ha passato le sue in Turchia.</td><td>I spent my vacation in Greece; Giorgio spent his in Turkey.</td></tr>
</table>

2. Possessive pronouns normally retain the article even when they refer to relatives.

<table>
<tr><td>Mia moglie sta bene; come sta la Sua?</td><td>My wife is well; how is yours?</td></tr>
<tr><td>Ecco nostro padre; dov'è il vostro?</td><td>There's our father; where's yours?</td></tr>
</table>

DANIELE: My car is a Ferrari; it's very fast. What is yours like?   ANTONIO: Mine is a bit old, but it runs.   DANIELE: My bike is a Bianchi. What brand is yours?   ANTONIO: Hmm, I don't know. It's just any old bike.   DANIELE: My clothes are all Armani. And yours?   ANTONIO: Mine aren't designer clothes. I usually buy them at the outdoor market!

A. Preferisco il mio! Con un compagno / una compagna, fate domande e date risposte secondo l'esempio.

ESEMPIO: l'abito di Marco →
S1: Ti piace l'abito di Marco?
S2: Sì, ma preferisco il mio.

—Papà, quella è una tua vecchia pagella:[a] adesso ti mostro la mia...

[a]*grade report*

1. la casa di Giulia
2. lo stereo di Claudio
3. le scarpe di Dario
4. le gomme di Luigi
5. la bici di Franco
6. il garage del signor Muti
7. le valige di Mara
8. i Cd di Giorgio

B. A ciascuno il suo. Completa le frasi con il pronome possessivo appropriato (con o senza preposizione).

ESEMPIO: Io faccio i miei esercizi e tu fai <u>i tuoi.</u>

1. Io pago il mio caffè e Lei paga _____.
2. Io ho portato il mio avvocato e loro hanno portato _____.
3. Noi scriviamo a nostra madre e voi scrivete _____.
4. Tu ricicli i tuoi rifiuti e lei ricicla _____.
5. Io ho detto le mie ragioni; ora voi dite _____.
6. Io ho parlato ai miei genitori; adesso tu parla _____.

C. Com'è il tuo? A pagina 267, Daniele parla dei suoi oggetti costosi mentre Antonio dice che i suoi oggetti sono molto semplici. Un compagno / Una compagna fa la parte di Daniele e usa i suggerimenti forniti mentre l'altro compagno / l'altra compagna risponde come se fosse (*as if he/she were*) Antonio.

ESEMPIO: la macchina / elegante e costosa →
S1: La mia macchina è molto elegante e costosa. Com'è la tua?
S2: La mia è molto vecchia e brutta.

1. gli amici / ricchissimi
2. la casa / grande
3. la moto / veloce
4. la cucina / moderna
5. i genitori / giovani, simpatici, attivi
6. il computer / l'ultimo modello

Piccolo ripasso

A. Come siamo educati/educate (*polite*)! Trasforma le frasi imperative in domande gentili con il verbo **potere** al condizionale.

ESEMPIO: Prestami l'automobile! → Potresti prestarmi l'automobile?

1. Dimmi dove sono i soldi!
2. Fammi una fotografia!
3. Dammi qualcosa da bere!
4. Accompagnatemi a casa!
5. Compratemi una bicicletta!
6. Guida meglio!

B. Cosa faresti? Cosa faresti nelle seguenti situazioni?

ESEMPIO: Devi fare il pieno → Cercherei un distributore di benzina.

1. La tua macchina non parte e sei in ritardo per la lezione di italiano.
2. Cerchi un parcheggio, ma l'unico (*only*) spazio che rimane è un divieto di sosta.
3. Il vigile ti ferma perché hai superato il limite di velocità. Ti vuole fare la multa.
4. La macchina che vuoi comprare costa poco ed è in buone condizioni ma non ha il lettore Cd.

C. Le solite giustificazioni! Con un compagno / una compagna, spiegate perché le seguenti persone non hanno potuto fare queste attività. Usate **il condizionale passato** nelle vostre risposte.

ESEMPIO: Piera / venire al cinema →
S1: Non è venuta al cinema Piera?
S2: Ha detto che sarebbe venuta, ma si è sentita male.

1. Maurizio / riparare la macchina entro sabato mattina
2. Gianni / comprare i biglietti
3. Gino e Silvio / accompagnarvi al concerto rock
4. Luigi / riciclare le bottiglie
5. Mirella / arrivare presto a teatro
6. I ragazzi / fare il pieno alla macchina del padre

—...e cosa scrivo sulla multa?

D. Paragoni. Con un compagno / una compagna, paragonate le vostre esperienze, oggetti o persone che conoscete. Seguite l'esempio.

ESEMPIO: il professore di chimica →
S1: Mi piace (Non mi piace) il mio professore di chimica. Com'è il tuo?
S2: Il mio è molto intelligente e simpatico. (Non seguo un corso di chimica.)

1. la bicicletta
2. il compagno / la compagna di stanza
3. il corso di letteratura
4. la città di origine
5. i vestiti
6. la camera da letto

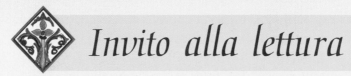

Invito alla lettura

L'Abruzzo e il Molise

Il Gran Sasso

*S*e siete amanti della natura, vi consigliamo di visitare l'Abruzzo. L'Abruzzo è infatti considerata la regione verde d'Europa grazie ai suoi tre parchi nazionali e ad un parco regionale! Immersi[1] nel verde dei boschi di faggi, querce e castagni,[2] potrete ammirare animali bellissimi e rari come l'orso bruno marsicano e il lupo.[3]

L'Abruzzo, nel centro d'Italia, è una regione poco conosciuta ma molto pittoresca. Il capoluogo, L'Aquila, è dominato dal Gran Sasso, la montagna più alta degli Appennini (2912 m.). Le montagne abruzzesi scendono dolcemente verso[4] le belle coste del mare Adriatico, dove si trovano molti centri turistici e Pescara, capoluogo industriale e porto principale della regione. L'Abruzzo è una regione completa, ricca di natura, di storia, di cultura e di un'ottima tradizione gastronomica ed enologica.[5]

A sud dell'Abruzzo c'è una delle regioni più piccole d'Italia, il Molise, con caratteristiche naturali simili: una parte montuosa che scende verso il mare. Le coste del Molise sono molto belle e sono meta di molti turisti in estate. La parte interna ha un territorio[6] favorevole all'agricoltura e alla pastorizia.[7] Il capoluogo del Molise è Campobasso, una città antica con molti monumenti e musei da visitare.

[1]*immersed* [2]*faggi... beech, oak, and chestnuts* [3]*l'orso... the black bear and the wolf* [4]*slope gently down toward* [5]*wine-making* [6]*terrain* [7]*sheep-farming*

Capire

Completa.

1. Perché l'Abruzzo è considerata la regione verde d'Europa?
2. Che cos'è il Gran Sasso?
3. Dove si trova il Molise?
4. Quali sono le caratteristiche naturali del Molise?

Scrivere

Il traffico. Com'è il traffico nella tua città? Ci sono molte macchine? C'è molto inquinamento? Sono buoni i mezzi pubblici di trasporto? Costano molto? Scrivi 8–10 frasi per descrivere la città e le cose che si potrebbero fare per migliorare (*improve*) il trasporto nella città. Usa il condizionale quando è possibile.

CURIOSITÀ

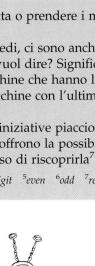

Le domeniche a piedi

In molte città italiane il tasso di inquinamento atmosferico[1] è molto alto a causa del traffico, sempre molto intenso, e spesso anche a causa della nebbia e dell'umidità frequenti in molte regioni d'Italia che non permettono un buon ricambio[2] dell'aria.

Per migliorare la qualità dell'aria che si respira, in molte città italiane, da alcuni anni è presente un'iniziativa ecologica di grande successo: **le domeniche a piedi.**

In alcuni periodi dell'anno, soprattutto quando c'è molto traffico, come in inverno, la domenica è vietato guidare la macchina su molte strade. Si consiglia di usare la bicicletta o prendere i mezzi pubblici di trasporto.

Una domenica in città

In alcune città, oltre alle domeniche a piedi, ci sono anche le giornate in cui[3] si guida **a targhe alterne.** Che cosa vuol dire? Significa che in alcuni giorni possono circolare solo le macchine che hanno l'ultima cifra[4] della targa pari[5] e in altri giorni solo le macchine con l'ultima cifra dispari.[6]

Alla maggior parte degli italiani queste iniziative piacciono perché, oltre a contribuire a proteggere l'ambiente, offrono la possibilità di vivere a contatto diretto con la propria città e spesso di riscoprirla[7]!

[1]tasso… *level of air pollution* [2]*change* [3]in… *when* [4]*digit* [5]*even* [6]*odd* [7]*rediscover it*

— **Mi dispiace, oggi possono circolare solamente i veicoli con targa pari!**

STRUMENTI

 VIDEO   WWW   QUIA   WWW

Videoteca

 Fare il pieno

Roberto e Giuliana si sono fermati per fare il pieno lungo la strada. Parlano di chi dovrebbe guidare.

Preparazione

ESPRESSIONI UTILI

Consuma molto?   Does it use a lot?
senza piombo   unleaded

Dal video

ROBERTO: Vedo che anche in Italia hanno la benzina senza piombo.
GIULIANA: Certo, Roberto! Anche l'Italia è un paese moderno e evoluto! Noi la chiamiamo anche «benzina verde». Quasi tutte le macchine la usano, anche la mia.

Dopo il video

Verifica. Scegli il completamento giusto per le seguenti frasi.

1. La benzina senza piombo _____.
    a. è meglio per l'ambiente   **b.** contribuisce all'inquinamento
    c. è meno cara che negli Stati Uniti
2. Roberto vuole controllare _____.
    a. le gomme   **b.** il traffico   **c.** come guida Giuliana
3. Secondo Giuliana, Roberto non deve guidare perché _____.
    a. lui non sa guidare bene   **b.** si dice in Italia che gli americani guidano lentamente   **c.** lui non conosce la strada

Comprensione. Rispondi alle seguenti domande.

1. La macchina di Giuliana fa molte o poche miglia con un gallone?
2. La benzina in Italia è più o meno cara che nel tuo paese?
3. Quali preoccupazioni esprime Giuliana per convincere Roberto a non guidare?

 Attività. Con un compagno / una compagna, organizzate un viaggio in macchina in Italia. Prima, fate una lista delle cose che dovete fare, per controllare la macchina prima di partire. Poi, scegliete le città che volete visitare e, usando le mappe di questo libro o altre mappe, calcolate quanti chilometri potete fare al giorno e quanti giorni ci vorranno (*it will take*) per completare il viaggio. Dopo, presentate il vostro programma completo alla classe.

FUNZIONE: parlare di automobili e abitudini di guida

Parole da ricordare

VERBI

allacciare	to buckle
*andare a prendere	to go pick up
chiedere un passaggio	to ask for a ride
controllare l'olio / l'acqua / le gomme	to check the oil / water / tires
dare un passaggio	to give a ride
fare benzina	to get gas
fare la multa	to give a ticket
fare il pieno	to fill up (the gas tank)
inquinare	to pollute
parcheggiare	to park
prendere la multa	to get a ticket, fine
proteggere (*p.p.* **protetto**)	to protect
riciclare	to recycle
*rimanere (*p.p.* **rimasto**) senza benzina	to run out of gas
risolvere (*p.p.* **risolto**)	to solve
rispettare	to respect; to obey
superare	to exceed
*venire a prendere	to come pick up
vietare	to forbid; to prohibit

NOMI

l'alluminio	aluminum
l'ambiente (*m.*)	environment
l'automobilista (*m/f.; m. pl.* **gli automobilisti**)	motorist, driver
l'autostrada	highway
la benzina	gasoline
la carta	paper
la cintura di sicurezza	seatbelt
il contenitore	container

il controllo	check-up; tune-up
il distributore di benzina	gas pump
il divieto di sosta	no-parking zone
l'edificio	building
la gomma	tire
l'inquinamento	pollution
il limite di velocità	speed limit
il meccanico (*m. pl.* **i meccanici**)	mechanic
i mezzi (**pubblici di trasporto**)	public transportation
la multa	ticket, fine
l'olio	oil
il parcheggio	parking space
la patente	driver's license
la plastica	plastic
il problema (*pl.* **i problemi**)	problem
la protezione dell'ambiente	environmentalism
il riciclaggio	recycling
i rifiuti	garbage
il segnale stradale	road sign
la targa (*pl.* **le targhe**)	license plate
il traffico	traffic
il vetro	glass
il/la vigile	traffic officer

AGGETTIVI

ecologico	ecological

---

*Words identified with an asterisk (*) are conjugated with **essere**.

14 La musica e il teatro

Il pubblico guarda l'opera al Teatro Regio di Parma

Vocabolario preliminare

Viva l'opera!

GIACOMO: Che bell'opera «Le nozze di Figaro»!

MARISA: Hai ragione. La musica di Mozart è davvero bella, e il baritono è stato eccezionale!

GIACOMO: Anche il direttore d'orchestra; tutti i musicisti e i cantanti sono stati molto bravi!

1. Dove sono andati Giacomo e Marisa?
2. Che opera hanno visto?
3. Gli è piaciuta la rappresentazione?

Lo spettạcolo (show)

la cantante

il compositore

il direttore d'orchestra

la musicista

il musicista

il regista

la spettatrice/lo spettatore

LA MUSICA E L'OPERA
l'aria aria
il baritono baritone
il basso bass
il cantante singer (*m.*)
il cantautore / la cantautrice
    singer-songwriter
la canzone song
la compositrice composer (*f.*)
il musical musical
la sinfonia symphony
il/la soprano soprano
il tenore tenor
la voce voice

comporre (*p.p.* **composto**) to
    compose
dirigere (*p.p.* **diretto**) to conduct

dilettante amateur
popolare popular
professionista professional

GLI STRUMENTI MUSICALI
la batteria drums
il clarinetto clarinet

il flauto flute
la tromba trumpet
il violino violin

IL TEATRO
l'autore/l'autrice author
il balletto ballet
la commedia comedy
la danza dance
il palcoscenico stage
la prima premiere, opening night
il pubblico audience
la rappresentazione performance
la regista director (*f.*)
la tragedia tragedy

applaudire to applaud
fischiare to boo (*lit.,* to whistle)
mettere in scena to stage, put on,
    produce
recitare to act; to play a part; to
    perform

ESERCIZI

A. Indovinelli. Guarda il **Vocabolario preliminare** e poi risolvi questi indovinelli.

ESEMPIO: È la voce femminile più alta. → il soprano

1. È il direttore di una rappresentazione.
2. Scrive canzoni e le canta.
3. Suona uno strumento musicale.
4. Scrive musica.
5. Non è un musicista professionista.
6. È la persona che dirige un'orchestra.
7. È la gente che assiste a (*attend*) uno spettacolo.
8. Sono le voci maschili nella lirica.
9. Incomincia bene e finisce male.
10. È la prima serata di uno spettacolo.

B. **Il lessico della rappresentazione.** Completa le seguenti frasi con la forma adatta del verbo.

VERBI: applaudire, comporre, dirigere, fischiare, mettere in scena, recitare

1. Il concerto di Vivaldi al Maggio Musicale Fiorentino è stato un grande successo. Il pubblico _____ per venti minuti.
2. Che fiasco! Tutti _____ i musicisti.
3. Quante sinfonie _____ Beethoven?
4. Il tenore ha cantato bene, ma non sapeva muoversi sul palcoscenico. Non sa _____.
5. Claudio Abbado, Giuseppe Sinopoli e Riccardo Muti _____ le orchestre più famose del mondo.
6. Il Teatro alla Scala ogni anno _____ opere memorabili.

—Sì, va bene, ma il teatro è tutta un'altra cosa!

C. **Dilettante o professionista?** Con un compagno / una compagna rispondete alle seguenti domande.

1. Suoni qualche strumento musicale? Se sì, sai leggere la musica o suoni a orecchio?
2. Fai parte di un gruppo che suona o di una compagnia che danza o recita?
3. Hai mai pensato di fare il/la musicista? Perché sì o perché no?
4. Conosci qualcuno che fa il/la musicista di professione?
5. Qual è il tuo cantante preferito / la tua cantante preferita?
6. Hai un'opera preferita? O un musical? Conosci qualche aria o qualche canzone?

 In ascolto

For listening comprehension activities related to the theme of this chapter, see the Laboratory Manual or visit the *Prego!* website.
www.mhhe.com/prego7

...tivi

ANTONIO: Conosci quel ragazzo?

BRUNO: No, non lo conosco. È il ragazzo con cui è uscita ieri Roberta?

ANTONIO: No.

BRUNO: È il ragazzo di cui è innamorata Gianna?

ANTONIO: No.

BRUNO: Allora, chi è?

ANTONIO: Tu, ovviamente, non ti intendi di musica pop. Lui è il cantautore Alex Britti di cui tutti parlano e che è conosciuto in tutto il mondo.

BRUNO: Oh! Allora, andiamo a parlargli!

1. Relative pronouns (*who, whose, whom, which, that*) link one clause to another.

Abbiamo comprato il violino. Volevamo il violino.
We bought the violin. We wanted the violin.

Abbiamo comprato il violino **che** volevamo.
We bought the violin that *we wanted.*

Whom and *that* can often be omitted in English (*the violin that I wanted = the violin I wanted*), but they must be expressed in Italian.

The Italian relative pronouns are **che, cui,** and **quello che** or **ciò che.** The clause that contains the relative pronoun is called the relative clause.

2. **Che** corresponds to *who, whom, that,* and *which;* it is the most frequently used relative pronoun. It is invariable, can refer to people or things, and functions as either a subject or a direct object.

Conosco la ragazza. La ragazza suona il piano.

Conosco la ragazza **che** suona il piano.	*I know the girl who is playing the piano.*

Come si chiama il musicista? Il musicista suona la chitarra.

Come si chiama il musicista **che** suona la chitarra?	*What's the name of the musician who plays the guitar?*

Ascoltiamo il Cd di Bocelli. Abbiamo comprato il Cd ieri.

Ascoltiamo il Cd di Bocelli **che** abbiamo comprato ieri.	*We are listening to the Bocelli CD that we bought yesterday.*

ANTONIO: Do you know that guy? BRUNO: No, I don't know him. Is he the guy Roberta went out with yesterday? ANTONIO: No. BRUNO: Is he the guy that Gianna is in love with? ANTONIO: No. BRUNO: Well then, who is he? ANTONIO: You obviously don't follow pop music. He's Alex Britti, the singer-songwriter that everyone is talking about and that is known all over the world. BRUNO: Oh! Well, let's go talk to him!

3. **Cui** is used instead of **che** to link two clauses when the relative clause begins with a preposition.

Il ragazzo è simpatico. Sono uscita **con** il ragazzo.

Il ragazzo **con cui** sono uscita è simpatico.

The boy with whom I went out is nice.

La mia amica abita in Brasile. Ho telefonato **alla** mia amica.

La mia amica **a cui** ho telefonato abita in Brasile.

The friend I called (to whom I telephoned) lives in Brazil.

Il professore parte domani. Ho comprato il libro **per** il professore.

Il professore **per cui** ho comprato il libro parte domani.

The professor for whom I bought the book leaves tomorrow.

4. **Quello che** (or its short form **quel che** or alternate form **ciò che**) corresponds to *that which* or *what*. Unlike **che** and **cui, quello che** has no antecedent; that is, it does not refer to an earlier noun.

Andiamo a vedere **quello che** (**quel che** / **ciò che**) vuoi.

Let's go see what you want (to see).

Non raccontarmi **quello che** (**quel che** / **ciò che**) succede nella commedia!

Don't tell me what happens in the play!

—Quello che più mi indispettisce[a] è che gli unici spettatori sono entrati con un biglietto omaggio[b]!

[a]*bothers* [b]*free*

ESERCIZI

A. Giochiamo a «Jeopardy»! Con un compagno / una compagna, create una risposta e poi fornite la domanda corrispondente. Seguite il modello.

> ESEMPIO: La persona / assistere a uno spettacolo →
> s1: È la persona che assiste a uno spettacolo.
> s2: Che cos'è uno spettatore?

1. la persona / dirigere uno spettacolo teatrale
2. la donna / recitare nei teatri o nei film
3. l'uomo / scrivere e cantare le proprie (*his own*) canzoni
4. la rappresentazione teatrale / cominciare male e finire bene
5. la donna / scrivere libri e commedie
6. il pezzo di carta / servire per entrare in un teatro o in un cinema

B. Due in una. Forma una frase unica. Ricorda: si usa **cui** con una preposizione, **che** senza preposizione.

> ESEMPIO: Questa è l'attrice. Ti ho parlato dell'attrice. →
> Questa è l'attrice *di cui* ti ho parlato.

1. Conosco il ragazzo. Il ragazzo suona il violino.
2. Hai visto la ragazza. Ho ballato con la ragazza ieri sera.
3. Mi piace il balletto. Il balletto è al Teatro alla Scala.
4. Stasera vado a vedere l'opera. Silvia recita nell'opera.
5. Gino suona il clarinetto. Il clarinetto è sul tavolo.
6. Quello è il cantante. Ti ho parlato del cantante.

C. Piccoli dialoghi. Completate le conversazioni con un pronome relativo (e una preposizione se è necessaria).

1. S1: Non è quella la cantautrice _____ hanno dato il premio (*prize*)?
   S2: Sì, è proprio lei! Mi piacciono molto le canzoni _____ canta.
2. S1: Come si chiama il compositore _____ hai conosciuto?
   S2: Si chiama Bertoli. È quello _____ tutti parlano.
3. S1: La donna _____ esce Paolo è pianista.
   S2: Allora _____ avevo sentito dire era vero!
4. S1: Lo spettacolo _____ recita Cristina comincia stasera. Perché non andiamo a vederlo?
   S2: Ottima idea! Un po' di distrazione è proprio quello _____ abbiamo bisogno.

B. Chi

STEFANIA: Chi viene al balletto con me questa sera?

LUIGI: Chi non deve studiare!

STEFANIA: Chi sarebbe questa persona?

LUIGI: Chi ha già dato tutti gli esami!

STEFANIA: Ho capito, viene Paolo. Si è appena laureato!

Nota bene

Chi?

As you already know, **chi** is also used as an interrogative pronoun, alone or after a preposition.

Suonail telefono. Chi sarà? *The phone is ringing. Who could it be?*

Con chi studi? *With whom do you study?*

Chi means *the one(s) who, he/she who,* or *those who.* **Chi** can substitute for **la persona che** and **le persone che,** and for **quello che** and **quelli che** when they refer to people. **Chi** is *always* used with a singular verb. **Chi** is frequently used in proverbs and in making generalizations.

Chi sta attento capisce.	*Those who pay attention understand.*
Chi dorme non piglia pesci.	*One who sleeps doesn't catch any fish. (The early bird catches the worm.)*
Non parlare con **chi** non conosci.	*Don't talk to (those) people (whom) you don't know.*

STEFANIA: Who's coming to the ballet with me tonight? LUIGI: The person who doesn't have to study! STEFANIA: Who might this person be? LUIGI: The one who already took all his exams! STEFANIA: I get it, Paolo is coming. He just graduated!

A. Chi. Usa **chi** per trasformare le seguenti frasi.

> ESEMPIO: Quelli che scrivono bene avranno successo. →
> Chi scrive bene avrà successo.

1. Non approvo quelli che fischiano a teatro.
2. Quelli che non capiscono l'italiano possono leggere il libretto.
3. Ricordi il nome di quello che ha allestito questo spettacolo?
4. Quelli che sono vicino al palcoscenico vedono meglio.
5. Le persone che cantano danno l'impressione di non avere preoccupazioni (*worries*).
6. L'opera sarà più interessante per le persone che hanno già letto il libretto.

B. Parliamoci. Domande per un compagno / una compagna.

1. Quando sei a teatro, che cosa dici a chi parla ad alta voce?
2. Che cosa pensi di chi mangia durante la rappresentazione?
3. Dovrebbe essere vietato l'ingresso a chi arriva in ritardo a teatro?
4. Chi ha il raffreddore dovrebbe stare a casa ed evitare (*avoid*) di andare nei locali pubblici?

NOTA CULTURALE

Il Festival di Sanremo

Gli italiani si dividono in tre categorie: quelli che amano Sanremo, quelli che lo seguono ma non lo ammettono,[1] e infine quelli che lo detestano e se ne vantano.[2] Il **Festival della canzone italiana** nasce come evento mediatico[3] nel 1951 nella cittadina di San Remo, una delle località turistiche più eleganti della Riviera Ligure. In Italia in quegli anni la televisione non esisteva ancora (è iniziata nel 1954) e la radio ha trasmesso le prime edizioni. Con la televisione questo spettacolo è diventato un fenomeno di massa. **Sanremo** è una competizione canora[4] alla quale partecipano cantanti affermati (i «**big**») insieme a **giovani emergenti.**[5] Lo spettacolo comprende[6] fuori gara,[7] anche numerosi **ospiti**[8] **d'onore,** grandi stelle del cinema americano, top model, e personaggi della cultura popolare internazionale. Tutte le canzoni devono essere nuove e inedite[9] ed ogni anno i media cercano di scoprire in anticipo[10] i segreti delle case discografiche.[11]

Il cantautore Guiseppe Povia canta al Festival di Sanremo

La gara si svolge in cinque serate. Numerose giurie di telespettatori sparse per tutta Italia votano le canzoni preferite. Le canzoni con più voti nelle prime serate sono ammesse alla **finalissima,** dove, di fronte a trenta milioni di spettatori, è scelta la **canzone regina.**[12]

Ogni anno Sanremo è al centro di scandali, pettegolezzi,[13] gelosie. Una tradizione-maledizione[14] del festival è che la canzone vincitrice[15] di solito è un fiasco.[16] Quasi sempre sono le canzoni ignorate dalle giurie che si vendono dopo il festival.

[1]lo... *admit it* [2]se... *brag about it* [3]*media* [4]*singing* [5]giovani... *rising stars* [6]*includes* [7]fuori... *outside the competition* [8]*guests* [9]*unpublished; unreleased* [10]scoprire... *find out ahead of time* [11]case... *record labels* [12]*reigning* [13]*gossip* [14]*tradition-curse* [15]*winning* [16]*failure*

LUCIANO: Ieri ho incontrato la mia vecchia insegnante di canto.

MARGHERITA: Davvero? Era brava?

LUCIANO: Oh, sì! Con lei ho cominciato a prendere lezioni di canto quando avevo dieci anni. È lei che mi ha insegnato a cantare.

MARGHERITA: Beh, ora che sei in città dovresti chiederle di venire a teatro per vedere che grande tenore sei diventato!

The infinitive is used in many constructions in Italian.

1. The infinitive form of a verb can function as the subject or direct object in Italian. In English, by contrast, either the infinitive or the gerund (the *-ing* form) can be used.

Cercare lavoro è molto faticoso.	{ *To look for a job is very tiring.* *Looking for a job is very tiring.*
Amo **cantare.**	{ *I love singing.* *I love to sing.*

2. Some verbs require a preposition, **a** or **di,** before an infinitive that follows. The most common such verbs are listed below.

VERBO + A + INFINITO

aiutare *to help*	insegnare *to teach*
andare *to go*	invitare *to invite*
cominciare *to begin*	mandare *to send*
continuare *to continue*	passare *to stop by*
fermarsi *to stop (oneself)*	riuscire *to succeed*
imparare *to learn*	venire *to come*

Piera vuole **andare a studiare** a Lisbona l'anno prossimo.	*Piera wants to go to study in Lisbon next year.*
Carlo mi **ha invitato ad accompagnarlo** al concerto.	*Carlo invited me to accompany him to the concert.*
Giulia **comincia a prendere** lezioni di recitazione.	*Giulia is starting to take acting lessons.*
Mi fermo spesso al teatro vicino a casa mia **a guardare** l'elenco degli spettacoli.	*I often stop at the theater near my house to look at the list of shows.*

—Non riuscivo più a trovare l'uscita.

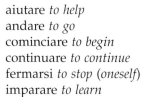

LUCIANO: Yesterday I ran into my old voice teacher.   MARGHERITA: Really? Was she good?
LUCIANO: For sure! I started taking voice lessons with her when I was ten. She is the one who taught me to sing.   MARGHERITA: Well, now that you're in town, you should ask her to come to the theater to see what a great tenor you've become!

avere bisogno *to need*
avere paura *to be afraid*
avere voglia *to feel like*
cercare *to try*
chiedere *to ask*
credere *to believe*
decidere *to decide*
dimenticare *to forget*
dire *to say*
finire *to finish*

pensare *to plan*
permettere (*p.p.* permesso)
  to allow
promettere (*p.p.* promesso)
  to promise
ricordare *to remember*
smettere (*p.p.* smesso)
  to stop, cease
sperare *to hope*

Spero di studiare l'italiano a Siena durante l'estate.	*I'm hoping to study Italian in Siena during the summer.*
Hai ricordato di comprare i biglietti per lo spettacolo di stasera?	*Did you remember to buy the tickets for the show tonight?*
In estate, **pensiamo di andare** a San Remo.	*During the summer, we are planning to go to San Remo.*
Devo **smettere di andare** a letto tardi.	*I have to quit going to bed late.*

3. Remember that although an infinitive alone may be used in English to express purpose (implying *in order to*), **per** accompanies the infinitive in Italian.

Ho telefonato **per** salutarti.	*I called (in order) to say hello to you.*

Nota bene

Verbo + infinito
You already know many verbs that are followed by the infinitive (without a preposition) when they share the same subject.

amare *to love*
desiderare *to want*
dovere *to have to, must*
piacere *to be pleasing to, to like*
potere *to be able to, can, may*
preferire *to prefer*
sapere *to know*
volere *to want*

So suonare il sassofono.
I know how to play the saxophone.

Mi piace suonare il clarinetto. *I like to play the clarinet.*

Impersonal expressions such as **è bene** (*it is good*), **è giusto** (*it is right*), **bisogna** (*it is necessary*), and **basta** (*it is enough*) are also followed by the infinitive.

È bene ascoltare ogni tanto musica dal vivo.
It's good to listen to live music occasionally.

Bisogna sapere le regole.
It's necessary to know the rules.

ESERCIZI

A. Mini-dialoghi. Completa le conversazioni con **a** o **di** o lascia lo spazio vuoto.

1. s1: Piera, i tuoi figli sanno _____ giocare a tennis?
   s2: Sì, hanno cominciato _____ prendere lezioni l'estate scorsa.
2. s1: Ermanno, mi potresti aiutare _____ scrivere questo articolo?
   s2: Certo, ma prima devo _____ finire _____ correggere questa relazione.
3. s1: Signori, desiderano _____ mangiare sul terrazzo?
   s2: Veramente preferiremmo _____ mangiare dentro.

B. Andiamo a... Completa le frasi in modo logico con un verbo all'infinito.

1. Devo convincere mia madre a…
2. Compro la bicicletta per…
3. Avevamo bisogno di…
4. La professoressa ci insegna a…
5. Stasera, io e i miei amici andiamo a…
6. Telefonerò al medico per…

C. Pensieri vari. Completa ogni frase in modo logico con un verbo all'infinito preceduto da una preposizione.

> ESEMPIO: Molte persone riescono… →
> Molte persone riescono a trovare lavoro senza difficoltà.

1. Non posso dimenticare…
2. Sono finalmente riuscito/riuscita…
3. Domani devo ricordare…
4. In tutto il mondo si deve cercare…
5. Gli studenti hanno paura…
6. Spero…

D. Nomi e aggettivi in -*a*

SANDRO: Finalmente il programma teatrale per la prossima stagione invernale!

EDUARDO: C'è qualcosa di interessante?

SANDRO: Oh, sì: bellissimi balletti, opere e anche un concerto del famoso pianista Marini!

EDUARDO: Fantastico! Potrebbe essere un problema trovare i biglietti!

1. You already know that nouns ending in **-a** are usually feminine and that the **-a** changes to **-e** in the plural. There are a few nouns ending in **-a** that are masculine. Their plural ends in **-i.**

SINGOLARE		PLURALE
il poet**a**	*poet*	i poet**i**
il programm**a**	*program*	i programm**i**
il panoram**a**	*view*	i panoram**i**
il pap**a**	*pope*	i pap**i**
il problem**a**	*problem*	i problem**i**
il sistem**a**	*system*	i sistem**i**

2. Nouns ending in **-ista** can be either masculine or feminine, depending on whether they indicate a male or a female. The plural ends in **-isti** (*m.*) or **-iste** (*f.*).

SANDRO: Finally the theater schedule for the next winter season! EDUARDO: Is there anything interesting? SANDRO: Oh, yes: wonderful ballets, operas, and even a concert by the famous pianist Marini! EDUARDO: Fantastic! It could be a problem finding tickets!

SINGOLARE	PLURALE
il tur**ista**	i tur**isti**
la tur**ista**	le tur**iste**
l'art**ista**	⎰ gli art**isti**
	⎱ le art**iste**

3. Adjectives ending in -**ista**, such as **ottimista**, **femminista**, and **pessimista**, follow the same pattern.

SINGOLARE	PLURALE
il ragazzo ottim**ista**	i ragazzi ottim**isti**
la ragazza ottim**ista**	le ragazze ottim**iste**

ESERCIZI

A. Plurali. Dai la forma plurale.

> ESEMPIO: il deputato progressista →
> i deputati progressisti

1. il grande artista
2. la famosa pianista
3. il movimento femminista
4. il programma socialista
5. quel poeta pessimista
6. l'intellettuale comunista

B. Conversazione.

1. Ti consideri pessimista o ottimista? Perché?
2. Sei femminista? Secondo te, una donna sposata deve stare in casa e occuparsi (*take care*) dei bambini? La donna deve guadagnare tanto quanto l'uomo per lo stesso lavoro? L'uomo deve collaborare alle faccende (*chores*) domestiche?
3. Ti consideri idealista? Quali sono le cose che vorresti cambiare nel mondo? Perché?

—Paesaggista[a]?
—No, ritrattista.[b]

[a]*Landscape artist*　[b]*portrait painter*

A. Tutto è relativo. Completa con il pronome relativo e la preposizione, se è necessaria.

1. Giorgio è il ragazzo _____ vado al cinema.
2. È il film _____ tutti parlano.
3. La ragazza _____ esce Paolo è un'attrice.
4. La studentessa _____ ho dato il libro è simpatica.
5. Per imparare l'italiano, devi parlare con _____ già conosce bene la lingua.
6. Questo è il ragazzo _____ abbiamo venduto la macchina.
7. Siamo andati a vedere il balletto _____ tutti parlano.
8. _____ mangia molti dolci diventa grasso.

B. Combinazioni. Usa un pronome relativo (e una preposizione se è necessaria) per unire le due frasi.

ESEMPIO: Questo è il titolo. Non dovete dimenticarlo. →
Questo è il titolo **che** non dovete dimenticare.

1. È arrivata molta gente. Tra la gente ci sono personalità famose.
2. Mi è piaciuta la commedia. Nella commedia ha recitato Mariangela Melato.
3. Spiegaci la ragione. Hai lasciato il concerto per questa ragione.
4. Avrebbero dovuto vendere quel teatro. Il teatro aveva bisogno di molte riparazioni (*repairs*).
5. È una sinfonia molto interessante. Ne parla spesso la professoressa.
6. Vorrei conoscere il baritono. Il baritono è entrato in questo momento.

C. Una lettera. Completa la lettera di Angela con le preposizioni **a** o **di**. Se non c'è bisogno di una preposizione, lascia lo spazio vuoto.

Cara Franca,

eccomi a Genova finalmente! Sono molto soddisfatta del (*satisfied with*) mio nuovo lavoro e penso proprio _____[1] rimanere qui per tre o quattro anni. Non mi piace _____[2] alzarmi tutti i giorni alle sei di mattina e non riesco ancora _____[3] andare a letto prima di mezzanotte. Devo assolutamente cercare _____[4] cambiare i miei vecchi orari!

Gianni mi ha aiutato _____[5] traslocare in un monolocale vicino alla Cattedrale di San Lorenzo. È abbastanza caro e non so se posso già _____[6] permettermi[a] _____[7] pagare un affitto del genere, ma credo _____[8] farcela.[b] Al massimo, andrò _____[9] mangiare tutte le sere a casa di Gianni!

Buone notizie: ho smesso _____[10] mangiare dolci e ho deciso _____[11] cominciare _____[12] giocare a tennis. Basta _____[13] avere un po' di buona volontà[c]! Adesso ti lascio perché tra poco Gianni passa _____[14] prendermi. Ah, dimenticavo _____[15] dirti che il mese prossimo penso _____[16] venire a casa per tre o quattro giorni.

Spero _____[17] sentirti presto!

Un bacione.
Angela

[a]*afford* [b]*manage* [c]*will*

— Quello che mi pesa di più è la domenica, perché non so dove andare...

Invito alla lettura

La Liguria

A l vostro arrivo in Liguria, una delle cose che subito vi incanterà[1] sarà certamente la dolcezza del clima. Questo clima mite[2] favorisce la crescita di piante e fiori e anche se il terreno è poco adatto all'agricoltura, sulla costa si coltivano l'olivo, gli agrumi e molti fiori.

La Liguria offre anche fantastici spettacoli naturali soprattutto lungo la costa. Il territorio delle Cinque Terre è ormai famoso in tutto il mondo: sono cinque villaggi pittoreschi con una natura e panorami eccezionali.

E quanto a[3] spettacoli, la Liguria vi può offrire molto di più. Proprio a San Remo, una cittadina della Liguria, si tiene[4] ogni anno il **Festival della canzone italiana,** una delle

Il porto di Genova

manifestazioni musicali più conosciute e apprezzate in Italia e anche all'estero.

La passione della Liguria per lo spettacolo non riguarda solo la musica, ma tutti i generi di spettacoli teatrali. Genova, il capoluogo della regione, è una delle città italiane con il più alto numero di teatri con programmi annuali di ogni genere: dall'opera al balletto alle commedie in dialetto. Il capoluogo ligure, in magnifica posizione tra mare e colline,[5] è il principale porto d'Italia e una delle città italiane economicamente più importanti. Altre città della Liguria da ricordare sono Imperia, Savona, Rapallo e Sestri Levante.

[1]*will enchant* [2]*mild* [3]*quanto… in terms of* [4]*si… is held* [5]*hills*

Capire

Completa.

1. A Genova ci sono _____.
   a. molti musicisti
   b. molti cantautori
   c. molti teatri
2. Il festival musicale più importante d'Italia si tiene a _____.
   a. Genova
   b. San Remo
   c. Savona

3. Tutti i teatri liguri offrono _____.
   a. programmi sperimentali, con attori di strada
   b. programmi delle più famose opere liriche e balletti
   c. festival di musica leggera

Scrivere

La musica. Scegli un gruppo musicale o un/una cantante che ti piace molto e descrivi questi musicisti e il loro genere di musica. Come si chiama? Quando ha avuto più successo? Che genere di musica suona? Qual è la canzone più conosciuta? Perché ti piace tanto questo genere di musica?

CURIOSITÀ

Laboratorio di fisarmoniche

La fisarmonica°

accordion

In Italia ogni città ha un'identità unica ed è diversa per storia, tradizioni e spesso per la produzione di un prodotto particolare. È questo il caso di **Castelfidardo,** una cittadina nella regione Marche, considerata la capitale della **fisarmonica.** La fisarmonica deriva da uno strumento cinese molto antico, lo «tcheng» o «scheng», che sembra risalire[1] a 4500 anni fa e che ha subito molte modifiche[2] nel tempo fino a diventare l'attuale strumento.

Il successo mondiale dello strumento è legato[3] al fenomeno dell'emigrazione di molti artigiani[4] che da Castelfidardo si sono trasferiti in Canada, Stati Uniti e America del Sud, e hanno portato con sé l'arte della produzione della fisarmonica.

Oggi il 75 per cento della popolazione di Castelfidardo vive, direttamente o indirettamente, del lavoro legato alla produzione delle fisarmoniche. Le casse[5] di fisarmoniche pronte per essere spedite,[6] con le loro scritte «Handle with care» e «To the USA», indicano una fiorente[7] esportazione soprattutto verso gli Stati Uniti. A testimoniare[8] questo forte legame[9] commerciale c'è anche una strada che porta lo straordinario nome di **Via dei dollari!**

[1]*dates back* [2]*ha... underwent many modifications* [3]*linked* [4]*craftsmen* [5]*boxes* [6]*shipped* [7]*flourishing* [8]*testify to* [9]*connection*

STRUMENTI

Videoteca

Beati i primi!

Giuliana e Roberto fanno la fila (*are waiting in line*) per comprare dei biglietti per uno spettacolo musicale.

Preparazione

ESPRESSIONI UTILI

in anticipo	ahead of time
I posti non sono assegnati.	The seats are not assigned.
alle prime file	in the first rows

Dal video

ROBERTO: Ma guarda che confusione! Questo cantante deve essere molto popolare. Chi è?

GIULIANA: Un cantautore locale, quello di cui ti ho parlato l'altro giorno; suona il jazz. Non è molto conosciuto in tutta l'Italia ma a noi toscani piace molto.

ROBERTO: L'atmosfera è diversa ad un concerto di musica italiana. Ci sono tante persone vestite così bene! È come un evento importante!

FUNZIONE: comprare biglietti per uno spettacolo

Dopo il video

	V	F
Verifica. Vero o falso?	☐	☐
1. Le persone che vanno a un concerto in Italia si vestono in modo sportivo.	☐	☐
2. A Giuliana piace molto la musica classica.	☐	☐

3. I posti al concerto sono assegnati.

Comprensione. Rispondi alle seguenti domande.

1. Che cosa non piace fare a Giuliana quando va a un concerto?
2. Quando si possono comprare i biglietti per un concerto importante in Italia?
3. Che cosa fa Roberto prima del concerto?

Attività. Con un compagno / una compagna, parlate di alcuni cantanti di musica leggera. Perché vi piacciono o non vi piacciono questi cantanti? Andreste a vederli? Chi invitereste ad accompagnarvi al concerto? Preferite concerti in cui i posti sono assegnati o quelli in cui chi arriva prima prende i posti migliori?

Parole da ricordare

VERBI

applaudire	to applaud
avere luogo	to take place
comporre (*p.p.* **composto**)	to compose
credere (**di** + *inf.*)	to believe
dirigere (*p.p.* **diretto**)	to conduct
fischiare	to boo (*lit.*, to whistle)
mettere (*p.p.* **messo**) in scena	to stage, put on, produce
pensare (**di** + *inf.*)	to plan (*to do something*)
permettere (**di** + *inf.*) (*p.p.* **permesso**)	to allow (*to do something*)
promettere (**di** + *inf.*) (*p.p.* **promesso**)	to promise (*to do something*)
recitare	to act; to play a part; to perform
*riuscire (**a** + *inf.*)	to succeed (*in doing something*)
sperare (**di** + *inf.*)	to hope (*to do something*)

NOMI

l'aria	aria
l'autore/l'autrice	author
il balletto	ballet
il baritono	baritone
il basso	bass
la batteria	drums
il/la cantante	singer
il cantautore / la cantautrice	singer-songwriter
la canzone	song
il clarinetto	clarinet
la commedia	comedy
il compositore / la compositrice	composer
la danza	dance
il direttore d'orchestra	conductor
il flauto	flute
il mondo	world
il musical	musical
il/la musicista	musician
l'opera	opera
il palcoscenico	stage
la prima	premiere, opening night
il pubblico	audience
la rappresentazione	performance
il/la regista	(*film or theater*) director
la sinfonia	symphony
il/la soprano	soprano
lo spettacolo	show
lo spettatore / la spettatrice	spectator
il tenore	tenor
la tragedia	tragedy
la tromba	trumpet
il violino	violin
la voce	voice

AGGETTIVI

dilettante	amateur
popolare	popular
professionista	professional

ALTRE PAROLE E ESPRESSIONI

basta	it is enough
bisogna	it is necessary
comunque	anyhow
di professione	professional
è bene	it is good
è giusto	it is right
in tutto il mondo	all over the world

---

*Words identified with an asterisk (*) are conjugated with **essere**.

Le belle arti

Fine Arts

Una statua nella Villa Adriana di Tivoli

IN BREVE

Grammatica
A. Passato remoto
B. Numeri ordinali
C. Volerci e metterci

Nota culturale
Dante e le sue opere

Invito alla lettura
La Toscana

Curiosità
I dialetti

FUNZIONI
COMUNICATIVE

■ Parlare di arte, lingua
e letteratura nei
secoli

Vocabolario preliminare

Un viaggio in Italia

MARCELLO: Ornella, Raffaele, bentornati![1] Com'è andato il vostro viaggio in Italia?

ORNELLA: È stato meraviglioso! Abbiamo visto opere d'arte e monumenti magnifici!

RAFFAELE: Ogni museo è ricco di statue e dipinti straordinari e in molte chiese ci sono affreschi e mosaici bellissimi!

ORNELLA: Un vero sogno!

1. Il viaggio in Italia è piaciuto ad Ornella e Raffaele?

2. Che cosa hanno visto nei musei?

3. Che cosa si può vedere in molte chiese?

[1]welcome back

Arte, letteratura e archeologia

il paesaggio

il ritratto

il dipinto/il quadro

il pittore

la scultrice

la scultura

il romanzo

IL NOME DELLA ROSA

lo scrittore

L'ARTE E LA LETTERATURA

l'affresco fresco
l'architettura architecture
l'argomento subject, topic
il brano extract, selection, passage
il capolavoro masterpiece
la citazione quotation
il mosaico (*pl.* **i mosaici**) mosaic
la novella / il racconto short story
l'opera work (*individual work*)
   l'opera d'arte artwork, work of
   art (*individual work*)
la pittura painting (*in general*)
la poesia poetry; poem
il/la protagonista protagonist
la relazione paper, report
il riassunto summary
la ricerca research
la rima rhyme
la scrittura writing (*in general*)
la statua statue
lo stile style
il tema theme

citare to quote
costruire (isc) to build
fare ricerche to do research
riassumere (*p.p.* **riassunto**) to
   summarize
scolpire (isc) to sculpt

L'ARCHEOLOGIA

l'archeologo/l'archeologa (*m. pl.,*
   gli archeologi) archeologist
le rovine, i ruderi ruins, remains
lo scavo archeologico archeological
   dig

GLI ARTISTI

l'architetto (*m./f.*) architect
l'artista (*m./f.*) artist
la pittrice painter (*f.*)
il poeta / la poetessa (*m. pl.,* **i**
   poeti) poet
la scrittrice writer (*f.*)
lo scultore sculptor (*m.*)

ESERCIZI

A. In altre parole. Abbina le parole della lista A con le definizioni della lista B.

A	B
1. _____ un affresco	**a.** un'opera in rima
2. _____ un capolavoro	**b.** quello che resta di una città antica
3. _____ un racconto	**c.** un personaggio principale
4. _____ un mosaico	**d.** la migliore opera di un artista / un'artista
5. _____ una poesia	**e.** una rappresentazione di una persona
6. _____ un ritratto	**f.** un dipinto sul muro
7. _____ un protagonista	**g.** un'opera fatta di piccoli pezzi di pietra, ceramica o vetro
8. _____ le rovine	**h.** una breve storia

B. Quiz-lampo. Di' in poche parole cosa fanno questi artisti e professionisti.

ESEMPIO: l'architetto →
L'architetto costruisce edifici.

1. lo scultore e la scultrice
2. il poeta e la poetessa
3. il pittore e la pittrice
4. l'archeologo e l'archeologa
5. lo scrittore e la scrittrice

C. Una relazione. Giulietta è una studentessa di lettere. Leggi il brano che racconta cosa lei ha fatto questa settimana, poi completalo con le forme adatte delle espressioni elencate.

citazione, personaggio, protagonista, relazione, romanzo, scrittrice, tema

Questa settimana Giulietta ha letto un _____[1] molto interessante e ha deciso di farne una _____[2] per la classe. Vuole parlare soprattutto della _____[3] femminile, un _____[4] molto particolare. Secondo Giulietta, con questo libro, la _____[5] Virginia Woolf ha trattato il _____[6] più importante per lei. Giulietta cercherà di dimostrare la sua teoria con molte _____[7] dal testo.

 In ascolto

For listening comprehension activities related to the theme of this chapter, see the Laboratory Manual or visit the *Prego!* website.
www.mhhe.com/prego7

A. Passato remoto

PROF. MARCENARO: Oggi vi parlerò di Michelangelo, di questo grandissimo artista che si affermò come pittore, scultore, architetto ed anche come poeta. Studiò con il Ghirlandaio e poi lavorò per principi, duchi, vescovi e papi. La sua opera più famosa sono gli affreschi della volta della Cappella Sistina. Questo immenso lavoro che Michelangelo volle eseguire senza nessun aiuto durò ben quattro anni (1508–1512). Gli affreschi illustrano episodi del Vecchio Testamento e culminano con il Giudizio Universale…

Michelangelo, *Sibilla libica* (*Libyan prophetess*), circa 1510*

The **passato remoto** is another past tense that reports actions completed in the past. Unlike the **passato prossimo,** the **passato remoto** is a one-word tense. It is used commonly in narrative writing. The **passato prossimo** is more widely used in conversation.

1. With the exception of the third-person singular form of regular **-are** verbs, all persons of the **passato remoto** retain the characteristic vowel of the infinitive. The third-person singular ending of regular **-are** verbs is **-ò**, that of **-ere** verbs is **-è**, and that of **-ire** verbs is **-ì**.

lavorare	credere	finire
lavorai	credei	finii
lavorasti	credesti	finisti
lavorò	credè	finì
lavorammo	credemmo	finimmo
lavoraste	credeste	finiste
lavorarono	crederono	finirono

> **Nota bene**
>
> **Forme alternative**
> Many **-ere** verbs have alternative forms in the first- and third-person singular and third-person plural of the **passato remoto.**
>
> **credei/credetti**
> credesti
> **credè/credette**
> credemmo
> credeste
> **crederono/credettero**

Giotto **affrescò** la Cappella dell'Arena verso il 1305.
Petrarca **finì** *Il Canzoniere* nel 1374.

Giotto frescoed the Arena Chapel around 1305.
Petrarca finished The Canzoniere *in 1374.*

PROF. MARCENARO: Today I will tell you about Michelangelo, about this great artist who established himself as a painter, a sculptor, an architect, and also as a poet. He studied with Ghirlandaio, then he worked for princes, dukes, bishops, and popes. His most famous works are the frescoes on the ceiling of the Sistine Chapel. This immense work that Michelangelo insisted on completing with no help took four full years (1508–1512). The frescoes illustrate episodes from the Old Testament and culminate with the Last Judgment. . .

*Detail of a fresco (before restorations) on the ceiling of the Sistine Chapel, Vatican City, Rome. (Photo: Scala / Art Resource, New York)

2. The **passato remoto** of **essere, dare, dire, fare,** and **stare** is irregular in all persons.

essere	dare	dire	fare	stare
fui	diedi	dissi	feci	stetti
fosti	desti	dicesti	facesti	stesti
fu	diede	disse	fece	stette
fummo	demmo	dicemmo	facemmo	stemmo
foste	deste	diceste	faceste	steste
furono	diedero	dissero	fecero	stettero

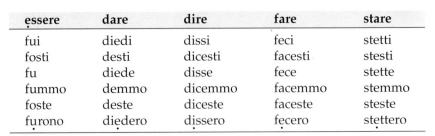

— ...Poi mia madre incontrò uno spinone^a...

^a*griffon (breed of dog)*

3. Many other verbs that are irregular in the **passato remoto** follow a 1–3–3 pattern: they are irregular only in the first person singular and the third person singular and plural. Their irregular forms follow the same pattern: *irregular stem* + **-i, -e,** and **-ero.**

avere *(irregular stem:* **ebb-***)*	
ebbi	avemmo
avesti	aveste
ebbe	ebbero

COMMON VERBS THAT FOLLOW THE **1–3–3** PATTERN

avere	ebbi
chiedere	chiesi
conoscere	conobbi
decidere	decisi
dipingere	dipinsi
leggere	lessi
mettere	misi
nascere	nacqui
prendere	presi
rispondere	risposi
scrivere	scrissi
vedere	vidi
venire	venni
vincere	vinsi
vivere	vissi
volere	volli

Marco **ebbe** fortuna: **vinse** una borsa di studio.

Quando i turisti **domandarono** dov'era il museo, nessuno li **capì.**

Marco was lucky: he won a scholarship.

When the tourists asked where the museum was, nobody understood them.

4. To describe a condition or express a habitual or ongoing action in the past, the **imperfetto** is used with the **passato remoto** exactly as it is used with the **passato prossimo.**

Non **comprai / ho comprato** il quadro perché non **avevo** abbastanza soldi.

I didn't buy the painting because I didn't have enough money.

Mi **chiesero / hanno chiesto** perché non **parlavo.**

They asked me why I was not speaking.

ESERCIZI

A. Un po' di tutto. Sostituisci il **passato remoto** con il **passato prossimo.**

ESEMPIO: Quando vide la statua, la comprò subito. →
Quando ha visto la statua, l'ha comprata subito.

1. Dove nacque e dove morì Raffaello?
2. Presero l'autobus per andare agli scavi; non andarono a piedi.
3. A chi diedi il biglietto di ingresso?
4. Cercammo di entrare nel museo ma non potemmo.
5. La guida aprì la porta e noi guardammo i dipinti.
6. Ebbero molti problemi prima della mostra.
7. Visitai le mostre più importanti.
8. I signori Contrada seguirono un corso di archeologia molti anni fa.

B. Trasformazioni. Sostituisci il soggetto della frase con gli elementi tra parentesi e fai tutti i cambiamenti necessari.

1. Non le scrissi perché non avevo il suo indirizzo. (noi / tu / i ragazzi / Paolo)
2. Si fermò a Ravenna perché voleva vedere i mosaici. (io / i signori / anche noi / tu e Giulia)
3. Franco disse che non sapeva dipingere. (anche tu / le signore / voi / io)
4. Guardammo *Il Cenacolo* (The Last Supper) quando visitammo Milano. (Cesare / i nostri amici / voi / anche tu)

C. Ricordi del passato. Riscrivi le seguenti frasi. Prima riscrivi ogni frase usando il **passato prossimo** e **l'imperfetto,** poi riscrivi ognuna usando il **passato remoto** e **l'imperfetto.**

1. Non visitiamo Santa Croce perché è troppo tardi.
2. Gli chiedo se ha l'orario degli Uffizi.
3. Mi dicono che non conoscono la letteratura del Rinascimento (*Renaissance*).
4. Alberto telefona a Cinzia perché vuole il suo romanzo.
5. Non puoi vedere bene gli affreschi perché c'è poca luce (*light*).
6. Non riescono a trovare l'opera nel museo perché non hanno la guida.

B. Numeri ordinali

PROFESSORE: Allora, Carlo, hai letto i primi sei canti dell'*Inferno* di Dante Alighieri? Quali canti ti sono piaciuti di più?

CARLO: Mi è piaciuto il primo, quando Dante inizia il suo viaggio nell'aldilà, ed il quinto, quando parla della sfortunata storia d'amore tra Francesca e Paolo.

The Italian ordinal numbers (**i numeri ordinali**) correspond to English *first, second, third, fourth,* and so on.

NUMERI CARDINALI				NUMERI ORDINALI			
1	uno	9	nove	1°	primo	9°	nono
2	due	10	dieci	2°	secondo	10°	decimo
3	tre	11	undici	3°	terzo	11°	undicesimo
4	quattro	12	dodici	4°	quarto	12°	dodicesimo
5	cinque	50	cinquanta	5°	quinto	50°	cinquantesimo
6	sei	100	cento	6°	sesto	100°	centesimo
7	sette	500	cinquecento	7°	settimo	500°	cinquecentesimo
8	otto	1000	mille	8°	ottavo	1000°	millesimo

1. Each of the first ten ordinal numbers has a distinct form. After **decimo,** ordinal numbers are formed by dropping the final vowel of the cardinal number and adding **-esimo.** Numbers ending in **-tré** and **-sei** retain the final vowel.

undici	undic**esimo**
ventitré	ventitre**esimo**
trentasei	trentasei**esimo**

2. Unlike cardinal numbers, ordinal numbers are adjectives and therefore agree in gender and number with the nouns they modify.

la prima volta	*the first time*
il centesimo anno	*the hundredth year*

PROFESSORE: So, Carlo, did you read the first six cantos of Dante Alighieri's *Inferno*? Which ones did you like most? CARLO: I liked the first one, when Dante starts his journey into the afterlife, and the fifth, when he talks about the unfortunate love story between Francesca and Paolo.

3. As in English, ordinal numbers normally precede the noun. Abbreviations are written with a small superscript ° (masculine) or ª (feminine).

il 5° piano — *the fifth floor*
la 3ª scala — *the third staircase*

4. Ordinal numbers are used when referring to royalty, popes (**papi**), and centuries (**secoli**). They are usually written as Roman numerals following the noun.

Luigi XV (Quindicesimo) — *Louis XV*
Papa Giovanni Paolo II (Secondo) — *Pope John Paul II*
il secolo XIX (diciannovesimo) — *the nineteenth century*

ESERCIZI

A. Ordinali. Completa le frasi con il numero ordinale appropriato. Scrivi la parola.

INSEGNANTE: Ragazzi, vi ricordate in che capitolo si studiano il passato prossimo e l'imperfetto?

STUDENTE: Sì, nel _____¹ (4°) e nell' _____² (8°) capitolo.

INSEGNANTE: E il futuro?

STUDENTE: Nel _____³ (10°) capitolo.

INSEGNANTE: Ripassate bene quei capitoli prima di studiare il congiuntivo nel _____⁴ (16°) capitolo!

B. Ancora i secoli. Esprimi i secoli con una forma più breve.

ESEMPIO: il tredicesimo secolo = il Duecento

1. il ventesimo secolo
2. il quindicesimo secolo
3. il quattordicesimo secolo
4. il diciottesimo secolo
5. il diciassettesimo secolo
6. il diciannovesimo secolo
7. il sedicesimo secolo
8. il ventunesimo secolo

C. Ma sì! Rispondi a ogni domanda secondo l'esempio. Usa un numero ordinale in ogni risposta.

ESEMPIO: Scusi, è la lezione numero otto? →
Sì, è l'ottava lezione.

1. Scusi, è il capitolo numero tredici?
2. Scusi, è la sinfonia numero nove?
3. Scusi, è il piano numero quattro?
4. Scusi, è la scala numero tre?
5. Scusi, è la fila (*row*) numero sette?
6. Scusi, è la pagina numero ventisette?

L'ufficio reclamiª è al diciottesimo piano...

ª*complaints*

Dante e le sue opere

Dante Alighieri nacque nel 1265 da una famiglia della piccola nobiltà di Firenze, che era allora una delle città più importanti d'Europa.

Diventò Priore[1] del Comune di Firenze nel 1300, ma un anno dopo i rappresentanti del partito avverso[2] riuscirono ad avere il dominio[3] di Firenze. Dante, ingiustamente accusato di gravi colpe,[4] dovette andare in esilio,[5] dove rimase fino alla morte.

Da giovane Dante partecipò al gruppo dei poeti del «dolce stil nuovo» che, nelle loro poesie, cantavano l'amore per la donna idealizzata, che per Dante fu Beatrice. In un'importante opera teorica scritta in latino, il *De vulgari eloquentia*, difese[6] la lingua parlata dal popolo[7] (volgo), cioè i dialetti delle diverse regioni. Per questi suoi pensieri e perché contribuì ad affermare il dialetto fiorentino come lingua nazionale, è considerato il padre della lingua italiana.

L'opera maggiore di Dante è la *Divina Commedia*. È un'opera in versi divisa in tre parti, l'*Inferno*, il *Purgatorio* e il *Paradiso*,* in cui il poeta descrive un suo viaggio attraverso i tre regni dell'aldilà[8] e gli incontri con tantissimi personaggi famosi, vissuti in tempi più o meno lontani.

Ritratto di Dante, per Alessandro Botticelli, c. 1495

[1]*Magistrate* [2]*partito... opposing political party* [3]*control* [4]*crimes* [5]*exile* [6]*he defended*
[7]*populace* [8]*of the afterlife*

*The poem's three parts correspond to the three realms of life after death, according to Roman Catholic doctrine: Hell, Purgatory, and Heaven.

C. *Volerci e metterci*

AUTOMOBILISTA: Quanto ci vuole per arrivare a Cutrofiano?

PASSANTE: Dipende da quale strada sceglie. Potrebbe metterci mezz'ora o potrebbe metterci due ore.

DRIVER: How long does it take to get to Cutrofiano? PASSER-BY: It depends on which road you choose. It could take you half an hour, or it could take you two hours.

Two verbs, **volerci** and **metterci,** can be used with time expressions in Italian to express the amount of time it takes to perform an activity: *to take (a length of) time. It takes two hours to get there by car. It takes me four hours to get there by bus.*

1. The subject of **volerci** is the amount of time in question. **Volerci** can be conjugated in all tenses, but it has only third-person forms, singular (**ci vuole, ci vorrà, ci è voluto,** and so on) for one hour, and plural (**ci vogliono, ci vorranno, ci sono voluti,** and so on), for two or more hours. Notice that **volerci** takes **essere** in compound tenses.

Ci vuole un'ora per fare quella torta.	*It takes an hour to make that cake.*
Ci vogliono tre ore e mezzo per andare a Milano da qui.	*It takes three-and-one-half hours to get to Milan from here.*
Ci vogliono tre ore per andare a Napoli in macchina mentre in treno **ce ne vorrebbero** cinque.	*It takes three hours to go to Naples by car, while it would take five by train.*

Volerci can also be used to express the number of objects or people needed.

Ci vuole un po' di zucchero.	*It needs a little sugar.*
Ci sono voluti tre uomini per spostare quel divano.	*It took three men to move that couch.*
Ci vorranno otto scatole.	*It will take eight boxes.*
Ci vuole una busta per questi fogli.	*One envelope is needed for these papers.*

2. The subject of the verb **metterci** is the person performing the action. Thus **metterci** can be conjugated in all persons and tenses. **Metterci** takes **avere** in compound tenses.

Ci hanno messo tre ore per scrivere la relazione.	*They took (It took them) three hours to write the paper.*
Tu sei veloce! Io **ci metterei** due ore per pulire questa casa!	*You are fast! I would take (It would take me) two hours to clean this house!*
Ci metteremo circa due mesi per finire la casa.	*We will take (It will take us) about two months to finish the house.*

ESERCIZI

A. La forma è giusta! Completa le frasi con la forma giusta del verbo.

1. Roberto (ci mette / ci mettono) due ore per preparare il poster per la festa.
2. Secondo mio padre, (ci vuole / ci vogliono) mezz'ora per andare in centro in bici.
3. L'anno prossimo, (ci mettono / ci vorranno) otto studenti per lo spettacolo.
4. L'anno scorso i ragazzi (ci volevano / ci mettevano) due ore per andare a Napoli; ora con l'autostrada nuova, loro (ci vuole / ci mettono) un'ora.
5. Con il treno (ci vorrebbe / ci vorrebbero) due ore per andare da Firenze a Bologna, ma con la macchina (ci vuole / ci vogliono) un'ora e mezzo.

B. Siete d'accordo? Con un compagno / una compagna, indovinate quanto ci vorrà per fare queste attività. Paragonate le vostre risposte con quelle di un altro gruppo. (Usiamo il futuro perché non siamo certi delle risposte.)

ESEMPIO: persone per costruire una casa →
s1: Quante persone ci vorranno per costruire una casa?
s2: Boh, ci vorranno cento persone.

1. persone per spostare una macchina   2. anni per affermarsi come pittore famoso / pittrice famosa   3. autobus per portare 100 studenti ad un museo   4. ore per dipingere la Cappella Sistina   5. benzina per riempire il serbatoio (*gas tank*) di una Ferrari   6. tessere (*tiles*) per creare i mosaici di Ravenna

C. Quanto ci metti? Chiedi ad un compagno / una compagna quanto ci mette per andare all'università a piedi, pulire la casa, fare i compiti di italiano, fare colazione, fare la doccia, lavare i piatti, eccetera.

ESEMPIO: s1: Quanto ci metti per andare in centro?
s2: Ci metto 45 minuti perché vado a piedi.

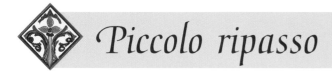

Piccolo ripasso

A. Oggi e ieri. Esprimi le frasi con il **passato prossimo** e l'**imperfetto**, e poi con il **passato remoto** e l'**imperfetto**.

ESEMPIO: Non visito gli scavi perché sono stanco. →
Non ho visitato gli scavi perché ero stanco.
Non visitai gli scavi perché ero stanco.

1. Gli chiedo se studia il Medioevo.
2. Mi risponde che preferisce il Rinascimento.
3. Non andiamo alla conferenza perché dobbiamo finire la ricerca.
4. Non leggono romanzi perché preferiscono racconti brevi.
5. Dici che ti piacciono molto i paesaggi.

B. Pezzi grossi. (*Big shots.*) Esprimi ogni numero ordinale.

1. Paolo VI	5. Giovanni XXIII
2. Carlo V	6. Benedetto XVI
3. Elisabetta II	7. Enrico VIII
4. Giovanni Paolo II	8. Luigi XIV

C. Il tempo vola. Completa con la forma corretta di **volerci**.

1. _____ quattro ore per preparare il tacchino (*turkey*).
2. L'anno prossimo _____ molti ragazzi per completare il progetto.
3. Ieri, _____ tre meccanici per riparare la mia macchina.
4. _____ una persona simpatica e allegra per fare questo lavoro.
5. Tanti anni fa, prima che esistessero (*existed*) gli aerei, _____ molto tempo per andare da una città all'altra.

D. Conversazione.

1. Ti interessa l'archeologia? Hai visitato degli scavi archeologici? Dove?
2. Hai mai studiato l'architettura? C'è un palazzo o una chiesa che ti piace in modo particolare?
3. Su quale artista ti piacerebbe di più fare ricerche? Perché?
4. Di tutte le belle arti (la pittura, la scultura, la letteratura e la scrittura, la fotografia, l'architettura) quale ti piace di più? Perché?

Invito alla lettura

La Toscana

Eccoci in Toscana! Siamo in una delle regioni italiane più conosciute nel mondo e più visitate dai turisti. Quasi tutte le città toscane sono ricche di opere d'arte, anche quelle più piccole e sconosciute. La campagna della Toscana è bellissima e molto amata soprattutto da inglesi, tedeschi e americani.

Una volta in Toscana vorrai vedere la famosa torre pendente di Pisa e certamente visiterai Firenze, il capoluogo. Di sicuro ti affascineranno lo splendore dei monumenti rinascimentali[1] di Firenze, la ricchezza dei suoi musei, la vivacità della sua vita culturale. E potrai godere[2] l'atmosfera incantata di una città che è stata una grande capitale dell'arte e della letteratura ed è la patria[3] di Dante, il padre della lingua italiana.

Se vuoi sentire parlare l'italiano più bello e più dolce della penisola, dicono che devi andare a Siena. E se poi vuoi studiare di più questa bella lingua, sei nel posto giusto. Proprio a Siena c'è una famosa Università per Stranieri, dove studenti di tutto il mondo imparano la lingua e la cultura italiana. Il soggiorno[4] sarà piacevole. Siena è una piccola città medievale, con un'ottima qualità della vita. I suoi

Firenze di notte

monumenti sono magnifici, le opere dei suoi grandi artisti, da Duccio di Buoninsegna a Simone Martini, straordinarie. E dopo le lezioni, ti basterà fare due passi per andare a prendere il sole o a bere un cappuccino in Piazza del Campo, considerata da molti la piazza più bella del mondo.

Non ti sembra un'occasione interessante?

[1]*Renaissance* [2]*enjoy* [3]*homeland* [4]*stay*

Capire

Rispondi.

1. Perché la Toscana è una delle regioni più visitate da turisti di tutto il mondo?
2. Qual è il capoluogo della Toscana?
3. Perché a Siena ci sono tanti studenti stranieri?
4. Cosa potresti fare dopo le lezioni a Siena per sentirti parte della vita della città?

Scrivere

L'artista e il suo quadro. Scegli un pittore italiano o una pittrice italiana e scrivi sei frasi con il **passato remoto** sulla sua vita. Poi fai la descrizione di uno dei suoi quadri. Usa queste frasi per iniziare:

Questo quadro è dell'anno _____. Il quadro rappresenta _____.

I colori più usati sono _____. Nello sfondo (*background*) c'è _____.

In primo piano (*foreground*) c'è _____. Secondo me, il messaggio del quadro è _____. Il quadro (non) mi piace perché _____. Questo quadro mi fa sentire _____.

CURIOSITÀ

I dialetti

Sapevate che l'Italia è uno dei paesi più ricchi di dialetti nel mondo? Cosa sono i dialetti? Non sono un modo di parlare incorrettamente la lingua standard; sono, invece delle parlate[1] proprie di una particolare area geografica, diverse dalla lingua ufficiale. Tutti i dialetti derivano dal latino, ma hanno subito[2] delle modifiche nel tempo.

Ci sono dialetti settentrionali, centrali e meridionali. Tutti i dialetti, in Italia, sono considerati delle vere e proprie lingue, e molti sono stati codificati e hanno un dizionario; quasi tutti hanno opere teatrali, poesie e canzoni.

L'eccezionalità dei dialetti è data dal fatto che sono diversi non solo da regione a regione, ma da città a città. Anche il più piccolo villaggio ha un suo proprio dialetto sicuramente diverso da quello del villaggio più vicino!

Gli italiani, negli ultimi cinquanta anni, hanno riscoperto[3] i dialetti come patrimonio[4] di grande valore. Esiste, infatti, una disciplina per lo studio e la preservazione dei dialetti: la dialettologia.

[1]*ways of speaking* [2]*undergone* [3]*rediscovered* [4]*heritage*

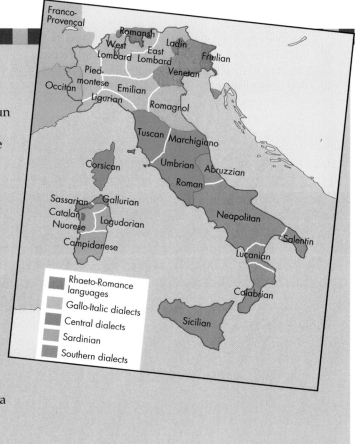

STRUMENTI

Videoteca

VIDEO

Firenze da vedere

Roberto ha deciso di intervistare Giuliana per uno dei suoi articoli. Le chiede quali sono le tre cose più importanti da vedere a Firenze.

Preparazione

ESPRESSIONI UTILI

non si può mancare	one shouldn't miss
contenente (*verb:* **contenere**)	containing
affollati	crowded

Dal video

ROBERTO: Allora Giuliana, sei pronta? Oggi voglio intervistarti per uno dei miei articoli. Voglio parlare di quello che è indispensabile vedere a Firenze.

GIULIANA: Roberto, Firenze è una città che ospita il 70% dell'arte italiana. Ci vuole una vita per vedere tutto! È difficile scegliere.

FUNZIONE: parlare d'arte e d'architettura

Dopo il video

Verifica. Metti le seguenti frasi in ordine cronologico, secondo quello che hai visto nell'episodio del video.

_____ Primo, non si può mancare il Duomo.
_____ Dovresti andare la mattina perché sono meno affollati.
_____ Quali sono le tre cose più importanti da vedere?
_____ A che ora aprono i musei?

Comprensione. Rispondi alle seguenti domande.

1. Quali tre cose da vedere a Firenze suggerisce Giuliana?
2. Quale edificio era la residenza della famiglia dei Medici nel Rinascimento?
3. Quale museo contiene quadri di Raffaello?

Attività. Da fare in coppia. Fai l'agente di viaggio. Un/Una cliente si presenta per chiedere delle informazioni sulla tua città. Suggerisci le cose da vedere e da visitare (musei, monumenti, ristoranti, discoteche, negozi, luoghi belli e interessanti e così via) secondo gli interessi del tuo / della tua cliente.

Parole da ricordare

VERBI

affermarsi	to establish oneself
citare	to quote
costruire (isc)	to build
fare ricerche	to do research
metterci	to take (*time*)
(+ *time expression*)	
riassumere (*p.p.* **riassunto**)	to summarize
scolpire (isc)	to sculpt
***volerci**	to take (*time*)
(+ *time expression*)	

NOMI

l'affresco	fresco
l'archeologia	archeology
l'archeologo /	archeologist
l'archeologa	
(*m. pl.,* **gli archeologi**)	
l'architetto (*m./f.*)	architect
l'architettura	architecture
l'argomento	subject, topic
l'artista (*m./f.*)	artist
le belle arti	fine arts
il brano	extract, selection, passage
il capolavoro	masterpiece
la citazione	quotation
il dipinto	painting (*individual work*)
il mosaico (*pl.* **i mosaici**)	mosaic
la novella	short story
l'opera	work (*individual work*)
l'opera d'arte	artwork, work of art (*individual work*)

il paesaggio	landscape
il papa	pope
la penisola	peninsula (*often referring to Italy*)
il pittore / la pittrice	painter
la pittura	painting (*in general*)
la poesia	poetry; poem
il poeta / la poetessa	poet
(*m. pl.,* **i poeti**)	
il postmoderno	the postmodern period
il/la protagonista	protagonist
il quadro	painting (*individual work*)
il racconto	short story
la relazione	paper, report
il riassunto	summary
la ricerca	research
la rima	rhyme
il ritratto	portrait
il romanzo	novel
le rovine	ruins, remains
i ruderi	ruins, remains
lo scavo archeologico	archeological dig
lo scrittore / la scrittrice	writer
la scrittura	writing (*in general*)
lo scultore / la scultrice	sculptor
la scultura	sculpture (*in general and as an individual work*)
il secolo	century
la statua	statue
lo stile	style
il tema	theme

---

*Words identified with an asterisk (*) are conjugated with **essere**.

Politica e società

CAPITOLO

16

Il Presidente del Consiglio dei Ministri Romano Prodi

IN BREVE

Grammatica
A. Congiuntivo presente
B. Verbi e espressioni
che richiedono il
congiuntivo
C. Congiuntivo passato

Nota culturale
Quando si vota

Invito alla lettura
Il Lazio

Curiosità
I partiti in Italia

FUNZIONI
COMUNICATIVE
- Parlare del sistema
politico in Italia

Vocabolario preliminare

Le elezioni

ENRICA: Tra un paio di settimane ci saranno le elezioni. Hai già deciso per quale partito votare?

SIMONA: Non so. Durante la campagna elettorale tutti i candidati fanno belle promesse[1] ma poi...

ENRICA: Hai ragione, speriamo che chiunque[2] vinca le elezioni mantenga[3] almeno la metà delle promesse fatte!

1. Quando si voterà?

2. Simona sa per chi votare?

3. Che speranza ha Enrica per il futuro?

[1]promises [2]whoever [3]keeps

La politica

la candidata

il senatore / la senatrice

l'impiegato

l'operaio / l'operaia

il pensionato

lo sciopero

LO STATO

la campagna elettorale election campaign
il candidato candidate (*m.*)
il cittadino / la cittadina citizen
la coalizione coalition
la democrazia democracy
il deputato / la deputata representative (*in the Chamber of Deputies*)
il Governo government; executive branch; administration
le elezioni elections
il ministro (*m./f.*) minister (*in government*)
il partito politico political party
  di centro center
  di destra left-wing
  di sinistra right-wing
il voto vote

eleggere (*p.p.* **eletto**) to elect
votare to vote

I PROBLEMI SOCIALI

l'aumento raise, increase

la diminuzione, la riduzione reduction
il diritto (legal) right
il discorso speech; conversation
la disoccupazione unemployment
l'impiegata (*f.*) white-collar worker
la manifestazione demonstration
la pensionata (*f.*) retired person
la pensione pension, retirement
la povertà poverty
lo stipendio salary
le tasse taxes

*andare in pensione to retire
aumentare to raise, increase
diminuire (isc) to reduce
*essere in pensione to be retired
*essere in sciopero to be on strike
  fare sciopero, scioperare to strike
informarsi (su) to become informed (about); to become acquainted (with)

attuale current, present
disoccupato unemployed
informato informed, up-to-date

ESERCIZI

A. La parola giusta. Guarda il **Vocabolario preliminare** e abbina parole e definizioni.

1. _____ il voto
2. _____ la coalizione
3. _____ il disoccupato
4. _____ la deputata
5. _____ l'operaio
6. _____ le tasse

a. chi lavora in fabbrica (*factory*)
b. i contributi pagati allo stato
c. la rappresentante al Parlamento
d. un gruppo di molti partiti
e. chi non ha lavoro
f. uno strumento della democrazia

B. Fuori luogo! (*Out of place!*) Trova il nome o espressione che sembra fuori luogo e spiega perché.

    ESEMPIO: il deputato, il ministro, l'impiegata, la senatrice →
                   L'impiegata è il nome fuori luogo, perché non è una carica pubblica (*public office*) e non riguarda la politica.

1. l'aumento, il Senato, lo stipendio, l'operaio
2. la riduzione, il partito politico, eleggere, il voto
3. la campagna elettorale, il candidato, le elezioni, la pensione
4. il senatore, il ministro, la deputata, l'impiegato
5. il cittadino, l'operaia, la pensionata, il diritto
6. la povertà, la disoccupazione, la riduzione, il Governo

---

*Words identified with an asterisk (*) are conjugated with **essere.**

C. **Conversazione.**

1. Sai come si chiamano i tuoi senatori / le tue senatrici? E il tuo deputato / la tua deputata?
2. Come si chiama l'attuale presidente degli Stati Uniti? Sai chi è il presidente della Repubblica Italiana?
3. Hai votato alle ultime elezioni nazionali? Perché sì o perché no?
4. Come ti informi sulla politica? Leggi il giornale? Guardi il telegiornale? Parli con le persone informate?
5. Qualcuno nella tua famiglia ha mai fatto sciopero? Puoi spiegare perché ha scioperato?
6. Hai mai partecipato a una campagna elettorale? Dove, quando e per quale candidato/candidata?

In ascolto

For listening comprehension activities related to the theme of this chapter, see the Laboratory Manual or visit the *Prego!* website. **www.mhhe.com/prego7**

Grammatica

A. Congiuntivo presente

SIGNOR TESTA: Ho l'impressione che i problemi del mondo siano in continuo aumento: mi pare che aumentino la povertà e la disoccupazione; mi sembra che crescano i problemi delle minoranze e degli immigrati. Chi vuoi che pensi ai pensionati?

SIGNOR MAZZOLA: Ma anche i nostri problemi sono importanti e dobbiamo farci sentire. Anzi, io penso che sia necessario che tutti si occupino dei problemi di tutti, non solo dei propri!

SIGNOR TESTA: I have the feeling that there are more and more problems in the world. It seems to me that poverty and unemployment are on the rise, it seems to me that minorities' and immigrants' problems are also increasing. Who do you think is going to think about retired people?   SIGNOR MAZZOLA: But our problems are significant, too, and we've got to make ourselves heard. What's more, I think it's essential for all of us to be concerned about each other's problems, not just our own!

The verb forms you have learned so far (except the conditional and imperative) belong to the *indicative* mood (**l'indicativo**), which states facts and conveys certainty or objectivity.

The *subjunctive* mood (**il congiuntivo**), by contrast, expresses uncertainty, doubt, possibility, or personal feelings rather than fact. It conveys the opinions and attitudes of the speaker.

INDICATIVO	CONGIUNTIVO
Gli studenti **organizzano** una manifestazione. *Students are organizing a demonstration.*	Credo che gli studenti **organizzino** una manifestazione. *I believe that the students are organizing a demonstration.*
Anche gli insegnanti **fanno** sciopero. *The teachers are striking too.*	È probabile che anche gli insegnanti **facciano** sciopero. *It's probable that teachers are striking too.*
Il governo non **applica** le riforme. *The government isn't enforcing the reforms.*	È male che il governo non **applichi** le riforme. *It's bad that the government isn't enforcing the reforms.*

— Sento i piedi umidi:ᵃ credo che stia perᵇ piovere...

ᵃ*wet* ᵇstia... *it's about to*

In English, the subjunctive is used infrequently: *I move that the meeting **be** adjourned; We suggest that he **go** home immediately.* In Italian, however, the subjunctive is used often in both speaking and writing.

1. The subjunctive is generally preceded by a main (independent) clause and the conjunction **che**.

INDICATIVO	CONGIUNTIVO
independent clause + **che** +	*dependent clause*
Credo	che **organizzino** una manifestazione.

The subjunctive mood has four tenses: present, past, imperfect, and pluperfect.

2. The present subjunctive (**il congiuntivo presente**) is formed by adding the appropriate endings to the verb stem. Verbs ending in **-ire** that insert **-isc-** in the present indicative also do so in the present subjunctive.

	lavorare	scrivere	dormire	capire
che io	lavori	scriva	dorma	capisca
che tu	lavori	scriva	dorma	capisca
che lui/lei	lavori	scriva	dorma	capisca
che	lavoriamo	scriviamo	dormiamo	capiamo
che	lavoriate	scriviate	dormiate	capiate
che	lavorino	scrivano	dormano	capiscano

Notice that the first- and second-person plural (**noi** and **voi**) endings are identical in all three conjugations, and that the other forms of **-are** verbs have **i** endings while those of **-ere** and **-ire** verbs have **a** endings.

Since the three singular forms are identical (in all conjugations), subject pronouns are often used with them to avoid confusion.

Vogliono che **io voti**.	*They want me to vote.*

a. Verbs whose infinitives end in **-care** and **-gare** add an **h,** in all persons, between the stem and the present subjunctive endings.

È bene che il governo cer**ch**i di diminuire le tasse.	*It's good that the government is trying to reduce taxes.*
Purtroppo, bisogna che tutti pag**h**ino le tasse!	*Unfortunately, it's necessary for everyone to pay taxes!*

b. Verbs ending in **-iare** drop the **i** from the stem before adding the present subjunctive endings.

È necessario che comin**ci**ate a organizzarvi!	*It's necessary for you to start getting organized!*
Quando si è disoccupati, è probabile che si man**gi** meno.	*When one is unemployed, it is likely that one eats less.*

3. The following verbs have irregular present-subjunctive forms.

	VERBI CON FORME IRREGOLARI DEL CONGIUNTIVO
andare	vada, andiamo, andiate, vadano
avere	abbia, abbiamo, abbiate, abbiano
bere	beva, beviamo, beviate, bevano
dare	dia, diamo, diate, diano
dire	dica, diciamo, diciate, dicano
dovere	debba, dobbiamo, dobbiate, debbano
essere	sia, siamo, siate, siano
fare	faccia, facciamo, facciate, facciano
piacere	piaccia,… piacciano
potere	possa, possiamo, possiate, possano
sapere	sappia, sappiamo, sappiate, sappiano
stare	stia, stiamo, stiate, stiano
uscire	esca, usciamo, usciate, escano
venire	venga, veniamo, veniate, vengano
volere	voglia, vogliamo, vogliate, vogliano

Nota bene

Gli aggettivi nelle espressioni impersonali

In impersonal expressions, as well as in the impersonal **si** construction, all adjectives are in the plural form.

Si è ottimis**ti** quando si è giova**ni**.

One is optimistic when one is young.

Si è più rilassa**ti** quando si è in vacanza.

One is more relaxed when one is on vacation.

ESERCIZI ■ ■ ■ ■ ■ ■ ■ ■

A. **Trasformazioni.** Sostituisci le parole in corsivo con le parole tra parentesi e fai tutti i cambiamenti necessari.

1. Credo che *tu* non capisca la politica italiana. (voi / Giulia / gli americani / lui)
2. È necessario che *tutti* votino. (ognuno / anche tu / Lei / io)
3. Spero che *gli italiani* eleggano le persone giuste. (voi / tu / il signore / noi)

B. Consigli. Il tuo compagno / La tua compagna di casa ha avuto un checkup annuale e ha delle abitudini (*habits*) che deve cambiare. Con un compagno / una compagna, seguite l'esempio e create degli scambi usando **vuole che** e **bisogna che**.

> ESEMPIO: usare poco sale →
> S1: Il dottore vuole che io usi poco sale.
> S2: Ha ragione; bisogna che tu usi poco sale.

1. mangiare molta frutta
2. andare in palestra
3. bere meno caffè
4. stare più tranquillo/tranquilla
5. avere più pazienza
6. fare passeggiate
7. cercare di evitare lo stress
8. prendere un po' di sole

C. Cosa credi? Sei d'accordo o no con le seguenti affermazioni? Spiega perché.

1. Credo che non sia bene votare alle elezioni quando non si è informati sui candidati.
2. È giusto che gli operai scioperino quando il costo della vita aumenta e lo stipendio rimane lo stesso.
3. Credo che i giovani debbano essere attivi nella politica e nella società.
4. È assolutamente necessario che i ricchi paghino più tasse.

D. Altri consigli. Il tuo compagno / La tua compagna ha i seguenti problemi. Dai i tuoi consigli con frasi che cominciano con **penso che, bisogna che** o **è importante che.**

> ESEMPIO: S1: Ho bisogno di banconote ma ho solo monete. →
> S2: Penso che tu debba andare al bancomat (*ATM*).

1. Il capo (*boss*) non mi rispetta.
2. Il cane non mangia.
3. Ho mal di gola, mal di stomaco e la febbre.
4. Bevo molti caffè e spesso ho mal di stomaco.
5. Non sono informato/informata sulla politica e le elezioni sono domani.
6. Studio sempre, non esco mai con gli amici e non vado mai in vacanza.
7. Non sono andata a lezione ieri e non so come fare i compiti.

Quando si vota

Gli italiani sono «chiamati alle urne»[1] per tre tipi diversi di elezioni, oltre a[2] quelle per il Parlamento Europeo: referendum popolari, elezioni politiche, elezioni amministrative.

Il referendum è un tipo particolare di votazione:[3] quando è necessario, si chiede ai cittadini di dire sì o no al cambiamento o all'abolizione di una legge dello Stato. Le elezioni politiche si tengono,[4] di norma,[5] ogni cinque anni. Nelle elezioni politiche si rinnova[6] il Parlamento (Camera dei Deputati e Camera dei Senatori) e, a seconda dei risultati ottenuti dai diversi schieramenti[7] di destra o di sinistra, il voto decide chi sarà il capo del Governo.

Oggi si vota!

A votare per la Camera dei Deputati sono chiamati tutti i cittadini che hanno compiuto[8] 18 anni di età. Per votare per il Senato bisogna invece aver compiuto 25 anni.

Le elezioni amministrative rinnovano gli organi delle amministrazioni locali: Consiglio Regionale, Consiglio Provinciale, Consiglio Comunale e Consiglio delle Circoscrizioni, che, nelle città più grandi, corrispondono a zone della città. Queste votazioni si tengono ogni cinque anni e, a volte, in alcune città, coincidono con le elezioni politiche.

[1]«chiamati... » "called to the polls (lit. urns)"   [2]oltre... in addition to   [3]voting   [4]si... are held   [5]di... as a rule   [6]si... is renewed/replaced   [7](political) line-ups   [8]reached

B. Verbi e espressioni che richiedono il congiuntivo

CAMERIERE: Professore, vuole che Le porti il solito caffè o preferisce un cappuccino?

PROFESSORE: Fa un po' fresco... Forse è meglio che prenda un caffè corretto. Scalda di più.

CAMERIERE: Speriamo che questo sciopero finisca presto, professore.

PROFESSORE: Certo, ma bisogna che prima gli insegnanti abbiano un miglioramento del loro contratto di lavoro.

WAITER: Professor, do you want me to bring you the usual cup of coffee or would you prefer a cappuccino?   PROFESSOR: It's a bit chilly. Maybe it's better for me to have a **caffè corretto.** It warms you up more.   WAITER: Let's hope that this strike ends soon, Professor.
PROFESSOR: Definitely, but first it's necessary for teachers to obtain a better work contract.

When two conjugated verbs are connected by **che,** the verb in the independent clause determines whether the indicative or the subjunctive should be used in the dependent clause.

1. When the verb or expression in the independent clause denotes certainty, the *indicative* is used in the dependent clause. When the verb or expression in the independent clause expresses emotion, opinion, doubt, uncertainty, a command or wish, or an impersonal expression, the *subjunctive* is used in the dependent clause. Compare these pairs of sentences.

INDICATIVO	CONGIUNTIVO
So che i prezzi non diminuiscono. *I know that prices aren't going down.*	**Ho l'impressione** che i prezzi non diminuiscano. *I have the impression that prices aren't going down.*
È vero che c'è uno sciopero. *It's true that there is a strike.*	**È probabile** che **ci sia** uno sciopero. *It's likely that there is a strike.*

Expressions that denote certainty and that therefore take the indicative include **so che, è vero che, sono sicuro/sicura che, sono certo/certa che, vedo che, è ovvio che, riconosco che,** and **dimostro che.**

2. The following verbs and expressions are normally followed by the subjunctive.

EXPRESSIONS INDICATING EMOTION

Sono contento/felice
Mi (dis)piace
Ho paura   **+**   **che**   **+**   il Presidente e i
Preferisco   senatori siano
Spero   d'accordo.

EXPRESSIONS INDICATING OPINION, DOUBT, UNCERTAINTY

Credo
Dubito (*I doubt*)
Ho l'impressione   **+**   **che**   **+**   il Primo Ministro vada
Immagino (*I imagine*)   in Cina.
Penso

EXPRESSIONS INDICATING A COMMAND OR WISH

Chiedo
Desidero
Esigo (*I insist*)   **+**   **che**   **+**   i professori abbiano migliori
Voglio   condizioni di lavoro.

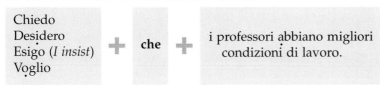

— Non è necessario che canti!

IMPERSONAL VERBS AND EXPRESSIONS

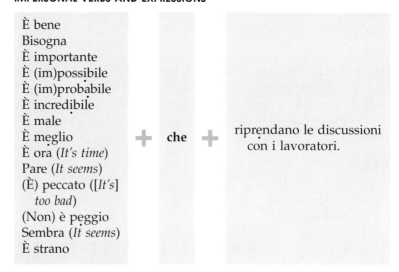

È bene		
Bisogna		
È importante		
È (im)possibile		
È (im)probabile		
È incredibile		
È male		
È meglio	**che**	riprendano le discussioni con i lavoratori.
È ora (*It's time*)		
Pare (*It seems*)		
(È) peccato ([*It's*] *too bad*)		
(Non) è peggio		
Sembra (*It seems*)		
È strano		

ESERCIZI

A. Il contrario. Crea nuove frasi; comincia con l'espressione indicata e cambia il verbo dal congiuntivo all'indicativo.

> ESEMPIO: Non credo che lui possa venire. / So che… → So che lui può venire.

1. Non credi che il ministro aumenti gli stipendi. / Sei sicuro/sicura che…
2. Dubitiamo che gli impiegati scioperino. / È vero che…
3. Ci dispiace che la polizia non possa controllare la manifestazione. / Siamo certi che…
4. Non mi sembra che la senatrice sia progressista. / Sappiamo che…
5. Non è possibile che lo sciopero dei treni sia finito. / Vedo che…

B. La famiglia Cesarini. Completa il brano con la forma corretta del verbo all'indicativo o al congiuntivo.

Sembra che Davide e Paola non _____¹ (avere) abbastanza soldi e che non _____² (potere) mandare il figlio Matteo all'università. Peccato che lui non _____³ (avere) una borsa di studio!ᵃ È certo che lui _____⁴ (avere) intenzione di frequentare l'università. È probabile che la nonna lo _____⁵ (aiutare) finanziariamente. Speriamo che la famiglia _____⁶ (potere) risolvere questo problema. Matteo a volteᵇ è un po' pigro ma è anche vero che _____⁷ (essere) un ragazzo molto intelligente e che _____⁸ (meritareᶜ) di essere aiutato!

ᵃborsa… *scholarship*   ᵇa… *sometimes*   ᶜto deserve

C. Congiuntivo o indicativo? Completate le conversazioni con la forma corretta dell'indicativo o del congiuntivo.

1. S1: Senti, vuoi che (io) ti _____ (dare) una mano in giardino?
   S2: No, Franco, ma grazie lo stesso. So che tu _____ (essere) molto occupato: è ora che io _____ (aiutare) te.
2. S1: Sai, ho saputo che Maria e Antonio non _____ (andare) in Italia quest'estate.
   S2: Davvero? Peccato che Maria non _____ (potere) andare a trovare la madre: credo che lei _____ (stare) poco bene.

C. Congiuntivo passato

FRANCESCO: Come mai Martina non si è licenziata? Ieri mi ha detto che non le piaceva il suo lavoro e che avrebbe dato le dimissioni oggi.

LEONARDO: Penso che le abbiano aumentato lo stipendio.

FRANCESCO: Davvero?

LEONARDO: Sì, sì, e pare che lei abbia già comprato una bella macchina sportiva!

1. The past subjunctive (**il congiuntivo passato**) is formed with the present subjunctive of **avere** or **essere** plus the past participle of the main verb.

VERBI CONIUGATI CON **avere**		VERBI CONIUGATI CON **essere**	
che io abbia		che io sia	
che tu abbia		che tu sia	partito/a
che lui/lei abbia	lavorato	che lui/lei sia	
che abbiamo		che siamo	
che abbiate		che siate	partiti/e
che abbiano		che siano	

2. The past subjunctive is used in place of the **passato prossimo** or the **passato remoto** of the indicative whenever the subjunctive is required.

INDICATIVO	CONGIUNTIVO
Hanno superato la crisi. *They overcame the crisis.*	Credo che **abbiano superato** la crisi. *I think they overcame the crisis.*
Anche i pensionati **scioperarono.** *The retirees also went on strike.*	Ho l'impressione che anche i pensionati **abbiano scioperato.** *I think that the retirees also went on strike.*
Non **c'è stata** una diminuzione delle tasse. *There wasn't a tax reduction.*	Peccato che non **ci sia stata** una diminuzione delle tasse. *It's too bad there wasn't a tax reduction.*

FRANCESCO: How come Martina didn't quit? Yesterday she told me she didn't like her job and that she was going to give her resignation today.   LEONARDO: I think they raised her salary.
FRANCESCO: Really?   LEONARDO: Yes, and it looks like she has already bought a new sports car!

A. Trasformazioni. Sostituisci le parole in corsivo con le parole tra parentesi e fai tutti i cambiamenti necessari.

1. Credo che *i signori* abbiano votato. (il dottore / tu / voi / Lei)
2. Ci dispiace che *Renata* non si sia informata bene. (i tuoi cugini / voi / tu / le signore)
3. È strano che *le tue amiche* non siano venute alla manifestazione. (l'avvocato / voi due / tu / gli altri)
4. Peccato che *la tua amica* abbia perso il lavoro. (gli impiegati / voi / le operaie / lui)

—Capisco che il viaggio in Egitto ti abbia entusiasmato, ma non ti sembra di esagerare?

B. Spiegazioni. Offri una possibile spiegazione per le seguenti situazioni, con l'uso di **credo che** o **è possibile che**.

ESEMPIO: La professoressa non è in classe oggi. →
Credo che non sia stata bene ieri sera.

1. Il presidente della ditta è andato in pensione.
2. Le ragazze non sono partite per le vacanze.
3. Gli impiegati hanno fatto sciopero per un mese.
4. Renata non è venuta alla festa con Paolo.
5. I genitori di Cesare sono andati a votare.
6. Maria non vuole venire a lezione.

Piccolo ripasso

A. Sei d'accordo? Crea delle frasi con le espressioni che seguono e un compagno / una compagna deve dire se è d'accordo o no e perché.

ESEMPIO: Credo che... → Credo che il professore lavori poco.
Non è vero! Il professore lavora moltissimo.

1. Credo che...
2. È possibile che...
3. È importante che...
4. Sono contento/contenta che...
5. Spero che...
6. È male che...

B. Mini-dialoghi. Completate le conversazioni con il passato prossimo o il congiuntivo passato dei verbi tra parentesi.

1. s1: Gino, hai visto i risultati delle elezioni? Non ti pare strano che la gente _____ (votare) ancora per questi partiti?
   s2: È probabile che _____ (avere) paura di cambiare. È vero che molte persone _____ (capire) che il vecchio sistema non funziona, ma è probabile che non _____ (essere) entusiaste nemmeno (*not even*) dei nuovi partiti.
2. s1: Sembra che gli insegnanti _____ (ottenere) un aumento di stipendio due mesi fa.
   s2: Era ora! Tutti dicono che l'istruzione è importante ma è vero che gli insegnanti non _____ (ricevere) mai stipendi decenti.

C. Ho tanto da fare. Fai una lista di tre cose che devi fare oggi. Usa il congiuntivo e comincia tutte le frasi con **Bisogna che**. Poi, fai una lista di tre cose che purtroppo non hai fatto ieri. Comincia le frasi con **Peccato che io non...**

ESEMPIO: Bisogna che io studi il congiuntivo!
Peccato che io non abbia studiato il congiuntivo ieri!

D. Conversazioni. Create domande che comincino con le seguenti frasi. Poi, fate le domande a due compagni o alla classe. Usa il congiuntivo o l'indicativo.

ESEMPIO: s1: Pensi che i tuoi amici abbiano intenzione di votare nelle prossime elezioni?
s2: No, purtroppo credo che siano piuttosto apatici e che non vogliano votare.

1. Credi che... / Credete che...
2. Hai paura che...
3. Vuoi che...
4. Secondo te, è ovvio che...
5. Secondo te, l'esame dimostra che...
6. Secondo te, è possibile che...
7. È vero che...
8. Secondo te, è bene che...

— Con questo nuovo tipo di urna elettorale abbiamo risolto il problema delle sovvenzioni[a] ai partiti.

[a](*financial*) *subsidies*

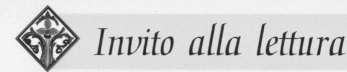

Il Lazio

Il Palazzo di Quirinale

E ccoci finalmente nel Lazio, una regione dell'Italia centrale, con un territorio vario e un'economia agricola (vino, olio, frumento[1]) e industriale. Il Lazio ha città piuttosto piccole, eccetto Roma, la capitale d'Italia. Roma, la città «eterna», sognata da italiani e stranieri, è dove vive o lavora la maggior parte degli abitanti dell'intero Lazio.

Roma è sede delle più importanti istituzioni politiche. È anche la capitale di tutto il mondo cristiano e una delle città più ricche di storia del mondo intero. E non ti basteranno[2] pochi giorni per vedere le tante opere d'arte delle varie epoche, dall'Impero romano al Rinascimento, al Seicento, all'Ottocento.

Il fascino[3] di Roma è veramente grande, poiché unisce[4] quello dei magnifici monumenti con quello del suo clima dolce, la luce[5] dei suoi tramonti[6] magici, il verde dei colli e l'oro del mitico fiume Tevere.[7]

Anche i palazzi dove hanno sede le istituzioni dello Stato sono bellissimi e alcuni di essi,[8] in alcuni giorni, sono aperti al pubblico.

Sei a Roma il primo sabato del mese? Bene, puoi visitare Palazzo Madama, sede del Senato. Il palazzo, completato definitivamente[9] nel '600, ha sale[10] grandiose, per la maggior parte ristrutturate e decorate nell'800. Al palazzo del Quirinale potrai invece vedere bellissime mostre che si fanno nelle antiche scuderie[11] del palazzo, ristrutturate di recente.[12] Questo palazzo, oggi sede del Presidente della Repubblica, fu ordinato dai Papi, tra il '500 e il '600, per essere una residenza estiva[13] ed ha magnifici giardini.

Proprio nel cuore di Roma si trova poi lo Stato del Vaticano. È un vero stato estero[14] rispetto all'Italia. È il più piccolo stato del mondo ed ha il Papa come sovrano. I suoi palazzi contengono ricchezze artistiche immense.

[1]*wheat* [2]*non… will not be enough for you* [3]*charm* [4]*poiché… since it joins* [5]*light* [6]*sunsets* [7]*l'oro… the gold of the mythical river Tiber* [8]*these* [9]*once and for all* [10]*halls* [11]*stables* [12]*di… recently* [13]*summer* [14]*foreign*

Capire

Rispondi.

1. A quali epoche o periodi storici appartengono (*belong*) i monumenti di Roma?
2. Come si chiama il fiume che passa per Roma?
3. Quando si può visitare Palazzo Madama e di che cosa è sede il palazzo? Di quali stili e periodi artistici è il Palazzo?
4. Dove si possono vedere mostre importanti?
5. Che cos'è e dove si trova lo Stato del Vaticano?

Scrivere

Di centro, di destra o di sinistra? Scrivi delle brevi risposte alle seguenti domande sul sistema politico del tuo paese.

Ricordati che devi esprimere le tue opinioni e usare il congiuntivo quando è necessario.

Parole utili: Penso che… , Credo che… , Dubito che… , Ho l'impressione che… , Secondo me è importante che…

Il sistema politico del tuo paese funziona bene? Quanti partiti politici ci sono nel tuo paese? Tu appartieni a (*belong to*) un partito politico? Sei di centro, di destra o di sinistra?

Molta gente vota alle elezioni nazionali? Perché sì o no? Tu voterai? I giovani s'informano sulla politica? Discutono di politica? A te piace discutere di politica con gli amici? I cittadini del tuo paese rispettano le leggi? Qual è una legge che non ti piace? Cambieresti questa legge?

CURIOSITÀ

I partiti in Italia

Il primo articolo della Costituzione italiana recita:[1] «L'Italia è una Repubblica democratica, fondata sul lavoro. La sovranità[2] appartiene al popolo, che la esercita[3] nelle forme e nei limiti della Costituzione.»

Come può il popolo, la gente comune, esercitare la sua sovranità? Può farlo attraverso i candidati votati durante le elezioni. I candidati sono riuniti[4] in liste elettorali che appartengono a un partito specifico. Ma quanti partiti ci sono in Italia? Tantissimi, a volte verrebbe da dire[5] troppi!

Ai partiti storici nati con la fine della monarchia, come il **Partito Comunista,** il **Partito Socialista,** il **Partito d'Azione,** la **Democrazia Cristiana,** il **Partito Liberale,** se ne sono aggiunti[6] moltissimi altri. Ogni nuova campagna elettorale presenta nuovi partiti, spesso espressione di particolari situazioni o esigenze[7] sociali come, ad esempio, il **Partito dei Verdi** o quello **dei Pensionati.** Inoltre, quasi sempre durante ogni elezione, ci sono le famose coalizioni in cui due o più partiti si riuniscono e spesso cambiano nome. Che gran confusione!

[1]*says* [2]*sovereignty* [3]*exercise* [4]*grouped* [5]*verrebbe… one would say*
[6]*se… have been added* [7]*demands*

Manifesto elettorale

STRUMENTI

Videoteca

VIDEO Non ho un soldo!

Roberto, sul punto di partire per Roma, è rimasto senza soldi. Insieme a Giuliana, si ferma a un bancomat (*ATM*) per ritirare dei soldi.

Preparazione

ESPRESSIONI UTILI

prelevare	to withdraw
una tassa sull'importo	a service charge on the amount cashed
digita il codice	enter the pin number
Mannaggia!	Darn it!
non disponibile	not available

FUNZIONE: come usare un bancomat

Dal video

GIULIANA: Ma perché vai a Roma?

ROBERTO: Scrivo un articolo sull'antica Roma e bisogna che faccia delle fotografie.

GIULIANA: A che ora parte il treno?

ROBERTO: Presto! Comunque, faccio presto a prelevare con la mia carta. Per fortuna non devo andare in banca.

Dopo il video

Verifica. Abbina la prima parte di ogni frase a sinistra con la conclusione più adatta a destra.

1. Prima	**a.** non disponibile.
2. Lo sportello è momentaneamente	**b.** un po' di soldi.
3. Posso prestarti io	**c.** inserisci la carta.

Comprensione. Rispondi alle seguenti domande.

1. Perché Roberto deve prelevare dei soldi?

2. Dov'è migliore il cambio, in banca, in albergo o al bancomat?

3. Che cosa non deve pagare Roberto sui soldi avuti in prestito (*had on loan*) da Giuliana?

Attività. Da fare in coppia. Sei impiegato/impiegata in una banca. Si presenta un/una cliente che sta per andare in Italia e ti domanda se può usare la sua carta bancomat in Italia. Il/La cliente ha dei dubbi e ti fa tante domande su come si fa con la carta americana/canadese in un paese straniero, sul cambio in confronto a un ufficio cambio o all'albergo, sulle tasse, sui limiti di quanto si può prelevare al giorno e così via. Rispondi a tutte le sue domande (se non sai la risposta, cerca di indovinare).

Parole da ricordare

VERBI

*andare in pensione	to retire
aumentare	to raise, increase
bisognare	to be necessary
diminuire (isc)	to reduce
dubitare	to doubt
eleggere (*p.p.* eletto)	to elect
*essere in pensione	to be retired
*essere in sciopero	to be on strike
fare sciopero	to strike
farsi sentire	to make oneself heard
immaginare	to imagine
informarsi (su)	to become informed (about); to become acquainted (with)
organizzare	to organize
*parere (*p.p.* parso)	to seem
scioperare	to strike
*sembrare	to seem
votare	to vote

NOMI

l'aumento	raise, increase
la campagna elettorale	election campaign
il candidato / la candidata	candidate
il cittadino / la cittadina	citizen
la coalizione	coalition
il deputato / la deputata	representative (*in the Chamber of Deputies*)
la democrazia	democracy
il diritto	(legal) right
la diminuzione	reduction
il discorso	speech; conversation
la disoccupazione	unemployment
le elezioni	elections
il Governo	government; executive branch; administration
l'impiegato/l'impiegata	white-collar worker
la manifestazione	demonstration, rally
il ministro (*m./f.*)	minister (*in government*)
l'operaio/l'operaia	blue-collar worker
il partito politico	political party
la pensione	pension, retirement
il pensionato / la pensionata	retired person
la politica	politics
la povertà	poverty
la riduzione	reduction
lo sciopero	strike
il senatore / la senatrice	senator
il sistema politico	political system
lo Stato	the state, the federal government
lo stipendio	salary
le tasse	taxes
il voto	vote

AGGETTIVI

attuale	current, present
disoccupato	unemployed
informato	informed, up-to-date

ALTRE PAROLE E ESPRESSIONI

di centro	center
di destra	right-wing
di sinistra	left-wing

---

*Words identified with an asterisk (*) are conjugated with **essere.**

Flash culturali
L'arte e la musica

Amedeo Modigliani

Di recente[1] si parla molto di Modigliani. La grande mostra a lui dedicata ha avuto un grande successo a Parigi nel 2002 e ne ha avuto uno ancora maggiore a Milano nel 2003. Sì, perché in Italia questo artista «maledetto»[2] è molto conosciuto e amato. Tanto che, quando si vede una donna con il collo[3] particolarmente lungo, si dice che sembra una donna di Modigliani.

Amedeo Modigliani era toscano, nato a Livorno nel 1884. Fa i suoi primi studi di pittura a Firenze, con Giovanni Fattori. Va poi a Venezia e finalmente a Parigi. Qui entra in contatto con i grandi artisti del momento, fra cui Pablo Picasso, e con l'arte africana e primitiva.

Il soggetto preferito è il ritratto, soprattutto femminile, e le sue donne sono bellissime, con i volti[4] ovali e i colli lunghi.

Si ammala giovane e muore a soli 36 anni.

[1]Di... *Recently*   [2]*"cursed"*   [3]*neck*   [4]*faces*

Un *Autoritratto* (*self-portrait*) di Amedeo Modigliani

La Città della musica

Roma ha il suo Auditorium. Il 21 aprile 2002 il Presidente della Repubblica ha inaugurato l'Auditorium-Parco della musica, detto da tutti la Città della musica.

L'architetto Renzo Piano ha realizzato[1] così il suo sogno[2] di un'opera veramente grandiosa. E gli amanti della musica hanno realizzato il sogno di avere un luogo «perfetto» per l'ascolto.

L'Auditorium, con gli spazi esterni, ha una superficie[3] di 55 mila metri quadrati.[4] In questa superficie si trovano anche i resti di una delle più grandi ville dell'antica Roma, ritrovati durante gli scavi fatti per l'Auditorium.

La sala più grande contiene 2.750 posti, la più piccola 700. Nella sala da 1.200 posti c'è un palcoscenico che può prendere diverse forme ed adattarsi[5] alle esigenze[6] dei diversi spettacoli.

Renzo Piano ha seguito personalmente i lavori e ha messo la tecnologia moderna al servizio della musica. Il risultato è stato eccezionale: la Città della musica è unica al mondo.

[1]ha... *realized*   [2]*dream*   [3]*area*   [4]*55... 55,000 square meters or approximately 13.59 acres (1 acre is approximately equivalent to the size of a football field)*   [5]*adapt itself*   [6]*demands*

Il nuovo Auditorium-Parco dedicato alla musica a Roma

Il tesoro nascosto sotto il Duomo di Siena

La cattedrale di Siena nasconde sotto di sé un'altra cattedrale.

Nella primavera all'inverno del 2003, a Siena, al Museo dell'Opera metropolitana, si sono potute ammirare le opere di Duccio di Buoninsegna e di altri pittori senesi. In questa occasione si sono visti per la prima volta anche gli affreschi di pittori della scuola senese, ritrovati alla fine del 2001 con gli scavi fatti sotto la cattedrale di Siena.

Questi scavi hanno permesso di fare una delle più grandi scoperte della storia dell'arte degli ultimi anni. Hanno infatti trovato un'altra cattedrale, con una grande sala dove ci sono 200 metri quadrati di affreschi dei maestri senesi. Gli affreschi rappresentano episodi del Vecchio e Nuovo Testamento e sono perfettamente conservati.[1]

Se tuttavia[2] non hai potuto vedere la mostra, non preoccuparti. Potrai sempre andare a visitare la cattedrale che gli scavi hanno riportato alla luce.

Se ne parla come di una vera meraviglia[3]!

[1]*preserved* [2]*nonetheless* [3]*marvel*

I gioielli° di Salerno

jewels

Tutti conoscono Napoli e la sua provincia, ma non tutti sanno che Salerno ha nella sua provincia alcuni gioielli particolarmente preziosi.

Il più prezioso è sicuramente Paestum, un'antica città greca che ha tre templi del periodo classico, tra i più belli e ben conservati[1] al mondo.

Nella prima metà del '700, scrittori e artisti di molte nazionalità (tra i quali Goethe) scoprirono gli splendidi templi e ne diffusero la fama[2] per tutta l'Europa.

Così lo stile dei templi di Paestum influenzò l'architettura neoclassica dell'Europa e anche dell'America.

E per gli appassionati di musica, un altro gioiello salernitano, Ravello, offre ogni anno, negli splendidi panorami di Villa Rufolo, ottimi concerti di musica classica e un interessante festival wagneriano. Proprio le luci[3] e i colori di Villa Rufolo ispirarono infatti a Wagner il secondo atto dell'opera *Parsifal*.

Un concerto a Villa Rufolo con il bellissimo scenario della Costa Amalfitana

[1]ben… *well preserved* [2]ne… *they spread the fame (of the temples)* [3]*lights*

 Explore these topics further through the links found on the *Prego!* website. **www.mhhe.com/prego7**

Il mondo del lavoro

Un operaio lavora in un cantiere navale (*shipyard*) di Ancona

IN BREVE

FUNZIONI COMUNICATIVE

- Parlare del mondo del lavoro in Italia

Grammatica

A. Congiunzioni che richiedono il congiuntivo

B. Altri usi del congiuntivo

C. Congiuntivo o infinito?

Nota culturale

Computer e Internet nel mondo del lavoro

Invito alla lettura

Il Piemonte

Curiosità

Le agenzie di lavoro interinale

DIALOGO-LAMPO

Come trovo un lavoro?

EMANUELE: Inflazione, disoccupazione, crisi economica… e come lo trovo un lavoro?

GABRIELLA: Bisogna aver pazienza e insistere: fare domande, rispondere agli annunci, partecipare a concorsi…

EMANUELE: E tu, da quanto tempo insisti?

GABRIELLA: A dire il vero, io un lavoro ce l'ho:[1] e serve[2] proprio per aiutare la gente a trovare un'occupazione. Sono impiegata al sindacato, io!

1. Perché è difficile trovare un lavoro?
2. Che cosa bisogna fare per trovare un'occupazione?
3. Qual è il lavoro di Gabriella?

[1]ce… *I have one*   [2]*it works*

Il lavoro

CERCARE LAVORO

il curriculum (*pl.* **i curricula**)
curriculum vitae, CV;
résumé
l'offerta offer

fare domanda to apply
fissare un colloquio to set up an
interview
partecipare a un concorso to take a
civil-service exam
rispondere a un annuncio to
answer an ad

L'AMBIENTE DI LAVORO

gli affari business, affairs
l'assistenza medica health
insurance
l'azienda, la ditta firm
i benefici benefits
il/la collega colleague
il commercio business, trade
il costo della vita cost of living
il datore / la datrice di lavoro
employer
il/la dirigente executive, manager
l'industria industry
l'inflazione (*f.*) inflation
il lavoratore / la lavoratrice worker
la mansione function, duty
(*professional*)

il mestiere, la professione
profession, trade, occupation
il requisito requirement,
qualification
la richiesta demand
il sindacato labor union
il tirocinio internship

*essere + *professione* to be a +
profession
fare il/la + *professione* to be a +
profession

**IL LINGUAGGIO DEI COMPUTER E DI
INTERNET**

il dischetto diskette
il motore di ricerca search engine
la rete the Web
il sito Internet website
la stampante printer
la tastiera keyboard

allegare to attach
annullare to delete
battere, scrivere a macchina to
type
navigare in rete to surf the Web
salvare to save
scaricare to download
stampare to print

Buono a sapersi

Molte parole usate nel mondo
del computer e della rete sono
di origine inglese; in italiano o
rimangono nella loro forma
originale o sono italianizzate.

il file (*pl.* **i file**) file
l'hardware (*pl.* **gli hardware**)
hardware
il monitor (*pl.* **i monitor**)
monitor
il mouse (*pl.* **i mouse**) mouse
il server (*pl.* **i server**) server
il software (*pl.* **i software**)
software

chattare to chat
cliccare to click
downloadare to download
formattare to format
resettare to reset
scrollare to scroll

ESERCIZI

A. Sondaggio. Che cosa faresti nelle seguenti situazioni? Spiega anche il
perché delle tue decisioni.

1. Non sei contento/contenta del tuo lavoro.
   a. Ti licenzi e cerchi un altro lavoro.
   b. Decidi di restare perché guadagni molto.

2. I tuoi colleghi sono antipatici.
   a. Li ignori completamente e ti concentri sul tuo lavoro.
   b. Ti preoccupi (*You worry*) costantemente di come rispondere ai loro
      commenti.

3. La tua ditta ha assunto un nuovo dirigente invece di promuovere
   (*promote*) te.
   a. Vai a parlarne con il direttore della ditta.
   b. Non dici niente e ti lamenti con gli altri lavoratori.

---

*Words identified with an asterisk (*) are conjugated with **essere.**

4. Vedi un annuncio online; è proprio il lavoro che cercavi, ma non hai tutti i requisiti.

    a. Fai domanda e mandi il tuo curriculum al datore di lavoro.

    b. Non rispondi all'annuncio; non hai tempo da perdere.

B. Tutto sul lavoro. Completa le frasi con le espressioni adatte.

  1. —Signora Rizzo, Le piace fare l'architetto?

     —Molto. È una (professione / ditta) interessantissima!

  2. —Si è licenziata Irene?

     —Sì, e per fortuna qui in Italia non si perde (l'assistenza medica / l'inflazione).

  3. —Hai fatto domanda per quel tirocinio?

     —No, non penso di avere tutti i (colleghi / requisiti) necessari.

  4. —Non vedo più Morelli.

     —Non lo sapevi? L'hanno (assunto / licenziato) un mese fa.

  5. —Gloria è un tipo interessante. Cosa fa?

     —Non so esattamente; credo che lavori (nell'industria / nella mansione) dello spettacolo.

  6. —Quest'anno le vendite (*sales*) sono in diminuzione (*down*).

     —Mah, è un periodo di scarsa (inflazione / richiesta).

C. Cercare lavoro. Simone Bellini, laureato in economia e commercio, ha finalmente trovato un lavoro! Completa la sua storia con parole del **Vocabolario preliminare** e con espressioni che conosci già.

Simone Bellini era senza lavoro; era _____[1] da quasi tre mesi. Aveva fatto tutto il possibile: aveva _____[2] a molti _____[3] sul giornale, aveva _____[4] domanda in diverse aziende, aveva _____[5] tanti moduli, aveva fissato dei _____[6] con agenzie internazionali, e aveva persino[a] _____[7] a due concorsi per entrare al Ministero della Finanza. Per fortuna viveva con i suoi genitori, e così non doveva pensare ai _____[8] per l'affitto! Finalmente, un giorno ha ricevuto un'_____[9] di lavoro: lo _____[10] era molto alto e le sue _____[11] di lavoro erano ben definite e ragionevoli.[b] Naturalmente Simone ha accettato!

[a]*even* [b]*reasonable*

—Si sente un perseguitato:[a] questa settimana ha già ricevuto tre offerte di lavoro!

[a]*victim of persecution*

In ascolto

For listening comprehension activities related to the theme of this chapter, see the Laboratory Manual or visit the *Prego!* website. **www.mhhe.com/prego7**

A. Congiunzioni che richiedono il congiuntivo

MARCELLO: Paolo, sono disperato: benché il mio curriculum sia molto buono, non riesco a trovare un lavoro!

PAOLO: Marcello, quanta fretta, ti sei appena laureato! Prima che tu possa trovare un posto di lavoro devi fare molte domande, anche all'estero.

MARCELLO: Forse hai ragione, cercherò lavoro anche fuori Italia, a condizione che mi paghino profumatamente!

1. A conjunction (**una congiunzione**) is a word that connects other words, phrases, or clauses. None of the conjunctions you have learned so far require the subjunctive.

Ti telefonerò **appena** usciranno gli annunci.	*I'll call you as soon as the ads come out.*
Ho un nuovo computer, **ma** la stampante è vecchia.	*I have a new computer, but the printer is old.*
Mi sono annoiato **mentre** navigavo in rete.	*I got bored while surfing the Web.*
Si è licenziata **perché** era insoddisfatta del lavoro.	*She quit because she was unhappy with her job.*

MARCELLO: Paolo, I'm desperate: although my résumé is very good, I cannot manage to find a job! PAOLO: Marcello, you're in such a hurry—you've just graduated! Before you can find a job, you'll have to apply to a lot of them, even abroad. MARCELLO: Maybe you're right, I'll look for a job outside of Italy, too, provided that they pay me the big bucks!

2. Some conjunctions *always* take the subjunctive. The most common are

affinché perché	*so that*
a meno che... non	*unless*
prima che	*before* (someone doing something)
senza che	*without* (someone doing something)
benché sebbene	*although*
a condizione che purché	*provided that*

Danno dei corsi **perché** gli impiegati **siano** aggiornati.	*They offer courses so that their employees are up-to-date.*
Non posso darti un passaggio **a meno che** mio marito **non riporti** la macchina.	*I can't give you a ride unless my husband brings back the car.*
Telefona alla ditta **prima che** loro **assumano** un altro!	*Call the company before they hire someone else!*
Devi fare domanda **senza che** lui lo **sappia.**	*You should apply without his knowing.*
Benché non **abbia** i requisiti, Mara farà domanda per quel lavoro.	*Although she doesn't have the requirements, Mara will apply for that job.*
Accetterò quell'offerta di lavoro **purché** tu lo **voglia.**	*I'll accept that job offer provided that you want me to.*

3. The subjunctive is used after **prima che, senza che,** and **perché** (in the sense of *so that*) or **affinché** *only* when the subjects of the two connected clauses are different. When they are the same, use **prima di** + *infinitive,* **senza** + *infinitive,* or **per** + *infinitive.* Compare:

Fa' domanda **prima che parta** la signora Bruni!	*Apply before Mrs. Bruni leaves!*
Fa' domanda **prima di partire!**	*Apply before you leave!*
Lei si licenzierà **senza che** la dirigente sappia niente.	*She will quit without the manager knowing anything.*
Lei si licenzierà **senza dire** niente alla dirigente.	*She will quit without saying anything to the manager.*
Lavora **perché** (**affinché**) i figli **possano** frequentare l'università.	*She works so that her children can go to college.*
Lavora **per poter** frequentare l'università.	*She works so that she can go to college.*

4. Note that **prima che** is followed by the **congiuntivo** but **dopo che** is followed by the **indicativo.**

Marco prepara la cena **prima che** Gina **torni** dal lavoro.	*Marco prepares dinner before Gina returns home from work.*
Marco prepara la cena **dopo che** Gina **è tornata** dal lavoro.	*Marco prepares dinner after Gina has returned home from work.*

Note also that when the subject of both clauses is the same, **prima di** is used with the **infinito** and **dopo** is used with the **infinito passato** (*past infinitive*, see page 336).

Di solito Marco prepara la cena **prima di studiare.**	*Usually Marco prepares dinner before studying.*
Ma stasera Marco prepara la cena **dopo avere studiato.**	*But tonight Marco prepares dinner after having studied.*

ESERCIZI

A. Quale costruzione? Scegli tra le due forme date.

> ESEMPIO: Piera ha partecipato al concorso (senza / senza che) dirlo a nessuno. →
> Piera ha partecipato al concorso senza dirlo a nessuno.

1. Dario e Claudia vogliono salvare il documento (prima di / prima che) allegarlo.
2. Ho saputo che assumeranno Lorenzo (benché / perché) lui non abbia tutti i requisiti necessari per quel posto.
3. Accetto la vostra offerta di lavoro (prima che / a condizione che) le mie mansioni siano ben definite.
4. I miei colleghi si licenzieranno (a meno che / sebbene) il sindacato non li aiuti.

B. Trasformazioni. Sostituisci le parole in corsivo con le parole tra parentesi, e fai tutti i cambiamenti necessari.

1. Vanno in ufficio prima che *io* mi alzi. (tu / voi / i bambini / Mario)
2. Starò zitta purché *tu* cerchi lavoro. (Eduardo / i ragazzi / voi / Maria e Chiara)
3. Si licenzierà a meno che *tu* non le dia un aumento. (voi / l'azienda / i dirigenti / io)

C. Congiunzioni e preposizioni. Completa le frasi. Stai attento/attenta alla concordanza dei tempi.

> ESEMPI: Mi sono licenziata per… →
> Mi sono licenziata per avere più tempo per la musica.
>
> Cerco lavoro sebbene… →
> Cerco lavoro sebbene ci siano poche possibilità.

1. Userò il dischetto a condizione che…
2. Marco riempie quel modulo senza…
3. Parteciperò a questo concorso per…
4. Telefono all'agenzia prima che…
5. Dopo la laurea farò l'avvocato a meno che…
6. Risponderò agli annunci sui siti Internet sebbene…

B. Altri usi del congiuntivo

FRANCO: Ho appena risposto ad un'offerta di lavoro online. Chissà come andrà...

ANGELA: Dai, non preoccuparti! Qualunque cosa rispondano andrà bene. Chiunque tu abbia contattato dovrebbe essere felice di assumere una persona qualificata come te!

In addition to the uses of the subjunctive you learned in **Capitolo 16,** the subjunctive is also used in the following situations:

1. in a dependent clause introduced by an indefinite word or expression

chiunque	*whoever, whomever*
comunque	*no matter how*
dovunque	*wherever*
qualunque	*whatever, whichever* (adjective)
qualunque cosa	*whatever, no matter what* (pronoun)

—Mi porti lo stesso, qualunque cosa sia!

Chiunque tu **sia,** parla!	*Whoever you are, speak!*
Comunque vadano gli affari, devi avere pazienza.	*No matter how business works out, you must have patience.*
Dovunque tu **vada,** troverai lavoro.	*Wherever you go, you'll find a job.*
Qualunque professione Anna **scelga,** avrà successo.	*Whatever profession Anna chooses, she will be successful.*
Qualunque cosa succeda, informateci!	*Whatever happens, let us know!*

2. in a clause introduced by a relative superlative

È l'azienda **più grande** che ci **sia.**	*It's the largest firm that there is.*
È il lavoro **più difficile** che loro **abbiano** mai **fatto.**	*It's the most difficult work they've ever done.*
È il sito Internet **più interessante** che io **abbia** mai **visto.**	*It is the most interesting website that I've ever seen.*

FRANCO: I've just replied to a job posting online. Who knows how it will go . . . ANGELA: Come on, don't worry! Whatever they say is going to be fine. Whoever you contacted should be happy to hire a well-qualified person like you!

3. in a clause introduced by a negative

Non c'è **nessuno** che tu **possa** assumere?	*Isn't there anyone you can hire?*
Mi dispiace, ma non c'è **niente** che io **possa** fare.	*I'm sorry, but there's nothing I can do.*
Non c'è **nessuno** a cui lei **voglia** telefonare.	*There isn't anyone whom she wants to call.*

4. in a relative clause that follows an indefinite expression (someone or something that is hypothetical or unspecified). Compare the following.

Abbiamo una segretaria che **conosce** il francese e l'inglese.	*We have a secretary who knows French and English.*
Cerchiamo una segretaria che **conosca** il francese e l'inglese.	*We're looking for a secretary who knows French and English.*

ESERCIZI

A. Da abbinare. Abbina ogni frase della lista A con una frase della lista B in modo da creare un'unica frase logica.

A

1. Salvatore pensa che non ci sia nessuno
2. Comunque finiscano le elezioni,
3. Il mio computer
4. Dovunque vada sua madre,
5. Chiunque abbia problemi con la matematica
6. I genitori saranno contenti di

B

a. qualunque università Simone scelga.
b. può parlare con il professore.
c. con cui lui possa parlare dei suoi problemi.
d. Maria sarà sempre fedele alla sua candidata.
e. è il migliore che ci sia sul mercato.
f. il bambino la segue.

B. In ufficio. Sostituisci un indefinito alle parole in corsivo per creare una nuova frase. Fai tutti i cambiamenti necessari.

ESEMPIO: Il nuovo impiegato legge *tutto quello che* gli do. →
Il nuovo impiegato legge qualunque cosa io gli dia.

1. *Quelli che* hanno i requisiti possono riempire il modulo adesso.
2. *Non importa chi* è, l'avvocato non può vederlo.
3. *Non importa dove* andate, non dimenticate di scrivere!
4. *Non importa come* si veste, il signor Cammisa è sempre elegante.
5. Voglio trovare *la persona che* sa riparare il mio computer!
6. *La persona che* esce per ultima deve chiudere il negozio.

C. Mini-dialoghi. Completate le conversazioni con la forma corretta del verbo all'indicativo o al congiuntivo.

1. s1: Abbiamo bisogno di qualcuno che ci _____ (dare) una mano a finire questo lavoro.

   s2: Perché non telefoni a Renata? È una delle persone più competenti che io _____ (conoscere).

2. s1: Gino, sei proprio fortunato. Hai degli amici che _____ (essere) sinceri e sensibili.

   s2: Lo so, ma adesso cerco un'amica che _____ (essere) sincera e sensibile!

3. s1: Sandro, alla cassa c'è qualcuno che _____ (avere) bisogno di aiuto!

   s2: Non c'è nessun altro che lo _____ (potere) aiutare? Devo servire un altro cliente!

4. s1: Voglio comprare una stampante che non _____ (costare) troppo. Vediamo... Conosci questo modello?

   s2: Certo! È ottimo, ma è anche il modello più caro che _____ (esserci)!

Computer e Internet nel mondo del lavoro

Internet ha conquistato il mondo e di conseguenza anche l'Italia. Questo mezzo di comunicazione, informazione e divertimento ha contagiato[1] soprattutto i giovani che oggi passano ore e ore a navigare in rete con il computer. Internet ha creato anche una nuova lingua parallela che imita da vicino la terminologia inglese. I giovani **chattano online,** si scambiano **mail** e **bloggano** per raccontare le loro esperienze. Se vogliono ascoltare nuove canzoni, **downloadano** (o **downlodano**) i **file,** molti dei quali sono **piratati** da siti illegali.

L'unico tipo di collegamento a Internet è via telefono. La maggioranza usa ancora i vecchi modem a 56K soprattutto perché l'abbonamento al provider è gratuito. Si paga solo la telefonata. L'alternativa è la banda larga ADSL che ogni giorno è sempre più comune anche se è piuttosto costosa. Oltre ai siti italiani veri e propri, anche tutti i grandi website, da **Yahoo** a **Google** a **Ebay,** hanno una versione italiana, con l'estensione <**.it**> invece di <**.com**>.

Italiani al computer

Gli acquisti[2] in rete non sono molto comuni rispetto ad altri paesi, poiché le carte di credito in Italia non sono molto diffuse e, inoltre, molti Italiani hanno paura di truffe e imbrogli.[3] Ma anche questo aspetto è destinato a cambiare molto presto.

[1]*infected*   [2]*purchases*   [3]*truffe... scams and frauds*

FIORELLA: Valentina, come mai in giro a quest'ora? Non sei andata in ufficio?

VALENTINA: Non lo sapevi? Ho chiesto altri sei mesi di aspettativa per avere più tempo per mio figlio.

FIORELLA: Sei contenta di stare a casa?

VALENTINA: Per ora sì, ma tra sei mesi bisogna che io torni a lavorare e allora mio marito chiederà l'aspettativa...

The subjunctive is used when the subjects of the verbs in the independent and dependent clauses are different: ***Io voglio che tu lavori!*** When the subject of both verbs is the same, the infinitive is used instead of the subjunctive.

1. As you already know, the infinitive alone follows verbs indicating preference (**desiderare, preferire, volere**) when the subject is the same. Compare the following:

Voglio **fare domanda** presto.	*I want to apply soon.*
Voglio **che facciano domanda** presto.	*I want them to apply soon.*
Preferisco lavorare di notte.	*I prefer working at night.*
Preferisco che **lavorino** di notte.	*I prefer that they work at night.*

2. After most other verbs and expressions, **di** + *infinitive* is used when the subject is the same.

Spero **di votare** presto.	*I hope to vote early.*
Spero **che votiate** presto.	*I hope you vote early.*
Sono contenta **di fare** affari con te.	*I'm glad to do business with you.*
Sono contenta **che voi** facciate affari con me.	*I'm glad that you do business with me.*

3. The past infinitive (**avere** or **essere** + *past participle*) is used to refer to an action that has already occurred. In the case of a past infinitive (**infinito passato**) with **essere**, the past participle agrees with the subject in gender and number.

	VERBI CONIUGATI CON **avere**	VERBI CONIUGATI CON **essere**
infinito:	votare	andare
infinito passato:	avere votato	essere andat**o/a/i/e**

Nota bene

Le espressioni impersonali
After impersonal expressions that take the subjunctive, the subjunctive is used if the verb of the dependent clause has an expressed subject. If no subject is expressed, the infinitive is used.

Non è possibile **che lui ricordi** tutto. *It isn't possible for him to remember everything.*

Non è possibile **ricordare** tutto. *It isn't possible to remember everything.*

FIORELLA: Valentina, what are you doing out at this hour? Didn't you go to work?
VALENTINA: Didn't you know? I asked for six more months of maternity leave to have more time for my son.   FIORELLA: Are you happy staying home?   VALENTINA: Yes, for now, but in six months I'll have to go back to work; and then my husband will ask for paternity leave...

Ho paura **di non aver* capito.**	*I'm afraid I didn't understand.*
Ho paura **che non abbiate capito.**	*I'm afraid you didn't understand.*
Sono contenti **di esser* venuti.**	*They are happy they came (to have come).*
Sono contenti **che tu sia venuta.**	*They are happy you came.*

ESERCIZI

A. Di, che, X. Scegli la parola che completa le frasi. La X significa che la frase è già corretta.

1. La ditta pensa (di / X / che) assumere una nuova persona.
2. Gli impiegati sono contenti (di / X / che) avere benefici molto buoni.
3. Mia madre crede (di / X / che) Salvatore voglia rispondere all'annuncio.
4. Non è possibile (di / X / che) il presidente della ditta faccia il colloquio a Salvatore.
5. Non è possibile (di / X / che) fare un colloquio con il presidente della ditta.
6. Le ragazze vogliono (di / X / che) partecipare al concorso in gennaio.
7. L'insegnante vuole (di / X / che) le ragazze partecipino al concorso in gennaio.
8. È probabile (di / X / che) ci vogliano tanti requisiti per quel posto di lavoro.
9. Prima (di / X / che) fissare un colloquio, bisogna riempire un modulo.

—Prima di tentare di comunicare con lui, cerchiamo almeno di capire se è un animale o un vegetale...!

B. Sembra, è vero... Crea frasi nuove che cominciano con le espressioni tra parentesi. Usa **che** + *l'indicativo*, **che** + *il congiuntivo*, o *l'infinito* con o senza **di.**

ESEMPIO: Vi fate sentire. (sembra / è vero / non pensate) →
Sembra che vi facciate sentire.
È vero che vi fate sentire.
Non pensate di farvi sentire.

1. Ho un aumento. (voglio / non vogliono / è probabile)
2. Conoscono bene i motori di ricerca. (pare / credono / sono sicuro)
3. Organizzate uno sciopero. (sperate / può darsi / è importante)
4. Mi hanno fatto una buon'offerta. (è incredibile / sono sicura / credono)

C. Opinioni personali. Completa le frasi in modo logico con parole del **Vocabolario preliminare.**

ESEMPI: Voglio... →
Voglio partecipare al prossimo concorso.
Voglio che... →
Voglio che ci sia una riforma dell'assistenza medica.

1. È vero che...
2. È ora che...
3. Non credo di...
4. Non credo che...
5. Spero che...
6. Sono contento/contenta di...
7. Non sono felice di...
8. Mi dispiace che...

---

*The final *e* in an infinitive is often omitted when it is followed by another word.

A. Conclusioni. Completa le frasi della lista A con quelle della lista B.

A	B
1. Benché siano ricchi	**a.** abbiamo fatto colazione.
2. Potete restare qui	**b.** non aprire la porta.
3. Chiunque suoni	**c.** a meno che non facciate attenzione.
4. Bevo sempre qualcosa	**d.** sono infelici.
5. Dopo esserci alzati	**e.** purché non facciate rumore.
6. Non capirete niente	**f.** prima di andare a letto.

B. Reazioni. Reagisci (*React*) in modo positivo alle domande che il compagno / la compagna ti fa. Cominciate con **sono contento/contenta che** + *il congiuntivo presente* o *passato,* o **sono contento/contenta di** + *l'infinito* o *l'infinito passato.*

ESEMPI: tu / fare domanda alla IBM →
S1: Hai fatto domanda alla IBM?
S2: Sì, e sono contento/contenta di aver fatto domanda alla IBM.

lo sciopero dei treni / finire domani →
S1: Lo sciopero dei treni finisce domani?
S2: Sì, e sono contento/contenta che finisca domani.

1. tu / avere un aumento di stipendio la settimana scorsa
2. gli insegnanti / riprendere il lavoro domani
3. lei / mandare il curriculum alla ditta dove lavora tuo padre
4. lui / licenziarsi la settimana scorsa
5. il sindacato / chiedere l'assistenza medica per gli impiegati
6. noi / partecipare ad un concorso a Bari ieri

—A volte credo di avere dei poteri soprannaturali.

C. Indicativo o congiuntivo? Leggi le frasi e decidi se si deve usare l'indicativo o il congiuntivo. Poi completa le frasi.

	INDICATIVO	CONGIUNTIVO
1. *War and Peace* è il libro più lungo che io…	_____	_____
2. Loro sono sicuri che…	_____	_____
3. Vi do i soldi affinché voi…	_____	_____
4. Gina è la persona più simpatica che io…	_____	_____
5. Non è possibile che il sindacato…	_____	_____
6. Noi lavoriamo molto sebbene…	_____	_____

D. Ma certo! Un tuo compagno / Una tua compagna pensa che tu non sappia molto della cultura italiana. Rispondi alle sue domande secondo l'esempio usando le parole fra parentesi.

ESEMPIO: S1: Conosci Sophia Loren? (l'attrice / bravo)
S2: Certo! È l'attrice più brava che io conosca!

1. Hai mai visitato Torino? (la città / industriale)
2. Hai mai provato il tiramisù? (il dolce / squisito [*delicious*])
3. Conosci *La Repubblica*? (il giornale / interessante)
4. Hai mai visto gli affreschi di Giotto? (gli affreschi / bello)
5. Hai mai sentito *La Traviata* di Verdi? (l'opera / commovente [*moving*])
6. Hai mai guidato una Fiat? (l'automobile / economico)

Invito alla lettura

Il Piemonte

Il Piemonte è una regione molto vasta nell'Italia nord occidentale. Si trova al confine[1] con la Francia con cui condivide[2] molte caratteristiche legate al dialetto, alla cucina e all'architettura.

Il territorio del Piemonte è molto vario: ci sono le imponenti[3] Alpi con i massicci[4] del Gran Paradiso, del Monte Rosa e del Monviso, da cui nasce il Po, il fiume più lungo d'Italia; dolci colline coperte di vigneti e boschi che scendono verso la pianura.[5]

In Piemonte prosperano l'industria (meccanica, tessile[6] e chimica), l'agricoltura (riso, frumento, vino) e anche il turismo. Questa regione, infatti, è un'ottima meta[7] turistica in ogni stagione. Vuoi passare qualche giorno di relax in una bella zona? In Piemonte ce ne sono molte,

Vista dell'Isola Bella, una delle Isole Borromee nel Lago Maggiore

soprattutto attorno[8] al Lago Maggiore e sulle sue incantevoli isole Borromee. Ti piacciono gli sport sulla neve? Qui troverai importanti e attrezzate stazioni[9] di sport invernali.

Il capoluogo di regione, Torino, ai piedi delle Alpi, è una città grande ed elegante, famosa per la regolarità della pianta[10] e la simmetria delle costruzioni. Torino è considerata anche la città dell'automobile perché la FIAT, Fabbrica Italiana Automobili Torino, ha sede proprio qui.

[1]border [2]shares [3]imposing [4]massifs [5]plain [6]textile [7]destination [8]around [9]attrezzate... equipped resorts [10]city plan

Capire

Rispondi.

1. Perché quando siamo in Piemonte ci può sembrare quasi di essere in Francia?
2. Dove si trovano le isole Borromee?
3. Cosa significa «Fiat» e dove ha sede?

Scrivere

Il lavoro dei tuoi sogni. Immagina di aver visto un annuncio per il lavoro dei tuoi sogni. Scrivi una lettera alla compagnia che offre il lavoro in cui spieghi di essere il candidato perfetto / la candidata perfetta e che quello è il lavoro ideale per te. Fornisci informazioni sulla tua carriera scolastica, la tua carriera professionale, i tuoi interessi e la tua personalità. Usa il congiuntivo quando è necessario.

CURIOSITÀ

Le agenzie di lavoro interinale° *temporary*

Il problema della disoccupazione, purtroppo, sembra essere una costante in molti paesi. Anche l'Italia negli ultimi anni ha avuto tanta disoccupazione soprattutto perché i posti di lavoro sono pochi rispetto alle tante persone pronte ad occuparli.[1]

Da alcuni anni anche in Italia, per cercare di ridurre la disoccupazione, sono nate le **agenzie di lavoro interinale.** Cosa sono? Sono agenzie che raccolgono[2] i curricula e tutte le informazioni necessarie dei candidati lavoratori e le conservano[3] in un **data base.** Queste agenzie sono in contatto anche con aziende che cercano personale[4] per brevi periodi, per lavorare ad un progetto.

Il tipo di lavoro offerto è temporaneo,[5] ma con tutti i diritti e i benefici di un normale contratto di lavoro. Il **lavoro interinale,** anche se non è la soluzione alla disoccupazione, offre la possibilità di fare una buona esperienza di lavoro, soprattutto per i giovani. Quando un candidato lavoratore ha i requisiti richiesti[6] da un'azienda, l'agenzia fissa un colloquio di lavoro tra i due. A questo punto non resta che incrociare le dita[7] e augurare:[8] «In bocca al lupo!»

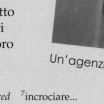

Un'agenzia di lavoro interinale

[1]pronte... *ready to fill them*   [2]*collect*   [3]*keep*   [4]*personnel*   [5]*temporary*   [6]*required*   [7]incrociare... *cross your fingers*   [8]*wish*

STRUMENTI

Videoteca

 Cercasi lavoro

Seduto sulla panchina (*bench*) di un parco, Roberto osserva una donna seduta accanto a lui. La donna legge delle offerte di lavoro in un giornale. I due cominciano a parlare del lavoro in Italia e in America.

Preparazione

ESPRESSIONI UTILI

un/una contabile	bookkeeper, accountant
non posso lamentarmi	I can't complain
Le auguro buona fortuna	I wish you luck

FUNZIONE: cercare un lavoro

Dal video

ROBERTO: Com'è la situazione del lavoro in Italia?

DONNA: Dipende dal tipo di lavoro che si cerca.

ROBERTO: E Lei, che cosa sta cercando?

DONNA: Un lavoro come contabile (*accountant*).

Dopo il video

Verifica. Vero o falso?

	V	F
1. In Italia le possibilità di lavoro variano secondo le regioni.	☐	☐
2. Ci sono meno aziende al Nord d'Italia.	☐	☐
3. Roberto dice che i suoi articoli sono i più noiosi che abbia mai scritto.	☐	☐

Comprensione. Rispondi alle seguenti domande.

1. Cosa ha fatto la donna fino ad ora per trovare un lavoro?
2. Cosa suggerisce Roberto alla donna perché lei trovi un lavoro più facilmente?
3. Cosa farà quel giorno Roberto per il suo lavoro?

Attività. Da fare in coppia. Porta un annuncio di lavoro (tradotto) in classe. Poi, con un compagno / una compagna fate un colloquio in cui una persona fa la parte del datore / della datrice di lavoro e l'altra persona fa la parte della persona che cerca lavoro.

Parole da ricordare

VERBI

allegare	to attach
annullare	to delete
assumere (*p.p.* assunto)	to hire
avere un colloquio	to have an interview
battere	to type
cercare lavoro	to look for a job
*essere + *professione*	to be a + *profession*
fare il/la + *professione*	to be a + *profession*
fare un colloquio	to have an interview
fare domanda	to apply
fissare un colloquio	to set up an interview
licenziare	to fire
licenziarsi	to quit (*a job*)
navigare in rete	to surf the Web
partecipare a un concorso	to take a civil-service exam
riempire un modulo	to fill out a form
rispondere a un annuncio	to answer an ad
salvare	to save
scaricare	to download
scrivere a macchina	to type
stampare	to print

NOMI

gli affari	business, affairs
l'annuncio	ad, notice
l'assistenza medica	health insurance
l'azienda	firm, business
i benefici	benefits
il/la collega	colleague
il colloquio	interview
il commercio	business, trade
il costo della vita	cost of living
il curriculum (*pl.* i curricula)	curriculum vitae, CV; résumé
il datore / la datrice di lavoro	employer
il/la dirigente	executive, manager
il dischetto	diskette
la ditta	firm, business
l'industria	industry
l'inflazione (*f.*)	inflation
il lavoratore / la lavoratrice	worker
la mansione	function, duty (*professional*)
il mestiere	profession, trade, occupation
il modulo	form
il motore di ricerca	search engine
l'offerta	offer
la professione	profession, trade, occupation
il requisito	requirement, qualification
la rete	the Web
la richiesta	demand
il sindacato	labor union
il sito Internet	website
la stampante	printer
la tastiera	keyboard
il tirocinio	internship

---

*Words identified with an asterisk (*) are conjugated with **essere**.

La società multiculturale

Nuovi Italiani

Vocabolario preliminare

DIALOGO-LAMPO

Tutti uniti contro il razzismo

ANTONIO: Tu e Carla, siete andati alla manifestazione contro la violenza razzista ieri?

FABRIZIO: Sì, è stata bellissima! Con tutti quei giovani che cantavano e si tenevano per mano...

ANTONIO: Il razzismo non è genetico e non dobbiamo avere paura di chi è diverso.

FABRIZIO: È quello che dico sempre ai miei figli: che la diversità è un valore positivo e che possiamo imparare tanto dalle altre culture.

1. A che tipo di manifestazione hanno partecipato Carla e Fabrizio?

2. Che cosa pensa del razzismo Antonio?

3. Come spiega Fabrizio la diversità ai suoi figli?

Problematiche sociali (*Social issues*)

L'uguaglianza è la **vera** ricchezza

la ricchezza

la miseria/la povertà

la droga

Tutti insieme contro la tossicodipendenza

Insegniamo *l'integrazione*

se integriamo l'insegnamento

LA SOCIETÀ MULTICULTURALE

la convivenza living together
la diversità diversity
l'extracomunitario/
l'extracomunitaria† person from
   outside the European
   Community
la giustizia justice
l'immigrato/l'immigrata
   immigrant
l'immigrazione (*f.*) immigration
l'integrazione integration
il multiculturalismo
   multiculturalism
l'uguaglianza equality
convivere (*p.p.* **convissuto**) to live
   together (*in all senses*)
emarginare to marginalize
***essere a favore di** to be in favor of
***essere contro / contrario a** to be
   against
***essere impegnato** to be politically
   engaged
giudicare to judge
impegnarsi to get involved
integrarsi to integrate (oneself)

risolvere (*p.p.* **risolto**) to resolve

diverso different
etnico ethnic
uguale equal

I PROBLEMI SOCIALI

il consumismo consumerism
la delinquenza, la criminalità
   crime (*in general*)
il drogato / la drogata drug addict
l'emarginazione (*f.*)
   marginalization
l'ineguaglianza inequality
l'ingiustizia injustice
l'intolleranza intolerance
il materialismo materialism
il pregiudizio prejudice
il razzismo racism
il/la razzista racist
la ricchezza wealth
la solitudine loneliness; isolation
il/la tossicodipendente drug addict
la tossicodipendenza drug
   addiction
la violenza violence

ESERCIZI

A. Contrari. Abbina le espressioni della lista A con i loro contrari della lista B.

A	B
1. _____ l'amicizia	**a.** la miseria / la povertà
2. _____ la giustizia	**b.** diverso
3. _____ impegnato	**c.** l'ostilità
4. _____ uguale	**d.** l'ingiustizia
5. _____ la ricchezza	**e.** indifferente
6. _____ l'ineguaglianza	**f.** l'uguaglianza

B. Cosa vi preoccupa di più? Metti due crocette vicino alle problematiche che ti preoccupano di più e una crocetta vicino alle problematiche che ti preoccupano di meno. Poi spiega le tue scelte.

—Da dove vieni, straniero?

ESEMPI: Oggi c'è poca comunicazione tra i vari membri della
famiglia e la gente spesso soffre di (*suffers from*) solitudine.

La diversità mi preoccupa poco perché per me è un valore
positivo.

_____ la solitudine
_____ il razzismo
_____ il consumismo
_____ il pregiudizio

_____ l'intolleranza
   religiosa
_____ l'ingiustizia
_____ la delinquenza
_____ l'emarginazione

_____ la violenza
_____ il materialismo
_____ la droga
_____ l'ineguaglianza
   economica

---

†The term **extracomunitario/extracomunitaria** literally refers to anyone from a country outside
the European Community, but it is used colloquially to refer to people from developing
countries who work or seek work in Italy.

*Words identified with an asterisk (*) are conjugated with **essere**.

C. Cosa ne pensano? Chiedete a un compagno / una compagna…

1. se per lui/lei l'uguaglianza è una realtà impossibile.
2. se per lui/lei la povertà è naturale in ogni società.
3. se si sente spesso vittima dei pregiudizi dagli altri.
4. se considera problematico convivere in una società multietnica.
5. se è ottimista per il futuro.
6. se si impegna per i valori sociali che gli/le importano.

In ascolto

For listening comprehension activities related to the theme of this chapter, see the Laboratory Manual or visit the *Prego!* website. **www.mhhe.com/prego7**

Grammatica

A. Imperfetto del congiuntivo

CINZIA: Così tuo padre non voleva che tu ti fidanzassi con Shamira?

IVAN: Assurdo! Sperava invece che mi innamorassi di Daniela, così sarei diventato dirigente nell'azienda di suo padre!

CINZIA: Che materialista! E tua madre?

IVAN: Lei invece non vedeva l'ora che mi sposassi con Shamira! Non può sopportare Daniela!

CINZIA: So your father didn't want you to get engaged to Shamira? IVAN: Ridiculous! He hoped that I would fall in love with Daniela instead, so that I would become an executive in her father's firm! CINZIA: What a materialist! And your mother? IVAN: She on the other hand couldn't wait for me to get married to Shamira! She can't tolerate Daniela!

Like the indicative (see **Capitolo 8**), the subjunctive also has an imperfect form.

1. The imperfect subjunctive (**l'imperfetto del congiuntivo**) uses the same stem as the imperfect indicative—the stem formed by dropping the **-re** of the infinitive—and adds the same set of endings to verbs of all conjugations.

	lavorare	**scrivere**	**dormire**	**capire**
che io	lavorassi	scrivessi	dormissi	capissi
che tu	lavorassi	scrivessi	dormissi	capissi
che lui/lei/Lei	lavorasse	scrivesse	dormisse	capisse
che	lavorassimo	scrivessimo	dormissimo	capissimo
che	lavoraste	scriveste	dormiste	capiste
che	lavorassero	scrivessero	dormissero	capissero

Only **essere, dare,** and **stare** do not follow this rule.

essere	**dare**	**stare**
fossi	dessi	stessi
fossi	dessi	stessi
fosse	desse	stesse
fossimo	dessimo	stessimo
foste	deste	steste
fossero	dessero	stessero

2. **Bere, dire,** and **fare** also use the imperfect indicative stem to form the **imperfetto del congiuntivo.**

bere	**dire**	**fare**
(bevevo)	(dicevo)	(facevo)
bevessi	dicessi	facessi
bevessi	dicessi	facessi
bevesse	dicesse	facesse
bevessimo	dicessimo	facessimo
beveste	diceste	faceste
bevessero	dicessero	facessero

3. The conditions that call for the use of the present subjunctive (**Capitoli 16** and **17**) also apply to the use of the imperfect subjunctive. The imperfect subjunctive is used when the verb in the independent clause is in any *past tense* or the *conditional* and the action of the dependent clause occurs *simultaneously with* or *after* the action of the independent clause.

Credo che **abbia** ragione.	*I think she's right.*
Credevo che **avesse** ragione.	*I thought she was right.*
Non **è** probabile che **prendano** una decisione.	*It isn't likely they'll make a decision.*
Non **era** probabile che **prendessero** una decisione.	*It wasn't likely they would make a decision.*
Il razzismo **è** il peggior problema che ci **sia.**	*Racism is the worst problem there is.*
Il razzismo **era** il peggior problema che ci **fosse.**	*Racism was the worst problem there was.*

Preferisci che i tuoi genitori **siano** a favore della nuova legge?	*Do you prefer that your parents support the new law?*
Preferiresti che i tuoi genitori **fossero** a favore della nuova legge?	*Would you prefer that your parents supported the new law?*

ESERCIZI

A. Trasformazioni. Trasforma le frasi dal passato al presente.

ESEMPIO: Dovunque tu andassi, ti seguivo. → Dovunque tu vada, ti seguo.

1. Era probabile che Shamira venisse alla festa con Giuliana.
2. Non credevo che i miei genitori fossero a favore della convivenza prima del matrimonio.
3. Gli studenti pensavano che il razzismo e il materialismo fossero problemi esclusivamente americani.
4. Chiunque volesse poteva partecipare alla manifestazione contro la droga.
5. Credevo che la nuova legge potesse eliminare la povertà.
6. Qualunque cosa dicessero i miei genitori, ero sempre contrario/contraria.

B. Ancora trasformazioni. Sostituisci il verbo indicato con la forma corretta dei verbi tra parentesi.

1. Bisognava che io *camminassi.* (impegnarsi / votare / prendere una decisione / finire)
2. Preferiresti che *tornassero?* (rimanere / non bere / dare una mano / dire la verità)
3. Speravamo che voi *pagaste.* (risolvere il problema / non interferire / avere ragione / essere contro questa legge)

C. Scambi. Completate le conversazioni con l'imperfetto del congiuntivo dei verbi tra parentesi.

1. S1: Non credevo che Giuseppe _____ (essere) così impegnato.
   S2: Sai, lavora sempre. Vorrei tanto che _____ (prendersi) una vacanza.
2. S1: Ho aperto la finestra perché _____ (entrare) un po' d'aria.
   S2: Se hai bisogno d'aria, sarebbe meglio che tu _____ (andare) fuori: io ho freddo e sto poco bene.
3. S1: Mi pareva che voi _____ (annoiarsi) alla festa venerdì sera.
   S2: Beh, speravamo che Marco e Silvio non _____ (raccontare) le solite storie.
4. S1: Cercavamo qualcuno che ci _____ (potere) aiutare.
   S2: Vorrei che voi mi _____ (chiamare) quando avete bisogno di aiuto!

D. Desideri personali. Completa le frasi secondo le tue opinioni e i tuoi desideri. Paragona le tue risposte con quelle di un compagno / una compagna.

> ESEMPIO: Vorrei che i giovani fossero più impegnati (fossero meno consumisti, incoraggiassero la diversità).

1. Vorrei che il governo…
2. Sarebbe meglio che i giovani…
3. Da bambino/bambina, avevo paura che…
4. Era meglio che i miei amici…
5. Io voterei sempre a condizione che…

B. Trapassato del congiuntivo

KALEB: Allora, Laura, è tutto pronto per la nostra cena etnica?

LAURA: Credo di sì. Gli involtini egiziani sono sulla tavola…

KALEB: Hai preparato il couscous con le verdure?

LAURA: Io no, credevo che lo avessi preparato tu!

KALEB: Accidenti! E adesso che facciamo? Prepariamo dei semplici spaghetti?

LAURA: No, ci vogliono solo pochi minuti per preparare il couscous, ed è il piatto preferito di tutti.

Like the indicative (see **Capitolo 8**), the subjunctive also has a pluperfect form.

1. The pluperfect subjunctive (**il trapassato del congiuntivo**) is formed with the imperfect subjunctive of **avere** or **essere** + *past participle* of the verb.

VERBI CONIUGATI CON **avere**		VERBI CONIUGATI CON **essere**	
che io avessi		che io fossi	
che tu avessi		che tu fossi	partito/a
che lui/lei avesse	lavorato	che lui/lei fosse	
che avessimo		che fossimo	
che aveste		che foste	partiti/e
che avessero		che fossero	

—Capitano, ma io credevo che avesse dato l'ordine di abbandonare la nave[a] per restar solo con me!

[a]*ship*

KALEB: So, Laura, is everything ready for our ethnic dinner? LAURA: I believe so. The Egyptian rolls are on the table . . . KALEB: Did you make the couscous with vegetables? LAURA: I didn't, I thought you had made it! KALEB: Darn it! And now what are we going to do? Should we just make a simple spaghetti dish? LAURA: No, it only takes a few minutes to make couscous, and it's everyone's favorite dish.

2. The pluperfect subjunctive is used in place of the **trapassato indicativo** whenever the subjunctive is required.

Avevano capito.	*They had understood.*
Speravo che **avessero capito.**	*I was hoping they had understood.*

It is used in a dependent clause when the verb in the independent clause is in a *past tense* or the *conditional* and the action of the dependent clause occurred *before* the action of the independent clause.

Ho paura che non **abbiano risolto** quel problema.	*I'm afraid they didn't resolve that problem.*
Avevo paura che non **avessero risolto** quel problema.	*I was afraid they hadn't resolved that problem.*
È impossibile che **abbiano commesso** quel delitto.	*It's impossible that they committed that crime.*
Era impossibile che **avessero commesso** quel delitto.	*It was impossible that they had committed that crime.*
È il più bel paesaggio che io **abbia** mai **visto.**	*It's the most beautiful landscape I have ever seen.*
Era il più bel paesaggio che io **avessi** mai **visto.**	*It was the most beautiful landscape I had ever seen.*

ESERCIZI ■ ■ ■ ■ ■ ■ ■ ■ ■ ■

A. Dispiaceri. (*Regrets.*) Trasforma i dispiaceri della settimana scorsa in dispiaceri di questa settimana.

> ESEMPIO: Era strano che Giovanna fosse venuta sola. →
> È strano che Giovanna sia venuta sola.

1. Era strano che Pino e Anna avessero litigato.
2. Sembrava che Alì si fosse licenziato.
3. Barbara era molto triste che i genitori avessero divorziato.
4. Credevo che Alberto avesse dovuto vendere la nuova macchina.
5. Era incredibile che Piero fosse stato a favore di questa legge.
6. Era possibile che Laura fosse uscita con Misha.
7. Speravano che Massimo avesse parlato con Giulia.
8. Era impossibile che Marco avesse detto una bugia a Makoto.

B. I preparativi. Ci sono tante cose da fare prima della manifestazione contro il razzismo la settimana prossima. Tu sei l'organizzatore/l'organizzatrice e credevi che i volontari (*volunteers*) avessero già fatto tante cose, ma invece non le hanno fatte. Seguendo l'esempio, scrivi una frase per esprimere quello che i volontari non hanno fatto, poi scrivi una frase per esprimere quello che credevi che avessero già fatto.

> ESEMPIO: I volontari non hanno preparato i volantini (*flyers*). →
> Credevo che li avessero già preparati.

I volontari…

1. non hanno preparato i poster
2. non hanno prenotato gli autobus
3. non hanno chiesto il permesso al comune (*city hall*)
4. non sono ritornati in ufficio dopo pranzo
5. non hanno fatto le telefonate ai cittadini
6. non hanno chiesto i soldi alle ditte della città

C. Scambi. Completate le conversazioni con l'imperfetto del congiuntivo o il trapassato del congiuntivo dei verbi tra parentesi.

1. S1: Volevo tanto che Alì e Jasmine _____ (integrarsi).
   S2: Hai ragione, ma sarebbe stato più facile se loro _____ (frequentare) le lezioni di italiano offerte dai volontari.
2. S1: Scusa, Gina, vorrei che tu _____ (stare) un po' zitta. Cerco di studiare.
   S2: Studi ancora? Credevo che tu _____ già _____ (finire).
3. S1: Zio Leo, che buoni spaghetti! Non sapevo che ti _____ (piacere) cucinare.
   S2: Come! Non li hai ancora finiti? Credevo che a questo punto li _____ già _____ (mangiare) tutti!
4. S1: Non sono ancora arrivati i ragazzi? Pensavo che ormai _____ (arrivare).
   S2: E io, invece, credevo che _____ (partire) domani mattina.

NOTA CULTURALE

Immigrati clandestini° *illegal*

«Siamo in Italia!»

Nel passato milioni di italiani hanno lasciato il paese per emigrare all'estero, soprattutto nelle Americhe e nel Nord Europa, ma anche in terre più lontane, come l'Australia. Negli ultimi vent'anni però si è verificato[1] il fenomeno inverso: L'Italia è diventato un **paese di immigrazione.** I primi sono stati i nord africani, soprattutto marocchini, ma anche numerosi filippini, sia uomini che donne, sono venuti a lavorare come domestici.[2] Oggi le comunità di origine straniera in Italia sono moltissime, provenienti[3] dai paesi arabi, Africa, Europa dell'Est e Asia. La maggioranza è in Italia legalmente, ha un lavoro regolare e una vita «normale». Purtroppo, però, ci sono anche dei clandestini. Questi ultimi hanno difficoltà a trovare un lavoro regolare e spesso sono costretti[4] **al lavoro nero**[5] senza nessuna garanzia. La comunità più numerosa è quella di religione islamica. Ciò rappresenta una sfida[6] per l'Italia in cui il cattolicesimo è la religione di stato che è insegnata nelle scuole. Molte istituzioni di volontariato[7] lavorano con gli immigrati per aiutarli ad integrarsi nella società, e concentrano gli sforzi[8] soprattutto sui bambini che rappresentano il futuro di un'Italia diversa, multietnica e multiculturale.

[1] *si... has happened* [2] *domestic help* [3] *coming* [4] *forced* [5] *illegal* [6] *challenge* [7] *volunteer* [8] *efforts*

LAURA: Mamma, ho deciso di accettare quel lavoro a New York.

MADRE: Ma non sarebbe meglio che tu restassi qui in Italia, vicino alla famiglia, agli amici? A New York c'è il problema della violenza e della droga: non voglio che ti capiti qualcosa di brutto...

LAURA: Mamma, il problema della violenza e della droga c'è in tutte le grandi città. E poi, vorrei che tu capissi che è importante che io faccia nuove esperienze.

MADRE: Capisco, Laura, ma è naturale che io mi preoccupi...

As you know, the tense of the subjunctive is determined by the tense of the verb in the independent clause and by the time relationship between the two clauses.

1. When the independent clause is in the present tense, future tense, or command forms, the dependent clause may be in the present tense if its action occurs at the same time or in the future, or in the past tense if its action happened in the past.

INDEPENDENT CLAUSE	DEPENDENT CLAUSE
presente futuro imperativo	congiuntivo presente (*same time or future*) congiuntivo passato (*past*)

Spero che lui non **interferisca.** *I hope he doesn't interfere.*
Non **vorranno** che lui **interferisca.** *They won't want him to interfere.*

Spero che lui non **abbia interferito.** *I hope he didn't interfere.*
Sii contento che lui non **abbia interferito!** *Be glad he didn't interfere!*

LAURA: Mom, I've decided to accept that job in New York.   MOTHER: But wouldn't it be better for you to stay here in Italy, close to your family, your friends? In New York there is the problem of violence and drugs: I don't want something bad to happen to you . . .   LAURA: Mom, the problem of violence and drugs is in every big city . . . and also, I wish you would understand that it's important for me to have new experiences.   MOTHER: I understand, Laura, but it's natural that I worry . . .

2. When the independent clause is in any past tense or in the present or past conditional, the dependent clause may be in the **imperfetto del congiuntivo** if its action occurred at the same time or later than that of the independent clause, or in the **trapassato del congiuntivo** if its action preceded that of the independent clause.

INDEPENDENT CLAUSE	DEPENDENT CLAUSE
imperfetto passato prossimo passato remoto trapassato condizionale condizionale passato	congiuntivo imperfetto (*same time or future*) congiuntivo trapassato (*past*)

Credevo che **non soffrissero** più.	*I thought they weren't suffering anymore.*
Avevo sperato che **non soffrissero** più.	*I had hoped they wouldn't suffer anymore.*
Vorrei che **non soffrissero** più.	*I wish they wouldn't suffer anymore.*
Credevo che **non avessero** più **sofferto.**	*I thought they hadn't suffered anymore.*
Vorrei che **non avessero** più **sofferto.**	*I wish they hadn't suffered anymore.*

Attenzione! As noted in **Capitolo 17,** pages 336 and 337, if the subject of both clauses is the same, the infinitive is used.

Credevo di rimanere troppo a casa.	*I thought I was staying home too much.*
Credevo di essere rimasto/rimasta troppo a casa.	*I thought I had stayed home too much.*

—Vorrei che mi trovaste le tracce^a di un uomo scapolo,^b bello, giovane e ricco.

^a*tracks* ^b*bachelor*

A. Quale forma? Scegli la forma corretta del verbo per completare le frasi.

1. È necessario che Cinzia e Gina (facciano / avessero fatto) la spesa.
2. Bisognava che Michele (abbia aiutato / aiutasse) gli extracomunitari.
3. Era necessario che tu (metta / mettessi) la macchina nel garage.
4. Bisogna che tu e Cinzia (scriveste / scriviate) al vostro deputato per protestare contro la miseria.
5. Credevo che Marco (abbia lavato / avesse lavato) i piatti.
6. Spero che Salvatore (abbia pulito / avesse pulito) le finestre.

B. Trasformazioni. Sostituisci le parole indicate con le parole o le espressioni tra parentesi e fai tutti i cambiamenti necessari.

1. *Spero* che abbiano risolto il problema. (Vorrei / Bisogna / Era bene / Speravа)
2. *Sono contenta* che i miei genitori mi mandino in America. (Preferirei / È bene / Non credi / Non credevi)
3. *Credevo* che il senatore fosse a favore di quella legge. (Mi pare / Sarebbe meglio / Non vorranno / Siate contenti)
4. *Vorrei* che avessero parlato della criminalità. (Dubito / È bene / Non credeva / Era possibile)

 C. Scambi. Completate le conversazioni con la forma corretta dei verbi tra parentesi.

1. s1: Paolo vuole che suo figlio _____ (fare) il medico.
   s2: Come se _____ (potere) decidere lui!
2. s1: Ci ha aiutato senza che noi glielo _____ (chiedere).
   s2: Com'è stato gentile! Spero che voi lo _____ (ringraziare, *to thank*).
3. s1: Vorrei che io e Franco non _____ (litigare) ieri.
   s2: Non ti preoccupare, Anna: non è possibile che tu e Franco _____ (andare) sempre d'accordo!
4. s1: Bisognerebbe che tu _____ (imparare) una lingua straniera.
   s2: Hai ragione; ma credi che _____ (essere) possibile?

Piccolo ripasso

A. Mi dispiaceva. Esprimi i tuoi dispiaceri per le seguenti situazioni. Usa l'imperfetto del congiuntivo o il trapassato del congiuntivo o l'infinito presente o passato.

ESEMPIO: Dario non era stato aiutato. →
          Mi dispiaceva molto che Dario non fosse stato aiutato.

1. Avevo giudicato male Lucia.
2. Alcuni amici avevano dei pregiudizi contro gli immigrati.
3. Non hanno combattuto la delinquenza.
4. Voi eravate contro quella legge.
5. Dovevo risolvere il problema da solo.
6. Nessuno aveva protetto i loro diritti.

B. Benché... Unisci le frasi con una delle due espressioni tra parentesi e fai tutti i cambiamenti necessari.

> ESEMPIO: Non bevevo. I miei genitori bevevano.
> (prima di / sebbene) →
> Non bevevo sebbene i miei genitori bevessero.

1. Carlo aveva partecipato alla riunione. Era molto occupato.
(benché / a condizione che)
2. Hanno risolto il problema. Non hanno chiesto aiuto a nessuno. (senza che / senza)
3. Cercarono di integrarsi. Avevano incontrato molte difficoltà.
(sebbene / prima di)
4. Parlava molto bene l'italiano. Nessuno glielo aveva insegnato.
(purché / sebbene)
5. Hai deciso. Avevo avuto l'opportunità di pensarci. (prima di / prima che)

C. La libertà! Con un compagno / una compagna, completate le frasi liberamente. Poi, paragonate le vostre affermazioni con quelle di un altro gruppo o con la classe. Se non sono d'accordo con le vostre risposte, discutete perché.

1. È importante che...
2. È importante...
3. Ero contento/contenta che...
4. È bene che...
5. Benché...
6. Voto per il candidato a meno che... non...
7. Gli studenti vorrebbero che...
8. Sarebbe meglio che...
9. Il candidato parla come se...
10. Magari io...

D. Conversazione.

1. Secondo te, cosa dovrebbe fare il governo per risolvere il problema della violenza nelle scuole? Cosa dovremmo fare noi per aiutare il governo a prendere le decisioni giuste?
2. È bene che i bambini incomincino ad imparare altre lingue alle elementari? Conoscere un'altra lingua e un'altra cultura così presto potrebbe servire a risolvere in parte il problema del razzismo e a incoraggiare la diversità e il multiculturalismo?
3. Interferiresti tu con la decisione di tuo figlio o tua figlia di sposare qualcuno di nazionalità o di religione diversa? Perché sì o perché no?

Invito alla lettura

La Basilicata e la Calabria

I Sassi di Matera

La Basilicata e la Calabria, nel sud d'Italia, offrono delle belle sorprese alle persone che le visitano.

Un avvertimento:[1] se vuoi andare in Basilicata in autunno o inverno, porta dell'abbigliamento pesante.[2] Ti può sembrare strano, ma Potenza, il capoluogo di regione, è una delle città più fredde d'Italia.

Un consiglio:[3] vai a Matera. È una città del tutto particolare. La parte vecchia, infatti, è scavata nella roccia[4] e per questo le costruzioni sono chiamate Sassi.[5] I Sassi formano un insieme[6] molto pittoresco. Ci sono semplici caverne, case di contadini,[7] ma anche piccoli palazzi di gente più ricca e perfino[8] chiese con eleganti campanili.[9]

E poi non trascurare[10] la Calabria. È una regione piena di bellezze naturali: insieme a spiagge molto belle e ancora un po' selvagge,[11] ti offre nella Sila la più bella foresta italiana di abeti e pini.[12] Ma devi andare anche a Reggio Calabria per vedere i Bronzi di Riace. Sono due magnifiche statue greche, di dei o guerrieri.[13] La loro bellezza, eleganza ed armonia sono straordinarie!

[1]*warning* [2]*heavy* [3]*(piece of) advice* [4]*scavata… carved in the rock* [5]*Stones* [6]*whole* [7]*farmers, peasants* [8]*even* [9]*bell towers* [10]*non… don't overlook* [11]*wild* [12]*abeti… fir trees and pine trees* [13]*dei… gods or warriors*

Capire

Vero or falso?

	V	F
1. Potenza si trova in Basilicata.	☐	☐
2. I Sassi sono case fatte con le pietre del fiume (*stones from the river*).	☐	☐
3. I Bronzi di Riace sono a Reggio Calabria.	☐	☐

Scrivere

Sono preoccupato/preoccupata. Scrivi un brano di 20–25 frasi su un problema sociale nel tuo paese. Descrivi il problema e poi dai dei suggerimenti per risolverlo. Usa il congiuntivo quando è necessario.

Parole utili: Penso che…, Credo che…, Dubito che…, Ho l'impressione che…, Secondo me è importante che…

CURIOSITÀ

I cibi etnici

L'Italia è famosa in tutto il mondo per le sue bellezze artistiche, i monumenti, il clima mite,[1] la moda e l'ottima cucina. Ma ultimamente le abitudini culinarie degli italiani stanno cambiando.[2]

Come saprete, negli ultimi tempi sono arrivati in Italia molti immigrati, soprattutto dai paesi dell'est, dal nord Africa, dalla Cina ma anche dal sud America. L'arrivo di nuove culture ha portato una ventata[3] nuova anche nel campo della cucina e quindi non è affatto difficile vedere ristoranti etnici con specialità asiatiche,[4] africane, cinesi, brasiliane eccetera in ogni città.

Gli italiani sono molto incuriositi[5] e provano con piacere i gusti speziati[6] e i sapori[7] esotici dei nuovi piatti. Per i più appassionati c'è anche la possibilità di acquistare prodotti etnici freschi nei vari mercatini e supermercati gestiti[8] da venditori immigrati.

Non c'è modo migliore per integrarsi ed imparare ad apprezzare la nuova società italiana multiculturale e multietnica, che sedersi intorno ad una tavola profumata e ricca di ottimi cibi.

[1]*mild* [2]*stanno… are changing* [3]*wave* [4]*Asian* [5]*curious* [6]*spicy* [7]*flavors* [8]*run, managed*

Ristorante multi-etnico

STRUMENTI

 *Videoteca*

 VIDEO

Arrivederci

Roberto e Giuliana passano gli ultimi momenti insieme. Roberto partirà il giorno seguente per la Sicilia e lui e Giuliana si fermano a un'edicola (*newsstand*) per comprare qualche rivista da leggere in viaggio.

Preparazione

ESPRESSIONI UTILI

Scherzo, Giuliana!	I'm joking, Giuliana!
il tuo modo di essere appassionata	your way of being passionate

Dal video

GIULIANA: A che ora parte l'aereo domani?

ROBERTO: Alle due. Vorrei comprare qualcosa da leggere.

GIULIANA: Ora che sei diventato quasi un italiano, ti consiglio *Panorama*. È un giornale che noi leggiamo. Parla di politica, economia, cultura, tutte le cose che sono importanti per noi italiani.

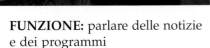

FUNZIONE: parlare delle notizie e dei programmi

Dopo il video

Verifica. Scegli il completamento giusto.

1. *Panorama* parla di _____.
   a. salute   **b.** animali   **c.** politica
2. A Roberto piace di più leggere _____.
   a. un romanzo   **b.** un giornale   **c.** una rivista
3. Giuliana andrà a trovare Roberto tra _____.
   a. un mese   **b.** un anno   **c.** sei settimane

Comprensione.

1. Perché Roberto vuole comprare il *Corriere dello Sport*?
2. Che cosa ha imparato Roberto con l'aiuto di Giuliana?
3. Che cosa farà Roberto quando Giuliana andrà a trovarlo negli Stati Uniti?

Attività. Che cosa preferite leggere? Con un compagno / una compagna descrivete che cosa leggete con regolarità (libri, giornali, riviste) e perché vi piace questa lettura. Poi, cercate di convincere il compagno / la compagna a leggere un libro, un giornale o una rivista particolare.

Parole da ricordare

VERBI

convivere	to live together
(*p.p.* convissuto)	
emarginare	to marginalize
*essere a favore (di)	to be in favor (of)
*essere contro /	to be against
contrario (a)	
*essere impegnato	to be politically engaged
giudicare	to judge
impegnarsi	to get involved
integrarsi	to integrate (oneself)
risolvere (*p.p.* risolto)	to resolve

NOMI

il consumismo	consumerism
la convivenza	living together
la criminalità	crime (*in general*)
la delinquenza	crime (*in general*)
la diversità	diversity
la droga	drugs
il drogato / la drogata	drug addict
l'emarginazione (*f.*)	marginalization
l'extracomunitario/	person from outside
l'extracomunitaria	the European Community
la giustizia	justice
l'immigrato/l'immigrata	immigrant
l'immigrazione (*f.*)	immigration
l'ineguaglianza	inequality

l'ingiustizia	injustice
l'integrazione	integration
l'intolleranza	intolerance
il materialismo	materialism
la miseria	poverty
il multiculturalismo	multiculturalism
la povertà	poverty
il pregiudizio	prejudice
il razzismo	racism
il/la razzista	racist
la ricchezza	wealth
la solitudine	loneliness; isolation
il/la tossicodipendente	drug addict
la tossicodipendenza	drug addiction
l'uguaglianza	equality
la violenza	violence

AGGETTIVI

diverso	different
etnico	ethnic
razzista	racist
uguale	equal

ALTRE PAROLE E ESPRESSIONI

come se	as if
magari	if only

---

*Words identified with an asterisk (*) are conjugated with **essere.**

A. Usi dell'articolo determinativo

1. In contrast to English, the definite article is required in Italian:

   a. before nouns used to express a concept or a category of something in its entirety

      La generosità è una virtù.
      Le matite non sono care.

   b. before names of languages, unless directly preceded by a form of **parlare** or **studiare**

      Lo spagnolo è bello.
      La signora Javier parla spagnolo e tedesco.

   c. with proper names accompanied by a title or an adjective

      Il signor Bandelli vuole andare a Chicago e a San Francisco.
      Il piccolo Franco, però, vuole andare a Disneyland!

   d. with days of the week to indicate a routine event

      Il martedì ho lezione di matematica.

   e. with dates

      Oggi è **il** quattro dicembre.

   f. with possessive forms

      Ecco **la** mia casa!

   g. with parts of the body and items of clothing

      Mi lavo **le** mani prima di mangiare.
      Perché non ti sei messo **la** cravatta?

   h. with geographical names

      Quest'estate visiteremo l'Italia e **la** Francia.

2. Note that the category of geographical names includes not only continents and countries but also states, regions, large islands, mountains, and rivers.

L'estate scorsa abbiamo visitato **il** Colorado, l'Arizona e **la** California.	*Last summer we visited Colorado, Arizona, and California.*
Ho ricevuto una cartolina **dalla** Sardegna.	*I've received a card from Sardinia.*

3. The definite article is omitted after **in** (*in, to*) if the geographical term is feminine, singular, and unmodified.

Chi vuole andare in Italia?	*Who wants to go to Italy?*

   but

Chi vuole andare **nell'**Italia centrale?	*Who wants to go to central Italy?*

If the geographical term is masculine or plural, **in** + *article* is used.

Aspen è **nel** Colorado.	*Aspen is in Colorado.*
Mio padre non è nato **negli** Stati Uniti.	*My father wasn't born in the United States.*
Vado in vacanza nelle Hawaii.	*I am going on vocation to Hawaii.*

4. The definite article is not used with names of cities. *In* or *to* before the name of a city is expressed with **a** in Italian.

La Torre Pendente è **a** Pisa.	*The Leaning Tower is in Pisa.*

5. Names of U.S. states that are feminine in Italian follow the same rules as those for feminine countries.

la California	la Louisiana
la Carolina (del Nord, del Sud)	la Pennsylvania
la Florida	la Virginia
la Georgia	

Conosci **la** California?	*Do you know California?*
Dov'è l'Università **della** Georgia?	*Where's the University of Georgia?*
Quante cartoline hai ricevuto **dalla** Louisiana?	*How many cards have you received from Louisiana?*
Sei mai stato **in** Virginia?	*Have you ever been to Virginia?*

The names of all other states are masculine* and usually take the article whether used alone or with a preposition.

Il Texas è un stato grande.	*Texas is a big state.*
L'Università **del** Colorado è a Boulder.	*The University of Colorado is in Boulder.*
New Haven è **nel** Connecticut.	*New Haven is in Connecticut.*

B. *Gerundio e il presente progressivo*

1. The gerund (**il gerundio**) corresponds to the *-ing* verb form in English. The gerund is formed in Italian by adding **-ando** to the stem of **-are** verbs and **-endo** to the stems of **-ere** and **-ire** verbs. Its form is invariable.

lavorare → lavor**ando**
scrivere → scriv**endo**
partire → part**endo**

2. Italian constructions with the gerund have many possible English equivalents.

Lavorando con un compagno, completate l'esercizio.	*Working with a classmate, complete the exercise.*
Frequentando regolarmente le lezioni, imparo molto.	*By attending classes regularly, I learn a lot.*
Andando in macchina, penso sempre ai miei problemi!	*While I drive, I always think about my problems!*

---

*The only exception is Hawaii, which is feminine plural: **le Hawaii.**

3. The present tense of **stare** can be combined with the gerund to form the present progressive tense (**il presente progressivo**): **sto lavorando** (*I am working*). This tense is used to stress that an action is in progress.

Che cosa **state guardando**?	*What are you watching?*
Stiamo studiando.	*We are (in the process of) studying.*
Dove **stai andando**?	*Where are you going (right now)?*
Sto andando a scuola.	*I am going to school.*

4. In Italian, unlike English, the gerund is never used as the subject of a sentence or as a direct object. The infinitive is used in these cases.

Imparare bene una lingua non è facile.	*Learning a language well is not easy.*
Preferisci **cantare** o **ballare**?	*Do you prefer singing or dancing?*

5. **Bere, dire,** and **fare** have irregular gerunds: **bevendo, dicendo,** and **facendo** respectively.

Sto **bevendo** un'aranciata.	*I'm drinking an orange soda.*
Cosa stai **dicendo**?	*What are you saying?*
La nonna sta **facendo** una passeggiata.	*Grandma is taking a walk.*

6. Remember that Italian constructions with the gerund have many possible English equivalents.

Leo passa il suo tempo libero **andando** a caccia.	*Leo spends his free time hunting.*
Puoi imparare a cucinare **leggendo** libri di cucina!	*You can learn how to cook by reading cookbooks!*
Cosa dice il professore **uscendo** dalla classe?	*What does the professor say as he's leaving class?*

C. Futuro anteriore

1. The future perfect (**il futuro anteriore**) (*I will have worked, they will have left*) is formed with the future of **avere** or **essere** + *past participle.*

FUTURE PERFECT			
WITH **avere**		WITH **essere**	
avrò		sarò	
avrai		sarai	partito/a
avrà	lavorato	sarà	
avremo		saremo	
avrete		sarete	partiti/e
avranno		saranno	

2. The future perfect is used to express an action that will already have taken place by a specific time in the future or when a second action occurs. The second action, if expressed, is always in the future tense.

Alle sette avremo già mangiato.	*By seven, we'll already have eaten.*
Dopo che avranno visitato la Sicilia, torneranno a casa.	*After they have visited Sicily, they'll return home.*

3. Just as the future tense is used to express probability, the future perfect can be used to indicate probability or speculation about something that may or may not have happened in the past.

Renato ha trovato una camera a Venezia. Avrà prenotato molto tempo fa!	*Renato found a room in Venice. He must have made reservations a long time ago!*
Le finestre sono chiuse. I Fossati saranno andati a letto.	*The windows are closed. The Fossatis must have gone to bed.*

D. *Periodo ipotetico con l'indicativo*

Conditional sentences consist of two clauses: an *if* clause that specifies a condition and a main clause that indicates the outcome of that condition: *If I don't sleep, I become irritable. If they arrive early, we'll go to the beach.*

1. In Italian, **se** introduces the condition. When the condition is real or possible, the **se** clause is in an indicative tense (present, future, or past), and the main clause is in either the indicative or the imperative.

se CLAUSE *Indicative*	MAIN CLAUSE *Indicative or Imperative*
present tense **se** + future tense past tenses	present tense future tense past tenses imperative

Se vuole vedere il film, venga con noi.	*If you want to see the film, come with us.*
Se avevate fame, perché non avete mangiato?	*If you were hungry, why didn't you eat?*
Se andrai in Italia, dovrai visitare Venezia.	*If you go to Italy, you must visit Venice.*

2. When the main clause is in the future tense, the **se** clause must *also* be in the future. In English, by contrast, the *if* clause is in the present tense.

Se **leggerete** il romanzo, **apprezzerete** di più il film.	*If you read the novel, you will appreciate the film more.*

E. *Periodo ipotetico con il congiuntivo*

1. In conditional sentences that describe contrary-to-fact situations in the present (whether likely or unlikely to happen), the **se** clause is in the *imperfect subjunctive* and the main clause is in the *conditional*.

se CLAUSE *Subjunctive*	MAIN CLAUSE *Conditional*
se + imperfect subjunctive	present conditional conditional perfect

Se **avessi** più tempo, **vedrei** tutti i film di Pasolini.	*If I had more time, I would see all of Pasolini's films.*
Se tu non **fossi** tanto pigro, **avresti** già **mandato** gli inviti.	*If you weren't so lazy, you would have sent the invitations already.*

2. Contrary-to-fact situations in the past are expressed with a **se** clause in the *pluperfect subjunctive* and the main clause in the *conditional*.

se CLAUSE *Pluperfect subjunctive*	MAIN CLAUSE *Conditional*
se + pluperfect subjunctive	present conditional conditional perfect

Se **avessi avuto** più tempo, **avrei visto** tutti i film di Pasolini.	*If I had had more time, I would have seen all of Pasolini's films.*
Se tu non **fossi stato** tanto pigro, **avresti** già **mandato** gli inviti.	*If you hadn't been so lazy, you would have sent the invitations already.*

3. The conditional is used *only* in the main clause, *never* in the **se** clause. Only the subjunctive may be used in the **se** clause of a contrary-to-fact sentence.

F. *Fare + infinito*

1. **Fare** + *infinitive* is used to express *to have something done* or *to have someone do something*. A noun object follows the infinitive. Compare these sentences.

Il falegname **ripara** la porta.	*The carpenter repairs the door.*
Il proprietario **fa riparare** la porta.	*The owner has the door repaired.*
Scrivo la pubblicità.	*I'm writing the ad.*
Faccio scrivere la pubblicità.	*I'm having the ad written.*

2. When a pronoun replaces the noun object, it ordinarily precedes the form of **fare**. The pronoun may attach to **fare** only when **fare** is in the infinitive form or in the first or second person of the imperative.

Faccio lavare la macchina; **la faccio lavare** ogni sabato.	*I'm having the car washed; I have it washed every Saturday.*
Desidero far mettere il telefono; desidero **farlo mettere** nel mio studio.	*I wish to have a phone put in; I wish to have it put in my study.*
Fa' riparare il televisore; **fallo riparare** al più presto!	*Have the TV set repaired; have it repaired as soon as possible!*

3. When the sentence has only one object, it is a direct object. When there are two objects, the *thing* is the direct object and the *person* is the indirect object. When the indirect object is a noun or a disjunctive pronoun, it takes the preposition **a.**

Fanno leggere **Marco.**	*They make Marco read.*
Lo fanno leggere.	*They make him read.*

Fanno leggere le notizie **a Marco.**	*They make Marco read the news.*

Fanno leggere le notizie **a lui.**	
Gli fanno leggere le notizie.	*They make him read the news.*

Gliele fanno leggere.	*They make him read them.*

In compound tenses, the past participle **fatto** agrees in gender and number with the direct object.

Mi hanno fatto portare le valige.	*They had me carry the luggage.*
Me **le** hanno fat**te** portare.	*They had me carry them.*

4. When the use of **a** could cause ambiguity, **a** + *person* is replaced by **da** + *person.*

TWO POSSIBLE MEANINGS

Ho fatto scrivere una lettera **a Mario.**	{ *I had Mario write a letter.* { *I had a letter written to Mario.*

ONE POSSIBLE MEANING

Ho fatto scrivere una lettera **da Mario.**	*I had Mario write a letter.*

5. **Farsi** + *infinitive* + **da** + *person* means *to make oneself heard/understood/ seen by someone.* **Essere** is used in compound tenses.

Come possiamo **farci capire da** tutti?	*How can we make ourselves understood by everyone?*
Si sono fatti fotografare.	*They had themselves photographed.*

G. Lasciare e i verbi di percezione + infinito

1. Like **fare,** the verb **lasciare** (when meaning *to let, allow*) and verbs of perception (**vedere, guardare, sentire,** and so on) are followed by the infinitive.

Non ci **lascia scrivere** a mano.	*He doesn't allow us to write by hand.*
Abbiamo sentito leggere il poeta.	*We heard the poet read.*

2. An object noun typically follows the infinitive, but an object pronoun precedes the main verb. A pronoun attaches to the main verb only when it is in the infinitive or in the first or second person of the imperative.

—Hai sentito piangere la mamma?	—*Did you hear Mom cry?*
—Sì, **l'ho sentita** piangere.	—*Yes, I heard her cry.*
Perché non lasci giocare i bambini? **Lasciali** giocare!	*Why don't you let the children play? Let them play!*
Non voglio **vederti** correre.	*I don't want to see you run.*

3. **Lasciare** may also be followed by **che** + *subjunctive.*

Perché non **lo** lasciate **parlare?** Perché non lasciate **che lui parli?**	*Why don't you let him talk?*

H. *Forma passiva del verbo*

1. All the verb forms introduced in *Prego!* have been presented in the active voice. In the active voice, the subject of the verb performs the action. In the passive voice (**la forma passiva**), the subject of the verb is acted on. Compare these sentences.

ACTIVE VOICE: The car hit her.
PASSIVE VOICE: She was hit by the car.

2. The passive voice in Italian is formed exactly as in English. It consists of **essere** in the appropriate tense + *past participle.* If the agent (the person performing the action) is expressed, the noun or pronoun is preceded by **da.** All past participles must agree with the subject in gender and number.

soggetto + **essere** + *participio passato* (+ **da** + *persona*)

Il caffè **è fatto da** Giacomo.	*The coffee is made by Giacomo.*
Il caffè **è stato fatto da** Giacomo.	*The coffee was made by Giacomo.*
Il caffè **sarà fatto da** Giacomo.	*The coffee will be made by Giacomo.*

Note that the passive voice can consist of two words (simple tenses) or three words (compound tenses). In compound tenses, both participles agree with the subject.

A. *Avere e essere*

Coniugazione del verbo *avere*

INFINITO — PRESENTE: avere — PASSATO: avere avuto
PARTICIPIO — avuto
GERUNDIO — avendo

INDICATIVO

PRESENTE	IMPERFETTO	PASSATO PROSSIMO	TRAPASSATO	PASSATO REMOTO	FUTURO
ho	avevo	ho	avevo	ebbi	avrò
hai	avevi	hai	avevi	avesti	avrai
ha	aveva	ha } avuto	aveva } avuto	ebbe	avrà
abbiamo	avevamo	abbiamo	avevamo	avemmo	avremo
avete	avevate	avete	avevate	aveste	avrete
hanno	avevano	hanno	avevano	ebbero	avranno

CONDIZIONALE PRESENTE	CONDIZIONALE PASSATO	TRAPASSATO REMOTO	FUTURO ANTERIORE
avrei	avrei	ebbi	avrò
avresti	avresti	avesti	avrai
avrebbe	avrebbe } avuto	ebbe } avuto	avrà } avuto
avremmo	avremmo	avemmo	avremo
avreste	avreste	aveste	avrete
avrebbero	avrebbero	ebbero	avranno

CONGIUNTIVO

PRESENTE	PASSATO	IMPERFETTO	TRAPASSATO
abbia	abbia	avessi	avessi
abbia	abbia	avessi	avessi
abbia	abbia } avuto	avesse	avesse } avuto
abbiamo	abbiamo	avessimo	avessimo
abbiate	abbiate	aveste	aveste
abbiano	abbiano	avessero	avessero

IMPERATIVO

—
abbi (non avere)
abbia
abbiamo
abbiate
abbiano

Coniugazione del verbo *essere*

INFINITO — PRESENTE: essere — PASSATO: essere stato/a/i/e
PARTICIPIO — stato/a/i/e
GERUNDIO — essendo

INDICATIVO

PRESENTE	IMPERFETTO	PASSATO PROSSIMO	TRAPASSATO	PASSATO REMOTO	FUTURO
sono	ero	sono	ero	fui	sarò
sei	eri	sei } stato/a	eri } stato/a	fosti	sarai
è	era	è	era	fu	sarà
siamo	eravamo	siamo	eravamo	fummo	saremo
siete	eravate	siete } stati/e	eravate } stati/e	foste	sarete
sono	erano	sono	erano	furono	saranno

CONDIZIONALE PRESENTE	CONDIZIONALE PASSATO	TRAPASSATO REMOTO	FUTURO ANTERIORE
sarei	sarei	fui	sarò
saresti	saresti } stato/a	fosti } stato/a	sarai } stato/a
sarebbe	sarebbe	fu	sarà
saremmo	saremmo	fummo	saremo
sareste	sareste } stati/e	foste } stati/e	sareste } stati/e
sarebbero	sarebbero	furono	saranno

CONGIUNTIVO

PRESENTE	PASSATO	IMPERFETTO	TRAPASSATO
sia	sia	fossi	fossi
sia	sia } stato/a	fossi	fossi } stato/a
sia	sia	fosse	fosse
siamo	siamo	fossimo	fossimo
siate	siate } stati/e	foste	foste } stati/e
siano	siano	fossero	fossero

IMPERATIVO

—
sii (non essere)
sia
siamo
siate
siano

B. Verbi regolari

Coniugazione del verbo *lavorare*

INFINITO — PRESENTE: lavorare PASSATO: avere lavorato
PARTICIPIO: lavorato
GERUNDIO: lavorando

INDICATIVO

PRESENTE	IMPERFETTO	PASSATO PROSSIMO	TRAPASSATO	PASSATO REMOTO	TRAPASSATO REMOTO	FUTURO	FUTURO ANTERIORE
lavoro	lavoravo	ho	avevo	lavorai	ebbi	lavorerò	avrò
lavori	lavoravi	hai	avevi	lavorasti	avesti	lavorerai	avrai
lavora	lavorava	ha	aveva	lavorò	ebbe	lavorerà	avrà
lavoriamo	lavoravamo	abbiamo	avevamo	lavorammo	avemmo	lavoreremo	avremo
lavorate	lavoravate	avete	avevate	lavoraste	aveste	lavorerete	avrete
lavorano	lavoravano	hanno	avevano	lavorono	ebbero	lavoreranno	avranno

(PASSATO PROSSIMO / TRAPASSATO + lavorato; TRAPASSATO REMOTO / FUTURO ANTERIORE + lavorato)

CONDIZIONALE PRESENTE	CONDIZIONALE PASSATO
lavorerei	avrei
lavoreresti	avresti
lavorerebbe	avrebbe
lavoreremmo	avremmo
lavorereste	avreste
lavorerebbero	avrebbero

(CONDIZIONALE PASSATO + lavorato)

CONGIUNTIVO

PRESENTE	PASSATO	IMPERFETTO	TRAPASSATO
lavori	abbia	lavorassi	avessi
lavori	abbia	lavorassi	avessi
lavori	abbia	lavorasse	avesse
lavoriamo	abbiamo	lavorassimo	avessimo
lavoriate	abbiate	lavoraste	aveste
lavorino	abbiano	lavorassero	avessero

(PASSATO + lavorato; TRAPASSATO + lavorato)

IMPERATIVO

—
lavora (non lavorare)
lavori
lavoriamo
lavorate
lavorino

Coniugazione del verbo *credere*

INFINITO — PRESENTE: credere PASSATO: avere creduto
PARTICIPIO: creduto
GERUNDIO: credendo

INDICATIVO

PRESENTE	IMPERFETTO	PASSATO PROSSIMO	TRAPASSATO	PASSATO REMOTO	TRAPASSATO REMOTO	FUTURO	FUTURO ANTERIORE
credo	credevo	ho	avevo	credei	ebbi	crederò	avrò
credi	credevi	hai	avevi	credesti	avesti	crederai	avrai
crede	credeva	ha	aveva	credè	ebbe	crederà	avrà
crediamo	credevamo	abbiamo	avevamo	credemmo	avemmo	crederemo	avremo
credete	credevate	avete	avevate	credeste	aveste	crederete	avrete
credono	credevano	hanno	avevano	crederono	ebbero	crederanno	avranno

(PASSATO PROSSIMO / TRAPASSATO + creduto; TRAPASSATO REMOTO / FUTURO ANTERIORE + creduto)

CONDIZIONALE PRESENTE	CONDIZIONALE PASSATO
crederei	avrei
crederesti	avresti
crederebbe	avrebbe
crederemmo	avremmo
credereste	avreste
crederebbero	avrebbero

(CONDIZIONALE PASSATO + creduto)

CONGIUNTIVO

PRESENTE	PASSATO	IMPERFETTO	TRAPASSATO
creda	abbia	credessi	avessi
creda	abbia	credessi	avessi
creda	abbia	credesse	avesse
crediamo	abbiamo	credessimo	avessimo
crediate	abbiate	credeste	aveste
credano	abbiano	credessero	avessero

(PASSATO + creduto; TRAPASSATO + creduto)

IMPERATIVO

—
credi (non credere)
creda
crediamo
credete
credano

Coniugazione del verbo *dormire*

INFINITO		PARTICIPIO	GERUNDIO
PRESENTE: dormire	PASSATO: avere dormito	dormito	dormendo

INDICATIVO

PRESENTE	IMPERFETTO	PASSATO PROSSIMO	TRAPASSATO	PASSATO REMOTO	TRAPASSATO REMOTO	FUTURO	FUTURO ANTERIORE
dormo	dormivo	ho	avevo	dormii	ebbi	dormirò	avrò
dormi	dormivi	hai	avevi	dormisti	avesti	dormirai	avrai
dorme	dormiva	ha	aveva	dormì	ebbe	dormirà	avrà
dormiamo	dormivamo	abbiamo	avevamo	dormimmo	avemmo	dormiremo	avremo
dormite	dormivate	avete	avevate	dormiste	aveste	dormirete	avrete
dọrmono	dormịvano	hanno	avẹvano	dormịrono	ẹbbero	dormiranno	avranno

(PASSATO PROSSIMO + dormito; TRAPASSATO + dormito; TRAPASSATO REMOTO + dormito; FUTURO ANTERIORE + dormito)

CONDIZIONALE PRESENTE	CONDIZIONALE PASSATO
dormirei	avrei
dormiresti	avresti
dormirebbe	avrebbe
dormiremmo	avremmo
dormireste	avreste
dormirẹbbero	avrẹbbero

(CONDIZIONALE PASSATO + dormito)

CONGIUNTIVO

PRESENTE	PASSATO	IMPERFETTO	TRAPASSATO
dorma	ạbbia	dormissi	avessi
dorma	ạbbia	dormissi	avessi
dorma	ạbbia	dormisse	avesse
dormiamo	abbiamo	dormịssimo	avẹssimo
dormiate	abbiate	dormiste	aveste
dọrmano	ạbbiano	dormịssero	avẹssero

(PASSATO + dormito; TRAPASSATO + dormito)

IMPERATIVO

—
dormi (non dormire)
dorma
dormiamo
dormite
dọrmano

Coniugazione del verbo *capire*

INFINITO		PARTICIPIO	GERUNDIO
PRESENTE: capire	PASSATO: avere capito	capito	capendo

INDICATIVO

PRESENTE	IMPERFETTO	PASSATO PROSSIMO	TRAPASSATO	PASSATO REMOTO	TRAPASSATO REMOTO	FUTURO	FUTURO ANTERIORE
capisco	capivo	ho	avevo	capii	ebbi	capirò	avrò
capisci	capivi	hai	avevi	capisti	avesti	capirai	avrai
capisce	capiva	ha	aveva	capì	ebbe	capirà	avrà
capiamo	capivamo	abbiamo	avevamo	capimmo	avemmo	capiremo	avremo
capite	capivate	avete	avevate	capiste	aveste	capirete	avrete
capịscono	capịvano	hanno	avẹvano	capịrono	ẹbbero	capiranno	avranno

(PASSATO PROSSIMO + capito; TRAPASSATO + capito; TRAPASSATO REMOTO + capito; FUTURO ANTERIORE + capito)

CONDIZIONALE PRESENTE	CONDIZIONALE PASSATO
capirei	avrei
capiresti	avresti
capirebbe	avrebbe
capiremmo	avremmo
capireste	avreste
capirẹbbero	avrẹbbero

(CONDIZIONALE PASSATO + capito)

CONGIUNTIVO

PRESENTE	PASSATO	IMPERFETTO	TRAPASSATO
capisca	ạbbia	capissi	avessi
capisca	ạbbia	capissi	avessi
capisca	ạbbia	capisse	avesse
capiamo	abbiamo	capịssimo	avẹssimo
capiate	abbiate	capiste	aveste
capịscano	ạbbiano	capịssero	avẹssero

(PASSATO + capito; TRAPASSATO + capito)

IMPERATIVO

—
capisci (non capire)
capisca
capiamo
capite
capịscano

C. Verbi irregolari

Forms and tenses not listed here follow the regular pattern.

VERBI IRREGOLARI IN -ARE
There are only four irregular **-are** verbs: **andare, dare, fare,** and **stare.**

andare to go

PRESENTE:	vado, vai, va; andiamo, andate, vanno
FUTURO:	andrò, andrai, andrà; andremo, andrete, andranno
CONDIZIONALE:	andrei, andresti, andrebbe; andremmo, andreste, andrebbero
CONGIUNTIVO PRESENTE:	vada, vada, vada; andiamo, andiate, vadano
IMPERATIVO:	va' (vai), vada; andiamo, andate, vadano

dare to give

PRESENTE:	do, dai, dà; diamo, date, danno
FUTURO:	darò, darai, darà; daremo, darete, daranno
CONDIZIONALE:	darei, daresti, darebbe; daremmo, dareste, darebbero
PASSATO REMOTO:	diedi (detti), desti, diede (dette); demmo, deste, diedero (dettero)
CONGIUNTIVO PRESENTE:	dia, dia, dia; diamo, diate, diano
IMPERFETTO DEL CONGIUNTIVO:	dessi, dessi, desse; dessimo, deste, dessero
IMPERATIVO:	da' (dai), dia; diamo, date, diano

fare to do; to make

PARTICIPIO:	fatto
GERUNDIO:	facendo
PRESENTE:	faccio, fai, fa; facciamo, fate, fanno
IMPERFETTO:	facevo, facevi, faceva; facevamo, facevate, facevano
FUTURO:	farò, farai, farà; faremo, farete, faranno
CONDIZIONALE:	farei, faresti, farebbe; faremmo, fareste, farebbero
PASSATO REMOTO:	feci, facesti, fece; facemmo, faceste, fecero
CONGIUNTIVO PRESENTE:	faccia, faccia, faccia; facciamo, facciate, facciano
IMPERFETTO DEL CONGIUNTIVO:	facessi, facessi, facesse; facessimo, faceste, facessero
IMPERATIVO:	fa' (fai), faccia; facciamo, fate, facciano

stare to stay

PRESENTE:	sto, stai, sta; stiamo, state, stanno
FUTURO:	starò, starai, starà, staremo, starete, staranno
CONDIZIONALE:	starei, staresti, starebbe; staremmo, stareste, starebbero
PASSATO REMOTO:	stetti, stesti, stette; stemmo, steste, stettero
CONGIUNTIVO PRESENTE:	stia, stia, stia; stiamo, stiate, stiano
IMPERFETTO DEL CONGIUNTIVO:	stessi, stessi, stesse; stessimo, steste, stessero
IMPERATIVO:	sta' (stai), stia; stiamo, state, stiano

VERBI IRREGOLARI IN -ERE

assumere to hire

PARTICIPIO:	assunto
PASSATO REMOTO:	assunsi, assumesti, assunse; assumemmo, assumeste, assunsero

bere to drink

PARTICIPIO:	bevuto
GERUNDIO:	bevendo
PRESENTE:	bevo, bevi, beve; beviamo, bevete, bevono
IMPERFETTO:	bevevo, bevevi, beveva; bevevamo, bevevate, bevevano
FUTURO:	berrò, berrai, berrà; berremo, berrete, berranno
CONDIZIONALE:	berrei, berresti, berrebbe; berremmo, berreste, berrebbero
PASSATO REMOTO:	bevvi, bevesti, bevve; bevemmo, beveste, bevvero
CONGIUNTIVO PRESENTE:	beva, beva, beva; beviamo, beviate, bevano
IMPERFETTO DEL CONGIUNTIVO:	bevessi, bevessi, bevesse; bevessimo, beveste, bevessero
IMPERATIVO:	bevi, beva; beviamo, bevete, bevano

cadere to fall

FUTURO:	cadrò, cadrai, cadrà; cadremo, cadrete, cadranno
CONDIZIONALE:	cadrei, cadresti, cadrebbe; cadremmo, cadreste, cadrebbero
PASSATO REMOTO:	caddi, cadesti, cadde; cademmo, cadeste, caddero

chiedere to ask

PARTICIPIO:	chiesto
PASSATO REMOTO:	chiesi, chiedesti, chiese; chiedemmo, chiedeste, chiesero

chiudere to close

PARTICIPIO:	chiuso
PASSATO REMOTO:	chiusi, chiudesti, chiuse; chiudemmo, chiudeste, chiusero

condividere to share

PARTICIPIO:	condiviso
PASSATO REMOTO:	condivisi, condividesti, condivise; condividemmo, condivideste, condivisero

conoscere to know   **riconoscere** to recognize

PARTICIPIO:	conosciuto
PASSATO REMOTO:	conobbi, conoscesti, conobbe; conoscemmo, conosceste, conobbero

convincere to convince

PARTICIPIO:	convinto
PASSATO REMOTO:	convinsi, convincesti, convinse; convincemmo, convinceste, convinsero

correre to run

PARTICIPIO:	corso
PASSATO REMOTO:	corsi, corresti, corse; corremmo, correste, corsero

crescere to grow (up); to raise; to increase

PARTICIPIO:	crescinto

cuocere to cook

PARTICIPIO:	cotto
PRESENTE:	cuocio, cuoci, cuoce; cociamo, cocete, cuociono
PASSATO REMOTO:	cossi, cocesti, cosse; cocemmo, coceste, cossero
CONGIUNTIVO PRESENTE:	cuocia, cuocia, cuocia; cociamo, cociate, cuociano
IMPERATIVO:	cuoci, cuocia; cociamo, cocete, cuociano

decidere to decide

        PARTICIPIO: deciso

        PASSATO REMOTO: decisi, decidesti, decise; decidemmo, decideste, decisero

dipendere to depend

        PARTICIPIO: dipeso

        PASSATO REMOTO: dipesi, dipendesti, dipese; dipendemmo, dipendeste, dipesero

dipingere to paint

        PARTICIPIO: dipinto

        PASSATO REMOTO: dipinsi, dipingesti, dipinse; dipingemmo, dipingeste, dipinsero

discutere to discuss

        PARTICIPIO: discusso

        PASSATO REMOTO: discussi, discutesti, discusse; discutemmo, discuteste, discussero

distinguere to distinguish

        PARTICIPIO: distinto

        PASSATO REMOTO: distinsi, distinguesti, distinse; distinguemmo, distingueste, distinsero

dividere to divide

        PARTICIPIO: diviso

        PASSATO REMOTO: divisi, divideste, divise; dividemmo, divideste, divisero

dovere to have to

        PRESENTE: devo (debbo), devi, deve; dobbiamo, dovete, devono (debbono)

        FUTURO: dovrò, dovrai, dovrà, dovremo, dovrete, dovranno

        CONDIZIONALE: dovrei, dovresti, dovrebbe; dovremmo, dovreste, dovrebbero

        CONGIUNTIVO PRESENTE: debba, debba, debba; dobbiamo, dobbiate, debbano

iscriversi to join; to enroll

        PARTICIPIO: iscritto

        PASSATO REMOTO: iscrissi, iscrivesti, iscrisse; iscrivemmo, iscriveste, iscrissero

leggere to read

        PARTICIPIO: letto

        PASSATO REMOTO: lessi, leggesti, lesse; leggemmo, leggeste, lessero

mettere to put   **scommettere** to bet

        PARTICIPIO: messo

        PASSATO REMOTO: misi, mettesti, mise; mettemmo, metteste, misero

muovere to move

        PARTICIPIO: mosso

        PASSATO REMOTO: mossi, muovesti, mosse; muovemmo, muoveste, mossero

nascere to be born

PARTICIPIO: nato

PASSATO REMOTO: nacqui, nascesti, nacque; nascemmo, nasceste, nacquero

offendere to offend

PARTICIPIO: offeso

PASSATO REMOTO: offesi, offendesti, offese; offendemmo, offendeste, offesero

parere to seem

PARTICIPIO: parso

PRESENTE: paio, pari, pare; paiamo, parete, paiono

FUTURO: parrò, parrai, parrà; parremo, parrete, parranno

CONDIZIONALE: parrei, parresti, parrebbe; parremmo, parreste, parrebbero

PASSATO REMOTO: parvi, paresti, parve; paremmo, pareste, parvero

CONGIUNTIVO PRESENTE: paia, paia, paia; paiamo, paiate, paiano

piacere to be pleasing

PARTICIPIO: piaciuto

PRESENTE: piaccio, piaci, piace; piacciamo, piacete, piacciono

PASSATO REMOTO: piacqui, piacesti, piacque; piacemmo, piaceste, piacquero

CONGIUNTIVO PRESENTE: piaccia, piaccia, piaccia; piacciamo, piacciate, piacciano

IMPERATIVO: piaci, piaccia; piacciamo, piacete, piacciano

piangere to cry

PARTICIPIO: pianto

PASSATO REMOTO: piansi, piangesti, pianse; piangemmo, piangeste, piansero

potere to be able

PRESENTE: posso, puoi, può; possiamo, potete, possono

FUTURO: potrò, potrai, potrà; potremo, potrete, potranno

CONDIZIONALE: potrei, potresti, potrebbe; potremmo, potreste, potrebbero

CONGIUNTIVO PRESENTE: possa, possa, possa; possiamo, possiate, possano

prendere to take   **riprendere** to resume **sorprendere** to surprise

PARTICIPIO: preso

PASSATO REMOTO: presi, prendesti, prese; prendemmo, prendeste, presero

produrre to produce   **tradurre** to translate

PARTICIPIO: prodotto

PRESENTE: produco, produci, produce; produciamo, producete, producono

IMPERFETTO: producevo, producevi, produceva; producevamo, producevate, producevano

PASSATO REMOTO: produssi, producesti, produsse; producemmo, produceste, produssero

CONGIUNTIVO PRESENTE: produca, produca, produca; produciamo, produciate, producano

IMPERFETTO DEL CONGIUNTIVO: producessi, producessi, producesse; producessimo, produceste, producessero

promettere to promise

PARTICIPIO: promesso

PASSATO REMOTO: promisi, promettesti, promise; promettemmo, prometteste, promisero

rendere to give back

PARTICIPIO: reso

PASSATO REMOTO: resi, rendesti, rese; rendemmo, rendeste, resero

richiedere to require

PARTICIPIO: richiesto

PASSATO REMOTO: richiesi, richiedesti, richiese; richiedemmo, richiedeste, richiesero

ridere to laugh

PARTICIPIO: riso

PASSATO REMOTO: risi, ridesti, rise; ridemmo, rideste, risero

rimanere to remain

PARTICIPIO: rimasto

PRESENTE: rimango, rimani, rimane; rimaniamo, rimanete, rimangono

FUTURO: rimarrò, rimarrai, rimarrà, rimarremo, rimarrete, rimarranno

CONDIZIONALE: rimarrei, rimarresti, rimarrebbe; rimarremmo, rimarreste, rimarrebbero

PASSATO REMOTO: rimasi, rimanesti, rimase; rimanemmo, rimaneste, rimasero

CONGIUNTIVO PRESENTE: rimanga, rimanga, rimanga; rimaniamo, rimaniate, rimangano

IMPERATIVO: rimani, rimanga; rimaniamo, rimanete, rimangano

rispondere to answer

PARTICIPIO: risposto

PASSATO REMOTO: risposi, rispondesti, rispose; rispondemmo, rispondeste, risposero

rompere to break   **interrompere** to interrupt

PARTICIPIO: rotto

PASSATO REMOTO: ruppi, rompesti, ruppe; rompemmo, rompeste, ruppero

sapere to know

PRESENTE: so, sai, sa; sappiamo, sapete, sanno

FUTURO: saprò, saprai, saprà; sapremo, saprete, sapranno

CONDIZIONALE: saprei, sapresti, saprebbe; sapremmo, sapreste, saprebbero

PASSATO REMOTO: seppi, sapesti, seppe; sapemmo, sapeste, seppero

CONGIUNTIVO PRESENTE: sappia, sappia, sappia; sappiamo, sappiate, sappiano

IMPERATIVO: sappi, sappia; sappiamo, sappiate, sappiano

scegliere to choose

PARTICIPIO: scelto

PRESENTE: scelgo, scegli, sceglie; scegliamo, scegliete, scelgono

PASSATO REMOTO: scelsi, scegliesti, scelse; scegliemmo, sceglieste, scelsero

CONGIUNTIVO PRESENTE: scelga, scelga, scelga; scegliamo, scegliate, scelgano

IMPERATIVO: scegli, scelga; scegliamo, scegliete, scelgano

scendere to descend

PARTICIPIO: sceso
PASSATO REMOTO: scesi, scendesti, scese; scendemmo, scendeste, scesero

scrivere to write

PARTICIPIO: scritto
PASSATO REMOTO: scrissi, scrivesti, scrisse; scrivemmo, scriveste, scrissero

sedere to sit

PRESENTE: siedo, siedi, siede; sediamo, sedete, siedono
CONGIUNTIVO PRESENTE: sieda, sieda, sieda (segga); sediamo, sediate, siedano (seggano)
IMPERATIVO: siedi, sieda (segga); sediamo, sedete, siedano (seggano)

succedere to happen

PARTICIPIO: successo
PASSATO REMOTO: successi, succedesti, successe; succedemmo, succedeste, successero

svolgersi to take place

PARTICIPIO: svolto
PASSATO REMOTO: svolsi, svolgesti, svolse; svolgemmo, svolgeste, svolsero

tenere to hold   **appartenere** to belong **ottenere** to obtain

PRESENTE: tengo, tieni, tiene; teniamo, tenete, tengono
FUTURO: terrò, terrai, terrà; terremo, terrete, terranno
CONDIZIONALE: terrei, terresti, terrebbe; terremmo, terreste, terrebbero
PASSATO REMOTO: tenni, tenesti, tenne; tenemmo, teneste, tennero
CONGIUNTIVO PRESENTE: tenga, tenga, tenga; teniamo, teniate, tengano
IMPERATIVO: tieni, tenga; teniamo, tenete, tengano

uccidere to kill

PARTICIPIO: ucciso
PASSATO REMOTO: uccisi, uccidesti, uccise; uccidemmo, uccideste, uccisero

vedere to see

PARTICIPIO: visto *or* veduto
FUTURO: vedrò, vedrai, vedrà; vedremo, vedrete, vedranno
CONDIZIONALE: vedrei, vedresti, vedrebbe; vedremmo, vedreste, vedrebbero
PASSATO REMOTO: vidi, vedesti, vide; vedemmo, vedeste, videro

vincere to win

PARTICIPIO: vinto
PASSATO REMOTO: vinsi, vincesti, vinse; vincemmo, vinceste, vinsero

vivere to live

PARTICIPIO: vissuto
FUTURO: vivrò, vivrai, vivrà; vivremo, vivrete, vivranno
CONDIZIONALE: vivrei, vivresti, vivrebbe; vivremmo, vivreste, vivrebbero
PASSATO REMOTO: vissi, vivesti, visse; vivemmo, viveste, vissero

volere to want

PRESENTE:	voglio, vuoi, vuole; vogliamo, volete, vogliono
FUTURO:	vorrò, vorrai, vorrà; vorremo, vorrete, vorranno
CONDIZIONALE:	vorrei, vorresti, vorrebbe; vorremmo, vorreste, vorrebbero
PASSATO REMOTO:	volli, volesti, volle; volemmo, voleste, vollero
CONGIUNTIVO PRESENTE:	voglia, voglia, voglia; vogliamo, vogliate, vogliano
IMPERATIVO:	vogli, voglia; vogliamo, vogliate, vogliano

VERBI IRREGOLARI IN -IRE

aprire to open

PARTICIPIO:	aperto

dire to say, tell

PARTICIPIO:	detto
GERUNDIO:	dicendo
PRESENTE:	dico, dici, dice; diciamo, dite, dicono
IMPERFETTO:	dicevo, dicevi, diceva; dicevamo, dicevate, dicevano
PASSATO REMOTO:	dissi, dicesti, disse; dicemmo, diceste, dissero
CONGIUNTIVO PRESENTE:	dica, dica, dica; diciamo, diciate, dicano
IMPERFETTO DEL CONGIUNTIVO:	dicessi, dicessi, dicesse; dicessimo, diceste, dicessero
IMPERATIVO:	di', dica; diciamo, dite, dicano

morire to die

PARTICIPIO:	morto
PRESENTE:	muoio, muori, muore; moriamo, morite, muoiono
CONGIUNTIVO PRESENTE:	muoia, muoia, muoia; moriamo, moriate, muoiano
IMPERATIVO:	muori, muoia; moriamo, morite, muoiano

offrire to offer

PARTICIPIO:	offerto

salire to climb

PRESENTE:	salgo, sali, sale; saliamo, salite, salgono
CONGIUNTIVO PRESENTE:	salga, salga, salga; saliamo, saliate, salgano
IMPERATIVO:	sali, salga; saliamo, salite, salgano

scoprire to discover

PARTICIPIO:	scoperto

soffrire to suffer

PARTICIPIO:	sofferto

uscire to go out   **riuscire** to succeed

PRESENTE:	esco, esci, esce; usciamo, uscite, escono
CONGIUNTIVO PRESENTE:	esca, esca, esca; usciamo, usciate, escano
IMPERATIVO:	esci, esca; usciamo, uscite, escano

venire to come   **avvenire** to happen

PARTICIPIO:	venuto
PRESENTE:	vengo, vieni, viene; veniamo, venite, vengono
FUTURO:	verrò, verrai, verrà, verremo, verrete, verranno
CONDIZIONALE:	verrei, verresti, verrebbe; verremmo, verreste, verrebbero
PASSATO REMOTO:	venni, venisti, venne; venimmo, veniste, vennero
CONGIUNTIVO PRESENTE:	venga, venga, venga; veniamo, veniate, vengano
IMPERATIVO:	vieni, venga; veniamo, venite, vengano

aprire *to open*	aperto	perdere *to lose*	perso *or* perduto
assumere *to hire*	assunto	permettere *to allow*	permesso
avvenire *to happen*	avvenuto	persuadere *to persuade*	persuaso
bere *to drink*	bevuto	piacere *to be pleasing*	piaciuto
chiedere *to ask*	chiesto	piangere *to weep, cry*	pianto
chiudere *to close*	chiuso	prendere *to take*	preso
comporre *to compose*	composto	produrre *to produce*	prodotto
condividere *to share*	condiviso	promettere *to promise*	promesso
conoscere *to know*	conosciuto	promuovere *to promote*	promosso
convincere *to convince*	convinto	proteggere *to protect*	protetto
convivere *to live together*	convissuto	rendere *to return, give back*	reso
correre *to run*	corso	resistere *to resist*	resistito
crescere *to grow (up);*	cresciuto	richiedere *to require*	richiesto
to raise; to increase		riconoscere *to recognize*	riconosciuto
cuocere *to cook*	cotto	ridere *to laugh*	riso
decidere *to decide*	deciso	rimanere *to remain*	rimasto
dimettersi *to resign*	dimesso	riprendere *to resume*	ripreso
dipendere *to depend*	dipeso	risolvere *to solve; to resolve*	risolto
dipingere *to paint*	dipinto	rispondere *to answer*	risposto
dire *to say, tell*	detto	rompere *to break*	rotto
dirigere *to direct*	diretto	scegliere *to choose*	scelto
discutere *to discuss*	discusso	scendere *to get off*	sceso
distinguere *to distinguish*	distinto	scommettere *to bet*	scommesso
dividere *to divide*	diviso	scoprire *to discover*	scoperto
eleggere *to elect*	eletto	scrivere *to write*	scritto
esistere *to exist*	esistito	smettere *to stop*	smesso
esprimere *to express*	espresso	*(doing something)*	
essere *to be*	stato	soffrire *to suffer*	sofferto
fare *to do, make*	fatto	sopravvivere *to survive*	sopravvissuto
interrompere *to interrupt*	interrotto	sorprendere *to surprise*	sorpreso
iscriversi *to enroll*	iscritto	sorridere *to smile*	sorriso
leggere *to read*	letto	spingere *to push*	spinto
mettere *to put*	messo	succedere *to happen*	successo
morire *to die*	morto	svolgersi *to take place*	svolto
muovere *to move*	mosso	trasmettere *to broadcast*	trasmesso
nascere *to be born*	nato	uccidere *to kill*	ucciso
nascondersi *to hide (oneself)*	nascosto	vedere *to see*	visto *or* veduto
offendere *to offend*	offeso	venire *to come*	venuto
offrire *to offer*	offerto	vincere *to win*	vinto
parere *to seem*	parso	vivere *to live*	vissuto

D. Verbi coniugati con essere

andare *to go*
arrivare *to arrive*
avvenire *to happen*
bastare *to suffice, be enough*
bisognare *to be necessary*
cadere *to fal*
cambiare* *to change, become different*
capitare *to happen*
cominciare* *to begin*
costare *to cost*
crescere *to grow (up); to raise; to increase*
dipendere *to depend*
dispiacere *to be sorry*
diventare *to become*
durare *to last*
entrare *to enter*
esistere *to exist*
essere *to be*
finire* *to finish*
fuggire *to run away*
guarire *to heal; to get well*
ingrassare *to put on weight*

mancare *to be missing*
morire *to die*
nascere *to be born*
parere *to seem*
partire *to leave, depart*
passare[†] *to stop by*
piacere *to like, be pleasing*
restare *to stay*
rimanere *to remain*
ritornare *to return*
riuscire *to succeed*
salire[‡] *to go up; to get in*
scappare *to run away*
scendere* *to get off*
sembrare *to seem*
stare *to stay*
succedere *to happen*
tornare *to return*
uscire *to leave, go out*
venire *to come*
vivere *to live*
volerci *to take (time)*

In addition to these verbs, all reflexive verbs are conjugated with **essere.**

---

*Conjugated with **avere** when used with a direct object.
[†]Conjugated with **avere** when the meaning is *to pass* (by), *to spend* (time).
[‡]Conjugated with **avere** when the meaning is *to climb*.

Vocabulary

This vocabulary contains contextual meanings of most words used in this book. Active vocabulary is indicated by the number of the chapter in which the word first appears (the designation P refers to the **Capitolo preliminare**). Proper and geographical names are not included in this list. Exact cognates do not appear unless they have an irregular plural or irregular stress.

The gender of nouns is indicated by the form of the definite article, or by the abbreviation *m.* or *f.* if neither the article nor the final vowel reveals gender. Adjectives are listed by their masculine form. Irregular stress is indicated by a dot under the stressed vowel. Idiomatic expressions are listed under the major word(s) in the phrase, usually a noun or a verb. An asterisk (*) before a verb indicates that the verb requires **essere** in compound tenses. Verbs ending in **-si** always require **essere** in compound tenses and therefore are not marked. Verbs preceded by a dagger (†) take **essere** in compound tenses unless followed by a direct object, in which case they require **avere.** Verbs followed by **(isc)** are third-conjugation verbs that insert **-isc-** in the present indicative and subjunctive and in the imperative. The following abbreviations have been used:

abbr.	abbreviation	*f.*	feminine	*m.*	masculine
adj.	adjective	*fig.*	figurative	*n.*	noun
adv.	adverb	*form.*	formal	*p.p.*	past participle
arch.	archaic	*gram.*	grammar	*pl.*	plural
art.	article	*inf.*	infinitive	*prep.*	preposition
conj.	conjunction	*inform.*	informal	*pron.*	pronoun
coll.	colloquial	*inv.*	invariable	*s.*	singular
def.	definite article	*lit.*	literally	*subj.*	subjunctive

Italian–English Vocabulary

A

a, ad (*before vowels*) at, to, in (*a city*) (1); **a destra** to/on the right (1); **a sinistra** to/on the left (1)

abbastanza enough (2); **abbastanza bene** pretty good (P)

abbattere to chop down, destroy

l'abbigliamento clothing (7); **il negozio di abbigliamento** clothing store (11)

abbinare to match, pair

abbondante abundant

l'abbondanza abundance

abbottonarsi to button up (*clothes*)

abbracciare to embrace; **abbracciarsi** to embrace (*each other*) (7)

abbronzarsi to get tan

l'abete *m.* fir tree, spruce tree

l'abitante *m./f.* inhabitant

abitare to live (*in a place*) (3)

l'abitazione *f.* residence (12)

l'abito dress; suit (7)

abituale habitual

abitualmente usually

abituarsi (**a** + *inf.*) to get used to (*doing something*)

l'abitudine *f.* habit

l'abolizione *f.* abolition

abusivo illegal

accademico (*m. pl.* **accademici**) academic; **l'anno accademico** academic year

accanto (a) next to (12)

l'accattonaggio begging

accendere (*p.p.* **acceso**) to turn on

acceso ardent

l'accesso access

accettare (**di** + *inf.*) to accept

l'acciaio steel

accidenti! darn!

l'accoglienza reception, welcome

accogliere (*p.p.* **accolto**) to receive; to welcome

accomodarsi to make oneself at home

accompagnare to accompany

l'accordo agreement; **d'accordo** agreed; *andare d'accordo to get along (3); *essere d'accordo to agree (3)

accusare to accuse

l'acero maple tree

l'acqua (minerale / gassata / naturale) (mineral / carbonated / noncarbonated) water (5); **controllare l'acqua** to check the water (13)

acquatico (*m. pl.* **acquatici**) *adj.* acquatic, water; **lo sci acquatico** water skiing

acquistare to acquire

adagio slowly

adattarsi to adapt

adatto suitable, appropriate

addormentarsi to fall asleep (7)

adeguato adequate

adesso now, right now

l'adolescente *m./f.* adolescent

adorare to adore

adriatico (*m. pl.* **adriatici**) *adj.* Adriatic

l'adulto adult

l'aeroplano, l'aereo (*pl.* **gli aerei**) airplane (1); *andare in aereo to fly, go by plane

l'aerobica aerobics; **fare aerobica** to do aerobics (4)

l'aeroporto airport (1)

l'affare *m.* bargain; **gli affari** business, affairs (17); **un brutto affare** an unpleasant matter; **fare un affare** to make a deal

affascinante charming

affascinare to fascinate, enchant

affermare to affirm, assert

affermarsi to establish oneself (15)

affermativo affirmative

l'affermazione *f.* statement, assertion

gli affettati cold cuts

affinché so that (17)

affittare to rent (12); **affittare (una casa)** to rent (a house) (10); **affittasi** for rent (12)

l'affitto rent (12); **in affitto** for rent (12); **prendere in affitto (una casa)** to rent (a house) (10)

affollato crowded

affrescare to fresco

l'affresco (*pl.* **gli affreschi**) fresco (15)

l'agente *m./f.* agent

l'agenzia agency; **agenzia di viaggi** travel agency; **agenzia immobiliare** real estate agency

l'aggettivo adjective

aggiornato up-to-date

aggiungere (*p.p.* **aggiunto**) to add

aggressivo aggressive

agitato restless, agitated

l'agnello lamb (11)

agosto August (P)

l'agricoltura agriculture

aiutare (**a** + *inf.*) to help (*do something*); **aiutarsi** to help (*each other*) (7)

l'aiuto help; aid; assistance

l'alba dawn

l'albergo (*pl.* **gli alberghi**) hotel (1); **albergo di lusso / di costo medio / economico** deluxe/moderately priced/inexpensive hotel (10)

l'albero tree

l'alcoolico (*pl.* **gli alcoolici**) alcoholic drink

alcoolico (*m. pl.* **alcoolici**) *adj.* alcoholic

l'alcoolismo alcoholism

alcuni/alcune some, a few

l'aldilà *m.* afterlife

l'alfabeto alphabet

l'alga (*pl.* **le alghe**) seaweed

alimentare *adj.* food

gli alimentari *m. pl.* food; **il negozio di alimentari** grocery store (11)

l'alimentazione *f.* nutrition

allacciare to buckle (13)

allegare to attach (17)

l'allegria happiness

allegro cheerful (2)

allenarsi to train (*in a sport*)

l'allenatore/l'allenatrice coach

allergico (*m. pl.* **allergici**) allergic

allestire (isc) to produce; **allestire (uno spettacolo)** to stage (a production)

alloggiare to lodge, be accommodated

allora at that time (8); so (8); in that case (8); then (8)

l'alluminio aluminum

almeno at least (8)

le Alpi the Alps

alternativo *adj.* alternative

alto tall (2); high; **ad alta voce** out loud; **alta borghesia** upper middle class; **alta moda** high fashion

altrettanto likewise; the same to you

altro other, another (2); anything else (11); **d'altra parte** on the other hand; **senz'altro** definitely; **un altro / un'altra** another

altrove *adv.* elsewhere

l'alunno pupil

alzare to raise, lift; **alzarsi** to stand up, get up (7)

amare to love (2)

amaro bitter

ambientale environmental

l'ambientalista *m./f.* environmentalist

ambientare to set

l'ambientazione *f.* setting

l'ambiente *m.* environment (13); **l'ambiente di lavoro** work environment; **la protezione dell'ambiente** environmentalism (13)

ambizioso ambitious

americano American (2); **il football americano** football

l'amicizia friendship; **fare amicizia** to make friends

l'amico/l'amica (*pl.* **gli amici / le amiche**) friend (1)

ammalarsi to get sick (9)

ammalato sick (5)

ammettere (*p.p.* **ammesso**) to admit

amministrare to administer

l'amministratore *m.* administrator

l'amministrazione *f.* administration, management

ammirare to admire

ammobiliare to furnish (12)

ammobiliato furnished (12)

l'amore *m.* love

l'anatra duck

anche also, too (2); even; **anche se** even though (7); **anch'io** I also; me too

ancora still; **ancora una volta** once more; **non... ancora** not yet (12)

*andare to go (3); *andare (**a** + *inf.*) to go (*to do something*) (3); *andare da +

art. to go to (*a person's place*); **andare d'accordo* to get along; **andare in aereo* to fly, go by plane; **andare in autobus* to go by bus; **andare in banca (centro/chiesa)* to go to the bank (downtown/church); **andare in barca a vela* to go sailing; **andare in bicicletta* to ride a bicycle; **andare in campagna* to go to the country (10); **andare in campeggio* to go camping (10); **andare a casa* to go home; **andare a cavallo* to go horseback riding; **andare al cinema* to go to a movie (4); **andare a un concerto* to go to a concert (4); **andare a dormire* to go to bed, retire; **andare all'estero* to go abroad (10); **andare in ferie* to go on vacation (10); **andare in macchina* to drive, go by car; **andare male* to go badly; **andare al mare* to go to the seashore (10); **andare in montagna* to go to the mountains (10); **andare all'ospedale* to go to the hospital, be hospitalized (9); **andare in palestra* to go to the gym (4); **andare in pensione* to retire (16); **andare a piedi* to walk, go on foot (3); **andare in piscina* to go swimming; **andare a prendere* to go pick up (13); **andare al ristorante* to go to a restaurant (4); **andare in spiaggia* to go to the beach (10); **andare a teatro* to go to the theater (4); **andare in treno* to go by train; **andare a trovare (una persona)* to go to visit (*a person*); **andare in vacanza* to go on vacation; **andare via* to get going, get out, go away; **andarsene* to go away, **va bene?** is that OK? (1); **va bene** OK (2)

l'angelo angel

l'animale *m.* animal

animatamente animatedly

l'anniversario anniversary

l'anno year (P); **(l'anno) duemila** the year 2000; **avere... anni** to be . . . years old (1); **anno accademico** academic year; **nel corso degli anni** over the years; **Quanti anni ha?** How old are you? (*form.*); **Quanti anni hai?** How old are you? (*inform.*)

annoiarsi to get bored (7)

annuale yearly

annullare to delete (17)

l'annunciatore/l'annunciatrice announcer

l'annuncio (*pl.* **gli annunci**) ad, notice (17); **rispondere a un annuncio** to answer an ad (17)

l'antibiotico (*pl.* **gli antibiotici**) antibiotics

l'antichità ancient times

antico (*m. pl.* **antichi**) very old, ancient (2)

l'antipasto appetizer (6)

antipatico (*m. pl.* **antipatici**) unlikeable, unfriendly (2)

l'antiquariato antiques, antique dealing

l'antiquario (*pl.* **gli antiquari**) antique dealer

anzi and even; but rather, on the contrary

anziano old, elderly (*people*)

apatico apathetic

aperto open; **all'aperto** outdoor; **all'aria aperta** outside

apparecchiare la tavola to set the table (6)

l'apparenza appearance

l'appartamento apartment (12)

appartenere to belong

appassionato (di) crazy (about)

appena just; as soon as

gli Appennini Appennines (mountains)

applaudire to applaud (14)

applicare to apply; to enforce

apprezzare to appreciate

appropriato appropriate

approvare to approve

l'appuntamento appointment (4); date (4); **fissare un appuntamento** to make an appointment

gli appunti notes (7); **prendere appunti** to take notes

appunto exactly

aprile *m.* April (P)

aprire (*p.p.* **aperto**) to open (4); **aprite il libro!** open your books!

l'aquila eagle

l'arabo Arab

l'aragosta lobster

l'arancia orange (*fruit*) (11); **il succo d'arancia** orange juice (5)

l'aranciata orange soda (1)

l'archeologia archeology (15)

archeologico (*m. pl.* **archeologici**) archeological; **lo scavo archeologico** archeological dig (15)

l'archeologo/l'archeologa (*m. pl.* **gli archeologi**) archeologist (15)

l'architetto *m./f.* architect (15)

l'architettura architecture (3)

l'arcipelago archipelago

l'area area, zone; field

l'argento silver

l'argomento subject, topic (15)

l'aria air; aria (*opera*) (14); appearance; **all'aria aperta** outside; **con aria condizionata** with air conditioning (10)

l'arma *f.* (*pl.* **le armi**) weapon; **armi da fuoco** firearms

l'armadio (*pl.* **gli armadi**) wardrobe, closet

l'armonia harmony

l'aroma *m.* (*pl.* **gli aromi**) aroma

arrabbiarsi to get angry (7)

arrabbiato angry

arrangiarsi to make do

l'arredamento home furnishings

arredare to furnish

arredato furnished

arrestare to arrest

*arrivare to arrive (3)

arrivederci good-bye (P)

arrivederLa good-bye (*form.*)

l'arrivo arrival (10)

l'arrosto roast (6)

l'arte *f.* art; **l'opera d'arte** artwork, work of art (15); **la storia dell'arte** art history (3); **le arti marziali** martial arts; **le belle arti** fine arts (15)

l'articolo article (8); item

artificiale artificial

l'artista *m./f.* (*m. pl.* **gli artisti**) artist (15)

artisticamente artistically

artistico (*m. pl.* **artistici**) artistic

l'ascensore *m.* elevator (12)

asciugarsi to dry (oneself)

ascoltare to listen, listen to (3); **ascoltare la musica** to listen to music (4)

l'ascolto listening

aspettare to wait, wait for (3)

aspettarsi to expect (18)

l'aspettativa maternity/paternity leave

l'aspetto waiting; **la sala d'aspetto** waiting room

l'aspirapolvere *m.* vacuum cleaner; **passare l'aspirapolvere** to vacuum

assaggiare to taste, take a taste of

assai fairly, rather

l'assegno check; **pagare con l'assegno** to pay by check (5)

assente absent

assicurare to ensure

assicurato guaranteed

l'assistente *m./f.* assistant

l'assistenza assistance; **assistenza medica** health insurance (17); **assistenza sanitaria nazionale** national health care

associare to associate

l'associazione *f.* association

assolutamente absolutely

assoluto *adj.* absolute

l'assortimento assortment

assortito assorted

assumere (*p.p.* **assunto**) to hire (17)

assurdo absurd

l'astrologia astrology

l'astronomia astronomy

l'atleta *m./f.* (*m. pl.* **gli atleti**) athlete

l'atletica leggera track and field

l'atmosfera atmosphere

attaccare to attack

attento careful; attentive; ***stare attento** to pay attention (3); to be careful (3)

l'attenzione *f.* attention; **attenzione!** pay attention!; **fare attenzione** to pay attention; **prestare attenzione** to pay attention

attirare to attract

l'attività *f.* activity

attivo active

l'atto act; record, document

l'attore/l'attrice actor (8)

attorno around

attraversare to cross

attraverso across, through

attrezzato equipped

le attrezzature facilities

attuale current, present (16)

l'attualità current events

attuare to implement
augurare to wish
l'augurio (*pl.* **gli auguri**) wish; **auguri!** best wishes!
l'aula classroom (3)
†**aumentare** to raise, increase (16)
l'aumento raise, increase (16)
austriaco Austrian
l'autista *m./f.* (*m. pl.* **gli autisti**) driver
l'autobus *m.* (*pl.* **gli autobus**) bus (1); *andare in autobus to go by bus; **prendere l'autobus** to take the bus
l'autodidatta *m./f.* (*m. pl.* **gli autodidatti**) self-taught person
l'automobile, l'auto *f.* (*pl.* **le auto**) car (1)
l'automobilista *m./f.* (*m. pl.* **gli automobilisti**) motorist, driver (13)
automobilistico *adj.* car, motor
l'autore/l'autrice author (14)
l'autorità authority
l'autoritratto self-portrait
l'autostop *m.* hitchhiking; **fare l'autostop** to hitchhike
l'autostrada highway (13)
l'autunno autumn (4)
avanti forward; before; **Avanti! Come on!** (11)
avanzato advanced
avere to have (1); **avere... anni** to be . . . years old (1); **avere bisogno (di)** to need (1); **avere caldo** to feel hot, warm (1); **avere un colloquio** to have an interview (17); **avere fame** to be hungry (1); **avere fortuna** to be lucky; **avere freddo** to be cold (1); **avere fretta** to be in a hurry; **avere l'impressione** to have the impression; **avere intenzione (di)** to intend (to) (10); **avere luogo** to take place (14); **avere mal di...** (**testa / denti / stomaco**) to have a . . . (headache / toothache / stomachache) (9); **avere paura (di)** to be afraid (of); **avere pazienza** to be patient; **avere programmi** to have plans; **avere ragione** to be right (1); **avere sete** to be thirsty (1); **avere sonno** to be sleepy (1); **avere successo** to be successful; **avere voglia (di)** to want (1); to feel like (1); **Quanti ne abbiamo oggi?** What's today's date? (11)
avido greedy
l'avvenimento event
l'avventura adventure
avventuroso adventurous
l'avverbio (*pl.* **gli avverbi**) adverb
l'avversità (*pl.* **le avversità**) adversity
l'avvertimento warning
l'avvocato/l'avvocatessa lawyer
l'azienda firm, business (17)
aziendale *adj.* business
l'azione *f.* action
azzurro (sky) blue (2)

B
il babbo dad, daddy
il/la baby-sitter baby-sitter

il baccano ruckus; **fare baccano** to carry on loudly
baciare to kiss; **baciarsi** to kiss (*each other*) (7)
il bacio (*pl.* **i baci**) kiss; **il bacione** big kiss
i baffi moustache
i bagagli baggage
bagnarsi to get (oneself) wet
bagnato wet
il bagno bathroom (12); bath; bathtub; **con bagno** with bath (10) **fare il bagno** to take a bath (7)
il balcone balcony (12)
ballare to dance (3)
il ballerino / la ballerina ballet dancer; **il primo ballerino / la prima ballerina** principal dancer
il balletto ballet (14)
il ballo dancing (4); **il ballo liscio** ballroom dancing **la lezione di ballo** dancing lesson
il bambino / la bambina child (2); little boy/girl (2)
la banana banana
la banca bank (1)
la bancarella stand, stall (11)
il banco counter (5); student desk; **al banco** at the counter
il bancomat ATM
la banconota banknote, bill
il bar (*pl.* **i bar**) bar (1); café (1)
la barba beard; **farsi la barba** to shave (*men*) (7)
la barca boat (10); **barca a vela** sailboat; *andare in barca a vela to go sailing; **noleggiare una barca** to rent a boat (10); **prendere a nolo una barca** to rent a boat (10)
il/la barista (*m. pl.* **i baristi**) bar attendant, bartender
il baritono baritone (14)
il Barocco Baroque period
barocco *adj.* Baroque
la barzelletta joke
la base base
il basket basketball (*sport*) (4)
il basso bass (*singer*)
basso short (*in height*) (2)
*bastare** to suffice, be enough; **basta** it is enough (14); **basta!** enough!; stop!
la battaglia battle
battere to beat; to type (17)
la batteria drums, percussion section
be', beh well, um
beato lucky, fortunate; **Beato/Beata te!** Lucky you!
la bellezza beauty
bello beautiful, handsome (*person*) (2); nice (*thing*) (2); **ciao, bella!** bye, dear!; **fare bello** to be nice weather; **le belle arti** fine arts (15)
benché although (17)
bene well (P); **abbastanza bene** pretty good (P); **benissimo** very well!; very good!; *stare bene to be well (3); **è bene** it is good (14); **va bene?** is that OK? (1); **va bene** OK (2)

i benefici benefits (17)
il benessere well-being
benvenuto (a) welcome (to)
la benzina gasoline; **benzina (verde / senza piombo)** (unleaded) gasoline; **il distributore di benzina** gas pump (13); **fare benzina** to get gas (13); **rimanere senza benzina** to run out of gas (13)
il benzinaio gas-station attendant
bere (*p.p.* **bevuto**) to drink (4); **qualcosa da bere** something to drink
il berretto baseball cap (7)
la bevanda beverage (5)
la biancheria linens
bianco (*m. pl.* **bianchi**) white (2); **la settimana bianca** a week-long skiing vacation
la bibita soda, soft-drink (5)
la biblioteca library (2); **in biblioteca** at/to/in the library
il bicchiere drinking glass (1)
la bicicletta, la bici (*pl.* **le bici**) bicycle, bike (1); *andare in bicicletta to ride a bicycle, go by bicycle; **fare un giro in bici** to go for a bike ride
la biglietteria ticket office
il biglietto ticket (1); **biglietto di andata e ritorno** round-trip ticket; **biglietto da visita** business card; **biglietto omaggio** complimentary ticket
il bigotto / la bigotta bigot
la biologia biology
biondo blond (2)
la birra beer
il biscotto cookie (5)
*bisognare** to be necessary (16); **bisogna** it is necessary (14)
il bisogno need; **avere bisogno (di)** to need (1)
la bistecca steak (6)
bloccare to block
blu *inv.* blue (7)
il blues blues (*music*)
bo' well; I don't know
la bocca mouth (9)
bollire to boil
bolognese meat sauce; **alla bolognese** with meat sauce (6)
la borsa bag; **borsa di studio** scholarship
il bosco (*pl.* **i boschi**) woods
la bottega shop, store
la bottiglia bottle
il bottone button (7)
la boutique (*pl.* **le boutique**) boutique, shop
il braccio (*pl.* **le braccia**) arm (9)
il brano extract, selection, excerpt (15)
bravo good (2); able, capable (2); **bravo in** good at (*a subject of study*) (3)
breve short (*in duration*), brief
la brioche (*pl.* **le brioche**) sweet roll (5); croissant (5)
i broccoli broccoli
il brodo broth; **in brodo** in broth (6)
il bronzo bronze (*statue*)
bruno dark (*hair*) (2)

brutto ugly (2); **un brutto affare** an unpleasant matter; **fare brutto** to be bad weather
il bucato laundry (7)
il bue (*pl.* **i buoi**) ox
buffo funny, comical
la bugia lie
bugiardo *adj.* lying, untruthful
il bugiardo liar
il buio darkness
buono good (1); **buon compleanno!** happy birthday!; **buona giornata!** have a nice day!; **buon giorno** good morning, good afternoon (P); **buon lavoro!** enjoy your work!; **buona notte** good night (P); **buona sera** good afternoon, good evening (P); **buon viaggio!** bon voyage!; **buonissimo** very good
burocratico bureaucratic
il burro butter (5)
il bus bus (1)
bussare to knock
la bussola compass
la busta envelope (15)
buttare to throw; to toss away; **buttare via** to throw away

C

la cabina cabin; compartment
la caccia hunt; **a caccia di (lavoro)** in search of (work)
cadente dilapidated, crumbling
il caffè coffee (strong Italian coffee) (1); café (1); espresso (5); **caffè macchiato** espresso with a few drops of milk
il caffellatte espresso coffee and steamed milk
il calamaro squid
calcareo calcareous (containing calcium)
calcolare to calculate
il calcio soccer (4)
il caldo heat; **avere caldo** to be warm, hot (1); **fare caldo** to be hot (*weather*) out (3)
caldo hot, warm
il calendario calendar
calmo calm
il calore enthusiasm
il calzino sock; **i calzini** socks (7)
il cambiamento change
†**cambiare** to change **cambiare casa** to move (12)
il cambio: l'ufficio cambio currency exchange
la camera room (4); **Camera dei Deputati** Chamber of Deputies (*lower house of Parliament*); **camera da letto** bedroom; **camera per gli ospiti** guestroom; **camera doppia/matrimoniale** double room (10); **camera singola** single room (10); **camera con bagno / con doccia / con aria condizionata** room with bath / with shower / with air conditioning (10)

il cameriere / la cameriera server (1); waiter/waitress (5)
la camicetta blouse (11)
la camicia shirt (7); **camicia da notte** nightgown (7)
il camino chimney; fireplace
il camion truck
camminare to walk
il camoscio chamois (*type of antelope*)
la campagna country, countryside; campaign; *andare in campagna** to go to the country (10); **campagna elettorale** election campaign (16)
il campeggio camping; campsite; *andare in campeggio** to go camping (10)
il/la campione champion
il campo field
canadese Canadian (2)
il canale (televisivo) TV channel (8)
il cancro cancer
il candidato / la candidata candidate (16)
il cane dog (1)
il canottaggio canoeing, rowing
il/la cantante singer (14)
cantare to sing (3)
il cantautore / la cantautrice singer-songwriter (14)
la cantina cellar (12)
la canzone song (14)
la canzonetta popular song
il canzoniere collection of songs or lyric poetry
capace capable
i capelli hair (2)
capire (isc) to understand (4)
la capitale capital
il capitalismo capitalism
*capitare** to happen, happen to, happen to be
il capitolo chapter
il capo head; boss; article (*of clothing*)
il Capodanno New Year's Day
il capolavoro masterpiece (15)
il capoluogo capital of a region
la cappella chapel
il cappello hat
il cappotto coat (7)
Cappuccetto Rosso Little Red Riding Hood
il cappuccino cappuccino (*espresso infused with steamed milk*)
il cappuccio hood
il capriccio (*pl.* **i capricci**) prank (7)
il carabiniere traffic cop; police officer
la caramella candy
il carattere character
la caratteristica characteristic; quality
carbonara: alla carbonara with a sauce of eggs, bacon and grated cheese (6)
il carbone coal
il carcere (*pl.* **le carceri**) prison, jail
il carciofo artichoke
cardinale cardinal; **i numeri cardinali** cardinal numbers
la carica charge (duty); **carica pubblica** public office

carino pretty, cute (2)
la carità charity; **per carità!** no way! God forbid!
la carne meat (6)
il carnevale carnival
caro expensive (2); dear (2)
la carota carrot (11)
il carrello serving cart
la carriera career
il carro cart
la carrozza carriage; rail coach; car
la carta paper; playing card; map; **carta di credito** credit card; **il foglio di carta** sheet of paper; **giocare a carte** to play cards; **pagare con la carta di credito** to pay with a credit card (5)
la cartolina postcard (10); greeting card
il cartone cardboard
la casa house, home (3); **a casa** at home; **a casa (di)** at the home (of); **affittare una casa** to rent a house (10); *andare a casa** to go home; **cambiare casa** to move (12); **casa dello studente** dormitory; **in casa** at home; **il compagno / la compagna di casa** housemate; **il padrone / la padrona di casa** landlord/landlady (12); **prendere in affitto una casa** to rent a house (10); *stare a casa / in casa** to be home; *uscire di casa** to leave the house
casalingo (*m. pl.* **casalinghi**) domestic, related to the home (12)
la casetta single-family house
il caso chance; **per caso** by chance
la cassa cashier's desk
la cassetta tape, cassette
la cassettiera chest of drawers
il cassiere / la cassiera cashier
castano brown (*hair, eyes*) (2)
il castello castle
il catalogo (*pl.* **i cataloghi**) catalogue
la categoria category
la catena chain (17)
la cattedrale cathedral
cattivo bad (2); naughty (2); mean (2); **di cattivo umore** in a bad mood
la causa cause; **a causa di** because of
il cavallo horse; **a cavallo** on horseback; *andare a cavallo** to go horseback riding
il Cd (*pl.* **i Cd**) compact disc, CD (4); **il lettore Cd** CD player
c'è... , c'è... ? there is . . . , is there . . . ? (1)
celebrare to celebrate
cellulare cellular
cemento cement
la cena dinner (6); **la cenetta** light supper
il Cenacolo depiction of The Last Supper
cenare to eat dinner (4)
Cenerentola Cinderella
il centesimo cent
il centinaio (*pl.* **le centinaia**) about a hundred
cento one hundred; **per cento** percent
centrale central

il centro center (5); **il centro commerciale** mall, shopping center (11); **al centro** in the center; **di centro** centrist (*politics*) (16); **in centro** downtown

la ceramica ceramics

c'era una volta once upon a time there was

cercare to look for (3); **cercare (di)** to try (to); **cercare di** (+ *inf.*) to try to (*do something*); **cercare lavoro** to look for a job (17); **in cerca di** searching for; **cercasi** wanted (12)

il cereale grain; cereal

la ceremonia ceremony

certamente certainly

certo sure, certain; **certo!** certainly! **certo che** of course

il cervello brain

il cestino wastepaper basket

chattare to chat (online) (17)

che who, whom (14); that, which (14); **che...** what / what a . . . (1); **che... ?** what . . . ?, what kind of . . . ? (6); **a che ora?** at what time? (4); **che cosa?** what? (3); **che ora è? che ore sono?** what time is it? (4); **Che tempo fa?** How's the weather?, What's the weather like?; **ciò che** that which (14); what (14); **quello che** that which (14); what (14)

chi who (2); he who, she who, the one who (6); **chi?** who?, whom? (6); **di chi è... ?** whose is . . . ? (2); **di chi sono... ?** whose are . . . ? (2)

la chiacchiera chat; **fare due chiacchiere** to have a chat

chiacchierare to chat

chiamare to call (*someone*) (7); **chiamarsi** to call oneself, be named (7); **mi chiamo...** my name is . . .; **Come si chiama?** What's your name? (*form.*); **Come ti chiami?** What's your name? (*inform.*)

chiaro clear

la chiave key; **chiavi della macchina** car keys

chiedere (*p.p.* **chiesto**) to ask for (5); **chiedere un passaggio** to ask for a ride (13)

la chiesa church (1)

il chilo kilogram

il chilometro kilometer

la chimica chemistry

Chissà! Who knows!

la chitarra guitar (4)

chiudere (*p.p.* **chiuso**) to close (4)

chiunque whoever, whomever (17)

la chiusura closing

ci *pron.* us (4); to/for us (6); ourselves (7); **ci sono... , ci sono... ?** there are . . . , are there . . . ? (1)

ciao hi, hello (P); bye (*inform.*) (P); **ciao, bella!** hi/bye, dear!

ciascuno each, each one

il cibo food (6)

cicciotto chubby

il ciclismo cycling

il/la ciclista (*m. pl.* **i ciclisti**) bicyclist

il cielo sky; heaven; **santo cielo!** good heavens!

il ciglio (*pl.* **le ciglia**) eyelash

in cima at the top

il cinema (*pl.* **i cinema**) movie theater (1); films; ***andare al cinema** to go to the movies (4)

cinematografico *adj.* film, screen

il/la cinese Chinese person; **il cinese** Chinese language

cinese *adj.* Chinese (2)

la cintura belt (7); **cintura di sicurezza** seatbelt (13)

ciò this, that; **ciò che** that which (14); what (14)

la cioccolata (hot) chocolate (5)

il cioccolato chocolate (*flavor*); **al cioccolato** chocolate flavored

cioè that is

circa approximately, about, around

circolare circular

la circolazione circulation

la circoscrizione district

citare to quote (15)

la citazione quotation, excerpt

la città (*pl.* **le città**) city (1); **la cittadina** small city (10)

il cittadino / la cittadina citizen (16)

cittadino (*adj.*) city

civile civil

la civiltà (*pl.* **le civiltà**) civilization

clandestino clandestine; **gli immigrati clandestini** illegal immigrants

il clarinetto clarinet

la classe class (*group of students*) (3); classroom

classico (*pl.* **classici**) classic, classical

cliccare to click (17)

il/la cliente customer (5)

il clima (*pl.* **i climi**) climate

la clinica (*pl.* **le cliniche**) clinic

la coalizione coalition (16)

il cocchiere coachman

il codice pin number, code; **codice postale** zip code

il cognato / la cognata brother-/sister-in-law

il cognome last name

la coincidenza connecting flight

coincidere (*p.p.* **coinciso**) to coincide

la colazione breakfast (5); **la prima colazione** breakfast; **fare colazione** to have breakfast (3)

il colesterolo cholesterol

la colite colitis

collaborare to collaborate

il colle hill

il/la collega (*pl.* **i colleghi / le colleghe**) colleague (17)

collegare to link

la collezione collection

la collina hill

collinare hilly

il collo neck

la collocazione placement

il colloquio (*pl.* **i colloqui**) interview (17); **avere un colloquio** to have an interview (17); **fissare un colloquio** to set up an interview (17)

la colonna column; **la colonna sonora** soundtrack (8)

colorato colorful

il colore color

la colpa fault, crime

colpire (isc) to strike; to hit

colpo: il colpo di fulmine bolt of lightning (love at first sight)

il coltello knife (6)

coltivare to cultivate, farm

la coltivazione cultivation

il combattente *m./f.* fighter; serviceman/servicewoman

combattere to fight

la combinazione combination; coincidence

come how; like; as; **come?** how? (6); **Come?** I beg your pardon?, What? (P); **come mai?** how come?; **come se** as if (18); **Come si dice... ?** How do you say . . . ? (P); **come si pronuncia/scrive... ?** how do you pronounce/write . . . ?; **Come si chiama?** What's your name? (*form.*) (P); **Come ti chiami?** What's your name? (*inform.*) (P); **Come sta?** How are you? (*form.*) (P); **Come stai?** How are you? (*inform.*) (P); **come va?** how's it going? (P); **com'è... ?** what is he/she/it like? (2); **come sono?** what are they like? (2); **così come** just like **così... come** as . . . as (9)

comico (*m. pl.* **comici**) comic; comical

†cominciare to begin, start (3); **cominciare (a + *inf.*)** to start (*to do something*)

la commedia comedy (14)

il commediografo / la commediografa playwright

commentare to comment on

il commento comment

il/la commerciante businessperson; merchant; wholesaler

il commercio business, trade (17); **economia e commercio** business administration (3)

il commesso / la commessa salesperson (11)

commovente moving

la commozione emotion

il comodino nightstand

comodo comfortable; convenient

la compagnia company

il compagno / la compagna classmate; **compagno/compagna di stanza (di casa)** roommate (housemate)

compere: fare le compere to go shopping (11)

competente competent

la competenza ability, competency

il compito homework assignment (3)

compiuto reached

il compleanno birthday; **buon compleanno!** happy birthday!

il complesso band; group

completare to complete

completo complete; **al completo** full (*hotel, etc.*); **la pensione completa** full board (three meals a day) (10)

complicato complicated

il complimento compliment; **fare un complimento** to pay a compliment

comporre (*p.p.* **composto**) to compose (14)

il comportamento behavior

comportarsi (da) to behave (like a)

il compositore / la compositrice composer (14)

la composizione composition

composto (di) composed of

il computer computer (4); **giocare con il computer** to play on the computer (4)

comprare to buy (3)

compreso including; **tutto compreso** all costs included

comunale municipal

il comune city; city hall

comune common

la comunicazione communication

il/la comunista (*m. pl.* **i comunisti**) Communist

la comunità community; **Comunità Europea (CE)** European Community (EC)

comunque anyhow (14); no matter how (17)

con with (1)

concentrarsi to concentrate

il concerto concert (4); ***andare a un concerto** to go to a concert (4)

il concetto concept

la conchiglia shell

il concilio council

la conclusione conclusion

il concorso exam, contest; **partecipare a un concorso** to take a civil-service exam (17)

condividere (*p.p.* **condiviso**) to share (*a residence*)

il condizionale conditional (*verb mood*)

condizionato: l'aria condizionata air conditioning; **con aria condizionata** with air conditioning (10)

la condizione condition; **a condizione che** provided that (17)

il conduttore conductor

la conferenza lecture; conference

confermare to confirm

confinare to border

il confine border

confrontare to confront; to compare

il confronto comparison

la confusione confusion; **che confusione!** what a mess!; **fare confusione** to make noise, make a mess

confuso confused

il congiuntivo subjunctive (*verb mood*)

la congiunzione conjunction

il congresso congress; meeting, conference

coniugare to conjugate

la coniugazione conjugation

il cono cone

la conoscenza knowledge; acquaintance

conoscere (*p.p.* **conosciuto**) to know, be acquainted with (5); to meet (*in past tense*) (5); **conoscersi** to meet (each other) (7)

conosciuto known, well-known

conquistare to conquer

consecutivo consecutive

consegnare to award; to hand over

conseguenza: di conseguenza consequently, as a result

conservare to preserve

il conservatore / la conservatrice conservative

considerare to consider

consigliare (di) to recommend (6); to advise (*to do something*) (6)

il consigliere / la consigliera advisor

il consiglio (*pl.* **i consigli**) advice; (piece of) advice; board, council; **il Consiglio dei Ministri** Council of Ministers; **il Presidente del Consiglio** prime minister (16)

consistere (in) to consist (of)

la consonante consonant

consueto usual

consultare to consult

consumare to consume

il consumismo consumerism (18)

il contabile *m./f.* bookkeeper, accountant

il contadino / la contadina farmer

contadino *adj.* country, rural

contanti: pagare in contanti to pay in cash (5)

contare to count; **contare su (di)** to count on

il contatto contact; ***entrare in contatto** to come into contact; **le lenti a contatto** contact lenses (9)

contemporaneo (*adj.*) contemporary

contenere to contain

contento glad, happy, satisfied; **contento di** (+ *inf.*) happy to (*do something*)

il contesto context

il continente continent

continuare to continue; **continuare a** (+ *inf.*) to continue (*to do something*)

la continuazione continuation

continuo continuous

il conto bill, check (5); (bank) account; **pagare il conto** to pay the bill (6); **portare il conto** to bring the bill (6)

il contorno side dish (6)

il contrario (*pl.* **i contrari**) opposite

contrario (a) opposite (to); ***essere contrario (a)** to be against (18)

contrattare to negotiate

contribuire (isc) to contribute

il contributo contribution; tax

contro against; ***essere contro** to be against (18)

controllare to check, check up on (9); **controllare l'olio / l'acqua / le gomme** to check the oil / water / tires (13)

il controllo test, check, check-up (9); control; tune-up (13)

la conversazione conversation

convincere (**a** + *inf.*) (*p.p.* **convinto**) to convince

la convivenza living together, cohabitation; ***convivere** (*p.p.* **convissuto**) to live together (18)

il coperto cover charge (6)

coperto *adj.* covered

la coppa cup; **la Coppa del Mondo** World Cup

la coppia pair, couple; **in coppia** as a pair

coraggio courage

il cornetto sweet roll, croissant (5)

il coro choir, chorus

il corpo body (9)

correggere (*p.p.* **corretto**) to correct

†correre (*p.p.* **corso**) to run (4)

corretto correct

corrispondente corresponding

la corrispondenza correspondence

corrispondere to correspond

la corsa running; race

il corsivo italics

il corso class (3); course (*of study*) (3); **seguire un corso** to take a class (4)

corto short (*in length*) (2)

la cosa thing

(che) cosa? what? (3); **che cos'è?** what is (it)?; **Cosa vuol dire… ?** What does … mean? (P); **qualche cosa** something; **qualunque cosa** whatever

la coscia (*pl.* **le cosce**) thigh

così so (7); **così come** just like; **così… come** as … as (9); **così così** so-so (P); **così è** that's how it is; **così tanto** so much; **e così via** and so forth; **si dice così** that's what they say; **va bene così** that's enough, that's fine

la costa coast

*costare to cost (11)

la costituzione Constitution

il costo cost; **il costo della vita** cost of living (17); **l'albergo di costo medio** moderately priced hotel

costoso expensive, costly

costruire (isc) to build (15)

la costruzione construction

il costume costume; custom

cotto cooked (6)

la cozza mussel

la cravatta tie (7)

creare to create

il creatore creator

la creazione creation

credere (**a** + *n.*) to believe (*in something*) (11); **credere** (**di** + *inf.*) to believe (14)

il credito credit; **la carta di credito** credit card; **pagare con la carta di credito** to pay with a credit card (5)

*crescere (*p.p.* **cresciuto**) to grow (up); to raise; to increase

la crescita growth

criminale criminal

la criminalità crime (*general*)

il crimine crime (*individual act*)

la crisi crisis

il cristallo crystal

il cristianesimo Christianity

cristiano Christian; **la Democrazia Cristiana** Christian Democratic Party

la croce cross; **Croce Rossa** Red Cross

la crocetta check-mark

la crociera cruise; **fare una crociera** to take a cruise (10)

la cronaca local news; **cronaca nera** crime news

il/la cronista (*m. pl.* **i cronisti**) reporter

la crostata pie (6)

il crostino canapé

il cucchiaio spoon (6)

la cucina cuisine (5); kitchen (5); cooking (6); **in cucina** in the kitchen; **il libro di cucina** cookbook (6)

cucinare to cook (4)

il cugino / la cugina cousin

cui whom (14); which (14); *art.* + **cui** whose

culminare to culminate

culturale cultural

cuocere (*p.p.* **cotto**) to cook

il cuoco / la cuoca cook, chef

il cuore heart (9)

la cura treatment (9); cure; care

curare to care for, treat (9); **curarsi** to take care of oneself

curativo curative

curioso curious

il curriculum curriculum, CV, resumé (17)

D

da from (1); at; by; **da molto tempo** for a long time; **da parte** aside (11); **da quando** since; **da quanto tempo** (for) how long; **da quelle parti** around there (12); **da solo/sola** alone

Dai! Come on! (11)

la danza dance (14)

dappertutto everywhere (12)

dare to give (3); **dare le dimissioni** to give one's resignation; **dare un esame** to take a test (3); **dare fastidio (a)** to annoy; **dare (in televisione)** to show (on television); **dare una mano** to lend a hand; **dare un'occhiata a** to glance at; **dare un passaggio** to give a ride (13); **può darsi** it could be (16)

la data date (*calendar*)

dato che since

il datore / la datrice di lavoro employer (17)

davanti a in front of

davvero really, truly

decente decent

decidere (*p.p.* **deciso**) (**di** + *inf.*) to decide (*to do something*)

decimo tenth

decisamente decidedly; definitely

la decisione decision **prendere una decisione** to make a decision

decorare to decorate

dedicare to dedicate

dedicato devoted

definire (isc) to define; to determine

definitivamente definitely

la definizione definition

delicato tender

il delitto crime (*individual act*)

la delinquenza crime (*in general*) (18)

deludere (*p.p.* **deluso**) to disappoint

deluso disappointed

la demagogia demagogy

la democrazia democracy

la densità density

il dente tooth (9); **lavarsi i denti** to brush one's teeth; **avere mal di denti** to have a toothache (9)

il/la dentista (*m. pl.* **i dentisti**) dentist

dentro inside

il deposito deposit; **lasciare un deposito** to leave a deposit; **pagare un deposito** to pay a deposit

la depressione depression

depresso depressed

depurare to purify

il deputato / la deputata representative (*in the Chamber of Deputies*) (16); **la Camera dei Deputati** Chamber of Deputies (*lower house of Parliament*)

descrivere (*p.p.* **descritto**) to describe

la descrizione description

desiderare to desire

il desiderio (*pl.* **i desideri**) desire, wish

desideroso desirous; eager

la destinazione destination

destra right (*direction*); **a destra** to/on the right (1); **di destra** right-wing (16)

destro *adj.* right

il deterioramento deterioration

determinativo: l'articolo determinativo definite article

deviante deviant

di of, by (1); about; from; than (*in comparison*); **di chi è… ?** whose is . . . ? (2); **di chi sono… ?** whose are . . . ? (2); **di dove sei?** where are you from? (2); **di dov'è?** where is he/she from? (2); **di lato (a)** beside, next to; **di lusso** (*adj.*) luxury; **di meno** less; **di moda** in fashion (11); **di nuovo** again; **di più** more; **di professione** professional; **di solito** usually; **di Susanna** Susanna's; **di tutti i giorni** everyday (7); **dopo di** (+ *pron.*) after; **un po' di** a little bit of

il dialetto dialect

il dialogo (*pl.* **i dialoghi**) dialogue

il diamante diamond

il dibattito debate

dicembre *m.* December (P)

dichiarare to declare

la dieta diet (5); **essere a dieta* to be on a diet (5)

dietro (a) behind (5); **dietro (a/di)** behind (12)

difendere (*p.p.* **difeso**) to defend

la differenza difference

differenziato: la raccolta differenziata dei rifiuti separated or sorted collection of trash and recycling

differita: in differita tape-delayed, pre-recorded broadcast

difficile difficult, hard (3)

la difficoltà difficulty

diffondere (*p.p.* **diffuso**) to diffuse

diffuso widespread (10)

digestivo digestive

digitale digital

la digressione digression

dilettante *adj.* amateur (14)

la dimensione size, dimension

dimenticare to forget (3); **dimenticare (di** + *inf.*) to forget (*to do something*)

dimettersi (*p.p.* **dimesso**) to resign (*an office*)

†diminuire (isc) to reduce (16)

la diminuzione reduction (16)

la dimissione resignation; **dare le dimissioni** to give one's resignation

dimostrare to demonstrate

dimostrativo demonstrative

la dimostrazione demonstration

la dinamica dynamics

il dipartimento department

il/la dipendente employee

dipendere (da) (*p.p.* **dipeso**) to depend (on); **dipende** it depends

dipingere (*p.p.* **dipinto**) to paint (4)

il dipinto painting (*individual work*) (15)

il diploma (*pl.* **i diploma**) high-school diploma; **diploma magistrale** teaching certificate; **diploma di maturità** high-school graduation certificate; **diploma universitario** junior college diploma

diplomarsi to graduate (*high school*) (7)

dire (*p.p.* **detto**) to say, tell (4); **Come si dice… ?** How do you say . . . ? (P); **Cosa vuol dire… ?** What does . . . mean? (P); **dire una bugia** to tell a lie; **a dire il vero** to tell the truth; **si dice così** that's what they say

la diretta live broadcast; **in diretta** live

diretto direct; directed

il direttore / la direttrice director; **direttore/direttrice d'orchestra** conductor

il/la dirigente executive, manager (17); **fare il/la dirigente** to be an executive

dirigere (*p.p.* **diretto**) to direct (8); to conduct (14)

il diritto (legal) right; **i diritti** rights

dirottare to detour; re-route

disabitato uninhabited

il disastro disaster

il disboscamento deforestation

la discesa libera downhill (skiing)

il dischetto diskette (17)

il disco (*pl.* **i dischi**) phonograph record; disc; **disco fisso** hard drive

il discorso speech; conversation; discourse

la discoteca discothèque

la discussione discussion

discutere (di) (*p.p.* **discusso**) to discuss

disegnare to draw (4)

il/la disegnatore designer

il disegno drawing

disfare le valige to unpack

disoccupato unemployed (16)

la **disoccupazione** unemployment (16)
disordinato messy (2); disorganized; untidy
*__dispiacere__ (_p.p._ **dispiaciuto**) to be sorry (6); **mi dispiace** I'm sorry (6)
disponibile available
la **disposizione** disposition; arrangement; **avere a disposizione** to have at one's disposal, for one's use
disposto (**a** + _inf._) willing (_to do something_)
distante distant
la **distanza** distance
distinto distinguished, refined; **distinti saluti** best regards
distratto distracted; absent-minded
la **distrazione** distraction
il **distributore di benzina** gas pump (13)
distruggere (_p.p._ **distrutto**) to destroy
la **distruzione** destruction
disturbare to disturb, trouble, bother
il **disturbo** ailment
il **dito** (_pl._ **le dita**) finger (9); toe
la **ditta** firm, business (17)
la **dittatura** dictatorship
la **diva** star (_opera_)
il **divano** sofa, couch
*__diventare__ to become (5)
la **diversità** diversity (18)
diverso (**da**) different (from); **diversi/e** several, various
divertente entertaining
il **divertimento** fun, entertainment; **buon divertimento!** have fun!
divertirsi to enjoy oneself, have a good time; **divertirsi un mondo** to have a great time
dividere (_p.p._ **diviso**) to divide, share
il **divieto** prohibition; **divieto di sosta** no-parking zone (13)
divino divine
divorziare to divorce
il **dizionario** dictionary
la **doccia** shower; **con doccia** with shower (10); **fare la doccia** to take a shower (7)
il **documentario** (_pl._ **i documentari**) documentary
il **documento** document
il **dolce** dessert (6); **i dolci** sweets (5)
dolce (_adj._) sweet, gentle **la dolce vita** easy living, sweet life
la **dolcezza** sweetness, mildness
il **dollaro** dollar
il **dolore** pain (9)
doloroso painful
la **domanda** question (P); **fare domanda** to apply (17); **fare una domanda** to ask a question; **domanda di lavoro** job application
domandare to ask (6)
domani tomorrow (P); **a domani** see you tomorrow (P)
la **domenica** Sunday (P)
domestico (_m. pl._ **domestici**) domestic; **le faccende domestiche** household chores
il **dominio** (_pl._ **i domini**) domination; rule

donare to donate, give
il **dono** donation, gift
la **donna** woman (2); **donna d'affari** businesswoman
dopo _prep._ after (3); _adv._ afterwards; **dopo che** _conj._ after
il **dopoguerra** post-war period
il **doppiaggio** dubbing
doppiare to dub
doppio (_m. pl._ **i doppi**) double; **la camera doppia** double room (10)
dormire to sleep (4); *__andare a dormire__ to go to bed, retire; **chi dorme non piglia pesci** the early bird gets the worm; **dormire fino a tardi** to sleep late
dotarsi to equip oneself
dotato gifted
il **dottorato** doctorate
il **dottore** / la **dottoressa** doctor (P); university graduate
dove where (1); **dove?** where? (6); **dov'è** where is (1); **di dove sei?** where are you from? (2); **di dov'è?** where is he/she from? (2)
dovere (+ _inf._) to have to, must (_do something_) (4)
il **dovere** duty (7)
dovunque wherever (17)
dovuto (**a**) due (to)
downloadare to download (17)
il **drago** dragon
il **dramma** (_pl._ **i dramma**) drama
drammatico dramatic
dritto straight (1); **sempre dritto** straight ahead (1)
la **droga** drugs (18)
il **drogato** / la **drogata** drug addict (18)
il **dubbio** (_pl._ **i dubbi**) doubt
dubitare to doubt (16)
il **duca** / la **duchessa** (_m. pl._ **i duchi**) duke/duchess
dunque therefore
il **duomo** major church of a city
durante during
*__durare__ to last
il **DVD** (_pl._ **i DVD**) DVD (8); **il lettore DVD** DVD player (8)

E

è is (P); **è di...** it belongs to . . . ; **c'è** there is
e, ed (_before vowels_) and (P)
ebbene well then; so; **ebbene?** so? and?
eccellente excellent
eccetera (_abbr._ **ecc.**) et cetera (etc.)
eccezionale exceptional
ecco here (it) is, here (they) are (1); there (it) is, there (they) are (1); here you are; look
ecologico (_m. pl._ **ecologici**) ecological (13); environmentally safe
l'**economia** economics; economy; **economia e commercio** business administration (3)
economico (_m. pl._ **economici**)

inexpensive; l'**albergo economico** inexpensive hotel (10)
l'**edicola** newspaper stand
l'**edificio** (_pl._ **edifici**) building (13)
educare to educate; to bring up
educato polite
l'**educazione** _f._ education
l'**effetto** effect; **effetto serra** green-house effect; **in effetti** in fact
efficace effective
efficiente efficient
l'**egoista** (_m. pl._ **egoisti**) egotist
elegante elegant
elegantemente elegantly
l'**eleganza** elegance
eleggere (_p.p._ **eletto**) to elect (16)
elementare elementary; **le elementari** elementary school
l'**elemento** element
elencare to list
l'**elenco** (_pl._ **elenchi**) list
elettorale electoral; **la campagna elettorale** election campaign (16)
elettrico (_pl._ **elettrici**) electric; electrical
elettronico (_m. pl._ **elettronici**) electronic, **la posta elettronica** e-mail (4)
l'**elezione** _f._ election (16)
eliminare to eliminate
l'**e-mail** _f._ e-mail (4); e-mail message (4)
emailare to e-mail
emarginare to marginalize (18)
l'**emarginazione** _f._ marginalization (18)
l'**emigrante** emigrant
l'**emigrazione** _f._ emigration
l'**emozione** _f._ emotion
l'**energia** energy
energico (_m. pl._ **energici**) energetic (2)
enfatico emphatic
enorme enormous
l'**ente** _m._ agency
*__entrare__ to enter (5); to go in (5)
l'**entrata** entrance, entryway (12)
entro within, by (_a certain time_)
l'**entusiasmo** enthusiasm
entusiasta (_m. pl._ **entusiasti**) enthusiastic
l'**episodio** (_pl._ **episodi**) episode
l'**epoca** era, age, period
eppure and yet
equilibrato balanced
l'**equitazione** _f._ horseback riding; horsemanship
l'**equivalente** _m._ equivalent
l'**erba** grass; **le erbe** herbs
l'**erboristeria** herbalist's shop
l'**eroe**/l'**eroina** hero/heroine
l'**errore** _m._ mistake, error
l'**eruzione** _f._ eruption
l'**esame** _m._ exam, test (3); **dare un esame** to take a test (3); **esame di maturità** comprehensive high-school exam
esaminare to examine
l'**esamino** quiz
esatto exact; **esatto!** exactly!
esaurito exhausted, worn out, dead (_batteries_)

esclamare to exclaim
esclusivamente exclusively
eseguire (isc) to execute, do, carry out
l'esempio (*m. pl.* esempi) example;
ad/per esempio for example; secondo
l'esempio according to the example
esercitare to practice, exercise
l'esercizio (*pl.* gli esercizi) exercise; fare
esercizio to exercise
l'esigenza demand
esigere to demand (16)
l'esilio exile
l'esistenzialismo existentialism
esistere to exist
espediente makeshift; vivere di
espedienti to live by one's wits
l'esperienza experience
l'esperto expert
l'esposizione *f.* show
l'espressione *f.* expression; espressione
idiomatica idiomatic expression
espressivamente expressively
l'espresso strong Italian coffee (5)
esprimere (*p.p.* espresso) to express
espulso expelled
l'essenza essence
l'essenzialità essentiality
*essere (*p.p.* stato) to be (2); *essere +
professione to be a + *profession* (17);
*essere d'accordo to agree; *essere al
completo to be full (*hotel*); *essere
contro/contrario (a) to be against (18);
*essere di (+ *city*) to be from (*city*);
*essere a dieta to be on a diet (5);
*essere a favore (di) to be in favor
(of) (18); *essere impegnato to be
politically engaged (18); *essere
nebbioso to be foggy weather;
*essere in pensione to be retired (16);
*essere puntuale to be punctual;
*essere in ritardo to be late; *essere
in sciopero to be on strike (16);
*essere sereno to be clear weather; è
bene it is good (14); è giusto to be
right (14); è ora it's time (16); è
peccato it's too bad (16); *esserci to
be there, be in (*a place*)
l'est *m.* east
l'estate *f.* summer (4); l'estate scorsa
last summer
esterno external
estero foreign; *andare all'estero to go
abroad (10); la politica estera foreign
affairs
estetico *adj.* aesthetic
estivo *adj.* summer
estroverso extroverted
l'età moderna the modern period
eterno eternal
l'etnia ethnic group
l'etnicità ethnicity
etnico ethnic (18)
l'etto hectogram
l'euro euro (*shared European currency*) (1)
l'Europa Europe
europeo European (16); la Comunità
Europea (CE) European Community
(EC)

l'evento event
eventuale eventual, future
evidenziare to point out, highlight
evitare to avoid
evoluto evolved
l'evoluzione *f.* evolution
l'extracomunitario/l'extracomunitaria
(*m. pl.* gli extracomunitari) person
from outside the European
Community (18)

F

fa ago (5)
la fabbrica factory; in fabbrica in a
factory
la faccenda household chore
la faccia (*pl.* le facce) face (9)
facile easy (3)
facilitare to facilitate
facilmente easily
la facoltà department, school (*within a
university*) (3); che facoltà
fai/frequenti? what's your major?
i fagioli beans (11)
falso false
la fama fame
la fame hunger; avere fame to be
hungry (1)
la famiglia family (3)
famoso famous
la fantasia fantasy, imagination
fantastico (*m. pl.* fantastici) fantastic
fare (*p.p.* fatto) to do (3); to make (3);
fare (+ *inf.*) to cause something to be
done; fare il/la + *professione* to be
a + *profession* (17); fare aerobica to do
aerobics (4); fare amicizia to make
friends; fare un affare to make a deal;
fare l'autostop to hitchhike; fare
baccano to carry on loudly; fare il
bagno to take a bath (7); fare bella
figura to look good (7); to make a
good impression (7); fare bello/ brutto
to be nice/bad weather; fare bene a to
be good for; fare benzina to get gas
(13); fare caldo / freddo / fresco to be
hot / cold / cool out; fare colazione
to have breakfast (5); fare le compere
to go shopping (11); fare un
complimento to pay a compliment;
fare una crociera to go on a cruise
(10); fare il/la dirigente to be an
executive; fare la doccia to take a
shower (7); fare una domanda to ask
a question; fare domanda to apply
(17); fare due chiacchiere to chat; fare
esercizio to exercise; fare le ferie to
go on vacation (10); fare il footing (il
jogging) to jog; fare una fotografia to
take a photograph (10); fare un giro
in bici / in macchina / a piedi to go
for a bike ride / car ride / walk; fare
una gita to take a short trip; fare il
letto to make the bed; fare male (a) to
hurt; fare la multa to give a ticket,
fine (13); fare la parte di to play the
part of; fare parte (di) to take part
(in); fare una passeggiata to take a

walk; fare il pieno to fill up (the gas
tank) (13); fare una prenotazione to
make a reservation; fare presto to
hurry; fare un programma to plan,
make plans (4); fare programmi to
make plans (10); fare un regalo (a) to
give (*someone*) a present; fare ricerche
to do research (15); fare sciopero to
strike (16); fare uno sconto to give a
discount (11); fare lo scontrino to get
a receipt; fare sollevamento pesi to
lift weights (4); fare la spesa to go
grocery shopping (11); fare spese to
go shopping (11); fare uno sport to
play a sport (4); fare uno spuntino to
have a snack (5); fare un trasloco to
move; fare le vacanze to go on
vacation (10); fare le valige to pack;
fare un viaggio to take a trip; farcela
to succeed; farsi la barba to shave
(*men*) (7); farsi male to hurt oneself,
get hurt; farsi regali to exchange gifts;
farsi sentire to make oneself heard
(16); Che tempo fa? How's the
weather?, What's the weather like?
la farina flour
la farmacia (*f. pl.* le farmacie)
pharmacy (1)
il farmaco medicine, drug
il/la farmacista pharmacist
la fascia di ozono (*pl.* le fasce) ozone
layer
fasciare to bind
il fascino fascination
il fascismo fascism
il fastidio (*pl.* i fastidi) annoyance,
bother (11); dare fastidio (a) to annoy
(14)
fastidioso annoying (9)
la fata fairy
la fatica effort, trouble
faticoso tiring
il fattore factor
la favola fable
il favore favor; *essere a favore (di) to
be in favor (of) (18); per favore please
(P)
favorire (isc) to favor
febbraio February (P)
la febbre fever (9)
fedele loyal, faithful
il fegato liver
felice (di) happy (about)
la felicità happiness
la felpa sweatshirt (7); sweat suit (7)
la femmina female
femminile feminine
il femminismo feminism
il/la femminista (*m. pl.* i femministi)
feminist
le ferie vacation; *andare in ferie to go
on vacation (10); fare le ferie to go on
vacation (10)
fermare to stop (*someone or something*);
fermarsi to stop (*oneself from moving*)
(7)
fermo still; *stare fermo to stay still
il ferragosto holiday of August 15th

la **festa** party (10); holiday; **festa a sorpresa** surprise party
festeggiare to celebrate
il **festival** (*pl.* **i festival**) festival
la **fetta** slice (5)
le **fettuccine** type of pasta
il **fianco** flank, side
il **fiasco** fiasco, disaster, mess
la **fiction televisiva** TV series (8)
fidanzarsi (con) to get engaged (*to be married*) (*to*)
il **fidanzato** fiancé
fidarsi (di) to trust, have faith (in)
fiero proud (15)
il **figlio** / la **figlia** (*m. pl.* **i figli**) son/daughter (3); **figlio unico** only child
la **figura** figure; **fare bella figura** to look good (7); to make a good impression (7)
la **fila** row, line
il **file** (*pl.* **i file**) file (17)
il **filetto** fillet
il **film** (*pl.* **i film**) film, movie
filmare to film
il **filmato** film clip, short film
la **filosofia** philosophy
finale final
finalmente finally
la **finanza** finance, finances
finanziariamente financially
finanziare to finance
la **fine** end (6)
la **finestra** window; il **finestrino** window in a train, car, airplane
finire (isc) to finish (4); **finire (di** + *inf.***)** to finish (*doing something*)
fino a until; **fino a tardi** until late
il **fiore** flower (6)
fiorente flourishing
fiorentino Florentine
fiorito in bloom
fischiare to boo (*lit.* to whistle) (14)
la **fisica** physics (3)
fisico (*m. pl.* **fisici**) physical
fissare to set, establish, fix; **fissare un appuntamento** to make an appointment; **fissare un colloquio** to set up an interview (17)
fisso fixed, set; il **disco fisso** hard drive
il **fiume** river
il **flauto** flute
floreale floral
floricultore floriculturalist
fluviale *adj.* river
la **focaccia** (*pl.* **le focacce**) type of flat Italian bread
il **foglio** (*pl.* **i fogli**) **di carta** sheet of paper
folcloristico folkloric
la **folla** crowd
fondare to found
il **fondo:** lo **sci di fondo** cross-country skiing; **i fondi** funds, resources
fondo *adj.* il **piatto fondo** soup bowl (6)
la **fontana** fountain
la **fontina** soft Italian cheese
il **football** football; soccer; **football americano** football

il **footing** jogging; **fare il footing** to go jogging
la **forchetta** fork (6)
la **foresta** forest; la **foresta pluviale** rain forest
la **forma** form
il **formaggio** (*pl.* **i formaggi**) cheese (6)
formare to form
formato formed, composed
formattare to format (17)
la **formazione** formation
la **formula: formula uno** formula one speed racing
fornire (isc) to provide, supply
fornito supplied
il **forno** oven; **al forno** baked (6)
forse maybe (10)
forte strong (9)
fortemente strongly, loudly
la **fortuna** luck, fortune; **avere fortuna** to be lucky; **buona fortuna!** good luck! **per fortuna** luckily
fortunatamente luckily, fortunately
fortunato lucky, fortunate
forwardare to forward
la **forza** strength
Forza! Come on!
forzare (a + *inf.***)** to force
la **fotografia,** la **foto** (*pl.* **le foto**) photograph, photo (1); photography; **fare una fotografia** to take a photograph (10)
fotografico: la **macchina fotografica** camera
fra between, among, in, within (+ *time expressions*)
fragile fragile
la **fragola** strawberry
il **frammento** fragment
francescano Franciscan
il/la francese French person; il **francese** French language
francese *adj.* French (2)
la **frase** phrase; sentence
il **fratello** brother (3); **fratellino** little brother
la **freccia** (*pl.* **le frecce**) arrow
il **freddo** cold; **avere freddo** to be cold (1); **fare freddo** to be cold (*weather*) out (3)
freddo *adj.* cold; il **tè freddo** iced tea (5)
frequentare to attend (*a school, a class*) (3); to go to (*a place*) often (3); to associate with (*people*)
frequente frequent
il **fresco** coolness
fresco (*m. pl.* **freschi**) fresh (6); cool; **fare fresco** to be cool (*weather*) out (3)
la **fretta** hurry, haste; **avere fretta** to be in a hurry; **in fretta** in a hurry
il **frigo** (*from* **frigorifero**) (*pl.* **i frigo**) refrigerator
fritto fried (6)
la **frutta** fruit (6); il **negozio di frutta e verdura** produce market (11)
il **fruttivendolo** / la **fruttivendola** fruit vendor (11)
il **frutto: frutti di mare** seafood

il **fulmine** lightning; il **colpo di fulmine** lightning bolt; love at first sight
fumare to smoke (6)
il **fumatore** / la **fumatrice** smoker
il **fungo** mushroom
funzionare to function, work
la **funzione** function
il **fuoco** (*pl.* **i fuochi**) fire; burner; le **armi da fuoco** firearms
fuori out, outside; **fuori luogo** out of place; **fuori moda** out of fashion (11)
il **futuro** future; future tense; **in futuro** in the future

G

la **galleria** gallery; tunnel; arcade
il **gallone** gallon
la **gamba** leg (9); **in gamba** capable, "with it"
la **gara** competition, match
il **garage** (*pl.* **i garage**) garage
il **garofano** carnation
gassato: l'**acqua gassata** carbonated water (5)
la **gastrite** gastritis
il **gatto** cat (1)
il **gelataio** / la **gelataia** (*m. pl.* **i gelatai**) ice-cream maker/vendor (11)
la **gelateria** ice-cream parlor (11)
il **gelato** ice cream (1)
geloso jealous
i **gemelli** / le **gemelle** twins
il **generale** general
generale *adj.* general
generalizzare to generalize
la **generalizzazione** generalization
generalmente generally
il **genere** type; kind; gender; genre; **in genere** generally
generico generic
la **generosità** generosity
generoso generous
genetico genetic
il **genio** genius
il **genitore** parent (3)
gennaio January (P); il **primo gennaio** January Ist (P)
la **gente** people (5)
gentile kind (2)
gentilmente *adv.* kindly
genuino genuine, authentic
geografico (*m. pl.* **geografici**) geographic, geographical
il **gesso** chalk
gettarsi to throw oneself
il **ghiaccio** ice (5)
già already (5); you're right
la **giacca** jacket (7)
il **giallo** mystery novel, detective story
giallo *adj.* yellow (2)
il/la giapponese Japanese person; il **giapponese** Japanese language
giapponese *adj.* Japanese (2)
il **giardino** garden (12), yard (12)
il **ginocchio** (*pl.* **le ginocchia**) knee
giocare (a) to play (*a sport, a game*); **giocare a carte** to play cards; **giocare**

con il computer to play on the computer (4)
il giocatore / la giocatrice player (4)
il gioco (*pl.* **i giochi**) game
la gioia joy
il gioiello jewel
il giornale newspaper (4); **sul giornale** in the newspaper
giornaliero everyday, daily
il giornalismo journalism
il/la giornalista (*m. pl.* **i giornalisti**) journalist (8)
la giornata day; the whole day; **buona giornata!** have a nice day!
il giorno day (P); **buon giorno** good morning, good afternoon (P); **Che giorno è?** What day is it? (P); **di tutti i giorni** everyday (7)
il/la giovane young person; **i giovani** young people, the young
giovane *adj.* young (2)
il giovedì Thursday (P)
la gioventù youth
girare to turn; to rotate; to stir; to film (8); to shoot film (8)
il giro tour; trip; **fare un giro** to take a trip; **fare un giro in bici / in macchina / a piedi** to take a bike ride / car ride / walk; **in giro** around; on patrol
la gita excursion **fare una gita** to take a short trip
il giubbotto jacket
giudicare to judge (18)
il giudizio judgment; **il giudizio universale** Last Judgment
giugno June (P)
la giungla jungle
la giurisprudenza law (3)
giustificare to justify
la giustificazione justification
la giustizia justice (18)
Giusto! Right! (P); **è giusto** it is right (14)
Gli to/for you (*m. and f. pl., form.*) (6); **gli** to/for him, to/for them (6)
gli gnocchi dumplings (6)
la goccia (*pl.* **le gocce**) drop
godere to enjoy
la gola throat (9)
il golf golf
il gomito elbow
la gomma tire (13); **controllare le gomme** to check the tires (13)
la gonna skirt
gotico (*m. pl.* **gotici**) Gothic
il Governo government; executive branch; administration; **la crisi del governo** political crisis
la grammatica grammar
il grammo gram
grande big (2); great (2); large; **il grande magazzino** department store (11); **più grande** bigger, older
grandioso grand, grandiose
grasso fat (2)
grave serious, grave (9)
la grazia grace

grazie thanks, thank you (P)
grazioso pretty, charming
il greco / la greca (*m. pl.* **i greci**) Greek person; **il greco** Greek language
greco (*m. pl.* **greci**) *adj.* Greek (2)
gridare to shout (12)
grigio (*m. pl.* **grigi**) gray (2)
la griglia grill; **alla griglia** grilled (6)
grosso big; **il pezzo grosso** big shot
il gruppo group
guadagnare to earn; **guadagnarsi da vivere** to earn a living (18)
il guadagno earnings, income
il guanto glove; **i guanti** gloves (7)
guardare to watch, look at (3); **guardare la televisione (la TV)** to watch television (TV) (4)
la guarigione recovery, cure
*guarire (isc) to heal; to get well
la guerra war; **la prima/seconda guerra mondiale** First/Second World War
il guerriero warrior
la guida guide; guidebook
guidare to drive (3)
gustare to taste
il gusto taste (*in all senses*); preference

H

l'hardware (*pl.* **gli hardware**) hardware (17)
ho… anni I'm . . . years old

I

l'idea idea **idea luminosa** brilliant idea; **ottima idea!** great idea!
ideale ideal
l'idealista *m./f.* idealist
idealizzato idealized
identificare to identify
l'identikit profile; ID sketch
l'identità (*pl.* **le identità**) identity
idiomatico (*m. pl.* **idiomatici**): **l'espressione idiomatica** idiomatic expression
l'idolo idol
l'idromassaggio water-massage
ieri yesterday (5); **ieri sera** last night (5)
ignorante ignorant
ignorare to ignore; be unaware of
l'Illuminismo the Enlightenment (*18th-century European cultural movement that celebrated rationality and optimism*)
illustrare to illustrate
l'imbarazzo embarassment
l'imbarco boarding
imbottito padded
immaginare to imagine (16)
l'immaginazione *f.* imagination
l'immagine *f.* image
immediatamente immediately
immenso immense
l'immigrato/l'immigrata immigrant (18)
l'immigrazione *f.* immigration (18)
immobiliare: l'agenzia immobiliare real estate agency
imparare to learn (3); **imparare a** (+ *inf.*) to learn how (*to do something*)
impegnarsi to get inolved (18)

impegnato politically engaged; busy; ***essere impegnato** to be politically engaged (18)
l'imperativo imperative (*verb mood*)
l'imperfetto imperfect (*verb tense*)
imperiale imperial
l'impermeabile *m.* raincoat (7)
l'impero empire
impersonale impersonal
l'impiegato/l'impiegata clerk; white-collar worker (16)
importante important
l'importanza importance
*importare to matter
l'importo amount, sum
impossibile impossible
impressionabile impressionable
l'impressione *f.* impression; **avere l'impressione** to have the impression
imprestare to lend (6)
improvvisamente suddenly
impulsivo impulsive
in in (1); to (1); into (1); **in gamba** smart, "with it"
inaspettato unexpected
inaugurare to inaugurate
incandescente incandescent
incantare to enchant
incantevole enchanting, charming
l'incarico (*pl.* **gli incarichi**) task
incartare to wrap (*in paper*)
incerto uncertain
l'incidente *m.* accident (9)
includere (*p.p.* **incluso**) to include
incollato glued
†incominciare to begin, start; **incominciare (a** + *inf.*) to start (*to do something*)
incontrare to meet (3); to run into (*someone*); **incontrarsi** to run into (*each other*) (7)
l'incontro meeting, encounter
incoraggiare (a + *inf.*) to encourage; to promote; to foster
incredibile incredible
l'incrocio intersection
incurabile incurable
indefinito indefinite
indeterminativo: l'articolo indeterminativo indefinite article
indiano Indian
indicare to point out, indicate
l'indicativo indicative (*verb mood*)
l'indicazione *f.* direction
indietro behind (18)
indifferente indifferent
l'indifferenza indifference
l'indigestione *f.* indigestion
indimenticabile unforgettable
indiretto indirect
l'indirizzo address (12)
indispensabile indispensable
indispettire (isc) to rankle, irritate
individuale individual
indovinare to guess
l'indovinello riddle
l'industria industry (17)

l'industriale *m./f.* tycoon, industrialist, manufacturer
industriale *adj.* industrial
l'ineguaglianza inequality (18)
l'infanzia childhood (7)
infatti in fact
infelice unhappy
l'infermiere/l'infermiera nurse (9)
l'inferno hell
infine in the end, finally
l'infinito infinitive
l'inflazione *f.* inflation (17)
l'influenza influenza, flu
influenzare to influence
informarsi (su) to become informed (about) (16); to be acquainted (with) (16)
l'informatica computer science (3)
informato informed, up-to-date (16)
l'informatizzazione *f.* computerization
l'informazione *f.* (piece of) information (1); **ufficio informazioni** tourist information office
l'ingegnere *m./f.* engineer
l'ingegneria engineering (3)
l'ingiustizia injustice (18)
ingiustamente unjustly
l'inglese *m./f.* English person; **l'inglese** English language
inglese *adj.* English (2)
l'ingorgo (*pl.* **gli ingorghi**) traffic jam
ingrandire (isc) to grow larger
l'ingrediente *m.* ingredient
l'ingresso entrance, entryway (12); entrance (*permission to enter*)
†**iniziare** to begin
l'inizio (*pl.* **gli inizi**) beginning
innamorarsi (di) to fall in love (with)
innamorato (di) in love (with)
inoltre futhermore; also
l'inquilino/l'inquilina tenant (12)
l'inquinamento pollution (13)
inquinare to pollute (13)
l'insalata salad (6)
l'insegnante *m./f.* teacher (3)
insegnare to teach (3)
inserire (isc) to insert
l'insetticida *m.* pesticide
l'insetto insect
insicuro insecure (2)
insieme together; **insieme a** together with; **tutti insieme** all together; **l'insieme (di)** the totality (of), all (of) (8)
insoddisfatto (di) unsatisfied/ unhappy (with)
insolito unusual
l'insonnia insomnia
insopportabile unbearable
l'instabilità instability
installare to install
intanto in the meantime
integrale: pane integrale whole wheat bread
integrarsi to integrate oneself (18); **integrarsi (in)** to become integrated (into)
l'integrazione *f.* integration (18)

l'intellettuale *m./f.* intellectual
intellettuale *adj.* intellectual
intelligente intelligent
l'intelligenza intelligence
intendere to intend, plan
intendersi (di) to know a lot about (*something*)
intensivo intensive
intenso intense, intensive
l'intenzione *f.* intention; **avere l'intenzione (di)** to intend (to) (10)
interamente entirely, completely
interessante interesting (2)
interessare to interest; **interessarsi (di)** to be interested (in)
interessato (di/a) interested in
l'interesse *m.* (**per**) interest (in)
interferire (isc) to interfere
internazionale international
Internet: il sito Internet website (17)
interno internal; **all'interno** inside; **la politica interna** domestic politics
intero entire
interpretare to interpret
l'interpretazione *f.* interpretation
l'interprete *m./f.* interpreter; actor
interrogare to interrogate, question
l'interrogativo interrogative expression
interrompere (*p.p.* **interrotto**) to interrupt
l'interruzione *f.* interruption
l'intervento intervention
l'intervista interview (8)
intervistare to interview
intitolato titled
l'intolleranza intolerance (18)
l'intoppo obstacle
intorno (a) around
intossicarsi to poison (oneself)
intraprendere (*p.p.* **intrapreso**) to embark on; to undertake
introdotto introduced
l'introduzione *f.* introduction
inutile useless
invece instead; on the other hand; **invece di** instead of
inventare to invent
l'inventore/l'inventrice inventor
invernale *adj.* winter
l'inverno winter (4)
l'invio (*pl.* **gli invii**) mailing
invitare to invite (4)
l'invitato/l'invitata guest
l'invito invitation
io I (1)
l'ipermercato warehouse-style supermarket, hypermarket
l'irlandese *m./f.* Irish person; Irish language
irlandese *adj.* Irish (2)
irregolare irregular
irresponsabile irresponsible
iscriversi (a) (*p.p.* **iscritto**) to join, enroll (in)
l'isola island
ispirare to inspire
l'ispirazione *f.* inspiration
l'istituto institute

l'istituzione *f.* institution
l'istruzione *f.* instruction
l'italiano/l'italiana Italian person; **l'italiano** Italian language
italiano *adj.* Italian (2)
l'itinerario (*pl.* **gli itinerari**) itinerary (10)

J
il jazz jazz
i jeans jeans
il jogging jogging; **fare il jogging** to go jogging

K
il karatè karate

L
là there (1)
La *pron.* you (*m. and f., form.*) (4); **la** *pron.* her; it (4)
il labbro (*pl.* **le labbra**) lip
il laboratorio (*pl.* **i laboratori**) laboratory
la lacrima tear
il lago (*pl.* **i laghi**) lake
lamentarsi (di) to complain (about) (7)
la lampadina lightbulb
il lampo lightning; lightning flash
la lana wool (11)
lanciarsi to throw (*at each other*)
largo (*m. pl.* **larghi**) wide (2)
le lasagne type of pasta
lasciare to leave (4); to leave (*someone, something*) behind (4); **lasciare** (+ *inf.*) to allow, let (*something be done*); **lasciamo perdere** let's forget about it; **lasciare un deposito** to leave a deposit
lassù up there
il latino Latin (*language*)
latino *adj.* Latin; **l'America latina** Latin America
lato: di lato (a) beside, next to
il lattaio / la lattaia (*pl.* **i lattai**) milkman/milkwoman (11)
il latte milk (5)
la latteria dairy (*shop*) (11)
il latticino (*pl.* **i latticini**) dairy product
la lattina aluminum can
la laurea doctorate (*from an Italian university*); college diploma, degree
laurearsi to graduate (*college*) (7); **laurearsi in** to graduate with a degree in
la lavagna chalkboard
la lavanderia laundry room; laundromat
il lavandino sink
lavare to wash; **lavarsi** to wash (*oneself*) (7); **lavarsi i capelli** to wash one's hair (7); **lavarsi i denti** to brush one's teeth (7); **lavarsi la faccia** to wash one's face (7)
la lavastoviglie (*pl.* **le lavastoviglie**) dishwasher

la lavatrice washing machine (12)
lavorare to work (3)
il lavoratore / la lavatrice worker (17)
il lavoro job; work; **l'ambiente di lavoro** work environment (17); **buon lavoro!** enjoy your work!; **cercare lavoro** to look for a job (17); **il datore / la datrice di lavoro** employer (17) **il posto di lavoro** workplace; **riprendere il lavoro** to get back to work
Le *pron.* you (*f., form.*) (4); to/for you (*m. and f., form.*) (6); **le** *pron.* them (*f.*) (4); to/for her (6)
legale legal
legare to tie
la legge law (3)
leggere (*p.p.* **letto**) to read (4); **leggete!** read!
leggero slight, light; **la musica leggera** pop music
il legionario legionary
il legname lumber
il legno wood
Lei you (*form.*) (1); **E Lei?** And you? (*form.*) (P)
lei she (1); her (9)
lentamente slowly
la lente lens; **lenti a contatto** contact lenses (9); **mettersi le lenti a contatto** to put on contact lenses (7)
lento slow (4)
il lessico lexicon
la lettera letter (4)
la letteratura literature (3); **le lingue e letterature straniere** foreign languages and literatures (3)
le lettere liberal arts (3)
il letto bed (12); **a letto** in bed; **la camera da letto** bedroom; **fare il letto** to make the bed
il lettore / la lettrice reader; **il lettore Cd** CD player; **il lettore DVD** DVD player (8)
la lettura reading
la lezione lesson (1); class (1)
lì there (1)
Li *pron.* you (*m., form.*) (4); **li** *pron.* them (*m.*) (4)
liberamente freely
la liberazione liberation, freedom
libero free (unoccupied) (4); unoccupied (*room, seat, etc.*); **la discesa libera** downhill (skiing)
la libertà (*pl.* **le libertà**) liberty, freedom
la libreria bookstore (3); **in libreria** at/to/in the bookstore
il libretto libretto (*music*); small book
il libro book (P); **aprite il libro!** open your books!; **chiudete il libro!** close your books!; **libro di cucina** cookbook
licenziare to fire (17); **licenziarsi** to quit (*a job*) (17)
il liceo high school; **liceo scientifico** high school for the sciences
limitare to limit
il limite limit; **il limite di velocità** speed limit (13); **rispettare il limite di velocità** to obey the speed limit (13)

il limone lemon (5)
la linea line; **in linea** online
la lingua language (3); tongue; **le lingue e le letterature straniere** foreign languages and literatures (3)
il linguaggio (*pl.* **i linguaggi**) jargon, specialized language
linguistico (*m. pl.* **linguistici**) linguistic
la lira lira (*former Italian currency*)
la lirica opera; lyric poetry
lirico *adj.* (*m. pl.* **lirici**) operatic
liscio (*m. pl.* **lisci**) straight (*hair*) (2); **il ballo liscio** ballroom dancing
la lista list
litigare to argue
il litro liter
il livello level
lo *pron.* him, it (4)
il locale public place
locale local
la località locality
il locandiere / la locandiera innkeeper (*arch.*)
logico (*m. pl.* **logici**) logical
la lontananza distance
lontano (da) far (from), distant
Loro you (*pl. form.*) (1); their (3); to/for you (*m. and f. pl., form.*) (6)
loro they (1); their (3); to/for them (6); them (9)
lottare to fight
la lotteria lottery
la luce light
luglio July (P)
lui he (1); him (9)
luminoso brilliant; **l'idea luminosa** brilliant idea
la luna moon
il lunedì Monday (P)
lungo (*m. pl.* **lunghi**) long (2)
il luogo (*pl.* **i luoghi**) place (1); **avere luogo** to take place (14); **fuori luogo** out of place
il lupo wolf
lusso luxury; **di lusso** *adj.* luxurious; **l'albergo di lusso** deluxe hotel (10)

M

ma but (1)
macché! oh, come on!; what are you talking about!; no way!
la macchia stain, spot; scrub
macchiare to stain, spot; **caffè macchiato** coffee with a few drops of mik
la macchina car (1); machine; **in macchina** by car, in the car; ***andare in macchina** to drive, go by car; **le chiavi della macchina** car keys; **fare un giro in macchina** to go for a car ride; **macchina fotografica** camera; **noleggiare una macchina** to rent a car (10); **prendere a nolo una macchina** to rent a car (10); **scrivere a macchina** to type (17)
la macedonia fresh fruit cocktail (6)
il macellaio / la macellaia (*m. pl.* **i macellai**) butcher (11)

la macelleria butcher shop (11)
la madre mother (3)
la madrelingua mother tongue, native language
il maestro / la maestra elementary school teacher; master (*artist*)
magari perhaps; if only (18)
il magazzino: il grande magazzino department store (11)
maggio May (P)
maggiore bigger, greater; older; **la maggior parte (di)** the majority (of)
magico (*m. pl.* **magici**) magic(al)
la maglia sweater (7)
la maglietta t-shirt (7)
il maglione pullover, heavy sweater
magnifico (*m. pl.* **magnifici**) magnificent
magro thin (2)
mah! well!
mai ever (5); **come mai?** how come?; **non... mai** never (3)
il maiale pork (6)
malato sick (9)
la malattia illness (9)
il male injury; evil
male bad (P); badly; ***andare male** to go badly; **avere mal di testa** to have a headache; **fare/farsi male** to hurt / hurt oneself; **Meno male!** Thank goodness! (12); **non c'è male** not bad (P); **sentirsi male** to feel bad (7); ***stare male** to be unwell (3)
la mamma mom (3); **mamma mia!** good heavens!
il/la manager (*pl.* **i/le manager**) manager, boss
la mancanza lack; need; absence
***mancare** to be missing; to miss
la mancia (*pl.* **le mance**) tip (5)
mandare to send (6); **mandare in onda** to broadcast
mangiare to eat (3); **qualcosa da mangiare** something to eat
il manicomio (*pl.* **i manicomi**) mental hospital
la maniera manner
la manifestazione demonstration, rally, protest (16); show
la mano (*pl.* **le mani**) hand (9); **dare una mano** to lend a hand; **mano d'opera** labor (17)
la mansarda attic (12)
la mansione function, duty (*professional*) (17)
la mantella cape
mantenere to maintain, keep, stay
il manzo beef (6)
la mappa map
la marca brand; brand name; label
il marchio trademark
il mare sea; ***andare al mare** to go to the seashore (10)
la margarina margarine
marginale fringe, marginal
il marito husband
marittimo *adj.* sea
la marmellata marmalade, jam (5)

la marmotta marmot
marrone brown
il martedì Tuesday (P)
marziale martial; le arti marziali
martial arts
marzo March (P)
la maschera mask
maschile masculine
il maschio (pl. i maschi) male
il massaggio massage
il massimo maximum; al massimo at
the most
la matematica mathematics (3)
la materia (di studio) subject matter (3)
il materiale material
il materialismo materialism (18)
materialista (m. pl. materialisti)
materialistic
materno maternal
la matita pencil (P)
matrimoniale with a double bed (12);
camera matrimoniale double room
(10)
il matrimonio marriage
la mattina morning (3); di/la mattina in
the morning (4)
la maturità: l'esame di maturità
comprehensive high-school exam
la mazza club; la mazza da golf golf
club
il meccanico / la meccanica (m. pl. i
meccanici) mechanic
la medaglia medal
i media the media
la medicina medicine (3); medicine,
drug (9)
il medicinale medicine
il medico m./f. (pl. i medici) doctor
medico (m. pl. medici) adj. medical;
l'assistenza medica health insurance
(17)
medio (m. pl. medi) medium, average;
di media statura of medium height;
l'albergo di costo medio moderately
priced hotel; la scuola media middle
school
il Medioevo the Middle Ages, Medieval
Period
medievale medieval
mediterraneo Mediterranean
meglio adv. better (9)
la mela apple (11)
la melanzana eggplant (11)
il melodramma (pl. i melodrammi)
opera
il melone melon (6)
il membro member
memorabile memorable
meno less (3); fewer; minus; art. +
meno least; a meno che... non unless
(17); le cinque meno un quarto
quarter to five; meno... di (che) less .
.. than (9); Meno male! Thank
goodness! (12)
la mensa dining hall, cafeteria (2)
il mensile monthly publication (8)
la mente mind
mentre while

il menu (pl. i menu) menu
la meraviglia marvel, wonder
il mercato market (11)
la merce goods, merchandise
il mercoledì Wednesday (P)
la merenda mid-afternoon snack (5)
meridionale southern
meritare to deserve
mescolare to mix
il mese month (P)
il messaggio message
il messale missal, prayerbook
il messicano / la messicana Mexican
person
messicano adj. Mexican (2)
il mestiere profession, trade, occupation
(17)
il mestolo ladle
la meta destination
la metà (pl. le metà) half, mid
la metamorfosi metamorphosis,
transformation
il metodo method
mettere (p.p. messo) to put, place (4);
mettere da parte to put aside; mettere
piede to set foot; mettere in scena to
stage, put on, produce (14); metterci
(+ time expression)
to take (time) (15); mettersi to put on
(clothes) (7); mettersi
in moto to start (a car, a
machine)
mezzanotte midnight; è mezzanotte it's
midnight (4)
i mezzi di trasporto means of
transportation (1); i mezzi pubblici
di trasporto public (means of)
transportation (13)
il mezzo half (4); le sette e mezzo
seven-thirty
mezzo, mezza adj. half; la mezza
pensione half board (two meals a
day: breakfast and lunch or dinner)
(10); in mezzo in the middle
mezzogiorno noon; è mezzogiorno it's
noon (4)
mi pron. me (4); to/for me (6);
myself (7); mi chiamo... my name
is . . .
la microcriminalità petty crime
il miele honey (5)
il miglio (pl. le miglia) mile
il miglioramento improvement (16)
†migliorare to improve
migliore adj. better (9); art. + migliore
the best
il miliardo billion (7)
il milione million (7)
mille (pl. mila) thousand
minerale mineral; l'acqua minerale
mineral water (5)
la minestra soup
il minestrone hearty vegetable soup (6)
il ministero ministry, department (of
government) (16); Ministero della
Finanza Treasury Department
il ministro m./f. minister (in government)
(16); il Consiglio dei Ministri Council

of Ministers (16); il Primo Ministro
Prime Minister (16)
la minoranza minority
minore smaller, lesser; younger; art. +
minore the least, smallest, youngest
il minuto minute
mio my (3)
miope nearsighted
la miseria poverty (18)
misto mixed (6)
mite mild
mitico mythical
la mitologia mythology
il mobile piece of furniture (12); i
mobili furniture
la moda fashion, style (11); all'ultima
moda trendy; di moda in fashion; la
casa di moda house of fashion; fuori
moda out of fashion (11)
il modello model; example
il modello / la modella fashion model
il modernariato modern antiques
la modernità the modern period
moderno modern; l'età moderna the
modern period (15)
il modo manner, way
il modulo form (17); riempire un
modulo to fill out a form (17)
la moglie (pl. le mogli) wife (3)
molto adj. much, many, a lot of (2); adv.,
inv. very, a lot (2); da molto tempo
(for) a long time; molto bene! very
good!
momentaneamente momentarily
il momento moment
il mondiale world championship
mondiale adj. worldwide; la prima/
seconda guerra mondiale the
First/Second World War
il mondo world (14); divertirsi un
mondo to have a great time; in tutto
il mondo all over the world (14)
la moneta currency; coin
monetario monetary
il monitor monitor (17)
il monolocale studio apartment (12)
la montagna mountain; *andare in
montagna go to the mountains (10)
il monte mountain
montuoso mountainous
il monumento monument
*morire (p.p. morto) to die (5)
la morte death
morto dead
il mosaico (pl. i mosaici) mosaic (15)
la mostra exhibit
mostrare to show (6)
il motivo reason
il moto motion; mettersi in moto to
start (a car, a machine)
la motocicletta, la moto (pl. le moto)
motorcycle (1)
il motore motor; il motore di ricerca
search engine (17)
il motorino moped, motorscooter (1)
il mouse (pl. i mouse) mouse (computer)
(17)
il movimento movement

la **mozzarella** mozzarella (6)

la **multa** ticket, fine (13); **fare la multa** to give a ticket, fine (13); **prendere la multa** to get a ticket fine (13)

multiculturale multicultural

il **multiculturalismo** multiculturalism (18)

multietnico (*m. pl.* **multietnici**) multiethnic

muovere (*p.p.* **mosso**), **muoversi** to move

il **muro** wall

il **muscolo** muscle

il **museo** museum (1)

la **musica** music (4); **ascoltare la musica** to listen to music (4); **musica leggera** pop music

il **musical** musical (14)

musicale musical

il/la **musicista** (*m. pl.* **i musicisti**) musician (14)

le **mutande** underwear

muto mute; silent

N

il **narratore** / la **narratrice** narrator

*nascere (*p.p.* **nato**) to be born (5); **Quando sei nato/nata?** When were you born? (*inform.*); **Sono nato/nata…** I was born . . .

la **nascita** birth

nascondere (*p.p.* **nascosto**) to hide; **nascondersi** to hide (oneself)

il **naso** nose (9)

il **Natale** Christmas (10); **Buon Natale!** Merry Christmas!

natio (*m. pl.* **natii**) native (2)

la **natura** nature

naturale natural; **l'acqua naturale** noncarbonated water (5); **le scienze naturali** natural sciences

naturalmente naturally

nautico: lo sci nautico water skiing

navigare to navigate; **navigare in rete** to surf the Internet

nazionale national; **l'assistenza sanitaria nazionale** national health care; **il sistema sanitario nazionale** national health care; **il volo nazionale** domestic flight

la **nazionalità** nationality

la **nazione** nation

ne some of it; about it; **Quanti ne abbiamo oggi?** What's today's date? (11); **Quanto ne vuoi?** How much (of it) do you want?

né… né neither . . . nor (12)

neanche not even; **neanch'io** neither do I

la **nebbia** fog (4)

nebbioso foggy; *essere nebbioso to be foggy weather

necessario (*m. pl.* **necessari**) necessary

la **necessità** (*pl.* **le necessità**) necessity

negativo negative

il/la **negoziante** shopkeeper (11)

il **negozio** (*pl.* **i negozi**) shop, store (1);

negozio d'abbigliamento clothing store (11); **negozio di alimentari** grocery store (11); **negozio di frutta e verdura** produce market (11)

il **nemico** / la **nemica** (*m. pl.* **nemici**) enemy

nemmeno not even

neoclassico neoclassical

il **neorealismo** neorealism

nero black (2); **la cronaca nera** crime news; **il lavoro nero** illegal work (off the books)

nervoso nervous

nessuno *pron.* no one, nobody; *adj.* any (*in negative contexts*); **nessuna cosa** nothing; **(non…) nessuno** no one, nobody

la **neve** snow (4)

nevicare to snow (4)

niente nothing; **niente da fare** nothing to do **niente di interessante/strano** nothing interesting/strange; **niente di speciale** nothing special; **(non…) niente** nothing (12); **per niente** at all

il/la **nipote** nephew/niece; grandson/granddaughter

no no (P)

nobile noble

la **nobiltà** nobility

la **nocciolina** peanut

noi we (1)

la **noia** boredom; **che noia!** what a bore!

noioso boring (2)

noleggiare (**una macchina / una barca**) to rent (a car / a boat)

nolo rental; **prendere a nolo** (**una macchina / una barca**) to rent (a car / a boat)

il **nome** first name (1); noun (1)

nominare to name; nominate

non not (1); **non… ancora** not . . . yet (12); **non c'è male** not bad; **non è vero?** isn't it true? **non… mai** never (3); **non… nemmeno** not even; **(non…) nessuno** no one, nobody (12); **(non…) niente/nulla** nothing (12); **non… più** not anymore, no longer (7)

il **nonno** / la **nonna** grandfather/ grandmother

nono ninth

il **nord** north

norma: di norma as a rule

normale normal; **la benzina normale** regular gasoline

nostro our (3)

la **nota** note

notare to notice, note

notevole noteworthy

la **notizia** (*pl.* **le notizie**) (piece of) news; **le notizie** news (8)

noto well-known, famous

la **notte** night; at night **buona notte** good night (P); **la camicia da notte** nightgown (7); **di/la notte** at night (4)

la **novella** short story (15)

novembre *m.* November (P)

la **novità** novelty (4)

le **nozze** wedding

nulla *m.* nothing; **(non…) nulla** nothing (12)

il **numero** number; **numero di telefono** telephone number

numeroso numerous, several; big

nuotare to swim

il **nuoto** swimming (4)

nuovo new (2); **di nuovo** again

nutrirsi to nourish (oneself)

O

o or; **o… o** either . . . or

obbligare (**a** + *inf.*) to obligate

obbligatorio obligatory

l'**obiettivo** objective

l'**occasione** *f.* occasion; opportunity

gli **occhiali** eyeglasses

l'**occhiata** glance; **dare un'occhiata (a)** to glance (at), take a look (at)

l'**occhio** (*pl.* **gli occhi**) eye (2)

occidentale western

*occorrere (*p.p.* **occorso**) to be necessary

occupare to occupy; **occuparsi (di)** to involve oneself (in); to concern oneself (with) (16)

occupato busy (4)

odiare to hate

l'**offerta** offer (17)

offrire (*p.p.* **offerto**) to offer (4); to offer (to pay), to "treat" (5)

l'**oggetto** object

oggi today (P); **Quanti ne abbiamo oggi?** What's today's date? (11)

ogni (*inv.*) every, each (3)

ognuno/ognuna each one, everyone (12)

le **Olimpiadi** the Olympics

l'**olio** (*pl.* **gli oli**) oil (13); **controllare l'olio** to check the oil (13)

l'**oliva** olive

oltre beyond, further, more than; **oltre a** in addition to; besides; past; beyond

l'**omaggio** (*pl.* **gli omaggi**): **il biglietto omaggio** complimentary ticket

l'**ombra** shade, shadow

l'**omeopatia** homeopathy

omeopatico homeopathic

l'**onda** wave; **mandare in onda** to broadcast

onestamente honestly

onesto honest (2)

l'**onore** honor

l'**opera** opera (14); work (*individual work*) (15); **l'opera d'arte** artwork, work of art (15); **mano d'opera** labor (17)

l'**operaio/l'operaia** (*m. pl.* **gli operai**) blue-collar worker (16)

operativo operating; **il sistema operativo** operating system

l'**operatore/l'operatrice** operator

l'**operazione** *f.* operation

l'**opinione** *f.* opinion

l'**opportunità** opportunity

opposto *adj.* opposite

oppure or, or rather

l'ora hour; time; **a che ora?** at what time? (4); **che ora è? che ore sono?** what time is it? (4); **è ora** it's time (16); **mezz'ora** half-hour; **non vedere l'ora (di)** not to be able to wait (for); **un quarto d'ora** quarter of an hour
ora now (7); **per ora** for the time being
gli orali oral exams (3)
l'orario (*pl.* **gli orari**) schedule
l'orchestra orchestra; **il direttore / la direttrice d'orchestra** conductor
ordinale ordinal
ordinare to order (5)
ordinato neat
l'ordine *m.* order
gli orecchini earrings
l'orecchio (*pl.* **le orecchie / gli orecchi**) ear (9); **suonare a orecchio** to play by ear
l'oreficeria goldsmith's shop
organico organic
l'organista *m./f.* (*m. pl.* **gli organisti**) organist
organizzare to organize (16); **organizzarsi** to get organized
l'organizzatore/l'organizzatrice organizer
l'organizzazione *f.* organization
l'organo organ
orgoglioso proud
originale original
l'origine *f.* origin; **la città d'origine** hometown
l'orizzonte *m.* horizon
ormai by now, by then
l'oro gold
l'orologio (*pl.* **gli orologi**) clock (2); watch (2)
l'oroscopo horoscope
orribile horrible; ugly
l'orso bear
l'orto vegetable garden (12)
l'ospedale *m.* hospital (1)
ospitale hospitable
ospitare to host
l'ospite *m./f.* guest (12); **la camera per gli ospiti** guest room
osservare to observe
l'ostello hostel (10)
l'ostilità hostility
ottavo eighth
ottenere to obtain
l'ottimismo optimism
l'ottimista *m./f.* (*m. pl.* **gli ottimisti**) optimist
ottimista *adj.* (*m. pl.* **ottimisti**) optimistic
ottimo excellent; **ottima idea!** excellent idea!
ottobre *m.* October (P)
l'ovest *m.* west
ovviamente obviously
ovvio (*pl.* **ovvi**) obvious
l'ozono ozone; **la fascia di ozono** ozone layer

P

il pacco (*pl.* **i pacchi**) package
la pace peace

la padella pan
il padre father (3)
il padrone/la padrona di casa landlord/landlady (12)
il/la paesaggista landscape artist
il paesaggio (*pl.* **i paesaggi**) landscape (10)
il paese village
pagare to pay, to pay for (5); **pagare (con la carta di credito / con un assegno / in contanti)** to pay (with a credit card / by check / in cash) (5); **pagare il conto** to pay the bill (6); **pagare un deposito** to pay a deposit
la pagina page
il paio (*pl.* **le paia**) couple; pair
il palazzo apartment building (12)
il palcoscenico (*pl.* **i palcoscenici**) stage (14)
la palestra gym; ***andare in palestra** to go to the gym (4)
la palla ball (4)
la pallacanestro basketball (*sport*) (4); **giocare a pallacanestro** to play basketball
il pallone basketball, soccerball; **giocare a pallone** to play ball
il pallavolo volleyball (*sport*); **giocare a pallavolo** to play volleyball
la pancetta bacon
la panchina bench
il pane bread (5)
la panetteria bread bakery (11)
il panettiere / la panettiera bread baker (11)
il panettone Christmas cake
il panino sandwich (1); hard roll (1)
la panna cream
il panorama (*pl.* **i panorami**) panorama, view
i pantaloni pants
il papa (*pl.* **i papa**) pope (15)
il papà dad, daddy
la pappa baby food, mush
il paracadute parachute
il paradiso paradise
paragonare to compare
il paragone comparison
parcheggiare to park (13)
il parcheggio (*pl.* **i parcheggi**) parking space (13)
il parco (*pl.* **i parchi**) park
il/la parente relative (3)
*parere (*p.p.* **parso**) to seem (16); to appear; **pare** it seems
parigino Parisian
il Parlamento Parliament
parlare to speak, to talk (3); **chi parla?** who is it? (*on the phone*); **sentire parlare (di)** to hear (about)
parlato spoken
il parmigiano parmesan cheese (6); **alla parmigiana** with parmesan cheese
la parola word (P)
la parolaccia (*pl.* **le parolacce**) dirty word
la parte part, role; **a parte** besides (12); **da parte** aside (11); **d'altra parte** on

the other hand; **da nessuna parte** nowhere; **da quelle parti** around there (12); **fare la parte di** to play the part of; **fare parte (di)** to take part (in) (15); **in parte** partially; **la maggior parte di** the majority of; **mettere da parte** to put, set aside
il/la partecipante participant
partecipare (a) to participate (in); **partecipare a un concorso** to take a civil-service exam (17)
la partecipazione participation
la partenta departure (10)
il participio (*pl.* **i participi**) participle
particolare particular
particolarmente particularly
*partire to leave, depart (4); to start (*car, machine*)
la partita game, match (4)
il partitivo (*gram.*) partitive
il partito politico political party (16)
la partitura musical score
il/la partner (*pl.* **i/le partner**) partner
partorire (isc) to give birth
la Pasqua Easter (10); **Buona Pasqua!** Happy Easter!
il passaggio (*pl.* **i passaggi**) lift, ride; **chiedere un passaggio** to ask for a ride (13); **dare un passaggio** to give a ride (13)
il passaporto passport
†passare to pass (by); to spend (*time*); **passare l'aspirapolvere** to vacuum
il passare: il passar degli anni the passage of time
il passatempo pastime (4)
il passato the past
passato *adj.* last (*with time expressions*)
passeggiare to go for a stroll, walk
la passeggiata stroll, walk: **fare una passeggiata** to take a walk (4)
la passione passion
la pasta pasta (6); (*piece of*) pastry (5)
la pasticceria pastry shop
il pasticciere / la pasticciera pastry cook, confectioner (11)
il pasto meal (6)
la patata potato (6)
le patatine potato chips
la patente driver's license (13)
la patria native land, homeland
il patrimonio (*pl.* **i patrimoni**) heritage
il pattinaggio skating
pattinare to skate (4)
patto: a patto che provided that, on the condition that
la paura fear; **avere paura (di)** to be afraid (of); **fare paura (a)** to frighten
la pausa break
il/la paziente patient
la pazienza patience; **avere pazienza** to be patient
pazzo crazy
peccato! too bad! (16); **peccato che** it's a shame that; **(è) peccato** it's too bad (16)

pedalare to pedal
il pedone / la pedona pedestrian
peggio *adv.* worse (9)
peggiore *adj.* worse (9); *art.* + **peggiore** the worst
la pelle skin
la pelliccia fur coat
la pellicola film
la pena penalty, pain; **vale la pena** it's worth it
pendente: la Torre Pendente the Leaning Tower
il pendolino pendulum
la penisola peninsula (15)
la penna pen (P); **le penne** *type of pasta*
pensare to think; **pensare (a** + *n.*) to think (*about something*) (11); **pensare (di** + *inf.*) to plan to (*do something*) (14); **pensare (di** + *n.*) to think of, regard, have an opinion of
il pensiero thought
il pensionato / la pensionata retired person (16)
la pensione inn, bed-and-breakfast (10); pension, retirement (16); **pensione completa** full board (three meals a day) (10); **mezza pensione** half board (two meals a day: breakfast and lunch or dinner) (10); *andare in pensione to retire (16); *essere in pensione to be retired (16)
la pentola pot
il peperone bell pepper (11)
per for, through (1); in order to; **per cento** percent; **per esempio** for example; **per favore, per piacere,** please (P); **per quanto** although; **per caso** by any chance; **per niente** at all
la pera pear (11)
la percentuale percentage
perché because (2); why (3); **perché?** why? (6); **perché** + *subj.* so that (17); **il perché** the reason why
il percorso route
perdere (*p.p.* **perduto** or **perso**) to lose (4); waste (4); to miss (*a train, an airplane, etc.*) (4); **lasciamo perdere** let's forget about it
perfetto perfect
perfino even
il pericolo danger
pericoloso dangerous
la periferia outskirts, suburb; **in periferia** on the outskirts, in the suburbs (12)
il periodico periodical
il periodo period, sentence
la perla pearl
la permanenza stay; **buona permanenza!** have a nice stay!
il permesso permission; **il permesso di soggiorno** residence permit
permettere (di + *inf.*) (*p.p.* **permesso**) to allow (14)
però however
perplesso puzzled, uncertain
persino even
*persistere (*p.p.* **persistito**) to persist

la persona person
il personaggio (*pl.* **i personaggi**) character (8); famous person
il personale staff, personnel
personale *adj.* personal
la personalità personality
personalmente personally
persuadere (a + *inf.*) (*p.p.* **persuaso**) to persuade
pesante heavy
il pesce fish (6); **chi dorme non piglia pesci** the early bird catches the worm
la pescheria fish market (11)
il pescivendolo / la pescivendola fishmonger (11)
i pesi weights; **fare sollevamento pesi** to lift weights (4)
il/la pessimista (*m. pl.* **i pessimisti**) pessimist
pessimista (*m. pl.* **pessimisti**) pessimistic
la peste plague
pesto: al pesto with a sauce of basil, garlic, grated parmesan cheese, and pine nuts (6)
pettinarsi to brush/comb one's hair
il petto chest
il pezzo piece; **pezzo grosso** big shot
*piacere (*p.p.* **piaciuto**) to please, to be pleasing to (6); to like (6)
il piacere pleasure; **piacere** pleased to meet you (P); **per piacere** please (P); **avere il piacere di** (+ *inf.*) to have the pleasure of (*doing something*)
piacevole pleasant (12)
la piadina *type of sandwich*
piangere (*p.p.* **pianto**) to cry
il/la pianista (*m. pl.* **i pianisti**) pianist
il piano piano (4); floor (*of a building*) (12); **il primo (secondo/terzo) piano** the first (second/third) floor (12); **al primo (secondo/terzo) piano** on the first (second/third) floor (12)
piano *adj.* flat
la pianta plant; floor plan
il pianterreno ground floor (12); **a pianterreno** on the ground floor (12)
la piantina small map
la pianura plain
il piatto plate, dish (6); **il piatto fondo** soup bowl (6); **primo piatto** first course (6); **secondo piatto** main course (6)
la piazza town square (1); **in piazza** in the square
piccante spicy
picco: rocce a picco sheer cliffs
piccolo small, little (2)
il piede foot (9); **a piedi** on foot; ***andare a piedi** to walk, go on foot (3); **fare un giro a piedi** to go for a walk; **mettere piede** to set foot; ***stare in piedi** to stand
pieno full (4); **fare il pieno** to fill up (the gas tank) (13)
la pietra stone
pigliare to take; **chi dorme non piglia pesci** the early bird catches the worm

pigro lazy
il pigrone/la pigrona lazybones
la pillola pill
il/la pilota pilot (*airplane*); driver (*car*)
il pino pine tree
la pioggia rain (4)
il piombo lead; **la benzina senza piombo** unleaded gas
piovere to rain (4)
la piscina swimming pool; **in piscina** in/to the pool; ***andare in piscina** to go swimming
i piselli peas
il pittore / la pittrice painter (15)
pittoresco picturesque
la pittura painting (*in general*) (15)
più more, plus (2); **più... di (che)** more . . . than (9); -er than (9); **di più** more; *art.* + **più** the most; **non... più** not anymore, no longer (7); **per di più** furthermore
piuttosto *inv.*, instead, rather (5); **piuttosto che** rather than
la pizza pizza
la pizzeria pizzeria; **in pizzeria** in/to the pizzeria
la plastica plastic; **il sacchetto di plastica** plastic bag
plausibile plausible
plurale *adj.* plural
pluviale *adj.* rain; **la foresta pluviale** rain forest
po': un po' (di) a little bit (of) (2), some
pochi/poche few (3)
poco (*m. pl.* **pochi**) little, few; not many, not very; **tra poco** in a little while
la poesia poetry (4); poem (15)
il poeta / la poetessa poet (*m. pl.* **i poeti**) (15)
poi then (1)
poiché since
la politica politics (16); **politica estera** foreign affairs; **politica interna** domestic politics
il politico / la politica politician
politico (*m. pl.* **politici**) *adj.* political; **il partito politico** political party (16); **le scienze politiche** political science (3); **il sistema politico** political system (16)
la polizia police (force)
poliziesco police drama (*TV show*)
il poliziotto police officer
il pollo chicken (6)
il polmone lung
il polpo octopus
la poltrona armchair
il pomeriggio (*pl.* **i pomeriggi**) afternoon (3); **di/il pomeriggio** in the afternoon (4)
il pomodoro tomato (6); **al sugo di pomodoro** with tomato sauce (6)
il poncino mulled alcoholic drink
il ponte bridge
il pop pop music
popolare popular; **la musica popolare** folk music

la **popolazione** population
il **popolo** people
la **porta** door
portare to carry; to bring; to lead; to wear (7); **portare il conto** to bring the bill (6)
il **porto** port
il **portone** main entrance, street door
le **posate** (*pl.*) silverware
positivo positive
la **posizione** position
possibile possible; **tutto il possibile** everything possible
la **possibilità** (*pl.* **le possibilità**) possibility, chance (17)
la **posta** mail; postal service; **posta elettronica** e-mail (4)
postale postal; **codice postale** zip code; **ufficio postale** post office (1)
il **postino** mail carrier
il **postmoderno** the postmodern period
il **posto** place (10); space (10); room (10); **posto di lavoro** place of work
il **potere** power
potere (+ *inf.*) to be able to (can, may) (*do something*) (4); **può darsi** it could be, it's possible (16)
povero poor (2); **poverino/poverina!** poor thing!; **Povero me!** Poor me! (9)
la **povertà** poverty (16)
pranzare to eat lunch (4)
il **pranzo** lunch (5); **la sala da pranzo** dining room (5)
la **pratica** practice
praticare to practice; **praticare uno sport** to play a sport (4)
precario precarious
la **precauzione** precaution
precedente preceding, earlier
precedere to precede
predicare to preach
la **preferenza** preference; **di preferenza** preferably
preferire (isc) (+ *inf.*) to prefer (*to do something*) (4)
preferito preferred, favorite (3)
il **prefisso** area code
pregare to pray, to beg; **prego** you're welcome (P) come in!; make yourself at home!; **ti prego!** I beg you!
la **preghiera** prayer, plea
il **pregiudizio** (*pl.* **i pregiudizi**) prejudice (18)
prelevare to withdraw
preliminare preliminary
il **premio** (*pl.* **i premi**) prize (9)
prendere (*p.p.* **preso**) to take (4); **prendere in affitto (una casa)** to rent (a house) (10); **prendere appunti** to take notes; **prendere l'autobus** to take the bus; **prendere una decisione** to make a decision; **prendere la multa** to get a ticket, fine (13); **prendere a nolo (una macchina / una barca)** to rent (a car / a boat); **prendere il raffreddore** to catch a cold (9); **prendere il sole** to get some sun; *andare a prendere** to go pick up (13); *venire a prendere** to come pick up (13)

prenotare to reserve (6)
la **prenotazione** reservation; **fare una prenotazione** to make a reservation; **ufficio prenotazioni** reservation bureau
preoccupare to worry (*someone*); **preoccuparsi (di)** to worry (about)
preoccupato worried
la **preoccupazione** worry
preparare to prepare (6); to make (*a dish*); to study
i **preparativi** preparations
la **preposizione** preposition; **preposizione articolata** articulated preposition
presentare to present, introduce; to show (*a film, TV show, etc.*)
la **presentazione** presentation, introduction
il **presente** present; present tense; **presente progressivo** present progressive
presente *adj.* present
la **presenza** presence
il **presidente** *m./f.* president; il **Presidente (della Repubblica)** president (of the Republic); il **Presidente del Consiglio** prime minister
la **pressione** pressure
prestare to lend (6)
prestigioso prestigious
prestito: in prestito on loan
presto early (3); quickly; soon; **a presto** see you soon
il **prete** priest
prevalentemente predominantly
prevedere to foresee, anticipate
prezioso precious
il **prezzo** price
il **prigioniero** prisoner
la **prima** premiere, opening night (14)
prima first (5); before; **prima che** (+ *subj.*) before (17); **prima di** *prep.* before; **la prima volta** the first time (5)
la **primavera** spring (4)
primitivo primitive
primo *adj.* first; **primo ballerino / prima ballerina** principal dancer; il **primo** the first (*day of the month*) (P); il **primo gennaio** January 1st (P); il **Primo Ministro** Prime Minister (16); il **primo (secondo/terzo) piano** the first (second/third) floor (12); **al primo piano (secondo/terzo)** on the first (second/third) floor (12)
il **primo (piatto)** first course (6)
principale principal
principalmente primarily, mainly
il **principe / la principessa** prince/princess
il/la **principiante** beginner
il **priore** prior (monastic office)
privato private
probabile probable
la **probabilità** (*pl.* **le probabilità**) probability

probabilmente probably
il **problema** (*pl.* **i problemi**) problem (13)
problematica (*f. pl.* **problematiche**) problems
il **procedimento** procedure
la **procedura** procedure
procurare to cause, bring about
il **procuratore / la procuratrice** attorney
il **prodotto** product
produrre (*p.p.* **prodotto**) to produce (8)
il **produttore / la produttrice** producer (8)
la **produzione** production
professionale *adj.* professional
la **professionalità** professionalism; skill, competence
la **professione** profession, trade, occupation (17); **di professione** professional
il/la **professionista** professional
professionista *adj.* professional (14)
il **professore / la professoressa** professor (P)
il **profugo / la profuga** (*m. pl.* **i profughi**) refugee
profumato scented
la **profumeria** perfume shop
il **profumo** perfume
il **progetto** project, plan
il **programma** (*pl.* **i programmi**) plan; (*TV or radio*) program; **avere programmi** to have plans; **fare un programma** to plan, make plans (4); **fare programmi** to make plans (10)
programmare to plan (9)
il **programmatore / la programmatrice** programmer
il/la **progressista** (*m. pl.* **i progressisti**) progressive, liberal
proibire (isc) to prohibit
la **promessa** promise
promettere (**di** + *inf.*) (*p.p.* **promesso**) to promise (*to do something*) (14)
promuovere (*p.p.* **promosso**) to promote
il **pronome** pronoun; **pronome tonico** disjunctive pronoun
pronto ready (6); **pronto in tavola!** come and get it!; **pronto!** hello (*on telephone*)
la **pronuncia** (*pl.* **le pronunce**) pronunciation
pronunciare to pronounce; **come si pronuncia... ?** how do you pronounce . . . ?
la **propaganda** propaganda
proporre (*p.p.* **proposto**) to propose
a proposito di speaking of, with regard to
la **proposizione** proposition
la **proprietá** property
il **proprietario** (*pl.* **i proprietari**) / la **proprietaria** owner, proprietor
proprio (*m. pl.* **propri**) one's own
proprio (*inv.*) really, just (1)
il **prosciutto** cured ham (6)
la **prospettiva** perspective
la **prossimità** proximity

prossimo next, upcoming
la prostituzione prostitution
il/la protagonista (*m. pl.* **i protagonisti**) protagonist (15)
proteggere (*p.p.* **protetto**) to protect (13)
protestare to protest
la protezione protection; **protezione dell'ambiente** environmentalism (13)
provare to try (6); **provare** (**a** + *inf.*) to try (*to do something*) (7); to try on (11); to prove
proveniente originating
il proverbio (*pl.* **i proverbi**) proverb
la provincia (*pl.* **le province**) province
provinciale provincial
provocare to provoke
provvedere (*p.p.* **provvisto**) to provide for
il provvedimento measure
la psicologia psychology
pubblicare to publish (8)
la pubblicazione publication (8)
la pubblicità advertisement (8), advertising (8)
pubblicitario (*m. pl.* **pubblicitari**) advertising
il pubblico public; audience (14)
pubblico (*m. pl.* **pubblici**) public; **i mezzi pubblici di trasporto** public (*means of*) transportation (13)
pulire (isc) to clean (4)
la pulizia cleaning
il punto point; period; **in punto** exactly, on the dot; **sul punto** just about
puntuale on time; *essere puntuale to be on time
può darsi it could be (16)
purché provided that (17)
pure go ahead (11); by all means (11)
puro pure
purtroppo unfortunately

Q

qua here (1)
il quaderno notebook (P)
quadrato *adj.* square; **il metro quadrato** square meter
il quadro painting (*individual work*) (15)
qualche some, a few (12); **qualche volta** sometimes
qualcosa something (12); **qualcosa di piacevole** something pleasant; **qualcosa da bere/mangiare** something to drink/eat
qualcuno/qualcuna some (12); someone (12)
quale? *adj.* which? (6), *pron.* which one? (6); **qual è… ?** what is . . . ? (6)
la qualità (*pl.* **le qualità**) quality
qualsiasi (*inv.*) any; whatever (13)
qualunque *adj.* whatever, whichever (17); **qualunque cosa** *pron.* whatever, no matter what (17)
quando when (6); **da quando** since; **Quando sei nato/nata?** When were you born? (*inform.*) (P)

quanti/quante how many; **Quanti anni ha?** How old are you? (*form.*) (P); **Quanti anni hai?** How old are you? (*inform.*) (P); **Quanti ne abbiamo oggi?** What is today's date? (11); **quante volte?** how many times?
la quantità quantity
quanto how much; how many (6); **da quanto tempo** (for) how long; **per quanto** although, inasmuch as; **quanto tempo?** how long?; **(tanto)… quanto** as . . . as (9); as much . . . as (9)
quantunque although
il quartiere neighborhood
il quarto quarter (4); **quarto d'ora** quarter of an hour
quarto *adj.* fourth
quasi almost
quello that (3); that one (3); **quello che** that which (14); what (14); **da quelle parti** around there (12)
il questionario (*pl.* **i questionari**) questionnaire
la questione issue
questo this (3); this one (3)
qui here (1); **qui vicino** nearby (1)
quindi *adv.* then; *conj.* therefore
quinto fifth
il Quirinale Quirinal (seat of the President of Italy)
il quotidiano daily newspaper (8)
quotidiano *adj.* daily

R

la racchetta racket
raccogliere (*p.p.* **raccolto**) to gather
la raccolta collection
la raccomandazione recommendation
raccontare to tell, narrate
il racconto short story (4)
la radio (*pl.* **le radio**) radio (8); radio station (8)
raffinato refined
il raffreddore cold (*infection*) (9); **prendere il raffreddore** to catch a cold (9)
il ragazzo / la ragazza boy/girl (2); young man/young woman (2); boyfriend/girlfriend
il raggio ray
raggiungere (*p.p.* **raggiunto**) to arrive at, to reach
raggruppato grouped
la ragione reason; **avere ragione** to be right (1)
ragionevole reasonable
il ragno spider
il ragù meat sauce; **al ragù** with meat sauce (6)
rallegrare to cheer up
rapidamente rapidly
rapido rapid, fast
il rapporto relationship (7)
il/la rappresentante representative
rappresentare to represent
la rappresentazione representation; **la rappresentazione teatrale** play, performance (14)

raramente rarely
i ravioli ravioli
il razzismo racism (18)
il/la razzista (*m. pl.* **i razzisti**) racist (18)
razzista *adj.* (*m. pl.* **razzisti**) racist (18)
il re (*pl.* **i re**) king
*reagire (isc) to react
reale real
il/la realista realist
realizzare to realize, achieve
la realizzazione realization, fulfilment
la realtà reality; **in realtà** in reality
la reazione reaction
la recensione review (8)
recensire (isc) to review (8)
recente recent; **di recente** recently
recentemente recently
il recipiente container
reciproco (*m. pl.* **reciproci**) reciprocal
recitare to act (14); to play a part (14); to perform (14)
la recitazione acting
il redattore / la redattrice editor
la redazione editorial staff
regalare to give (*as a gift*) (6)
il regalo gift; **fare un regalo** (**a** + *person*) to give a present (*to someone*)
la regina queen
regionale regional
la regione region
il/la regista (*m. pl.* **i registi**) (*film or theater*) director (8)
il regno kingdom
la regola rule
regolare regular
la regolarità regularity
regolarizzare to regularize, legalize
regolarmente regularly
relativo *adj.* relative
il relax relaxation
la relazione paper, report (15)
la religione religion
religioso religious
rendere (*p.p.* **reso**) to return, give back; to make, cause to be
il reparto division
la Repubblica the Republic (Italy); **il Presidente della Repubblica** president (of the Republic)
il requisito requirement (17)
resettare to reset (17)
residente *adj.* residing
la residenza residence
resistere (*p.p.* **resistito**) to resist
respirare to breathe
responsabile responsible (2)
*restare to stay, remain; to be left (over)
restaurare to restore
il restauro restoration
restituire (isc) to give back
il resto the rest, change (*from a transaction*)
la rete network (8); the Web (17); **in rete** online; **navigare in rete** to surf the Internet; **il sito della rete** website (17)
reumatico rheumatic
riabilitare to rehabilitate

riassumere (*p.p.* riassunto) to summarize (15)
il riassunto summary (15)
la ricchezza wealth (18)
il riccio (*pl.* i ricci) curl
riccio (*m. pl.* ricci) curly (2)
ricco (*m. pl.* ricchi) rich (2)
la ricerca research (15); fare ricerche to do research (15); il motore di ricerca search engine (17)
ricercato sought after
la ricetta recipe (6); prescription
ricevere to receive (4)
il ricevimento reception
richiamare to call back
richiedere (*p.p.* richiesto) to require
la richiesta demand (17)
riciclabile recyclable
il riciclaggio recycling (13)
riciclare to recycle (13)
ricominciare to begin again
riconoscere (*p.p.* riconosciuto) to recognize
riconsegnare to redeliver, return
ricordare to remember; to remind; ricordarsi di to remember (*to do something*)
il ricordo memory; souvenir
la ricotta ricotta cheese
ricreare to recreate
ridere (*p.p.* riso) to laugh
ridurre (*p.p.* ridotto) to reduce
la riduzione reduction (16)
riempire to fill; riempire un modulo to fill out a form (17)
*rientrare to return
rifare to redo
riferire (isc) to report (on); riferirsi (isc) (a) to refer (to)
il rifiuto garbage, trash; i rifiuti garbage (13)
la riforma reform
riguardare to regard, concern
riguardo a with regard to
rilassante relaxing
rilassarsi to relax (7)
la rima rhyme (15)
*rimanere (*p.p.* rimasto) to remain; to stay; rimanere senza benzina to run out of gas (13)
rinascimentale *adj.* Renaissance
il Rinascimento Renaissance
ringraziare to thank
rinnovarsi to renew oneself
riparare to fix
la riparazione repair
ripassare to review
il ripasso review
ripetere to repeat; ripeta, per favore please repeat; ripetete repeat
ripieno stuffed
riportare to bring back (6)
riposarsi to rest
il ripostiglio utility room, closet
riprendere (*p.p.* ripreso) to resume; riprendere il lavoro to get back to work

*risalire (a) to date back (to)
riscaldare to warm up
riscoprire (*p.p.* riscoperto) to rediscover
riscrivere (*p.p.* riscritto) to rewrite
il riscaldamento heat, heating (12)
la riserva reserve
il riso rice (6)
risoluto resolute
risolvere (*p.p.* risolto) to solve; to resolve (18)
il Risorgimento the Risorgimento or Revival (*movement for Italian political unity*)
il risotto creamy rice dish (6)
risparmiare to save
il risparmio saving
rispettare to respect (13); to obey (13); rispettare il limite di velocità to obey the speed limit
rispetto a with respect to, compared to
rispondere (*p.p.* risposto) to answer, reply (4); rispondere a un annuncio to answer an ad (17); rispondete! answer!
la risposta answer
il ristorante restaurant (1); *andare al ristorante to go to a restaurant (4)
ristretto: caffè ristretto strong coffee
ristrutturare to restructure, remodel
il risultato result
il risveglio awakening
il ritardo delay; *essere in ritardo to be late; in ritardo late
ritirare to get, draw, withdraw
il rito rite, ritual
*ritornare to return, go back, come back
il ritorno return; biglietto di andata e ritorno round-trip ticket
il/la ritrattista (*m. pl.* i ritrattisti) portrait artist
il ritratto portrait (15)
ritrovare to find, discover
la riunione meeting (16)
*riuscire (a + *inf.*) to succeed (*in doing something*) (14)
la rivista magazine (4)
rivoluzionario revolutionary
la roba stuff
la robaccia junk food
la roccia (*pl.* le rocce) rock; rock-climbing; rocce a picco sheer cliffs
romagnolo of/from Romagna (the region)
romano Roman
romantico (*m. pl.* romantici) romantic
il romanziere / la romanziera novelist
il romanzo novel (15)
rompersi (*p.p.* rotto) to break (a bone) (9)
la rosa rose
rosa *adj. inv.* pink
il rossetto lipstick; mettersi il rossetto to put on lipstick (7)
rosso red (2); Cappuccetto Rosso Little Red Riding Hood; la Croce Rossa the Red Cross
rotondo round
rotto broken

rovinato fallen apart
le rovine ruins, remains (15)
la rubrica column, feature (*newspaper*)
i ruderi ruins, remains (15)
il rumore noise (12)
il ruolo role
il russo/la russa Russian person; il russo Russian language
russo Russian (2)

S

il sabato Saturday (P); sabato sera Saturday evening
la sabbia sand
il sacchetto small bag; sacchetto di plastica plastic bag
il sacco bag; un sacco (di) a lot (of), lots (of)
il saggio essay
la sala room; hall; sala da pranzo dining room (5); sala d'aspetto waiting room
il salame salami
il salario (*pl.* i salari) wage (16)
i salatini snacks, crackers, munchies (5)
salato salted
il saldo sale (11); in saldo on sale (11)
il sale salt
salernitano of/from Salerno
†salire to get on; to climb up
il salmone salmon
il salotto living room (5)
la salsiccia (*pl.* le salsicce) sausage
la salumeria delicatessen (11)
i salumi cold cuts (6)
il salumiere / la salumiera delicatessen clerk (11)
salutare to greet; to say hello to; to say goodbye to
salutare *adj.* healthy
la salute health (9)
il saluto greeting; distinti saluti best regards
salvare to save (17)
salve hi, hello (P)
il sangue blood
sanitario (*m. pl.* sanitari) sanitary, related to health; l'assistenza sanitaria nazionale national health care; il sistema sanitario nazionale national health care
sano healthy (9)
santo holy, blessed; santo cielo! good heavens!; tutta la santa sera the whole blessed evening
il santo / la santa saint
sapere to know (5); to have knowledge of (5); to find out (*in past tenses*) (5); sapere + *inf.* to know how to (*do something*) (5)
sardo Sardinian
il sasso stone
il sassofono saxophone
sbagliarsi to make a mistake (7)
lo sbaglio error, mistake
sbarcato disembarked
lo sbarco de-boarding
sbattere to beat

scaduto expired
lo scaffale shelf
la scala staircase; **le scale** stairs, staircase (12)
scalare to climb
scaldare to warm up
la scalinata staircase
lo scalino step (*of stairs*)
scaltro shrewd; crafty
scambiare to exchange
lo scambio (*pl.* **gli scambi**) exchange
lo scampo prawn
scapolo *adj.* bachelor
scaricare to unload; to discharge; to download (17)
lo scarico exhaust; discharge
la scarpa shoe; **le scarpe** (7)
scarso scarce; poor
la scatola box
scavato carved
lo scavo excavation; **lo scavo archeologico** archeological dig (15)
scegliere (*p.p.* **scelto**) to choose
la scelta choice
scemo foolish, stupid
la scena scene; **mettere in scena** to stage, put on, produce (14)
lo scenario scenery, background
lo schema (*pl.* **gli schemi**) chart
lo scenografo / la scenografa set designer
la scenografia set, scenery
lo schermo screen (8)
scherzare to joke, tease
lo schiavo slave
la schiena back
lo schieramento alignment
lo sci skiing (4); **sci di fondo** cross-country skiing; **sci acquatico/nautico** waterskiing
sciare to ski
la sciarpa scarf (7)
lo sciatore / la sciatrice skier
scientifico (*m. pl.* **scientifici**) scientific; **il liceo scientifico** high school for the sciences
la scienza science (3); **scienze politiche** political science (3)
la sciocchezza silliness
scioperare to strike (16)
lo sciopero strike (16); ***essere in sciopero** to be on strike (16); **fare sciopero** to strike (16)
la scocciatura nuisance
la scodella bowl
lo scoglio (*pl.* **gli scogli**) cliff
scolpire (**isc**) to sculpt (15)
*scomparire (*p.p.* **scomparso**) to disappear
lo sconosciuto / la sconosciuta stranger
lo sconto discount (11); **fare uno sconto** to give a discount (11)
lo scontrino receipt; **fare lo scontrino** to get a receipt
lo scontro encounter, collision (15)
scontroso sullen
sconvolto upset
lo scooter (*pl.* **gli scooter**) scooter (1)

la scoperta discovery
lo scopo aim; scope
scoprire (*p.p.* **scoperto**) to discover
scorso *adj.* last (*with time expressions*) (5); **l'estate scorsa** last summer
scortese impolite, rude
scremato skin
gli scritti written exams (3)
scritto *adj.* written
lo scrittore / la scrittrice writer (15)
la scrittura writing (*in general*) (15)
la scrivania desk
scrivere (*p.p.* **scritto**) to write (4); **scrivere a macchina** to type (17); **Come si scrive...?** How do you write ...?; **Scrivete!** Write!
scrollare to scroll (17)
la scuderia stable
lo scultore / la scultrice sculptor (15)
la scultura sculpture (*in general and as an individual work*) (15)
la scuola school (1); **scuola media** middle school
la scusa excuse
scusare to excuse
scusa excuse me (*inform.*) (P)
scusi excuse me (*form.*) (P)
se if; **anche se** even if; **come se** as if
sebbene although (17)
il seccatore / la seccatrice bore, nuisance
il secolo century (15)
secondario (*m. pl.* **secondari**) secondary
secondo *adj.* second; **la seconda guerra mondiale** the Second World War; **il secondo piano** second floor (12); **al secondo piano** on the second floor (12)
il secondo (piatto) main course (6)
secondo *prep.* according to (2); **secondo l'esempio** according to the example; **secondo me** in my opinion; **a seconda di** depending on
la sede seat; headquarters
sedersi to sit down
la sedia chair (P)
seducente seductive
seduto seated
il segnale sign (13); **segnale stradale** road sign (13)
il segno sign; **fare segno** to indicate
il segretario (*pl.* **i segretari**) / **la segretaria** secretary
la segreteria telefonica answering machine
il segreto secret
seguente following
seguire to follow (4); to follow, watch (*a program*) regularly; **seguire un corso** to take a class (4)
seguito popular
sei you are (*inform.*) (P)
selezionare to select
selvaggio wild
selvatico wild, untamed
la selvatichezza wildness
*sembrare to seem (16); **sembra che** it seems that; **sembra** it seems

il semestre semester
la semiotica semiotics
semplice simple
la semplicità simplicity
sempre always (2); all the time (3); **sempre dritto** straight ahead (1); **sempre più** (+ *adj.*) increasingly (*adj.*)
il Senato Senate (*upper house of Parliament*) (16)
il senatore / la senatrice senator (16)
senese of/from Siena
sensibile sensitive (2)
il senso sense; meaning; **senso dell'umorismo** sense of humor
sentimentale sentimental
il sentimento sentiment, feeling
sentire to hear (4); **farsi sentire** to make oneself heard; **sentire dire (di)** to hear (about); **sentire parlare (di)** to hear (about); **sentirsi (bene / male / stanco / contento)** to feel (good / bad / tired / happy) (7)
senza without (1); **senz'altro** of course, definitely; **senza che** without (17); **la benzina senza piombo** unleaded gas; ***rimanere senza benzina** to run out of gas
il/la senzatetto (*pl.* **i/le senzatetto**) homeless person
separato separated
sepolto buried
la sera evening (3); **buona sera** good afternoon, good evening (P); **di/la sera** in the evening (4); **ieri sera** last night (5); **ogni sera** every night **sabato sera** Saturday night; **tutta la santa sera** the whole blessed evening
la serata evening (*event*)
il serbatoio gas tank
sereno calm; ***essere sereno** to be clear weather
la serie (*pl.* **le serie**) series; **la serie televisiva** TV series
serio (*m. pl.* **seri**) serious
serra: l'effetto serra greenhouse effect
il server server (17)
servire to serve (4); to be necessary
il servizio (*pl.* **i servizi**) cover charge (6); **i servizi** facilities (kitchen and bath) (12); **la stazione di servizio** gas station; service station
sesto sixth
la seta silk
la sete thirst; **avere sete** to be thirsty (1)
settembre September (P)
settentrionale northern
la settimana week (P); **alla settimana** each week; ***andare in settimana bianca** to go on a week-long skiing vacation; **una volta alla settimana** once a week
il settimanale weekly publication (8)
settimanale weekly
il settore sector
severo severe
la sfilata fashion show
lo sfondo background
la sfortuna bad luck

lo sfortunato / la sfortunata
unfortunate person
lo sfruttamento exploitation
sfruttare to exploit
sfuggire to escape from
sì yes (P)
si *pron.* yourself (*form.*) (7); himself,
herself (7); yourselves (*pl. form.*) (7);
themselves (*m. and f.*) (7)
la sibilla sybil
siciliano Sicilian
sicuramente surely
la sicurezza safety; security; **la cintura
di sicurezza** seatbelt (13)
sicuro secure (2); safe, certain, sure
la sigaretta cigarette
significare to mean
il significato meaning
la signora lady; Mrs. (P)
il signore gentleman; lord; Mr. (P)
la signorina young lady; Miss (P)
il silenzio (*pl.* **i silenzi**) silence
silenzioso silent
simbolizzare to symbolize
il simbolo symbol
simile similar
la similarità similarity
simpatico (*m. pl.* **simpatici**) nice,
likeable (2)
la sinagoga synagogue
sincero sincere
il sindacato labor union (17)
la sinfonia symphony (14)
sinfonico (*m. pl.* **sinfonici**) symphonic
singolare singular
singolo single; **la camera singola** single
room (10)
la sinistra left; **a sinistra** to/on the left
(1); **di sinistra** left-wing (16)
sinistro *adj.* left
il sinonimo synonym
il sistema (*pl.* **i sistemi**) system; **sistema
operativo** operating system; **sistema
politico** political system (16); **sistema
sanitario nazionale** national health
care
sistemare to arrange; **sistemarsi** to get
settled
la sistemazione accommodation (10)
la situazione situation
il sito site; **il sito Internet** website (17); **il
sito della rete** website (17)
lo skate *coll.* skateboarding
slavo Slavic
smarrirsi (isc) to get lost
smeraldo *adj.* emerald; **la Costa
Smeralda** the Emerald Coast
smettere (di) (*p.p.* **smesso**) to stop
(*doing something*) (7)
lo snò *coll.* snowboarding
la soap-opera soap opera (8)
sociale social; **il centro sociale** social-
services center; **la classe sociale** social
class; **la questione sociale** social
issue; **il valore sociale** social value
il/la socialista (*m. pl.* **i socialisti**)
socialist
la società (*pl.* **le società**) society

la sociologia sociology
soddisfare to satisfy
soddisfatto (di) satisfied/happy (with)
la soddisfazione satisfaction
la soffitta attic (12)
soffrire (di) (*p.p.* **sofferto**) to suffer
(from)
il software (*pl.* **i software**) software (17)
il soggetto subject
il soggiorno family room (12); **il
permesso di soggiorno** residence
permit
la sogliola sole (*fish*)
sognare to dream (about); **sognare (di
+ inf.)** to dream (*of doing something*)
(8)
il sogno dream
solamente only
il soldato / la soldatessa soldier
i soldi money (2)
il sole sun; **al sole** in the sun; **la luce
del sole** sunlight; **prendere il sole** to
get some sun, sunbathe
la solidarietà solidarity
solitario solitary
solito usual (4); **come al solito** as usual;
di solito usually
la solitudine loneliness (18);
isolation (18)
il sollevamento lifting; **fare
sollevamento pesi** to lift weights (4)
solo *adv.*, only (1); *adj.* alone; single (4);
da solo/sola alone
soltanto only
la soluzione solution
il sondaggio (*pl.* **i sondaggi**) poll,
survey
il sonno sleepiness; **avere sonno** to be
sleepy (1)
sono I am (P); **ci sono...** there are . . . ;
ci sono... ? are there . . . ? (1); **sono
di...** I'm from . . . (P); **sono
nato/nata...** I was born . . .
sonoro: la colonna sonora
soundtrack (8)
sopportare to tolerate
sopra above, over (12)
il sopracciglio (*pl.* **le sopracciglia**)
eyebrow
il soprannome nickname
il soprano *m./f.* soprano (14)
soprattutto above all
***sopravvivere** (*p.p.* **sopravvissuto**) to
survive
la sorella sister (3)
la sorellastra step-sister; half-sister
sorprendere (*p.p.* **sorpreso**) to surprise
(16)
la sorpresa surprise; **la festa a sorpresa**
surprise party
sorridere (*p.p.* **sorriso**) to smile
sospettare to suspect
la sosta pause; stop; **il divieto di sosta**
no-parking zone (13)
sostenere to support
sostituire (isc) to substitute
i sottaceti pickled vegetables
sotto below, under (12)

sottolineare to underline
sottoporre (*p.p.* **sottoposto**) to subjugate
il sottotitolo subtitle
sovrano *adj.* sovereign
sovvenzionare to subsidize
la sovvenzione subsidy
gli spaghetti spaghetti
lo spagnolo / la spagnola Spanish
person; **lo spagnolo** Spanish language
spagnolo Spanish (2)
la spalla shoulders, (*pl.*) back
sparso scattered
spaziale *adj.* space
lo spazio space
lo specchio (*pl.* **gli specchi**) mirror
speciale special; **niente di speciale**
nothing special
la specialità speciality
specializzarsi to specialize (7)
specializzato specialized
la specializzazione (in) major (in) (3)
specialmente especially
la specie (*pl.* **le specie**) kind, sort;
species
specificare to specify
specifico (*m. pl.* **specifici**) specific
spedire (isc) to send (14)
la spedizione expedition
spegnere (*p.p.* **spento**) to turn off
spendere (*p.p.* **speso**) to spend
la speranza hope
sperare to hope; **sperare (di + inf.)** to
hope (*to do something*) (14)
sperimentale experimental
la spesa shopping; **fare la spesa**
to go grocery shopping (11);
fare spese to go shopping (11)
spesso often (3)
spettacolare spectacular
lo spettacolo show (14); **allestire
uno spettacolo** to stage a production
(14)
lo spettatore / la spettatrice
spectator (14)
spezzare to slice, chop
la spia spy
la spiaggia (*pl.* **le spiagge**) beach;
***andare in spiaggia** to go to the
beach (10)
spiegare to explain (3)
la spiegazione explanation
gli spinaci spinach
spingere (a + inf.) (*p.p.* **spinto**) to push
lo spirito spirit
spiritoso witty
splendere to shine
splendido splendid
lo splendore splendor
lo sponsor (*pl.* **gli sponsor**) sponsor
sporco (*m. pl.* **sporchi**) dirty
lo sport (*pl.* **gli sport**) sport (4);
fare/praticare uno sport to play a
sport (4)
lo sportello ATM
sportivo athletic (2)
sposare to marry; **sposarsi** to get
married (7)
sposato married

gli sposi newlyweds
spostare to move
spray: i prodotti spray aerosol products
la spremuta freshly squeezed juice (5)
spronare to spur (on)
sprovvisto unprovided, lacking
lo spumante sparkling wine
lo spumone spumone (*flavor of Italian ice cream*)
lo spunto cue
lo spuntino snack (5); **fare uno spuntino** to have a snack (5)
la squadra team (4)
squisito delicious
stabile *adj.* stable
lo stabilimento factory
stabilire (isc) to establish
lo stadio (*pl.* **gli stadi**) stadium (1)
la stagione season (4); **alta stagione** high season
stamattina this morning (3)
lo stambecco a type of mountain goat
la stampa press, the press (8)
la stampante printer (17)
stampare to print (8); to publish
stancarsi to get tired
stanco (*m. pl.* **stanchi**) tired (2); **sentirsi stanco** to feel tired (7)
la stanza room (12); **il compagno / la compagna di stanza** roommate
stanziare to allocate; **stanziare fondi** to allocate resources
*****stare;** to stay (3); *****stare attento** to pay attention (3); to be careful (3); *****stare bene/male** to be well/unwell (3); *****stare a casa / in casa** to stay at home; *****stare in piedi** to stand; *****stare zitto** to be/keep quiet
stasera tonight, this evening (3)
statale federal, of the state
statistico (*m. pl.* **statistici**) statistical
lo Stato the State (16); the federal government (16)
la statua statue (15)
statunitense of/from the United States
la statura height (2); **di media statura** of medium height
la stazione train station (1); **la stazione di servizio** gas station; service station; **la stazione termale** spa
la stella star
stendere (*p.p.* **steso**) to lay out
lo stereo stereo
lo stereotipo stereotype
stesso same (2); **lo stesso** the same
lo stile style (14)
lo/la stilista stylist
lo stipendio (*pl.* **gli stipendi**) salary (16)
stirare to iron
lo stivale boot; **gli stivali** boots
lo stomaco stomach (9); **avere mal di stomaco** to have a stomachache (9)
lo stop (*pl.* **gli stop**) stop sign
la storia history (3); story; **storia dell'arte** art history (3)
storico (*m. pl.* **storici**) historic
storto awry; crooked

la strada street, road (1); **per strada** on the street
stradale *adj.* road (13); **il segnale stradale** road sign (13)
straniero foreign (3); **le lingue e le letterature straniere** foreign languages and literatures (3)
lo straniero / la straniera foreigner
strano strange
straordinario (*m. pl.* **straordinari**) extraordinary
strapazzato scrambled
la strega witch
lo stress stress
stressante stressful
stressato stressed (2)
stretto tight; narrow
lo strumento instrument (4); **suonare uno strumento** to play an instrument (4)
la struttura structure
lo studente / la studentessa student (P); **la casa dello studente** dormitory
studiare to study (3)
gli studi studies (3)
lo studio (*pl.* **gli studi**) study, office (12); academic endeavor; **la borsa di studio** scholarship; **la materia di studio** subject matter (3)
stupendo stupendous
stupido stupid
su on, over (1); upon, above (5); **Su!** Come on! (11)
subito immediately, right away; **ecco subito!** right away!
*****succedere** (*p.p.* **successo**) to happen
successivo following
il successo success; **avere successo** to be successful
il succo d'arancia (*pl.* **i succhi**) orange juice (5)
il sud south
sufficiente sufficient
il suffisso suffix
il suggerimento suggestion
suggerire (isc) to suggest
il sugo (*pl.* **i sughi**) sauce; **al sugo di pomodoro** with tomato sauce (6)
Suo your (*form.*) (3); **suo** his/her/its (3)
il suocero / la suocera father-in-law/mother-in-law
†**suonare** to play (*a musical instrument*) (3); to ring (*doorbell*); to sound; **suonare a orecchio** to play by ear; **suonare uno strumento** to play an instrument (4)
super: la benzina super super gasoline
superare to exceed (13)
la superficie area
superiore superior; upper, higher
il superlativo superlative (*gram.*)
il supermercato supermarket (1)
supersonico (*m. pl.* **supersonici**) supersonic
la sveglia alarm-clock
svegliare to wake up (*someone*); **svegliarsi** to wake up (7)
la svendita sale (11); **in svendita** on sale (11)

sviluppare to develop
lo sviluppo development
svolgere (*p.p.* **svolto**) to carry out
svolgersi (*p.p.* **svolto**) to take place (8)

T

la t-shirt t-shirt (7)
il tacchino turkey
il tacco heel
tagliare to cut
le tagliatelle noodles
il talk-show talk show (8)
talvolta at times
il tango tango
tanto *adv.* so; *adj.* so much (7); so many, a lot (7); **così tanto** so much; **(tanto)... quanto** as . . . as (9); as much . . . as (9)
la tappa stopover (10); leg (*of a journey*) (10)
il tappeto carpet
tardi *adv.* late; **fino a tardi** until late; **dormire fino a tardi** to sleep late; **più tardi** later
la targa (*pl.* **le targhe**) license plate (13)
la tasca pocket
la tassa tax; **le tasse** taxes
il tassì (*pl.* **i tassì**) taxi
la tastiera keyboard (17)
la tavola table; **apparecchiare la tavola** to set the table (6); **pronto in tavola!** come and get it!
il tavolino small table; café table (5); **al tavolino** at a table
il tavolo table
la tazza cup
il tè tea (1); tea party; **tè caldo** hot tea (5); **tè freddo** iced tea (5)
teatrale theatrical; **la rappresentazione teatrale** play, performance (14)
il teatro theater (1); *****andare a teatro** to go to the theater (4)
la tecnica technique
tecnico (*m. pl.* **tecnici**) technical
la tecnologia technology
il tedesco / la tedesca (*m. pl.* **i tedeschi**) German person; **il tedesco** German language
tedesco (*m. pl.* **tedeschi**) *adj.* German (2)
il tegame pan
il telefilm (*pl.* **i telefilm**) TV mini-series (8); made-for-TV movie
telefonare (a) to telephone, call (3)
la telefonata phone call
telefonico (*m. pl.* **telefonici**) *adj.* related to the telephone
il telefono telephone; **il numero di telefono** telephone number
il telegiornale TV news (8)
la telenovela (*pl.* **le telenovelas**) soap opera
il telespettatore / la telespettatrice television viewer
la televisione (la TV) television (TV) (4); **dare in televisione** to show on television; **guardare la televisione (la TV)** to watch television (TV) (4)

televisivo *adj.* related to television, televised; **la fiction televisiva** TV series (8); **la serie televisiva** TV series

il televisore television set

il tema (*pl.* **i temi**) theme (15)

temare to fear, be afraid of

il tempaccio bad weather

la temperatura temperature

il tempio (*pl.* **i templi**) temple

il tempo weather; time (4); **Che tempo fa?** How's the weather?, What's the weather like?; **da molto tempo** for a long time; **molto tempo fa** a long time ago; **da quanto tempo?** (for) how long?; **passare il tempo** (**a** + *inf.*) to spend time (*doing something*)

tenere to keep; to hold; **tenerci** (**a**) to care (about); **tenersi per mano** to hold hands

il tennis tennis (4); **giocare a tennis** to play tennis; **le scarpe da tennis** tennis shoes

il/la tennista tennis player

il tenore tenor (14)

la teoria theory

teorico theoretical

termale: la stazione termale spa

le terme baths

il termine term

la terra earth; **a terra** on the ground

il terrazzo balcony (12)

il terremoto earthquake

terrestre *adj.* land

terribile terrible

il territorio territory

il terrore terror

terzo third; **il terzo piano** the third floor (12); **al terzo piano** on the third floor (12)

la tesi (*pl.* **le tesi**) thesis

il tesoro treasure

tessile *adj.* related to textile

la testa head (9); **a testa** apiece; **avere mal di testa** to have a headache (9)

il testamento will; **Vecchio Testamento** Old Testament

il testo text

il tetto roof

ti *pron.* you (*inform.*) (4); to/for you (*inform.*) (6); yourself (7)

tifare (**per**) to root (for)

timido shy

tipico (*m. pl.* **tipici**) typical (3)

il tipo type, sort; guy

tipo like, similar to

il tiramisù *dessert of ladyfingers soaked in espresso and layered with cream cheese, whipped cream, and chocolate* (6)

tirare to pull; **tirare vento** to be windy

il tirocinio internship (17)

il titolo title

toccare to touch; **toccare a** (+ *person*) to be the turn of (*person*); **Tocca a me / te / lui / lei!** It's my / your / his / her turn! (9)

togliere (*p.p.* **tolto**) to take away

tonico (*pl.* **tonici**) stressed; **il pronome tonico** disjunctive pronoun

il topo mouse

*tornare (**a**) to return (*to a place*) (7); to go back, come back

il torneo tournament

la torre tower; **la Torre Pendente** Leaning Tower

la torta cake (6)

i tortellini type of pasta

la tosse cough

il/la tossicodipendente drug addict (18)

la tossicodipendenza drug addiction (18)

tra between, among, in, within (+ *time expression*)

la traccia outline; track

la tradizione tradition

tradizionale traditional

tradizionalmente traditionally

tradurre (*p.p.* **tradotto**) to translate

la traduzione translation

il traffico traffic (12)

la tragedia tragedy (14)

il traghetto ferry

tragico tragic

trainato drawn, pulled

la trama plot

il tramezzino a multi-layered sandwich

il tramonto sundown

tranquillo calm (2)

trascurare to overlook

il trasferimento transfer

trasferirsi (isc) to move (*to another town, state, etc.*) (12)

trasformare to transform

la trasformazione transformation

traslocare to move

il trasloco (*pl.* **i traslochi**) move; **fare il trasloco** to move

trasmettere (*p.p.* **trasmesso**) to broadcast (8)

la trasmissione transmission, broadcast

la traspirazione perspiration

trasportare to transport

il trasporto transportation; **i mezzi di trasporto** means of transportation (1); **i mezzi pubblici di trasporto** public (*means of*) transportation (13)

trattare to treat; to deal with; **trattare/trattarsi di** to be a matter of

la trattoria informal restaurant

la treccia (*pl.* **le trecce**) braid

tremendo terrible

il treno train (1); ***andare in treno** to go by train

la trigonometria trigonometry

il trimestre academic quarter, trimester

triste sad (2)

la tromba trumpet

il trombone trombone

tropicale tropical

troppo *adj.* too much, too many (4); *adv.* too

trovare to find; ***andare/*venire a trovare** (**una persona**) to go/come visit (*a person*); **trovarsi** to find oneself (*in a place*) (15); to meet

truccarsi to put on makeup

il trullo trullo (*rural home in Puglia*)

tu you (*inform.*) (P); **E tu?** And you? (*inform.*) (P)

tuo your (*inform.*)

il turismo tourism

il/la turista (*m. pl.* **i turisti**) tourist

turistico (*m. pl.* **turistici**) *adj.* related to tourism

il turno turn; **a turno** in turn

la tutela protection

tuttavia nonetheless

tutti/tutte *pron.* everybody, everyone; all (12); **tutti insieme** all together; **tutt'e due** both

tutto *inv.* all, everything; **tutto compreso** all costs included

tutto all, every, the whole (12); **tutta la santa sera** the whole blessed evening; **di tutti i giorni** everyday (7); **in tutto il mondo** all over the world (14)

la TV TV

U

l'uccello bird

ucciso killed

ufficiale official

l'ufficio (*pl.* **gli uffici**) office; **ufficio cambio** currency exchange; **ufficio informazioni** tourist information service; **ufficio postale** post office (1); **ufficio prenotazioni** reservation bureau; **ufficio pubblico** public office

l'Ufo (*pl.* **gli Ufo**) UFO

l'uguaglianza equality (18)

uguale equal (18)

ugualmente equally

ultimamente lately, recently

ultimo last; **all'ultima moda** trendy; **per ultimo** lastly

ultravioletto ultraviolet

l'umanità humanity

umanitario humanitarian

umano *adj.* human (9)

l'umiltà humility

l'umore humor, mood; **di cattivo/buon umore** in a bad/ good mood

l'umorismo humor; **il senso dell'umorismo** sense of humor

un (**uno, un', una**) one, a; **un po' (di)** a little bit (of) (2)

unico (*m. pl.* **unici**) only

l'unificazione *f.* unification

l'unione *f.* union

unire (isc) to unite, join

unito united (16)

universale: il Giudizio Universale the Last Judgment

l'università (*pl.* **le università**) university (1)

universitario (*m. pl.* **universitari**) *adj.* related to the university

l'uomo (*pl.* **gli uomini**) man (2)

l'uovo (*pl.* **le uova**) egg

urgente urgent

urlare to scream

usare to use

*uscire to go out (4); to leave (4); ***uscire**

(con) to go out (*with someone*) (4); **uscire di casa** to leave the house

l'uso use
utile useful
utilizzare to use, utilize
l'uva grapes (11)

V

va bene OK, (2) **va bene?** is that OK? (1)
la vacanza vacation, holiday; ***andare in vacanza** to go on vacation; **fare le vacanze** to go on vacation (10)
valere (*p.p.* **valso**) to be worth; to be valid; **vale la pena** it's worth it
la valigia (*pl.* **le valige**) suitcase (1); **disfare le valige** to unpack one's bags
la valle valley
il valore value (18)
la valutazione evaluation
il valzer waltz
il vantaggio advantage
variare to vary
la varietà (*pl.* **le varietà**) variety
vario (*m. pl.* **vari**) various
la vasca da bagno bathtub
il vassoio tray
vasto vast
il Vaticano Vatican
il vecchio (*pl.* **i vecchi**) / **la vecchia** old person
vecchio (*m. pl.* **vecchi**) *adj.* old (2); **Vecchio Testamento** Old Testament
vedere (*p.p.* **veduto** or **visto**) to see (4); **ci vediamo** see you later (P); **fare vedere** to show; **non vedo l'ora** I can't wait
il vedovo / **la vedova** widower/widow
vegetariano vegetarian
la vela sail; ***andare in barca a vela** to go sailing
il veleno poison
veloce fast (4)
velocemente fast (7); quickly
la velocità speed; **il limite di velocità** speed limit (13)
vendere to sell (11); **vendesi** for sale (12)
la vendita sale; **in vendita** for sale (12)
il venditore / **la venditrice** vendor (11)
il venerdì Friday (P)
***venire** to come (4); ***venire a prendere** to come pick up (13); ***venire a trovare** (*una persona*) to come to visit (*a person*)
il vento wind; **tirare il vento** to be windy
veramente truly, really
verbale verbal; **espressioni verbali** verbal expressions
il verbo verb
verde green (2); **la benzina verde** unleaded gas

la verdura vegetables (6); **il negozio di frutta e verdura** produce market (11)
vergine *adj.* virgin, virginal
la verifica verificazione, check
la verità truth
vero true; **vero?** right?; **non è vero?** isn't that true?; **a dire il vero** to tell the truth
la versione version
il verso verse; **in versi** in verse
verso toward
il vescovo bishop (15)
vestire to dress; **vestirsi** to get dressed (7); to dress (7)
il vestito dress (7); suit (7); **i vestiti** clothes (7)
la vetrina shop window (11)
il vetro glass (13)
vi *pron.* you (*pl. inform.*) (4); to/for you (*m. and f. pl., inform.*) (6); yourselves (*pl. inform.*) (7)
la via street (1)
via *adv.* away; ***andare via** to get going, get out, go away; **buttare via** to throw away; **e così via** and so on
viaggiare to travel (4)
il viaggio trip (1); **il viaggio di nozze** honeymoon **l'agenzia di viaggi** travel agency; **buon viaggio!** have a nice trip!; **fare un viaggio** to take a trip
il viale avenue
la vicenda event
vicino near (1); **vicino a** near, near to; **qui vicino** nearby (1)
la videocassetta videocassette
il videoregistratore VCR
vietare to forbid (13); to prohibit (13)
il/la vigile traffic officer (13)
la villa country house
il villaggio village
la villetta single-family house
vincere (*p.p.* **vinto**) to win
il vincitore / **la vincitrice** winner
il vino wine (1)
la violenza violence (18)
il violino violin
la virtù (*pl.* **le virtù**) virtue
la visita visit; **il biglietto da visita** business card
visitare (*un luogo*) to visit (*a place*) (10); to examine (*a patient*) (9)
il viso face
la vista view; eyesight
la vita life; **il costo della vita** cost of living (17); **la dolce vita** the easy life
la vitamina vitamin
la vite vine
il vitello veal (6)
la vittoria victory
viva! hurray!
vivace lively, vivacious
la vivacità liveliness
***vivere** (*p.p.* **vissuto**) to live;

guadagnarsi da vivere to earn a living (18)
vivo alive; **dal vivo** live
il vocabolario (*pl.* **i vocabolari**) vocabulary, dictionary
la vocale vowel
la voce voice (14); **ad alta voce** out loud
la voglia desire; **avere voglia (di)** to want, to feel like (1)
voi you (*pl. inform.*) (1)
volante *adj.* flying
il volantino flyer, leaflet
***volare** to fly
volentieri gladly, willingly (3)
volere to want; **volere** (+ *inf.*) to want (*to do something*) (4); **volerci** (+ *time expression*) to take (*time*) (15)
il volo flight; **volo nazionale** domestic flight
la volontà willingness
volontariato *adj.* volunteer
il volontario volunteer
la volta time, occasion (4); **ancora una volta** one more time; **c'era una volta** once upon a time there was (8); **a volte** at times; **la prima volta** the first time (5); **qualche volta** sometimes; **quante volte?** how many times? (4); **una volta** some time ago; **una volta alla settimana** once a week; **una volta tanto** once in a while
il volto face
il volume volume
la vongola clam
vostro your (*pl.*) (3)
votare to vote (16)
la votazione voting
il voto grade; vote (16)
il vulcano volcano
vuoto empty

W

il week-end (*pl.* **i week-end**) weekend

Y

lo yoga yoga; **fare lo yoga** to practice yoga
lo yogurt yogurt (11)

Z

lo zaino backpack (1)
lo zio / **la zia** (*m. pl.* **gli zii**) uncle/aunt (1)
zitto quiet; ***stare zitto** to be/keep quiet
lo zodiaco (*pl.* **gli zodiaci**) zodiac
la zona zone; area
lo zoo zoo (1)
la zucca pumpkin, squash
lo zucchero sugar (5)
lo zucchino / **la zucchina** zucchini squash

English–Italian Vocabulary

A

a lot **molto** (2); a lot (of) **molto** (2); **un sacco (di)** (10)
able **bravo** (2); to be able to (*do something*) **potere** (+ *inf.*) (4)
about **circa**
above **su** (5); **sopra** (12)
abroad **all'estero;** to go abroad ***andare all'estero** (10)
academic **accademico;** academic year **l'anno accademico**
to accept **accettare** (di + *inf.*)
accident **l'incidente** *m.* (9)
accommodation **la sistemazione** (10)
according to **secondo** (2)
to act **recitare** (14)
actor **l'attore/l'attrice** (8)
ad **l'annuncio** (17); to answer an ad **rispondere a un annuncio** (17)
addict: drug addict **il drogato / la drogata, il/la tossicodipendente** (18)
addiction: drug addiction **la tossicodipendenza** (18)
address **l'indirizzo** (12)
affairs **gli affari** (17)
administration (*political*) **il Governo;** business administration **l'economia e commercio** (3)
to admire **ammirare**
advertisement **la pubblicità** (8); employment ad **l'annuncio** (17)
advertising **la pubblicità** (8)
advice **il consiglio**
to advise (*to do something*) **consigliare** (di + *inf.*) (6)
aerobics **l'aerobica;** to do aerobics **fare aerobica** (4)
affirmation **l'affermazione** *f.* (10)
afraid: to be afraid (of) **avere paura (di)**
after **dopo** (3)
afternoon **il pomeriggio** (3); good afternoon **buon giorno, buona sera** (P); in the afternoon **di/il pomeriggio** (4)
afterward **dopo** (5)
again **ancora** (7)
against: to be against ***essere contro/contrario (a)** (18)
age **l'età** *f.* (15); **l'epoca**
ago **fa** (5)
to agree ***essere d'accordo**
ahead: go ahead **pure** (11)
air conditioning **l'aria condizionata;** room with air conditioning **una camera con aria condizionata** (10)
airplane **l'aeroplano, l'aereo** (1)
airport **l'aeroporto** (1)
alarm clock **la sveglia**
alcoholism **l'alcoolismo**
all **tutto/tutta, tutti/tutte;** all costs included **tutto compreso;** all over the world **in tutto il mondo** (14); all the time **sempre** (3); at all **per niente**

to allow **permettere** (di + *inf.*) (14)
almost **quasi**
alone **da solo/sola**
along: to get along ***andare d'accordo** (3)
already **già** (5)
also **anche** (2); I also **anch'io**
although **benché, sebbene** (17)
aluminum can **la lattina**
always **sempre** (2)
amateur **dilettante** (14)
amusement **il passatempo** (4)
ancient **antico** (2)
and **e, ed** (*before vowels*) (P)
angry: to get angry **arrabbiarsi** (7)
to annoy **dare fastidio (a)**
annoyance **il fastidio** (11)
annoying **fastidioso** (9)
another **un altro** (2)
to answer **rispondere** (4); to answer an ad **rispondere a un annuncio** (17)
antique **antico** (2)
any **nessuno** (*in negative contexts*) (12); by any chance **per caso**
anyhow **comunque** (14)
anyone **qualcuno** (12); no one **non… nessuno** (12)
anything: anything else **altro** (11)
apartment **l'appartamento** (12); studio apartment **il monolocale** (12); apartment building **il palazzo** (12)
appetizer **l'antipasto** (6)
to applaud **applaudire** (14)
apple **la mela** (11)
to apply **applicare** (16); to apply (*for a job*) **fare domanda** (17)
appointment **l'appuntamento** (4); to make an appointment **fissare un appuntamento**
to appreciate **apprezzare**
approximately **circa**
April **aprile** (P)
archeologist **l'archeologo/ l'archeologa** (*m. pl.* **gli archeologi / le archeologhe**) (15)
archeology **l'archeologia** (15); archeological dig **lo scavo archeologico** (15)
architect **l'architetto** *m./f.* (15)
architecture **l'architettura** (3)
to argue **litigare**
aria (*opera*) **l'aria** (14)
arm **il braccio** (*pl.* **le braccia**) (9)
around **circa;** around there **da quelle parti** (12)
to arrange **sistemare**
to arrive ***arrivare** (3)
arrival **l'arrivo** (10)
art history **la storia dell'arte** (3)
article **l'articolo** (8)
artist **l'artista** *m./f.* (*m. pl.* **gli artisti**) (15)
artwork **l'opera d'arte** (15)

as **come;** as if **come se** (18); as soon as **appena;** as… as **(così)… come, (tanto)… quanto** (9)
aside **da parte** (11)
to ask to ask (for) **chiedere** (5); **domandare** (6); to ask for a ride **chiedere un passaggio** (13); to ask a question **fare una domanda**
asleep: to fall asleep **addormentarsi** (7)
assignment **il compito** (P)
at **a** (1); at all **per niente;** at least **almeno** (8)
athletic **sportivo** (2)
to attach **allegare** (17)
to attend (*a school, a class*) **frequentare** (3)
attention: to pay attention (to) ***stare attento (a)** (3)
attic **la mansarda, la soffitta** (12)
audience **il pubblico** (14)
August **agosto** (P)
aunt **la zia** (1)
author **l'autore/l'autrice** (14)
available **disponibile**
avenue **il viale**

B

back (*part of the body*) **la schiena**
backpack **lo zaino** (1)
backwards **indietro** (18)
bad **cattivo** (2); **male** (P); not bad **non c'è male** (P); (it's) too bad **(è) peccato** (16)
bag **la borsa**
baggage **i bagagli**
baked **al forno** (6)
baker: bread baker **il panettiere / la panettiera** (11)
bakery: bread bakery **la panetteria** (11)
balcony **il balcone, il terrazzo** (12)
ball **la palla** (4)
ballet **il balletto** (14)
bank **la banca** (1)
banknote **la banconota**
bar **il bar** (1)
bar attendant **il/la barista** (5)
bargain **l'affare** *m.*
baritone **il baritono** (14)
the Baroque period **il Barocco**
bartender **il/la barista**
baseball cap **il berretto** (7)
basketball **la pallacanestro, il basket** (4)
bass **il basso**
bathroom **il bagno** (12)
to be ***essere** (2); to be a + *profession* ***essere** + *professione*, **fare il/la +** *professione* (17); to be against ***essere contro/contrario (a)** (18); to be in favor (of) ***essere a favore (di)** (18); to be good ***essere bene** (14); to be politically engaged ***essere impegnato** (18); to be quiet ***stare**

zitto; to be well/unwell *stare bene/male (3); How are you? Come sta? (*form.*), Come stai? (*inform.*) (P)

beach: to go to the beach *andare in spiaggia (10)

beans i fagioli (11)

beautiful bello (2)

because perché (2)

to become *diventare (5); to become informed (about) informarsi (su) (16)

bed il letto (12)

bed-and-breakfast la pensione (10)

bedroom la camera da letto

beef il manzo (6)

beer la birra

before prima di; prima che (17)

to begin cominciare (3)

behind dietro (a/di) (12); indietro (18)

to believe credere (di + *inf.*) (14); to believe (*in something*) credere (a + *n.*) (11)

bell pepper il peperone (11)

below sotto (12)

belt la cintura (7)

benefits i benefici (17)

beside accanto (a), di lato (a) (12)

besides a parte (12)

best ottimo (8)

better *adj.* migliore (9); *adv.* meglio (9)

beverage la bevanda (5)

bicycle, bike la bicicletta, la bici (1); to ride a bike *andare in bicicletta; to go for a bike ride fare un giro in bici

big grande (2); grosso

bigger maggiore

bike la bici (1)

bill il conto (5); to bring the bill portare il conto (6)

billion il miliardo (7)

birthday il compleanno

bit: a little bit (of) un po' (di) (2)

black nero (2)

blond biondo (2)

blouse la camicetta (11)

blue, (sky) blue azzurro (2); blue blu (7); blue-collar worker l'operaio/l'operaia (16)

board: full board (three meals a day) la pensione completa (10); half board (two meals a day: breakfast and lunch or dinner) la mezza pensione (10)

boat la barca (10)

body il corpo (9)

bore la scocciatura (7)

to boo fischiare (14)

book il libro (P)

bookstore la libreria (3)

boots gli stivali

bored: to get bored annoiarsi (7)

boring noioso (2)

born: to be born *nascere (5); I was born . . . sono nato/nata... (P); When were you born? Quando sei nato/nata? (*inform.*) (P)

bother il fastidio (11)

box la scatola (15)

boy il ragazzo (2); little boy il bambino (2)

brand la marca

bread il pane (5); bread baker il panettiere / la panettiera (11); bread bakery la panetteria (11)

to break (*a bone*) rompersi (9)

breakfast la colazione (5); to have breakfast fare colazione (5)

to bring portare (3); to bring back riportare (6); to bring the bill portare il conto (6)

to broadcast mandare in onda, trasmettere

broadcast; live broadcast in diretta (8); tape-delayed, prerecorded broadcast in differita (8)

broth: in broth in brodo (6)

brother il fratello (3)

brown castano (*hair, eyes*) (2)

to buckle allacciare (13)

to build costruire (15)

building l'edificio (13); apartment building il palazzo (12)

bulb: lightbulb la lampadina (15)

bus l'autobus, il bus (1); to go by bus *andare in autobus

business l'azienda, il commercio, la ditta (17); gli affari (17)

business administration l'economia e commercio (3)

busy occupato (4)

but ma (1)

butcher il macellaio / la macellaia (11); butcher shop la macelleria (11)

butter il burro (5)

button il bottone (7)

to buy comprare (3)

by: by (*a certain time*) entro; by all means pure (11); by any chance per caso

bye ciao (*inform.*) (P); good-bye arrivederci, arrivederLa (*form.*) (P)

C

café il bar, il caffè (1)

cafeteria la mensa (2)

cake la torta (6)

to call telefonare (a) (3); to call oneself chiamarsi (7)

camping il campeggio; to go camping *andare in campeggio (10)

can: aluminum can la lattina

can: to be able to (*do something*) potere (+ *inf.*) (4)

canapé il crostino

candidate il candidato / la candidata (16)

cap: baseball cap il berretto (7)

capable bravo (2); in gamba

cappuccino il cappuccino (5)

car l'automobile, l'auto *f.* (*pl.* le auto), la macchina (1); to go by car *andare in macchina

to care: to care for curare (9); to care (about) tenerci (a); to take care of oneself curarsi

carrot la carota (11)

to carry portare

case: in that case allora (8)

cashier il cassiere / la cassiera; cashier's desk la cassa

to catch a cold prendere il raffreddore (9)

cat il gatto (1)

CD il Cd (4)

cellar la cantina (12)

center il centro (5)

centrist (politics) di centro (16)

century il secolo (15)

chair la sedia (P)

chalk il gesso (P)

chalkboard la lavagna

Chamber of Deputies (*lower house of Parliament*) la Camera dei Deputati (16)

to change cambiare (3)

chance: by any chance per caso

change il cambiamento; (*from a transaction*) il resto

channel (TV) il canale (televisivo) (8)

character il personaggio (8)

charge: cover charge il coperto, il servizio (6)

to chat fare due chiacchiere; to chat (online) chattare (17)

to check controllare (9); to check up on controllare (9)

check il conto (5)

check-up il controllo (13)

cheerful allegro (2)

cheese il formaggio (6)

chicken il pollo (6)

child il bambino/la bambina (2)

childhood l'infanzia (7)

Chinese cinese (2)

chocolate la cioccolata (5); hot chocolate la cioccolata (5)

choice la scelta

choir il coro

chorus il coro

to choose scegliere

Christmas Natale *m.* (10)

church la chiesa (1)

cigarette la sigaretta

citizen il cittadino / la cittadina

city la città (1); il comune

city hall il comune

class la lezione (1); (*group of students*) la classe (3); (*course of study*) il corso (3)

classmate il compagno / la compagna (3)

classroom l'aula (P)

to clean pulire (4)

clear chiaro

clerk l'impiegato

to click cliccare (17)

climate il clima

to climb up salire

clock l'orologio (2)

to close chiudere (4)

clothes i vestiti (7)

clothing l'abbigliamento (7); clothing store il negozio di abbigliamento (11)

coalition la coalizione (16)

coat il cappotto (7)

coffee il caffè (strong Italian coffee) (1)

coin **la moneta** (16)

cold: to be cold **avere freddo** (1); to be cold out **fare freddo** (3)

cold (*infection*) **il raffreddore** (9); to catch a cold **prendere il raffreddore** (9)

cold cuts **i salumi** (6)

colleague **il/la collega** (17)

collision **lo scontro** (15)

to come *****venire** (4); to come pick up *****venire a prendere** (13); to come to visit (*a person*) *****venire a trovare** (*una persona*); Come on! **Avanti!, Dai!, Su!** (11)

comedy **la commedia** (14)

comfortable **comodo**

compact disc **il Cd** (pl. **i Cd**) (4)

to compare **paragonare**

competition **la gara**

to complain (about) **lamentarsi (di)** (7)

to compose **comporre** (*p.p.* **composto**) (14)

composer **il compositore / la compositrice** (14)

computer **il computer** (4)

computer science **l'informatica** (3)

to concern oneself with **occuparsi di** (16)

concert **il concerto** (4)

to conduct **dirigere** (*p.p.* **diretto**) (14)

conductor **il direttore / la direttrice d'orchestra** (14)

confectioner **il pasticciere / la pasticciera** (11)

constitution **la costituzione**

consumerism **il consumismo** (18)

contact lenses **le lenti a contatto** (9); to put on contact lenses **mettersi le lenti a contatto** (7)

container **il recipiente**

to continue (*doing something*) **continuare** (**a** + *inf.*)

convenient **comodo**

conversation **il discorso**

to convince **convincere** (**a** + *inf.*) (*p.p.* **convinto**)

to cook **cucinare** (4)

cookbook **il libro di cucina**

cooked **cotto** (6)

cookie **il biscotto** (5)

cooking **la cucina** (6)

to cost *****costare** (11)

cost: cost of living **il costo della vita** (17); all costs included **tutto compreso**

could: it could be **può darsi** (16)

Council of Ministers **il Consiglio dei Ministri**

counter **il banco** (5); at the counter **al banco**

country **la campagna**; to go to the country *****andare in campagna** (10)

couple **il paio** (*pl.* **le paia**)

course (*of study*) **il corso** (3); to take a course **seguire un corso** (4); course (*meal*) **il piatto**; first course **il primo (piatto)** (6); main course **il secondo (piatto)** (6)

cousin **il cugino / la cugina**

cover charge **il coperto, il servizio** (6)

crackers **i salatini** (5)

crime (*individual act*) **il crimine, il delitto**; (*in general*) **la delinquenza, criminalità** (18)

croissant **la brioche, il cornetto** (5)

cruise **la crociera**; to go on a cruise **fare una crociera** (10)

cuisine **la cucina** (6)

curly **riccio** (*m. pl.* **ricci**) (2)

currency **la moneta**; (*shared European currency*) **l'euro** (1); currency exchange **l'ufficio cambio**

current **attuale** (16); **aggiornato** (17)

current events **l'attualità**

curriculum vitae **il curriculum** (17)

customer **il/la cliente** (5)

cute **carino** (2)

CV **il curriculum** (17)

D

dad **il babbo, il papà**

daddy **il babbo, il papà**

daily **giornaliero, quotidiano**

daily newspaper **il quotidiano** (8)

dairy, dairy store **la latteria** (11)

to dance **ballare** (3)

dance **la danza** (14)

dancing **il ballo** (4)

dangerous **pericoloso**

dark (*hair*) **bruno** (2)

date **l'appuntamento** (4)

daughter **la figlia** (3)

day **il giorno** (P); What day is it? **Che giorno è?** (P)

dear **caro** (2)

December **dicembre** (P)

deforestation **il disboscamento** (13)

to delete **annullare** (17)

delicatessen **la salumeria** (11)

delicatessen clerk **il salumiere / la salumiera** (11)

deluxe **di lusso** (10)

demand **la richiesta** (17)

to demand **esigere** (16)

democracy **la democrazia**

demonstration (*political*) **la manifestazione** (16)

to depart *****partire** (4)

department (*of a university*) **la facoltà** (3); (*of government*) **il ministero** (16); department store **il grande magazzino** (11)

departure **la partenza** (10)

to deserve **meritare**

desk **il banco** (P); cashier's desk **la cassa** (5)

dessert **il dolce** (6); dessert of ladyfingers soaked in espresso and layered with cream cheese, whipped cream, and chocolate **il tiramisù** (6)

destination **la meta**

dictionary **il dizionario** (P)

to die *****morire** (5)

diet **la dieta**; to be on a diet *****essere a dieta** (5)

different **diverso**

difficult **difficile** (3)

dining hall **la mensa** (2)

dining room **la sala da pranzo** (5)

dinner **la cena** (6); to eat dinner **cenare** (6)

to direct **dirigere** (8)

director (*film or theater*) **il/la regista** (8)

disappointed **deluso**

to discharge **scaricare**

discharge **lo scarico**

discount **lo sconto** (11); to give a discount **fare uno sconto** (11)

to discover **scoprire**

to discuss **discutere (di)**

dish **il piatto** (6)

diskette **il dischetto** (17)

distant **lontano** (1)

diversity **la diversità** (18)

to do **fare** (3)

doctor **il dottore / la dottoressa** (P); **il medico** *m./f.* (9)

document **il documento**

dog **il cane** (1)

domestic **casalingo** (12)

door **la porta** (P)

dormitory **la casa dello studente**

double **doppio**; double room **la camera doppia, la camera matrimoniale** (10)

to doubt **dubitare** (16)

to download **downloadare; scaricare** (17)

downtown **in centro**

to draw **disegnare** (4)

to dream **sognare**; to dream (*of doing something*) **sognare** (**di** + *inf.*) (8)

to dress, to get dressed **vestirsi** (7)

dress **l'abito, il vestito** (7)

to drink **bere** (4)

to drive *****andare in macchina** (3); **guidare** (3)

drive: hard drive **il disco fisso**

driver **l'automobilista** *m./f.* (*m. pl.* **gli automobilisti**) (13)

driver's license **la patente** (13)

drug addict **il drogato / la drogata, il/la tossicodipendente** (18)

drug addiction **la tossicodipendenza** (18)

drugs **la droga** (18)

to dub **doppiare**

dubbing **il doppiaggio**

dumplings **gli gnocchi** (6)

during **durante**

duty **il dovere** (7); (*professional*) **la mansione** (17)

DVD **il DVD** (*pl.* **i DVD**) (8); DVD player **il lettore DVD** (8)

E

each **ogni** (3); each one **ognuno/ognuna** (12)

ear **l'orecchio** (*pl.* **le orecchie / gli orecchi**) (9)

early **presto** (3)

to earn **guadagnare**; to earn a living **guadagnarsi da vivere** (18)

earnings **il guadagno**

Easter **Pasqua** (10)

easy **facile** (3)

to eat **mangiare** (3); to eat dinner **cenare** (4); to eat lunch **pranzare** (4)
ecological **ecologico** (13)
editor **il redattòre / la redattrice**
editorial staff **la redazione**
effort **la fatica**
eggplant **la melanzana** (11)
either . . . or **o… o**
to elect **eleggere** (16)
election campaign **la campagna elettorale** (16)
elections **le elezioni** (16)
elevator **l'ascensore** *m.* (12)
to eliminate **eliminare**
e-mail **la posta elettronica, l'e-mail** *f.* (4); e-mail message **l'e-mail** (4)
to embrace (*each other*) **abbracciarsi** (7)
employer **il datore / la datrice di lavoro** (17)
empty **vuoto**
to encourage **incoraggiare** (a + *inf.*)
end **la fine** (6)
energetic **energico** (*m. pl.* **energici**) (2)
to enforce **applicare** (16)
engaged: to get engaged (*to be married*) (*to*) **fidanzarsi (con)**
engineering **l'ingegneria** (3)
English **inglese** (2)
the Enlightenment **l'Illuminismo**
to enjoy oneself **divertirsi**
enough **abbastanza** (2); it is enough **basta** (14)
to ensure **assicurare**
to enter ***entrare** (5)
entertaining **divertente** (2)
entertainment **il divertimento** (2)
entrance **l'entrata, l'ingresso** (12); (*permission to enter*) **l'ingresso**
entryway **l'entrata, l'ingresso** (12)
environment **l'ambiente** *m.* (13); work environment **l'ambiente di lavoro** (17)
environmentalism **la protezione dell'ambiente** (13)
equal **uguale** (18)
equality **l'uguaglianza** (18)
era **l'epoca**
espresso **il caffè** (5); espresso with a few drops of milk **il caffè macchiato;** espresso infused with steamed milk **il cappuccino**
to establish oneself **affermarsi** (15)
ethnic **etnico** (18)
ethic group **l'etnia**
ethnicity **l'etnicità**
euro (*shared European currency*) **l'euro** (1)
European **europeo** (16); European Community **la Comunità Europea;** currency of the EC **l'euro** (1); person from outside the EC **l'extracomunitario/l'extracomunitaria** (18)
even though **anche se** (7)
evening **la sera** (3); good evening **buona sera** (P); in the evening **di/la sera** (4); this evening **stasera** (3)
ever **mai** (5)
every **ogni** (3); **tutto** (12)

everybody **tutti; tutti/tutte** (12)
everyday *adj.* **giornaliero, di tutti i giorni**
everyone **tutti; tutti/tutte** (12)
everything **tutto** (*inv.*)
everywhere **dappertutto** (12)
exam **l'esame** *m.* (3); oral exams **gli orali** (3); written exams **gli scritti** (3)
to examine (*a patient*) **visitare** (9)
to exceed **superare** (13)
excellent **ottimo**
excerpt **il brano** (15)
excuse **la scusa;** excuse me **scusa** (*inform.*), **scusi** (*form.*) (P)
executive **il/la dirigente** (17)
exhaust **lo scarico**
exhibit **la mostra**
to expect **aspettarsi** (18)
expensive **caro** (2)
to explain **spiegare** (3)
eye **l'occhio** (2)
eyeglasses **gli occhiali**
eyesight **la vista**

F

face **faccia** (9)
facilities (kitchen and bath) **i servizi** (12)
factory **la fabbrica**
faith: to have faith (in) **fidarsi (di)**
fall (*season*) **l'autunno** (4)
to fall asleep **addormentarsi** (7); to fall in love (with) **innamorarsi (di)**
family **la famiglia** (3)
family room **il soggiorno** (12)
far **lontano**
fashion **la moda** (7); in fashion **di moda** (11); out of fashion **fuori moda** (11)
fast *adj.* **veloce** (4); *adv.* **velocemente** (7)
fat **grasso** (2)
father **il padre** (3)
favor: to be in favor (of) ***essere a favore (di)** (18)
favorite **preferito** (3)
February **febbraio** (P)
to feel **sentirsi** (7); to feel like **avere voglia (di)** (1)
fever **la febbre** (9)
few **poco** (*m. pl.* **pochi**); a few **alcuni/alcune, qualche** (12)
field **il campo**
file **il file** (*pl.* **i file**) (17)
to fill **riempire;** to fill out a form **riempire un modulo** (17); to fill up (the gas tank) **fare il pieno** (13)
to film **girare** (8)
to find **trovare**
fine arts **le belle arti** (15)
finger **il dito** (*pl.* **le dita**) (9)
to finish **finire (isc)** (4)
to fire **licenziare** (17)
firm **l'azienda, la ditta** (17)
first **prima** (5); the first (*day of the month*) **il primo** (P); first course **il primo (piatto)** (6); the first time **la prima volta** (5)
fish **il pesce** (6); fish market **la pescheria** (11); fishmonger **il pescivendolo / la pescivendola** (11)

fixed **fisso**
floor (*of a building*) **il piano;** first (second/third) floor **il primo (secondo/terzo) piano** (12); ground floor **il pianterreno** (12); on the first (second/third) floor **al primo (secondo/terzo) piano** (12); on the ground floor **a pianterreno** (12)
flower **il fiore** (6)
to fly ***andare in aereo** (3); **volare**
flyer **il volantino**
fog **la nebbia** (4)
to follow **seguire** (4); to follow (*a program*) regularly **seguire**
food **il cibo** (6); junk food **la robaccia**
foot **il piede** (9); to go on foot ***andare a piedi** (3)
foolishness **la sciocchezza** (18)
for **per** (1)
to forbid **vietare** (13)
to force **forzare** (a + *inf.*)
foreign **straniero** (3); foreign languages and literatures **le lingue e le letterature straniere** (3)
to forget **dimenticare** (3)
form **il modulo** (17); to fill out a form **riempire un modulo** (17)
to format **formattare** (17)
free (unoccupied) **libero** (4)
French **francese** (2)
fresco **l'affresco** (15)
fresh **fresco** (6)
Friday **venerdì** (P)
fried **fritto** (6)
friend **l'amico/l'amica** (*pl.* **gli amici / le amiche**) (1)
friendship **l'amicizia**
from **da** (1)
front: in front of **davanti a**
fruit **la frutta** (6); fruit vendor **il fruttivendolo / la fruttivendola** (11); fresh fruit cocktail **la macedonia** (6)
full **pieno** (4)
fun **il divertimento;** fun-loving **divertente**
to function **funzionare**
function **la mansione** (17)
to furnish **ammobiliare, arredare** (12)
furnished **ammobiliato, arredato** (12)
furnishings **l'arredamento**
furniture, piece of furniture **il mobile** (12)

G

game **la partita** (4)
garbage **i rifiuti** (13)
garden **il giardino** (12); vegetable garden **l'orto** (12)
gasoline **la benzina** (13); unleaded gas **la benzina verde / senza piombo;** to get gas **fare benzina** (13); to fill up (the gas tank) **fare il pieno** (13); to run out of gas ***rimanere senza benzina** (13); gas pump **il distributore di benzina** (13); gas station **la stazione di servizio**
German **tedesco** (2)

to get on *salire
to get up alzarsi (7)
gift il regalo
girl la ragazza (2); little girl la bambina (2)
to give dare (3); to give (as a gift) regalare (6); to give back rendere; to give a ride dare un passaggio (13); to give one's resignation dare le dimissioni
gladly volentieri (3)
glass il vetro (13); drinking glass il bicchiere (1)
gloves i guanti (7)
to go *andare (3); to go (to do something) *andare (a + inf.) (3); to go abroad *andare all'estero (10); to go to the beach *andare in spiaggia (10); to go to the country *andare in campagna (10); to go away *andare via (4); to go by bus *andare in autobus; to go by car *andare in macchina; to go on foot *andare a piedi (3); to go to the gym *andare in palestra (4); to go to the hospital *andare all'ospedale (9); to go to the mountains *andare in montagna (10); to go (to a place) often frequentare (3); to go out *uscire (4); to go out (with someone) *uscire (con) (4); to go pick up *andare a prendere (13); to go to the seashore *andare al mare (10); to go by train *andare in treno; to go to visit (a person) *andare a trovare (una persona); go ahead pure (11)
gold l'oro
good buono (1); bravo (2); good at (a subject of study) bravo in (3); good morning buon giorno (P); good afternoon buon giorno, buona sera (P); good evening buona sera (P); good night buona notte (P); pretty good abbastanza bene (P); it is good è bene (14)
good-bye arrivederci, arrivederLa (form.) (P)
government il Governo
grade il voto (P)
to graduate (from high school) diplomarsi (7); (from college) laurearsi (7)
granddaughter la nipote
grandfather il nonno
grandmother la nonna
grandson il nipote
grapes l'uva (11)
gray grigio (2)
great grande (2)
greater maggiore
green verde (2)
greenhouse effect l'effetto serra
to greet salutare
grilled alla griglia (6)
grocery: to go grocery shopping fare la spesa (11); grocery store il negozio di alimentari (11)
ground: ground floor (of a building) il pianterreno (12); on the ground floor a pianterreno (12)

to grow *crescere; to grow up *crescere
guest l'ospite m./f. (12)
guitar la chitarra (4)
gym la palestra; to go to the gym *andare in palestra (4)

H
hair i capelli (2)
half mezzo, mezza (4)
ham: cured ham il prosciutto (6)
hand la mano (pl. le mani) (9)
handsome bello (2)
to happen *succedere (p.p. successo); *capitare; to happen to *capitare; to happen to be *capitare
happy soddisfatto (17)
hard difficile (3); hard drive il disco fisso
hardware il hardware (pl. i hardware) (17)
hat il cappello
to have avere (1); to have (to do something) dovere (+ inf.) (4)
he lui (1)
head la testa (9)
headache mal di testa; to have a headache avere mal di testa (9)
to heal *guarire (isc)
health la salute (9); health insurance l'assistenza medica (17); national health care l'assistenza sanitaria nazionale, il sistema sanitario nazionale
healthy sano (9)
to hear sentire (4); to hear (about) sentire parlare (di)
heart il cuore (9)
heat, heating il riscaldamento (12)
heavy pesante
hello, ciao (inform.), salve (P)
to help (each other) aiutarsi (7)
her la (4); (to/for) her le (6); lei (9); (possessive) suo (3)
here qui, qua (1); here (it) is, here (they) are ecco (1)
hi ciao, salve (P)
to hide (oneself) nascondersi
highway l'autostrada (13)
hill il colle, la collina
him lo (4); (to/for) him gli (6); lui (9); (possessive) suo (3)
to hire assumere (17)
his suo (3)
historic storico
history la storia (3); art history la storia dell'arte (3)
to hitchhike fare l'autostop
to hold tenere
home la casa (3)
home furnishings l'arredamento
homeless person il/la senzatetto
homework assignment il compito (P)
honey il miele (5)
to hope (to do something) sperare (di + inf.) (14)
hospital l'ospedale (1); to go to the hospital *andare all'ospedale (9); to

be hospitalized *andare all'ospedale (9)
hostel l'ostello (10)
hot caldo; to be hot avere caldo (1)
hotel l'albergo (1)
house la casa (3); country house la villa; single-family house la villetta
how come (6); How are you? Come sta? (form.), Come stai? (inform.) (P); How's it going? Come va? (P); (for) how long? da quanto tempo?; how much? quanto? (6); how many? quanti?; how many times? quante volte? How do you say . . . ? Come si dice… ? (P); How old are you? Quanti anni ha? (form.), Quanti anni hai? (inform.) (P); How's the weather? Che tempo fa? (3); what is he/she/it like? com'è? (P); what are they like? come sono? (P)
to hug (each other) abbracciarsi (7)
human umano (9)
hungry: to be hungry avere fame (1)
hurry: to be in a hurry avere fretta; in a hurry in fretta
to hurt oneself, get hurt farsi male; to hurt fare male (a)
husband il marito

I
I io (1); I am sono (P); I'm from . . . sono di… (P); I also anch'io (4)
ice il ghiaccio (5)
ice cream il gelato (1); ice cream maker/vendor il gelataio / la gelataia (11); ice cream parlor la gelateria (11)
if se; if only magari (18)
illegal abusivo
illness la malattia (9)
to imagine immaginare (16)
immediately subito
immigrant l'immigrato/l'immigrata (18)
immigration l'immigrazione f. (18)
in in (1); a (1)
included: all costs included tutto compreso
income il guadagno
to increase aumentare, *crescere
increase l'aumento (16)
to indicate indicare
industry l'industria (17)
inequality l'ineguaglianza (18)
inflation l'inflazione f. (17)
information l'informazione f. (1)
informed informato (16); to become informed (about) informarsi (su) (16)
inhabitant l'abitante m./f.
injustice l'ingiustizia (18)
inn la pensione (10)
insecure insicuro (2)
instead invece; piuttosto (5)
instrument (musical) lo strumento (4)
insurance: health insurance l'assistenza medica (17)
integration integrazione (18)
to intend (to) avere intenzione (di) (10)
interesting interessante (2)

to interfere **interferire (isc)**
internship **il tirocinio** (17)
interview **l'intervista** (8); **il colloquio** (17); to have an interview **avere un colloquio** (17); to set up an interview **fissare un colloquio** (17)
intolerance **l'intolleranza** (18)
to invite **invitare** (4)
to involve oneself (in) **occuparsi (di)**
to be/get involved **impegnarsi** (18)
Irish **irlandese** (2)
irresponsible **irresponsabile** (2)
issue **la questione**
itinerary **l'itinerario** (10)

J

jacket **la giacca, il giubbotto**
jam **la marmellata** (5)
January **gennaio** (P); January 1st **il primo gennaio** (P)
Japanese **giapponese** (2)
jargon **il linguaggio**
job **il lavoro** (1); to look for a job **cercare lavoro** (17)
to join **iscriversi (a)**
joke **la barzelletta**
journalist **il/la giornalista** (8)
to judge **giudicare** (18)
juice **il succo**; orange juice **il succo d'arancia** (5); freshly squeezed juice **la spremuta** (5)
July **luglio** (P)
June **giugno** (P)
junk food **la robaccia**
just **proprio** (1); **appena**; just like **così come**
justice **la giustizia** (18)

K

to keep **tenere**; to keep quiet *****stare zitto** (3)
key **la chiave**
keyboard **la tastiera** (17)
kilometer **il chilometro**
kind **gentile** (2)
to kiss (*each other*) **baciarsi** (7)
kitchen **la cucina** (5)
to knock **bussare**
to know **conoscere** (5); **sapere** (5); to know how (*to do something*) **sapere** (+ *inf.*) (5)
knowledge: to have knowledge of **sapere** (5)

L

labor **la mano d'opera** (17); labor union **il sindacato** (17)
lady **signora** (P)
lake **il lago** (*pl.* **i laghi**)
lamb **l'agnello** (11)
landlord **il padrone di casa** (12)
landlady **la padrona di casa** (12)
landscape **il paesaggio** (10)
language **la lingua** (3); foreign languages and literatures **le lingue e le letterature straniere** (3)

last (*with time expressions*) **passato, scorso** (5); last night **ieri sera** (5)
late **tardi**
to laugh **ridere**
laundry **il bucato** (7)
laundry room **la lavanderia**
law **la giurisprudenza, la legge** (3)
lazy **pigro**
leading lady **la diva** (14)
leaflet **il volantino**
to learn **imparare** (3)
least: at least **almeno** (9)
to leave *****partire** (4); to leave (*something, someone*) behind **lasciare** (4); to leave a deposit **lasciare un deposito**
left **la sinistra**; to/on the left **a sinistra** (1)
left *adj.* **sinistro**
left-wing **di sinistra** (16)
leg **la gamba** (9)
lemon **il limone** (5)
to lend **imprestare, prestare** (6)
lenses: contact lenses **le lenti a contatto** (9)
less **meno** (3); less than **meno... di (che)** (9); lesser **minore**
lesson **la lezione** (1)
letter **la lettera** (4)
liberal arts **le lettere** (3)
library **la biblioteca** (2)
license (*driver's*) **la patente** (13)
license plate **la targa** (13)
lie **la bugia**
life **la vita**
to lift weights **fare sollevamento pesi** (4)
light *adj.* **leggero**
lightbulb **la lampadina**
to like **piacere** (+ *indirect object*) (6); What's he/she like? **Com'è?** (2); What are they like? **Come sono?** (2)
likeable **simpatico** (*m. pl.* **simpatici**) (2)
limit **il limite**; speed limit **il limite di velocità** (13)
line **la fila**
list **l'elenco**
to listen, listen to **ascoltare** (3), to listen to music **ascoltare la musica** (4)
literature **la letteratura** (3); foreign languages and literatures **le lingue e letterature straniere** (3)
little **piccolo** (2); **poco**; a little bit (of) **un po' (di)** (2)
to live (*in a place*) **abitare** (3); *****vivere**; to live together **convivere** (18)
live *adj.*, live broadcast **in diretta**
living room **il salotto** (5)
loneliness **la solitudine** (18)
long **lungo** (*m. pl.* **lunghi**) (2)
to look at **guardare** (3); to look for **cercare** (3); to look for a job **cercare lavoro** (17); to look good **fare bella figura** (7)
to lose **perdere** (4)
lost: to get lost **smarrirsi**
lot: a lot **molto** (2)
to love **amare** (3); to fall in love (with) **innamorarsi (di)**

lucky: Lucky you! **Beato/Beata te!**
lunch **il pranzo** (5); to eat lunch **pranzare** (4)
lung **il polmone**

M

magazine **la rivista** (4)
mail **la posta**; mail carrier **il postino / la postina**
mainly **principalmente**
major (in) (*at a university*) **la specializzazione (in)** (3)
to make **fare** (3); to make an appointment **fissare un appuntamento;** to make friends **fare amicizia**; to make a mistake **sbagliarsi** (7); to make oneself heard **farsi sentire** (16); to make plans **fare un programma** (4), **fare programmi** (10); to make a reservation **fare una prenotazione**
mall **centro commerciale**
man **l'uomo** (*pl.* **gli uomini**) (2); young man **il ragazzo** (2)
manager **il/la dirigente** (17)
many **molti** (2); too many **troppi** (4); how many? **quanto? (quanti?)** (6); how many times? **quante volte?** (4)
map **la mappa** (P)
March **marzo** (P)
May **maggio** (P)
marginalization **l'emarginazione** *f.* (18)
to marginalize **emarginare** (18)
market **il mercato** (11)
marmalade **la marmellata** (5)
to marry **sposare**; to get married **sposarsi** (7)
martial arts **le arti marziali**
masterpiece **il capolavoro** (15)
match (*sports*) **la gara, la partita** (4)
materialism **il materialismo** (18)
mathematics **la matematica** (3)
maybe **forse** (10)
me **mi** (4); (to/for) me **mi** (6)
meal **il pasto** (6)
mean **cattivo** (2); What does . . . mean? **Cosa vuol dire... ?** (P)
means: by all means **pure** (11); means of transportation **i mezzi di trasporto** (1); in the meantime **intanto**
meat **la carne** (6)
mechanic **il meccanico / la meccanica**
medicine **la medicina** (3)
the Medieval period **il Medioevo** (15)
to meet **incontrare** (3); to meet (*past tense*) **conoscere** (5); to meet (each other) **conoscersi;** pleased to meet you **piacere** (P)
meeting **la riunione** (16)
melon **il melone** (6)
messy **disordinato** (2)
Mexican **messicano** (2)
the Middle Ages **il Medioevo**
midnight **mezzanotte**; it's midnight **è mezzanotte** (4)
milk **il latte**
milkman **il lattaio** (11)

milkwoman **la lattaia** (11)

million **il milione** (7)

minister (*in government*) **il ministro** *m./f.* (16); Prime Minister **il Presidente del Consiglio, il Primo Ministro** (16)

Miss **signorina** (P)

to miss (*a train, bus, plane, etc.*) **perdere** (4); to miss, to be missing ***mancare**

mistake: to make a mistake **sbagliarsi** (7)

mixed **misto** (6)

the modern period **l'età moderna, la modernità**

mom **la mamma** (3)

Monday **lunedì** (P)

money **i soldi** (2)

monitor **il monitor** (17)

month **il mese** (P)

monthly **mensile**; monthly publication **il mensile** (8)

moped **il motorino** (1)

more **più**; more than **più... di (che)** (9)

morning **la mattina** (3); good morning **buon giorno** (P); in the morning **di/la mattina** (4); this morning **stamattina** (3)

mosaic **il mosaico** (15)

mother **la madre** (3)

motorcycle **la motocicletta, la moto** (1)

motorist **l'automobilista** *m./f.* (13)

motorscooter **il motorino** (1)

mouse **il topo**

mouth **la bocca** (9)

to move (*household*) **cambiare casa, fare un trasloco, traslocare** (12); to move (*to another town, state, etc.*) **trasferirsi** (12)

movie theater **il cinema** (1)

mozzarella **la mozzarella** (6)

Mr. **signore** (P)

Mrs. **signora** (P)

much **molto** (2); too much **troppo** (4); how much? **quanto?** (6); as much . . . as **(tanto)... quanto** (9)

multiculturalism **il multiculturalismo** (18)

museum **il museo** (1)

music **la musica** (4); pop music **la musica leggera, il pop** (14)

musical (*production*) **il musical** (14)

musician **il/la musicista** (14)

my **mio** (3)

myself **mi** (7)

must (*have to*) (*do something*) **dovere** (+ *inf.*) (4)

N

name: first name **il nome** (1); last name **cognome**; my name is . . . **mi chiamo...** (P); What's your name? **Come si chiama?** (*form.*), **Come ti chiami?** (*inform.*) (P); to be named **chiamarsi** (7); last name **il cognome** (1)

to narrate **raccontare**

naughty **cattivo** (2)

near **vicino** (1)

nearby **qui vicino** (1)

necessary: to be necessary ***bisognare**; it is necessary **bisogna** (14)

to need **avere bisogno (di)** (1)

to negotiate **contrattare**

neither . . . nor **né... né** (12)

nephew **il nipote**

network **la rete** (8)

never **non... mai** (3)

new **nuovo** (2); New Year's Day **Capodanno**

news **le notizie** (8); local news **la cronaca**

newspaper **il giornale** (4)

next (to) **accanto (a), di lato (a)** (12)

nice **simpatico** (2); (*thing*) **bello** (2)

niece **la nipote**

night **la notte**; at night **di/la notte** (4); good night **buona notte** (P); last night **ieri sera** (5)

nightgown **la camicia da notte** (7)

no **no** (P); no longer **non... più** (7); no matter how **comunque** (17); no one **(non...) nessuno**

nobody **(non...) nessuno**

noise **il rumore** (12)

noon **mezzogiorno**; it's noon **è mezzogiorno** (4)

nose **il naso** (9)

not **non** (1); not anymore **non... più** (7); not yet **non... ancora** (12)

notebook **il quaderno** (P)

notes **gli appunti** (7)

noun **il nome** (1)

nothing **(non...) niente/nulla** (12); nothing special **niente di speciale**

novel **il romanzo** (15)

November **novembre** (P)

now **adesso**; **ora** (7); right now **ora** (7)

nuisance **la scocciatura**

nurse **l'infermiere/l'infermiera** (9)

nutrition **l'alimentazione** *f.*

O

to obligate **obbligare** (a + *inf.*)

occasion **la volta** (4)

occupation **il mestiere, la professione** (17)

October **ottobre** (P)

of **di** (1)

to offer **offrire** (4); to offer (to pay) **offrire** (5)

offer **l'offerta** (17)

officer: traffic officer **il/la vigile** (13)

often **spesso** (3)

oil **l'olio** (13)

OK **va bene** (2); is that OK? **va bene?** (1)

old **vecchio** (2); (*people*) **anziano**; very old **antico** (2); How old are you? **Quanti anni ha?** (*form.*), **Quanti anni hai?** (*inform.*) (P); I'm . . . years old **ho... anni** (P)

older **maggiore**

on **su** (1)

once upon a time there was **c'era una volta**

online **in linea, online**

only **solo** (1); **solamente**; **unico**

to open **aprire** (4)

opera **il melodramma, l'opera** (14)

operatic **lirico**

or; either . . . or **o... o**

oral exams **gli orali** (3)

orange **l'arancia** (11); orange juice **il succo d'arancia** (5); orange soda **l'aranciata** (1)

to order **ordinare** (5)

to organize **organizzare** (16)

other **altro** (2)

our **nostro** (3)

ourselves **ci** (7)

out **fuori**; out of place **fuori luogo**

outside **fuori**

outskirts: on the outskirts **in periferia** (12)

over **su** (1); **sopra** (12)

ozone layer **la fascia di ozono**

P

pain **il dolore** (9)

painful **doloroso**

to paint **dipingere** (4)

painter **il pittore / la pittrice** (15)

painting (*individual work*) **il dipinto, il quadro** (15); (*in general*) **la pittura** (15)

pair **il paio** (*pl.* **le paia**)

paper **la carta**; (report) **la relazione** (15); sheet of paper **il foglio di carta** (P)

pardon: I beg your pardon? **Come?** (P)

parent **il genitore** (3)

to park **parcheggiare** (13)

parking: no-parking zone **il divieto di sosta** (13); parking space **il parcheggio** (13)

Parliament **il Parlamento**

parmesan **il parmigiano** (6)

party **la festa** (10)

party (*political*) **il partito politico** (16)

to pass (by) ***passare**

passport **il passaporto**

pasta **la pasta** (6)

pastime **il passatempo** (4)

pastry **la pasta** (5); pastry cook **il pasticciere / la pasticciera** (11); pastry shop **la pasticceria**

patient **il/la paziente**

to pay **pagare** (5); to pay for **pagare** (5); to pay (with a credit card / by check / in cash) **pagare in contanti (con la carta di credito / con un assegno / in contanti)** (5); to pay attention ***stare attento** (3); to pay the bill **pagare il conto** (6); to pay a deposit **pagare un deposito**

peanut **la nocciolina**

pear **la pera** (11)

pen **la penna** (P)

pencil **la matita** (P)

peninsula **la penisola** (15)

pension **la pensione** (16)

people **la gente** (5)

to perform **recitare** (14)

to persuade **persuadere** (a + *inf.*)

pharmacy **la farmacia** (1)

photograph, photo **la fotografia, la foto** (1); to take a picture (photo) **fare una fotografia** (10)

physics **la fisica** (3)
piano **il piano** (4)
to pick up, to go/come pick up
  *andare/*venire a prendere (13)
pie **la crostata** (6)
place **il luogo** (1); **il posto** (10); out of
  place **fuori luogo**; to take place
  svolgersi (8), **avere luogo** (14)
to place **mettere** (4)
to plan **fare un programma** (4); to have
  plans **avere programmi**; to make
  plans **fare un programma** (4), **fare
  programmi** (10); to plan (*to do
  something*) **pensare** (**di** + *inf.*) (14)
plan **il programma**
plate **il piatto** (6)
to play (*a game or sport*) **giocare (a)**;
  (*a sport*) **fare/praticare uno sport** (4);
  (*a musical instrument*) **suonare** (4);
  (*a part*) **recitare** (14); to play on the
  computer **giocare con il computer** (4)
play **la rappresentazione teatrale** (14)
player **il giocatore / la giocatrice** (4)
pleasant **piacevole** (12)
please **per favore, per piacere** (P);
  pleased to meet you **piacere** (P)
to please: to be pleasing ***piacere** (6)
pleasure **il piacere**
poem **la poesia** (15)
poet **il poeta / la poetessa** (15)
poetry **la poesia** (4)
to point out **indicare**
polite **educato**
political: political party **il partito
  politico** (16); political science **le
  scienze politiche** (3); political system
  il sistema politico (16); to be
  politically engaged ***essere
  impegnato** (18)
politics **la politica** (16)
poll **il sondaggio**
to pollute **inquinare** (13)
pollution **l'inquinamento** (13)
poor **povero** (2); Poor me! **Povero
  me!** (9)
pop: pop musica **la musica leggera, il
  pop**
pope **il papa** (15)
popular **seguito**
pork **il maiale** (6)
portrait **il ritratto** (15)
possibility **la possibilità** (17)
post office **l'ufficio postale** (1); post
  office (*service*) **la posta**
postcard **la cartolina** (10)
postmodern **il postmoderno**
potato **la patata** (6)
potato chips **le patatine**
poverty **la povertà** (16); **la miseria** (18)
to practice **praticare**
prank **il capriccio** (7)
to prefer (*to do something*) **preferire (isc)**
  (+ *inf.*) (4)
preferred **preferito** (3)
prejudice **il pregiudizio** (18)
premiere **la prima** (14)
to prepare **preparare** (6)
prescription **la ricetta**

president (*of the Republic*) **il presidente
  (della Repubblica)** (16)
press **la stampa** (8); the press **la
  stampa** (8)
pretty **carino** (2)
price **il prezzo**
primarily **principalmente**
Prime Minister **il Presidente del
  Consiglio, il Primo Ministro** (16)
to print **stampare** (8)
printer **la stampante** (17)
problem **il problema** (13)
to produce **produrre** (8); **mettere in
  scena** (14)
produce market **il negozio di frutta e
  verdura** (11)
producer **il produttore / la
  produttrice** (8)
profession **il mestiere, la
  professione** (17)
professional **di professione,
  professionista** (14)
professor **il professore / la
  professoressa** (P)
program (*TV or radio*) **il programma** (8)
prohibition **il divieto**
to promise **promettere** (**di** + *inf.*) (14)
to promote **promuovere**
protagonist **il/la protagonista** (15)
to protect **proteggere** (13)
protest **la manifestazione** (16)
proud **orgoglioso**
provided that **a condizione che,
  purché** (17)
public **pubblico**; public transportation **i
  mezzi pubblici di trasporto** (13)
publication **la pubblicazione** (8)
to publish **pubblicare** (8)
pullover **il maglione**
to purify **depurare**
to push **spingere** (**a** + *inf.*)
to put **mettere** (4); to put on (*clothes*)
  mettersi (7); to put on lipstick
  mettersi il rossetto (7); to put on
  (*a production*) **mettere in scena** (14)

Q

quarter **il quarto** (4)
question **la domanda** (P)
quiet: to be/keep quiet **stare zitto**
to quit (*a job*) **licenziarsi** (17)
to quote **citare** (15)

R

racism **il razzismo** (18)
racist **il/la razzista** (18)
racist *adj.* **razzista** (18)
radio **la radio** (8); radio station **la
  radio** (8)
to rain **piovere** (4)
rain **la pioggia** (4)
raincoat **l'impermeabile** *m.* (7)
rain forest **la foresta pluviale**
to raise **aumentare** (16)
raise **l'aumento** (16)
rather **piuttosto** (5)
to read **leggere** (4)
ready **pronto** (6)

really **davvero; proprio** (1)
reason **il motivo**
receipt **lo scontrino**; to get a receipt **fare
  lo scontrino**
to receive **ricevere** (4)
recipe **la ricetta** (6)
to recommend **consigliare** (6)
recovery **la guarigione**
to recycle **riciclare** (13)
recycling **il riciclaggio** (13)
red **rosso** (2)
to reduce **diminuire** (16)
reduction **la diminuzione, la
  riduzione** (16)
refrigerator **il frigo** (*from* **frigorifero**)
relationship **il rapporto** (7)
relative **il/la parente** (3)
to relax **rilassarsi** (7)
to remain ***rimanere**
remains **le rovine, i ruderi** (15)
to remember **ricordare**
Renaissance **il Rinascimento**
to rent **affittare** (12); to rent (a house)
  affittare, prendere in affitto (10); to
  rent (a car / a boat) **noleggiare,
  prendere a nolo** (10); for rent
  affittasi, in affitto (12)
rent **l'affitto** (12)
to reply **rispondere** (4)
report **la relazione** (15)
reporter **il/la cronista**
representative (*in the lower house
  of Parliament*) **il deputato / la
  deputata** (16)
to require **richiedere**
requirement **il requisito** (17)
research **la ricerca** (15); to do research
  fare ricerche (15)
reservation **la prenotazione**
reservation bureau **l'ufficio
  prenotazioni**
to reserve **prenotare** (6)
to reset **resettare** (17)
residence **l'abitazione** *f.* (12)
to resign (*from office*) **dimettersi**
to resist **resistere**
to resolve **risolvere** (18)
to respect **rispettare** (13)
responsible **responsabile** (2)
to rest **riposarsi**
rest (*remainder*) **il resto**
restaurant **il ristorante** (1)
to restore **restaurare**
résumé **il curriculum** (17)
to retire ***andare in pensione** (16); to be
  retired ***essere in pensione** (16)
retired person **il pensionato / la
  pensionata** (16)
to return (*to a place*) ***tornare** (7); (*to give
  back*) **rendere**
to review **ripassare; recensire** (8)
review **la recensione** (8)
the Revival (*movement for Italian political
  unity*) **il Risorgimento** (15)
rhyme **la rima** (15)
rice **il riso** (6); creamy rice dish **il
  risotto** (6)
rich **ricco** (2)

to ride a bicycle *andare in bicicletta (3)

ride il passaggio; to ask for a ride chiedere un passaggio (13); to give a ride dare un passaggio (13)

right (legal) il diritto; rights i diritti

right la destra; to/on the right a destra (1)

right adj. destro

right: to be right avere ragione (1); you're right già; Right! Giusto! (P); it is right è giusto (14)

right-wing di destra (16)

the Risorgimento (movement for Italian political unity) il Risorgimento (15)

river il fiume

road sign segnale stradale (13)

roast l'arrosto (6)

roll: sweet roll la brioche, il cornetto (5); hard roll il panino (1)

room la camera (10); la stanza (12); room with air conditioning / bath / shower la camera con aria condizionata / bagno / doccia (10); double room la camera doppia/matrimoniale (10); single room la camera singola (10)

roommate il compagno / la compagna di stanza

row la fila

ruins le rovine, i ruderi (15)

to run †correre (4); to run into (each other) incontrarsi (7); to run out of gas *rimanere senza benzina (13)

Russian russo (2)

S

sad triste (2)

salad l'insalata (6)

salary lo stipendio (16)

sale il saldo; la svendita (11); for sale in vendita, vendesi (12); on sale in saldo, in svendita (11)

salesperson il commesso / la commessa (11)

same stesso (2)

sandwich il panino (1); multi-layered sandwich on thin bread il tramezzino

satisfied (with) soddisfatto (di)

Saturday sabato (P)

sauce il sugo; with meat sauce al ragù, alla bolognese (6); with tomato sauce al sugo di pomodoro (6); with a sauce of basil, garlic, parmesan, and pine nuts al pesto (6); with a sauce of eggs, bacon, and grated cheese alla carbonara (6)

to save risparmiare; salvare (17)

saxophone il sassofono

to say dire (4); How do you say . . . ? Come si dice... ? (P)

scarf la sciarpa (11)

school la scuola (1); school (within a university) la facoltà (3)

science la scienza (3); political science le scienze politiche (3)

scooter lo scooter (1)

screen lo schermo (8)

to scroll scrollare (17)

to sculpt scolpire (isc) (15)

sculptor lo scultore / la scultrice (15)

sculpture la scultura (in general and as an individual work) (15)

season la stagione (4)

secure sicuro (2)

search engine il motore di ricerca (17)

seatbelt la cintura di sicurezza (13)

to see vedere (4); see you later ci vediamo (P); see you soon a presto see you tomorrow a domani (P)

to seem *parere (p.p. parso), *sembrare (16); it seems pare, sembra

to sell vendere (11)

senate (upper house of Parliament) il Senato (16)

senator il senatore / la senatrice (16)

to send mandare (6)

sensitive sensibile (2)

September settembre (P)

serious grave (9)

to serve servire (4)

server il server (17)

to set the table apparecchiare la tavola (6)

to set up an interview fissare un colloquio (17)

set fisso

settled: to get settled sistemarsi

to share (a residence) condividere

to shave (men) farsi la barba (7)

she lei (1)

sheet: sheet of paper il foglio di carta (P)

shirt la camicia (7)

shoes le scarpe (7)

to shoot (a film) girare (8)

shop il negozio (1)

shop window la vatrina (11) shopping center centro commerciale

shopkeeper il/la negoziante (11)

shopping: to go shopping fare spese / le compere (11); to go grocery shopping fare la spesa (11)

short (in height) basso (2); (in length) corto (2)

short story il racconto (4); la novella (15)

to show mostrare (6); to show (on TV) dare (in televisione) (8)

show lo spettacolo (14)

sick ammalato (5); malato (9); to get sick ammalarsi (9)

side dish il contorno (6)

simple semplice

to sing cantare (3)

singer il/la cantante (14)

singer-songwriter il cantautore / la cantautrice (14)

single singolo

sister la sorella (3)

site il sito

to ski sciare

skirt la gonna

to sleep dormire (4); to fall asleep addormentarsi (7)

sleepy: to be sleepy avere sonno (1)

slice la fetta (5)

slight leggero

slow lento (4)

small piccolo (2); smaller minore

to smile sorridere

to smoke fumare (6)

smoker il fumatore / la fumatrice

snack lo spuntino (5); (mid-afternoon snack) la merenda (5); snacks i salatini (5); to have a snack fare uno spuntino (5)

to snow nevicare (4)

snow la neve (4)

so così (7); (in that case) allora (8); so-so così così (P); so much tanto (7); so many tanto (7); so that affinché (17); so that perché (+ subjunctive) (17)

soap opera la soap opera (8)

soccer il calcio (4)

socks i calzini (7)

soda la bibita (5)

soft drink la bibita (5)

software il software (pl. i software) (17)

to solve risolvere

some alcuni/alcune, qualche, qualcuno/qualcuna, un po' di (12); some time ago una volta

someone qualcuno/qualcuna (12)

something qualcosa (di) (12); something to drink / to eat qualcosa da bere / da mangiare

sometimes qualche volta

son il figlio (3)

song la canzone (14); popular song la canzonetta

soon presto; see you soon a presto (P)

soprano il soprano m./f. (14)

sorry: to be sorry *dispiacere (6)

sort (type) il tipo (14)

soundtrack la colonna sonora (8)

soup: hearty vegetable soup il minestrone (6)

space lo spazio

Spanish spagnolo (2)

to speak parlare (3)

spectator lo spettatore / la spettatrice (14)

speech il discorso (16)

speed limit il limite di velocità (13)

spoken parlato

sport lo sport (4)

spring la primavera (4)

square la piazza (1)

stadium lo stadio (1)

staff: editorial staff la redazione (8)

to stage mettere in scena, allestire (isc) (uno spettacolo) (14)

stage il palcoscenico (14)

staircase le scale (12)

stairs le scale (12)

stall (of vendor) la bancarella (11)

to stand up alzarsi (7)

stand (of vendor) la bancarella (11)

to start cominciare (3); to start (a car, a machine) mettersi in moto

the State lo Stato (16)

statement l'affermazione f.

station la stazione (1)

statue la statua (15)

to stay *stare (3); *rimanere
steak la bistecca (6)
stereotype lo stereotipo
still ancora
stomach lo stomaco (9)
to stop (moving) fermarsi (7); to stop (doing something) smettere (di) (7)
stopover la tappa (10)
store il negozio (1); clothing store il negozio di abbigliamento (11); grocery store il negozio di alimentari (11)
story: short story il racconto (4); la novella (15)
straight (hair) liscio (2); (direction) dritto (1); straight ahead sempre dritto (1)
strange strano
stranger lo sconosciuto / la sconosciuta
street la via (1); la strada (1)
stressed stressato (2)
to strike fare sciopero, scioperare (16); to be on strike *essere in sciopero (16)
strike lo sciopero
strong forte (9)
student lo studente / la studentessa (P)
studies gli studi (3)
studio apartment il monolocale (12)
to study studiare (3)
study lo studio (12)
stuff la roba
style lo stile (15)
subject l'argomento (15); subject matter la materia (di studio) (3)
subtitle il sottotitolo
suburbs: in the suburbs in periferia (12)
to succeed *riuscire (a + inf.) (14)
to suffer (from) soffrire (di)
sugar lo zucchero (5)
suggestion il suggerimento
suit l'abito, il vestito (7)
suitcase la valigia (1)
to summarize riassumere (15)
summary riassunto (15)
summer l'estate f. (4); adj. estivo
Sunday domenica (P)
supermarket il supermercato (1)
to surf the Internet navigare in rete
survey il sondaggio
to survive *sopravvivere
sweater la maglia (7)
sweatshirt la felpa (7)
sweatsuit la felpa (7)
sweets i dolci (5)
to swim nuotare
swimming il nuoto (4)
swimming pool la piscina
symphony la sinfonia (14)
system il sistema; the political system il sistema politico (16)

T
t-shirt la maglietta, la t-shirt (7)
table il tavolo; small table, café table il tavolino (5); at a table (in a café) al tavolino; to set the table apparecchiare la tavola (6)
to take prendere (4); to take a bath fare il bagno (7); to take care of oneself

curarsi; to take a course seguire un corso (4); to take part (in) fare parte (di); to take a picture (photo) fare una fotografia (10); to take place svolgersi (8); avere luogo (14); to take a shower fare la doccia (7); to take a test dare un esame (3); to take a civil service exam partecipare a un concorso (17); to take (time) metterci (+ time expressions), *volerci (+ time expressions) (15); to take a walk fare una passeggiata (4)
to talk parlare (3)
talk show il talk-show (8)
tall alto (2)
task l'incarico
taste il gusto
taxes le tasse
tea il tè (1); hot tea il tè caldo (5); il tè freddo iced tea (5)
to teach insegnare (3)
teacher l'insegnante m./f. (3)
team la squadra (4)
to telephone telefonare (a) (3)
television la televisione (4)
television news il telegiornale (8)
to tell dire (4); raccontare; to tell the truth a dire il vero
tenant l'inquilino/l'inquilina (12)
tennis il tennis (4)
tenor il tenore (14)
test l'esame (3); (medical) il controllo (9); to take a test dare un esame (3)
to thank ringraziare; thank you grazie (P); thanks grazie (P); Thank goodness! Meno male! (12)
that quello (3); cui (14); that which ciò che, quello che (14)
theater il teatro (1); movie theater il cinema (inv.) (1)
their loro (3)
them m. li (4); f. le (4); (to/for) them gli (loro) (6); loro (9)
theme il tema (15)
then poi (1); allora (8)
there lì, là (1); there (it) is . . . /there (they) are . . . ecco… (1); there is c'è (1); there are ci sono (1)
they loro (1)
thin magro (2)
to think pensare; to think (about something) pensare (a + n.) (11)
thirsty: to be thirsty avere sete (1)
this questo (3)
throat la gola (9)
through per (1)
Thursday giovedì (P)
ticket (theater, train) il biglietto (1); ticket (fine) la multa (13); to give a ticket, fine fare la multa to get a ticket prendere la multa (13)
tie la cravatta (7)
tight stretto
time il tempo (4); (of day) l'ora (4); (occasion) la volta (4); at what time? a che ora? (4); it's time è ora (16); on time puntuale (3); to take (time) metterci/*volerci (+ time expressions)

(15); what time is it? che ora è? / che ore sono? (4)
tip la mancia (5)
tire la gomma (13)
tired stanco (2)
tiring faticoso
to a, in (1)
today oggi (P); What is today's date? Quanti ne abbiamo oggi? (11)
together insieme
to tolerate sopportare
tomato il pomodoro (6)
tomorrow domani (P)
tonight stasera (3)
too anche (2); too much troppo (4); too many troppo (4); me too anch'io (4)
tooth il dente (9) to brush one's teeth lavarsi i denti (7)
toothache: to have a toothache avere mal di denti (9)
topic l'argomento (15)
totality: the totality of l'insieme di (8)
tourist information office l'ufficio informazioni
town square la piazza (1)
trade il commercio; (profession) il mestiere, la professione (17)
traffic il traffico (13); traffic officer il/la vigile (13)
tragedy la tragedia (14)
train il treno (1)
train station la stazione (1)
transfer il trasferimento
transportation: means of transportation i mezzi di trasporto (1); public transportation i mezzi pubblici di trasporto (13)
to travel viaggiare (4)
to treat curare (9)
treatment la cura (9)
tree l'albero
trip il viaggio (1)
to trust fidarsi (di)
truth la verità; to tell the truth a dire il vero
to try provare (6); to try (to do something) provare (a + inf.) (7); to try (to) cercare (di); to try on provare (11)
Tuesday martedì (P)
tune-up il controllo (13)
turn: to be the turn of (a person) toccare a (qualcuno); it's my / your / his / her turn! Tocca a me / te / lui / lei! (9)
TV la TV (4); TV channel il canale televisivo (8); TV mini-series il telefilm (8); TV news il telegiornale (8); TV series la fiction televisiva, la serie televisiva (8)
twins i gemelli / le gemelle
to type battere, scrivere a macchina (17)
type il tipo
typical tipico (3)

U
ugly brutto (2)
unbearable insopportabile
uncle lo zio (1)

under **sotto** (12)
to understand **capire** (4)
unemployed **disoccupato** (16)
unemployment **la disoccupazione** (16)
unfortunately **purtroppo**
unfriendly **antipatico** (2)
unhappy (with) **insoddisfatto (di)**
union: labor union **il sindacato** (17)
united **unito** (16)
university **l'università** (1)
unless **a meno che... non** (17)
unlikeable **antipatico** (2)
to unload **scaricare**
unoccupied (room, seat, etc.) **libero**
unsatisfied (with) **insoddisfatto (di)**
until **fino a** (5)
unusual **insolito**
unwell: to be unwell **stare male** (3)
up-to-date **aggiornato** (17);
   informato (16)
us **ci** (4); (to/for) us **ci** (6)
used: to get used to (something or doing
   something) **abituarsi a**
useless **inutile**
usual **solito** (4)
usually **di solito**

V

vacation **la vacanza;** to go on vacation
   *****andare in vacanza** (4); *****andare in
   ferie** (10); **fare le ferie / le vacanze**
   (10)
value **il valore** (18)
VCR **il videoregistratore**
veal **il vitello** (6)
vegetables **la verdura** (6); vegetable
   garden **l'orto** (12); hearty vegetable
   soup **il minestrone** (6)
vendor **il venditore / la
   venditrice** (11)
very **molto** (2)
videocassette **la videocassetta**
view **la vista**
village **il paese**
violence **la violenza** (18)
to visit (a person) **trovare** (10); (a place)
   visitare (10); to go/come to visit (a
   person) *****andare/*venire a trovare (una
   persona)**
voice **la voce** (14)
volunteer **il volontario**
to vote **votare** (16)
vote **il voto** (16)

W

wage **il salario** (16)
to wait, wait for **aspettare** (3)
waiter **il cameriere** (5)
waitress **la cameriera** (5)
to wake up **svegliarsi** (7)
to walk *****andare a piedi** (3)

to want (to do something) **volere** (+ inf.)
   (4); to want (feel like) **avere voglia (di)**
   (1)
wanted **cercasi** (12)
warm: to be warm **avere caldo** (1)
to wash (oneself) **lavarsi** (7); to wash
   one's face **lavarsi la faccia;** to wash
   one's hair **lavarsi i capelli**
washing machine **la lavatrice** (12)
to waste (time) **perdere** (4)
to watch **guardare** (3)
watch **l'orologio** (2)
water (mineral/carbonated/
   non-carbonated) **l'acqua
   (minerale/gassata/naturale)** (5)
we **noi** (1)
wealth **la ricchezza** (18)
to wear **portare** (7)
weather **il tempo;** to be nice/bad
   weather **fare bello/brutto;** to be
   foggy/clear weather *****essere
   nebbioso/sereno** (4)
the Web **la rete** (17)
website **il sito della rete, il sito Internet**
   (17)
Wednesday **mercoledì** (P)
week **la settimana** (P)
weekly **settimanale;** weekly publication
   il settimanale (8)
welcome: you're welcome **prego** (P)
well **bene** (P)
well: to be well *****stare bene** (3)
what **che** (1); **(che) cosa?** (3); what kind
   of? **che?** (6); What does . . . mean?
   Cosa vuol dire... ? (P); what time is
   it? **che ora è? / che ore sono?** (4); at
   what time? **a che ora?** (4); What?
   Come? (P); **quello che** (14)
whatever adj. **qualunque** (17); pron.
   qualunque cosa (17)
when? **quando?** (6)
where **dove** (1); where is? **dov'è?** (2);
   where are you from? **di dove sei?**
   (inform.) (2); where is he/she from? **di
   dov'è?** (2)
wherever **dovunque** (17)
which **quale** (6); **che** (14); **cui** (14);
   which one(s)? **quale? (quali?)** (6)
white **bianco** (2); white-collar worker
   l'impiegato/l'impiegata (16)
who **chi** (2); **che** (14); whose is . . . ? /
   whose are . . . ? **di chi è... ? / di
   chi sono... ?** (2); Who knows! **Chissà!**
whoever **chiunque** (17)
whom **chi** (6); **che, cui** (14)
whomever **chiunque** (17)
why **perché** (3)
wide **largo** (2)
wife **la moglie** (3)
willingly **volentieri** (3)
to win **vincere**
wind **il vento**

windy: to be windy **tirare vento**
window **la finestra**
wine **il vino** (1); red wine **il vino rosso**
   (6); white wine **il vino bianco** (6)
winter **l'inverno** (4)
with **con** (1)
"with it" **in gamba**
within **entro**
without **senza** (1); **senza che** (17)
woman **la donna** (2); young woman **la
   ragazza** (2)
word **la parola** (P)
to work **lavorare** (3); **funzionare**
work **il lavoro** (1); (art, writing, etc.;
   individual work) **l'opera** (15), work
   environment **l'ambiente di lovoro**
worker **il lavoratore / la lavoratrice**
   (17); blue-collar worker
   l'operaio/l'operaia (16);
   white-collar worker
   l'impiegato/l'impiegata (17)
world **il mondo** (14)
to worry (about) **preoccuparsi
   (di)** (9)
worse adj. **peggiore** (9); adv.
   peggio (9)
to wrap **incartare**
to write **scrivere** (4)
writer **lo scrittore / la scrittrice** (15)
writing (in general) **la scrittura** (15)
written exams **gli scritti** (3)

Y

year **l'anno** (P); academic year **l'anno
   accademico;** New Year's Day
   Capodanno; to be . . . years old
   avere... anni (1); I am . . . years old
   ho... anni (P)
yellow **giallo** (2)
yes **sì** (P)
yesterday **ieri** (5)
yogurt **lo yogurt** (11)
you **tu** (inform.), **Lei** (form.), **voi** (pl.
   inform.), **Loro** (pl., form.) (1); pron. **ti**
   (inform.), **La** (form.), **vi** (pl. inform.), **Li**
   (m. pl., form.), **Le** (f. pl., form.) (4);
   (to/for) you **ti** (inform.), **vi** (pl.
   inform.), **Gli (Loro)** (m. pl., form.), **Le**
   (f. pl., form.) (6); And you? **È Lei?**
   (form.), **E tu?** (inform.) (P)
you're welcome **prego** (P)
young **giovane** (2)
younger **minore** (9)
your **tuo** (inform.), **Suo** (form.), **vostro**
   (pl. inform.), **Loro** (pl. form.) (3)
yourself **ti** (inform.), **si** (form.), (7);
   yourselves **vi** (inform.), **si** (form.) (7)
youth **la gioventù** (8)

Z

zoo **lo zoo** (1)

Index

indicative mood, defined, 311
  versus subjunctive, 311
indirect discourse, 262–63, 265
indirect object, definition of, 125–26
  gli replacing **loro**, 126
  as indirect-object pronoun, 125–26,
    226–27, 230
  verbs that take, 126, 131–32
infinitive, 282–83
  instead of imperative, 229–30
  as a noun, 132, 282
  with object pronouns, 85, 126, 227
  past, 332, 336
  after preposition **a**, 63, 282
  after preposition **di**, 221, 283, 331, 336
  after prepositions other than **a, di,**
    62–63, 283
  with reflexive pronouns, 145,
    227, 230
  instead of subjunctive, 331, 336, 353
interrogative, of verb forms, 60
interrogative adjectives, 133–36
interrogative adverbs, 133–35
interrogative pronouns, 133–35, 280
interrogative word order, 60, 134
-**ire** verbs. *See* Third-conjugation verbs
-**isc**- verbs. *See* Third-conjugation verbs
Italian words in English, 25

L

languages, definite article before names
    of, 47
lasciare *versus* **partire, uscire, andare
    via,** 111
Lazio, 320
Lei, 4, 27–28, 184, 247–48
Liguria, 287
literature, 292–93, 300
Lombardia, 155
Loro, as disjunctive (stressed)
    pronoun, 184
  in imperative, 247–48
  as indirect object, 125–26
  as possessive adjective, 65, 67
  replaced by **gli**, 125–26
  as subject, 27–28

M

maggiore, 192
male, 150, 192, 193
mancare, 132
Marche, 195
markets, open-air, 219, 225
media, 160–61
metterci, 300–1
migliore, 192–93
Molise, 270
molto, adjective, 42
  adverb, 42, 150
money, 34
months of the year, 14

music, 275–76, 281, 287, 288,
    325–26

N

nationality, adjectives of, 39, 44
ne, 221–22, 226
  partitive, 221
né... né, 246
negative, double, 246
  imperative, 229–30, 247–48
  with negative expressions, 245–46
  with object pronouns, 85, 245
  with partitive, 103
  with **passato prossimo**, 106
  with subjunctive, 334
  word order with, 60, 245–46
nessuno, 246
non, omission of, in negative
    expressions, 245–46
nouns, in comparisons, 190
  endings of, 21–22, 284–85
  of foreign origin, 21
  gender of, 21–22, 210–11
  infinitives as, 132, 282
  invariable, 22
  masculine, ending in -**a,** -**ista,** 210,
    284–85
  plural of, 22, 284
  suffixes of, 171–72, 210, 284–85
numbers (**numeri**), cardinal, 11–12, 152–53
  in dates, 222, 299
  ordinal, 298–99
  punctuation with, 152

O

ogni, ognuno, 243
ordinal numbers, 298–99
  with centuries, 299
  as Roman numerals, 299

P

participles, past
  agreement with object pronouns,
    110–11, 129, 227
  with **avere**, 105–8, 128–29, 170, 265,
    317, 349
  with **essere**, 110–111, 129, 145, 170,
    265, 317, 336, 349
  formation of, 105–8
  irregular, listed, 107
  with **ne**, 222
  in reciprocal construction, 147
  with reflexive pronouns, 145, 227
partire, *versus* **lasciare, uscire, andare
    via,** 111
partitive, **di** + article, 103, 221
  replaced by **ne**, 221–22
  with negative, 103
passato prossimo, with adverbs, 107–8
  and agreement of past participle,
    110–11, 128–29, 227

with auxiliary **avere**, 105–8
with auxiliary **essere**, 106, 110–11,
    129, 145
formation of, 105–8, 110–11,
    128, 145
compared with **imperfetto,**
    165–66, 261
compared with **passato remoto,** 297
of reflexive verbs, 145
time expressions used with, 107–8
uses of, 105–8, 261
passato remoto, of irregular verbs, 296
  compared with **passato
    prossimo,** 297
  of regular verbs, 295, 297
  uses of, 295–97
past absolute. *See* **Passato remoto**
past conditional. *See* Conditional
    perfect
past infinitive, 332, 336
past participle. *See* Participles
past perfect. *See* **Trapassato**
past subjunctive. *See* Subjunctive
peggiore, 192–93
perfect tenses. *See specific tense*
piacere, 131–32, 263, 312
Piemonte, 339
pluperfect subjunctive. *See* Subjunctive
plural, of adjectives, 41
  of articles, 47
  of nouns, 22, 182
poco, adverb, 150
poi *versus* **allora,** 163
politics, 308–9, 314, 321
portare *versus* **prendere,** 107
position, of adjectives, 42, 190, 241
  of adverbs, 42, 60, 150
  of object pronouns, 85–86, 126, 184,
    230, 248
possession, with **di**, 44
  with possessive adjectives, 65–66,
    with family, 67
  with possessive pronouns, 267
potere, conditional of, 262, 263, 265
  future of, 204
  imperfetto of, 166
  + infinitive, 85, 126
  passato prossimo of, 166
  present indicative of, 81–82
  present subjunctive of, 312
prendere, 107
prepositions, 19, 102–4, 239
  with **che**, 188, 331
  contractions with articles, 102–4
  with disjunctive (stressed) pronouns,
    184–85
  with geographical names, 63
  with infinitives, 62–63, 221,
    282–83, 331
  in questions, 134–35
  with relative pronouns, 279
  in time expressions, 59, 87–88

About the Authors

Graziana Lazzarino, a native of Genoa, received her Laurea cum laude from the University of Genoa and is currently Professor of Italian at the University of Colorado in Boulder. She has taught at numerous European schools and American colleges and universities, including Wellesley College, Middlebury College, Central Connecticut State College, and the University of Nebraska. She is also the lead author of *In giro per l'Italia: A Brief Introduction to Italian*, *Da Capo*, and *Per tutti i gusti*. She was knighted in June 2004 by the Italian government for her contribution to the teaching of Italian language and culture.

Maria Cristina Peccianti, a native of Siena, received her Laurea from the University of Florence and currently teaches at the University for Foreigners of Siena. She has written and edited books on linguistic education, including *Grammatica italiana per la scuola media* and Italian as a second language, including *Grammatica d'uso della lingua italiana*. She was a co-author of the first and second editions of *In giro per l'Italia: A Brief Introduction to Italian*.

Andrea Dini, a native of Prato, received his Laurea cum laude from the University of Florence and his Ph.D. in Italian Literature from the University of Wisconsin-Madison, with a minor in Second-Language Acquisition. He is currently an Assistant Professor of Italian at Montclair State University. He was a co-author of the first and second editions of *In giro per l'Italia: A Brief Introduction to Italian*.

Photo Credits

Illustrations

Realia Credits

NOTES

NOTES

NOTES

NOTES

NOTES

NOTES

NOTES

NOTES

NOTES

NOTES

NOTES

NOTES

NOTES

NOTES

NOTES